珍藏本
纪念版

汉译世界学术名著丛书

纯粹现象学通论

纯粹现象学和现象学哲学
的观念 第一卷

〔德〕胡塞尔 著

〔荷〕舒曼 编

李幼蒸 译

SINCE 1897 商务印书馆 The Commercial Press

2017年·北京

Edmund Husserl

IDEEN ZU EINER REINEN PHÄNOMENOLOGIE UND PHÄNOMENOLOGISCHEN PHILOSOPHIE

Erstes Buch

Allgemeine Einführung In Die Reine Phänomenologie

Neu Herausgegeben Von Karl Schumann

胡 塞 尔

汉译世界学术名著丛书
（120年纪念版·珍藏本）
出 版 说 明

2017年2月11日，商务印书馆迎来120岁的生日。120年前，商务印书馆前贤怀揣文化救国的理想，抱持“昌明教育，开启民智”的使命，立足本土，放眼寰宇，以出版为津梁，沟通中西，为中国、为世界提供最富智慧的思想文化成果。无论世事白云苍狗，潮流左右激荡，甚至战火硝烟弥漫，始终践行学术报国之志，无改初心。

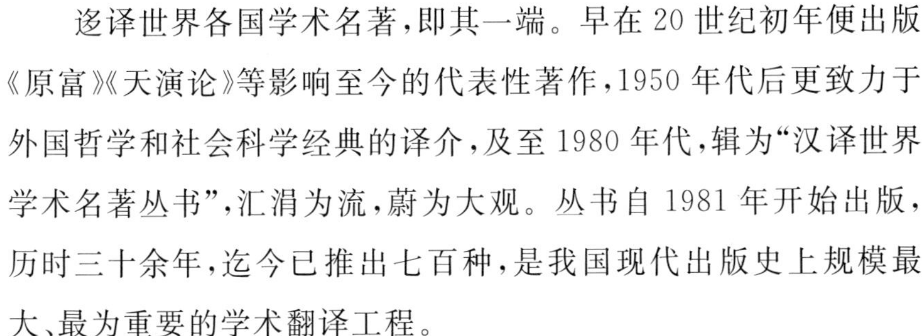

迻译世界各国学术名著，即其一端。早在20世纪初年便出版《原富》《天演论》等影响至今的代表性著作，1950年代后更致力于外国哲学和社会科学经典的译介，及至1980年代，辑为“汉译世界学术名著丛书”，汇涓为流，蔚为大观。丛书自1981年开始出版，历时三十余年，迄今已推出七百种，是我国现代出版史上规模最大、最为重要的学术翻译工程。

丛书所选之书，立场观点不囿于一派，学科领域不限于一门，皆为文明开启以来，各时代、各国家、各民族的思想与文化精粹，代表着人类已经到达过的精神境界。丛书系统译介世界学术经典，引领时代思想，为本土原创学术的发展提供丰富的文化滋养，为推动中国现代学术和现代化进程做出了突出的贡献。

为纪念商务印书馆成立120周年，我们整体推出“汉译世界学术名著丛书”120年纪念版的珍藏本，寄望既利于文化积累，又便于研读查考，同时向长期支持丛书出版的译者、编者和读者致以敬意。

两甲子后的今天，商务印书馆又站在了一个新的历史时间节点上。我们不仅要铭记先辈的身影和足迹，更须让我们的步伐充满新的时代精神。这是商务人代代相传的事业，更是与国家和民族的命运始终紧密相连的事业。我们责无旁贷，必须做好我们这代人的传承与创造，让我们的努力和成果不仅凝聚成民族文化的记忆，还能成为后来人可以接续的事业。唯此，才能不负前贤，无愧来者。

商务印书馆编辑部

2017年10月

中译者序

距今一百年前，胡塞尔通过研习逻辑学和心理学走上了哲学基础探索之路，嗣后他所创立的现象学成为20世纪西方影响最大的哲学流派之一。整整五十年前，当这位20世纪西方最坚定的理想主义哲学家在第二次世界大战爆发前夕离世时，他自信已在乱世之中为一个关系到人类永恒福祉的崇高目标指明了方向，并坚信理性最终应当战胜非理性。五十年后的今天，胡塞尔的先验观念论和逻辑基础主义，在当前各种相对主义盛行的西方思想世界中显然越来越不合时宜，然而其人及其学说反倒日益引起学术界的关注，毕竟这个人为世人留下了大量值得考察的思想遗产，留下了一幅幅不容轻忽的“心路勘测图”。于是，西方学者在一个注重外部观察的自然实证主义时代深感胡塞尔所创的心理“实证主义”（按胡塞尔本人对此词的解释）也自有其独特的价值。

早先由于反对以冯特为代表的实验心理学方向而被同事目为“心理学之敌”的胡塞尔，毕生却与心理学结下了不解之缘，以致他常常把现象学称作“描述心理学”、“本质心理学”或“理性心理学”。1925年当他开设“现象学心理学”讲座时曾回顾和阐述了现象学与心理学之间的内在关联。我们不妨说，胡塞尔的思想方式是传统内省心理学在新时代的继续和发展，胡塞尔一生丰富的著述足以显示这一思想方式至今仍有其生命力。

胡塞尔的现象学并非仅只是一种“逻辑心理认识论”。正像两百年来其他德国哲学家一样，他也梦想过建立一座哲学大厦，可是他后来认识到自己有生之年仅足以为这座大厦量测地基。不过他认为，对于这样一个永久性目标而言，最重要者莫过于确定工作方向本身。于是按照自己选择的方向，他既不与自然实证论同道，也不赞成反自然实证论的新康德主义和生命哲学观点。他确信，为解决人生与价值问题必须首先寻求坚实的理性基础，而后两种思潮并不关心基础问题的探讨。但是另一方面，在一般追求方向和研究风格上，胡塞尔哲学与康德哲学却又颇多一致之处。胡塞尔一生尊奉康德的理性批判精神，并以康德当世传人自居。如果说康德哲学是一种“自然理性批判”，狄尔泰哲学是一种“历史理性批判”，那么就不妨把胡塞尔哲学称作是一种“意识理性批判”。在这里意识不仅是与客体相对的主体实在和功能，它本身也已成为一种重要的分析对象。尽管康德和胡塞尔各自对理性范畴的理解和研究方面很不一样，但都将理性视为处世为学之根本。

今天，西方的现象学研究已成为人文科学界涉及本体论、认识论、方法论、价值论的广泛研究领域。八十多年来胡塞尔本人的学说始终是这一思潮的中心，随着战后胡塞尔遗著的陆续发表，胡塞尔研究正在朝向专深方向发展。另一方面，六十年代以来现象学已成为一个日益开放的国际性学术领域，由于与其他学科和流派交叉研究的加强而具备了更为综合的性格。显然，多数西方研究者都会认为现象学并不能成为其创始人所期许的那样一门作为众学唯一基础的科学，不过它仍将在新时期的人文学术共同体中发挥其重要作用。实际上，现象学所主张的“绝对严格性”正须为当今人文科学所要求的“相对适切性”所中和；现象学的教条主义正像一切哲学教条主义一样是不可取的。现象学是极端唯理主义的产物，当前胡塞尔思想研究日趋活跃，这一现象也深刻反映了今天西方思想世界中理性观念与非理性观念之间的消长之势。

中国哲学界对胡塞尔学说的研究开始甚晚，不过是十数年来的事。早在二三十年代我们就已开始研究杜威、罗素、怀特海、柏格森和尼采，却未曾注意同时代的胡塞尔。很早我们就研究了罗素的《心的分析》和怀特海的宇宙“客观时间”，却未注意到稍早时期的胡塞尔的“心的分析”和心理“主观时间”。亦堪注意的是，战后我们首先关注的是胡塞尔的后继者——德、法存在主义者，其后才渐渐折回到胡塞尔本人。中西学术交流中的这些历史现象反映了各个时期哲学兴趣的变迁；同时也表明，我们对 20 世纪初即已创立的现象学不过刚刚开始研究，了解的程度还很有限，在此阶段尽先迻译一些有关的基本著作自为当务之需。

呈现在读者面前的这本书，在胡塞尔本人的大量著作中占有首要的地位。胡塞尔现象学的主要部分是先验现象学，本书则为先验现象学的奠基之作。如果像本书总书名所提示的那样，把胡塞尔现象学大致划分为纯粹现象学和现象学哲学两大部分，那么前一部分在胡塞尔的理论中显然更为重要；本书作为纯粹现象学的导论，实际相当于先验现象学的一个“基础”。这本书原是胡塞尔计划中三卷一套的系统著作的第一卷，也是三卷中唯一在他生前发表的一卷（实际只写完两卷，详见本书原编者导言）。但从实质上看，本卷书具有相对的独立性，可以说是一部完整之作，本卷副题"纯粹现象学通论"也反映了它的完整性，因此英、法译本只选用这个副题作为译本的正式书名。

在中译本中，为了使读者便于理解这部难度较大的著作，除译出了新版的编者导言外还增添了一些附录。编者导言是由胡塞尔学说史家卡尔·舒曼对本书来龙去脉和成书过程的详细考察，为我们提供了有关的背景知识。中译本还收入了胡塞尔在1930年本书英译本将出版之际所写的一篇分析文章，表明了作者晚年对此书基本思想的看法。此外收入了法译本译者保罗·利科的长篇导言和详细注释，希望这些增补资料有助于读者理解本书正文。所附的中译者名词注释，是译者根据研读笔记编写而成的，这些尝试性的解释仅供读者参考。最后编制的四国文字术语对照表对于现象学研究者也许不无用处，因为当今国外现象学研究资料中这三种文字的书刊最多。译名表的编制虽然参照了多种资料，但读者不应把它们当作不可改变的术语定译。时至今日在西方各国中现象学术语尚未加以统一定名，所以本表中的一些对译名词不一定是最妥当的，不过它们在当前西方现象学文献中却是经常使用的。

下面谈一下本书翻译所根据的版本和所参照的译本。中译本主要根据1976年由舒曼重编的本书第五版和1922年第二版的一个重印本(印于1980年)译出。翻译过程中参照了法国现象学家保罗·利科的法译本和吉布森(1931年)及克斯坦(1982年)的两个英译本。法译本素以译文准确著称于哲学界，并附有主题阐释性导论和几乎逐页加附的详细注释(其中相当多部分是有关本书与胡塞尔其他著作，特别是与《逻辑研究》的关联性提示)，颇有助于理解。但在译名处理方面因当时大批胡塞尔研究丛书尚未发表，带有不少权宜处置的痕迹，而在思想解说方面也表现出利科当时所倾向的存在哲学色彩。克斯坦是美国现象学家肯恩斯的学生。肯恩斯对吉布森的英译本颇多意见，还亲自向胡塞尔谈过该译本的缺点。他在后来自己编著的《胡塞尔著作翻译指南》这本小词典中几乎处处纠正吉布森名词处理的失当。克斯坦的英译本就是采取肯恩斯的译名按照第五新版重译的。然而这个新译本并不因为新近译出而在各方面都更为成功。主要由于，肯恩斯的新编译名表过于注重德文名词之间的固定性分别，企图为它们分别配以相应的英文词。但是实际上这是很难做到的（参见法译者对术语处理的解释），我们只能按词义和上下文这两方面来使词义显明，不能期望在不同的语汇之间立即建立准确的一一对应词组。所谓最终通行的“定译”则往往是在译名得到普遍而有效的通行之后，通过使用者的共同理解而被赋予“使用价值”（即使其成为专门意义的 carrier 载体）的结果。不过肯恩斯追随胡塞尔问学多年，首次提出了这样一部系统的译名表还是给翻译者提供了不少方便。克斯坦的新译本又是在研读了战后大量胡塞尔研究成果之后完成的，对于只读英译本的读者还是非常有用的。

关于中译本的名词处理有以下几点应当说明一下：

（1）对多义性抽象名词适当采取一词多名译法。有些哲学名词既可表示“性质”又可表示一般性实体，以往一些哲学翻译往往不加分别地译成了同一个词。如 Subjektivität 既可指“性质”又可指**一般性**实体，因此应依上下文分别译为“主体性”和“主体”（此时它就与表示比较具体化的 Subjekt 的中译“主体”一样了）。又如

Gegebenheit 的词尾“-heit”表示抽象名词，一般应译为“所与性”，但它也往往泛指一般性实体，因此应译为“所与物”。通过上下文我们会知道它所指的是个别所与物还是一般所与物，因为中文的习惯对此不加以区别。同理，Wirklichkeit 既可译为“现实性”又可译为“现实”，后者泛指一切事实存在。再如现象学中最难译的 Intentionalität 一词，此词现已通译为“意向性”，然而它的含义甚多，可以表示与主体及其意向（Intention）有关的性质、功能、关系、结构、结果、领域等等。按照上述原则似应在不同上下文中分别译为具有不同词性的词，但从实用方便考虑，这样处理未免过于麻烦。同时正因为“意向性”一词已相当通行，我们甚至可以利用其流通性而使此译名“载负”上述多种含义，正如“理性”一词一样。因此在本译本中我基本上只使用这个译名，只在少数场合变通处理，如将其较具体地译为“意向关系”或“意向体”。这一类词义多样化的抽象名词很多，请参照书后译名对照表。

（2）旧词赋予特定含义。胡塞尔著作中的难译名词大多属于这一类，正文中他对此做过多次说明。如 Erleben，wirklich，real 和 reell，aktuell，Sache，Sehen，Thesis，Idee 等均有特定含义。对这些常见词，中译本尽量按照胡塞尔的规定将其作为专门名词处理，给与不同的固定译名。最难处理的则是相当多的近义词，如 Essence 和 Wesen，eidetisch 和 essential，Stoff 和 Materie 等等，要想在中文译文中表现出它们之间在实质上和修辞上的细微区别是太困难了。法、英译本在近义词上也大多采取了不加区别的译法，利科的处理甚至更为宽泛，如对 evident 和 einsichtig 亦不再加以区别。因此中译本对近义词的处理也比较宽松。还有一些重要的词只能采取“以偏概全”的原则，如 Akt 这个最常见的词，在表示心理现象时可兼指行为、活动、作用、过程等。日译本大多采用“作用”或“活动”的译法，克斯坦译为“过程”，我则通译为“行为”，当然此时它应兼含其他相关的意思，而就实质来说，上述四个词指的本是“一回事”。

(3)为了表示特定的细微含义，胡塞尔用了不少希腊和拉丁词，译成英、法文毫无困难，因为德、英、法三种语言中均含有这类共同的外来语，只需在文字拼法上略微调整一下即可。日译本中大多也采取音译法，甚为简便。我在中译本中对这些词的译法是灵活处理的，有的采取音译，如 Eidos，有些采取了意译，如 Noesis 等。意译的优点是中文读者多少可有“望文生义”之便，缺点是失去了原词的多种可能的含义。译者常常想下决心仿效日译办法将这类词通统音译，但在本译本中还是下不了这个决心。

(4)专义和通义的混用。大多数这类词都应随上下文不同分别译出，但须特别当心，同一个词作者有时用其专义有时又用其通义。像 aktuell 这样一个常见词，往往用在专门的意义上，其字根又与 Akt，Aktualität 相通。后者却指专门的意思，包含了显在性、活动性、可能性多种含义。又如 Horizont 一词，当它泛指“领域”时当然极易处理，但在指意识现象时却不大好处理。这是一个比喻词，往往被直译为“地平线”，其隐喻之意完全正确，但将“地平”之实指意识之虚总觉修辞上欠妥。在一些情况下可换译为“视界”这个较雅的词，但它仍暗示了以自然人目光为视点的“外界”，用它来形容抽象主体在意识之内的视界亦有不妥，因此我仍然选用了我最早的译法“边缘域”，自然此译名之缺点是失去了“无限伸展之可能"的意思。不过通过使用它可自然而然地载负上这个意思。

*　　*　　*

最后我想向曾对本书翻译工作给予过帮助的国外友人表示谢意。卢汶胡塞尔档案馆馆长易色林教授(S. IJsseling)惠赠一套《观念1》第五版新书,终于使我能来得及根据这个最新版本加以定稿。尼基霍夫出版社(Martinus Nijhoff)版权部维尔基博士(Annc P. Wilkes)来函同意我将此书译为中文。瑞士现象学家和中国佛教哲学家耿宁先生(Iso Kern)曾寄来法译本供我复印使用。最后特别要提出的是本书新版编者卡尔·舒曼(Karl Schuhmann)教授,他为中译本修订了自己的编者导言并寄来几本关于胡塞尔的专著,以帮助我理解有关的背景资料。此外他还在信中详细地讲述了他对各种译本的意见和与此书翻译有关的一些专门问题。也许我还应该对欧美许多现象学家和现象学研究者为我提供的有关本书和胡塞尔学说的大量宝贵意见表示由衷的谢意。记得1983年夏我在访问胡塞尔早年助手兰德格里伯(Landgrebe,即本书索引编制者)时曾谈到了我的翻译计划,并得到了他的指点和鼓励,当我离开他家登上驶往柯隆的公共汽车时,内心不免自问日后是否真能完成这一艰巨的任务。如今适逢胡塞尔逝世五十周年之际完成的这部中译稿,尽管自知不足以充分传达原著的深邃意蕴,也算是尽了一己之力,了却了多年来的夙愿。

中译稿完成后曾请敝友张金言先生通阅,提出了不少改进意见,特此致谢。记得七十年代初闲居多暇,仲夏夜晚,我们常在北城他家那所三合院的枣树下漫论古今,胡塞尔与其弟子茵格尔登

等现象学家更是常谈的话题。当时不会料到十几年后会有机会迻译此书,也不会料到会有幸由金言兄亲自斧正。

商务印书馆哲学编辑室很早就接受了这本书的选题,并为本书的编辑出版提供了极大的便利,在此谨致谢忱。

最后诚请读者、专家对译文中各种可能的错误和不妥之处赐正指教,以备日后改正。

李幼蒸

1988年元月于北京

本书中译本中出现的胡塞尔著作简称:

《观念1》:《纯粹现象学和现象学哲学的观念》,第一卷(《观念2》,《观念3》类同)

"第一研究":《逻辑研究》第二卷中的《第一研究》("第二研究"……"第六研究"类同)

"第一沉思":《笛卡尔沉思录》中的《第一沉思录》("第二沉思"……"第五沉思"类同)

《危机》:《欧洲科学的危机和先验现象学》

《全集》:《胡塞尔全集》

《后记》:《纯粹现象学和现象学哲学的观念》第一卷后记

目　录

中译本附录

第五版编辑前言

《观念》第一卷在胡塞尔生前曾于1913年、1922年、1928年发行过三版，三个版本的内容几乎完全相同。

1950年曾以卢汶胡塞尔档案馆名义发行了一个“根据作者手书补充资料扩编而成的新版本”，编辑人是瓦尔特·比麦尔，此书收入胡塞尔遗著全集。这个版本力图通过文本考订，重新编排全书正文，将胡塞尔本人后来附加的许多材料收集进来，以形成一部修订本。

在以卢汶胡塞尔档案馆名义由卡尔·舒曼负责编辑的目前这个新版本中，将全部有关材料分编为两个分卷，第一分卷将只包括胡塞尔生前已发表的版本的正文，而作者的全部手写补充资料将纳入作为附编的第二分卷中。

1950年以来胡塞尔档案馆编辑工作的进展以及一般有关胡塞尔研究工作的进展，使我们有条件和有必要对本书重新予以安排。自1913年以来胡塞尔留下了大量有关《观念》一书思想发展的记录资料，这些资料一直为人们所研究，同时人们也不断感到有必要对胡塞尔生前发表的最初文本进行研究。因此我们将本书分为两卷，这应当有助于在作者的最初文本，预备性研究，修订工作，继续的构想诸部分之间的比较研究。

——卢汶胡塞尔档案馆

编者导言[①]

当胡塞尔于1913年把《观念》一书——准确地说，以此名为标题的一套书的第一部，即“纯粹现象学通论”——发表在由他创办的《哲学和现象学研究年鉴》第一卷中时，对他而言至少是部分地实现了多年苦心经营的一项计划。本书写成于《逻辑研究》[②]出版十多年之后，然而《观念》[③]仍应被看作是属于前一部书(尽管尚不完全地)已表示过的构想范围之内。不过这两部著作之间的关系并非如此紧密，以至按照《观念》的说法，一部现象学导论须要“先进行纯粹逻辑研究”[④]，尽管这部书实际上也以该书为起点；二者之间的关系也并非如胡塞尔在后来回顾时所宣称的那样，即“《逻

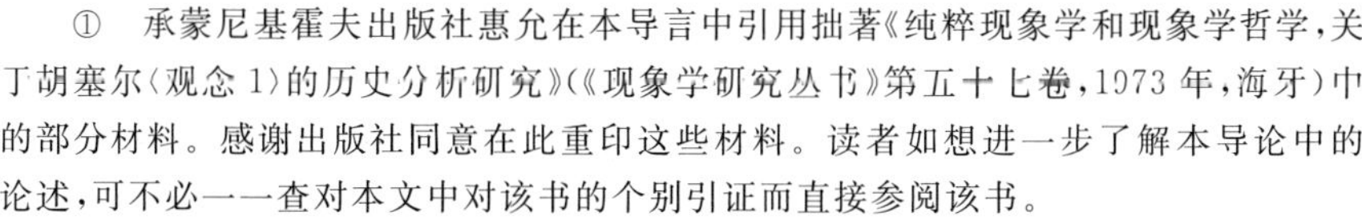

① 承蒙尼基霍夫出版社惠允在本导言中引用拙著《纯粹现象学和现象学哲学，关于胡塞尔〈观念1〉的历史分析研究》(《现象学研究丛书》第五十七卷，1973年，海牙)中的部分材料。感谢出版社同意在此重印这些材料。读者如想进一步了解本导论中的论述，可不必一一查对本文中对该书的个别引证而直接参阅该书。

② 《逻辑研究》第一卷：“纯粹逻辑导论”，哈尔，1900年(1975年新版由E. Holenstein编入《胡塞尔全集》第十八卷)；第二卷“现象学和知识论研究。第一部”，哈尔，1901年(1984年由V. Panzer重编出版，收入《全集》第十九卷)。

③ 对本书书名这个一直沿用的简称已出现在1913年3月26日胡塞尔致J.道倍尔特的一张明信片上(邮戳可辨)。同时参见1930年6月16日胡塞尔致R.吉布森的信：“人们现在通常使用胡塞尔的‘观念’这个简称，我自己也常这样称呼。”

④ 《观念1》原版页码第32页。

辑研究》正如《观念》一样，按照我的意义也是‘先验的’”。[①]

准确地说，胡塞尔把这部较早的著作一开始就看作是一种“新的知识批判”，应当“沿着重要的方向将其继续研究下去”[②]：“总之我将继续研究，我的研究结果还不足以解决知识批判的问题，现在我感到自己只是一名开始者。”[③]因此他在那部作为《逻辑研究》第二卷的“现象学和知识论研究”一书的扉页上明确地写上了“第一部”字样，它“还应当继续有第二部”。[④] 因此从一开始胡塞尔就很清楚他为自己提出了什么样的任务：他最初对逻辑进行认识论阐述的目的最终正相当于“认识论本身”。[⑤]

于是在以后十年中胡塞尔所继续的工作主要在于全面解决一个越来越复杂的问题，他把这个问题列入彼此十分不同而又广泛相互一致的领域名目下加以把握，这就是：知识批判，知识论，现象学的理性批判，系统的现象学或一般现象学。[⑥]

1

胡塞尔常用的一种工作方式是设法选择他的讲演课题，“并争

① 手稿 AVII 14/91 a（胡塞尔的未刊手稿均按卢汶胡塞尔档案馆的正式档号引用）。并参见手稿 BII 1/27 a（引自《全集》第二卷第 IX 页）；1930 年 11 月 16 日致 G. Misch 的信（重印于 A. Diemer：《胡塞尔》，第二修订版，Meisenheim am Glan 出版社，1965 年，第 328 页及以下）；《危机》，《全集》第六卷，第 168 页。

② 1901 年 8 月 22 日致 G. Albrecht 的信（引自《全集》第十八卷，第 XIII 页）。

③ 1901 年 5 月 1 日致 P. Natorp 的信（引自上书第 XVI 页）。

④ 1902 年 4 月 5 日致 A. Meinong 的信（重印于《哲学书信集》，选自 A. Meinong 科学通信集，由 R. Kindlinger 编，Graz 出版社，1965 年，第 105 页）。

⑤ 《导论》的“自刊广告”，第 512 页（《全集》第十八卷，第 262 页）。

⑥ 例如参见《观念 1》结尾一部分，第 323 页。

取将手稿发表”。[①] 因此胡塞尔在1901/1902年冬季班上关于“逻辑和认识论”的讲演和1902/1903年关于“一般认识论”的讲演，似乎都应当看作是为现象学认识论研究所做准备的一个部分。[②] 总之，在1903/1904年冬季的一些日记中我们可以首次察觉到一部“新著作”的编写计划，其中有“认识论的理念：上帝的认识”应当在一项“重要的认识论研究”中加以探讨。[③] 1904年4月已在实施中的这一计划似乎应当在他1904年夏季关于“认识的描述心理学大纲”（手稿存档中无此部分）中详细拟制出来。始终值得我们注意的是，胡塞尔在下一个冬天的讲课中把它称作是“我关于知识理论的最近讲演”。[④]

这些情况，还有其他一些情况似乎表明，1904年的夏季度讲演在内容上至少有一部分与1904/1905年冬季度讲演一样，在后一讲演中胡塞尔在“现象学和知识理论大纲”题目下论述了知觉，注意，想象和时间意识：这些课题有一部分已在《逻辑研究》中不时产生作用，而有关它们的详细论述应构成该研究第二部的内容。[⑤] 对于发展他早先的，主要关于范畴的（“较高理智层次的”，胡塞尔

① 1906年9月25日日记（《全集》第二十四卷，第447页）。参见同书第448页，1907年11月4日日记中回顾道：“我的学术活动大部分是以我的生活目标为指南的。”

② 1903年3月4日的日记上也谈到了1902/1903年冬季班的“一般认识论”转向，这段日记开始时说：“有时一种自信的意识使我昂奋，我在知识批判中比我的前人走得更远……”（手稿FI 26/32 a）。

③ 档号为XI 2的日记。有关问题参见《观念1》第157页。

④ 手稿FI 9/5a。

⑤ 例如参见1906年9月25日对“大约可供排印的……1898年的论著”的提示（《全集》第二十四卷，第445页），以及L.兰德格里伯的“胡塞尔的现象学和其改造的动机”，载于《国际哲学评论》，1939年第1期，第290页：“感性的，个别给与的直观的最切

也这样说)行为分析,胡塞尔的观点是,没有“对简单的、最底层的理智行为的详细研究”,就不可能获得对首先是判断理论的决定性阐明。[①] 据此大概也可理解胡塞尔在1904年11月17日致道倍尔特(J. Daubert)一封信中的一句话:“我正努力越出《逻辑研究》的观念领域。”

下一年全年胡塞尔都在努力考虑这些问题,他在其探索中终于发现了“现象学还原的概念及其正确运用”。[②] 因此他的现象学终于获得了自身的工具,然而另一方面也要求他将迄今为止所用的方法与其结合,或者反过来说,在一段时间里把此发现提高到主题意识的高度。因此从1906年8月份起我们可看到有关一部“论集”的计划,说它应当“显示对一种非心理学的(虽然也不是反心理学的)认识批判和判断批判的思想”。[③] 胡塞尔狂热地投入这一工作,于是这一思想在一个月之后已扩展为一份有关本人手稿的内容广泛的清单,并产生了为数甚多的写书计划,其中胡塞尔当时已“充分准备就绪的”就不下七本之多。[④]

胡塞尔在此时的手稿中已奠定牢固基础的这些宏伟的前景为这位一再受挫的哲学家注入了新的力量。[⑤] 在1906/1907年冬季

近例子即外部知觉;外部知觉及其在记忆、想象表象等等之上的变样,因此构成了胡塞尔下一研究的课题。早在《逻辑研究》发表时期他已对此进行了详尽研究,而且当初曾考虑过把它与《逻辑研究》一起发表。”

① 手稿FI 9/49,引自《全集》第十卷,第XV页。

② 参见拙著《胡塞尔论普梵得尔》(《现象学研究丛书》第五十六卷),海牙,1973年,第128—183页。

③ 1906年8月22日致布伦塔诺的信。

④ 《全集》第二十四卷,第446页。参见该书第445—447页整个一段。

⑤ 1906年9月10日胡塞尔致其兄亨利希的信中写道:“我正陷于狂热的研究中……,我正前进着。我……终于顺风远航了。”

度他开设了“逻辑和认识论导论”讲座，目的在于根据当时已掌握的现象学还原法为理论性结构的最终阐明奠定基础。[①]“我的一切思想都属于我的讲演和新著的构想”，他于1907年1月23日对其兄亨利希这样写道。然而，胡塞尔从不想未经事先充分检验其正确性就立即将这些一般性的和准备性的讲演稿付梓。这样，他于1907年夏举办了“关于物的讲座”[②]，所讨论的是“物性的和特别是空间性的现象学”。[③]他希望能在冬季讲座之前，“在下一个长假中完成付印准备，并立即将其交付出版”。[④]

然而这个原拟于1907年9月在完成关于认识论和特别是科学理论问题的基本初稿后形成新著稿的设想失败了，[⑤]胡塞尔陷入有关意义和分析判断问题的“一次艰难的分析工作”中，并“感到有在命题逻辑观念上使自己进一步弄清意义问题的必要”。[⑥]大约从1907年11月起由于当时操劳过度，研究停滞不前，他于1908年1月13日心灰意懒地不得不对其先前的导师布伦塔诺写道：“尽管过去几年来进行了十分紧张的工作，却毫无成果可言。”[⑦]复活节之后，精力渐渐恢复，为了克服遗留下来的未解决的

① 发表于《全集》第二十四卷。

② 发表于《全集》第二卷和第十六卷。

③ 《全集》第二十四卷，第449页。

④ 1907年5月25日致D. Mahnke的信，也参见1907年8月26日致Daubert的信：“整个假期我都留在这里，希望能在摆脱了一切公务羁绊之后有时间誊清我的一大批草稿和将它们定稿。”

⑤ 1907年10月13日致Th. Conrad的信。

⑥ 《全集》第二十四卷，第449页(1908年3月6日笔记)。

⑦ 此外，1908年初胡塞尔又遭家庭不幸，于是他在1908年3月6日记下：“几乎可以说这是我一生中最不幸的时期。”(《全集》第二十四卷，第449页)

困难，他于1908年夏季度开设了他所说的“关于判断和意义的讲座”[①]，于是在1908年9月再度“以前所未有的紧张”[②]写下了他的一般导论性的和基本的思想，所论述的是有关内在的和超验的存在的问题和与此有关的先验现象学唯心主义的认识问题。

在对最具普遍性的一系列问题成功地进行深入研究的基础上，现在应当把目前的讲演稿变成“逻辑的和实践的理性批判，一般评价行为的批判”，如胡塞尔在1906年9月25日日记上关于其普遍性任务所说的那样。[③] 为了这个目的，他于1908/1909冬季度开设了有关逻辑的研究讲座，同时也是“伦理理性批判讲座”。[④]他需要“殚精竭虑”[⑤]以“完全改写或重拟”他的逻辑学和伦理学研究，首先应处理的是伦理学，他曾在1902年夏季度“伦理学基础”讲座中，“首次批判地和实质性地运用了一种形式的价值学和实践学的观念”[⑥]，但自那时以来他的伦理学理论就不再符合他不断继续前进的思想立场了。于是他在1908年12月23日致那托普的信上能够首次以仅仅表示希望的口气提到“今后几年的重要出版物”。1909年3月18日他告诉那托普的信息似乎更重要，他说他期待“在最近的将来……出现关于这(如我设想的那样)全新的理性批判的一系列重要著作”。然而在这段表白之后立刻又流露出

① 刊于《全集》第二十六卷，参见该卷第226页。

② 1908年10月6日胡塞尔夫人Malvine致亨利希的信。在此之前胡塞尔已于1908年9月30日对其兄写道：“我在以最紧张的工作度假，全速前进！妙不可言！”

③ 《全集》第二十四卷，第445页。

④ 手稿FI 24/25。

⑤ 1909年3月18日致那托普的信。

⑥ 手稿FIII 1/161。

悲观的退缩:“尽管我竭尽全力献身这一研究,八年来反复进行深思和撰述,我却不知道能否于今年或近几年内着手出版事宜。”在上一个冬季里胡塞尔对自己“期许过多”[①],并因此在1909年夏陷入“经常的颓丧”[②],这一情况部分地说明了他的怀疑倾向。但是他大约是在1909年3月间在1908/1909冬季班逻辑学讲义附录中记下的话应当更为重要,他写道:“我深为不安的是,我还远远未曾对一切问题获得完全明晰的内在统一性,将它们明确地分开、排列并加以系统整理。”[③]

于是胡塞尔在其1909年夏季班关于“知识现象学导论”讲座中一开始就重新考虑他的全盘构想的基础,并开始提供对“现象学及其方法的观念”的一次说明[④],因为它“是最严格意义上的第一哲学”。[⑤] 按照他本人的说法,尽管他牺牲了整个夏天致力于“自己的研究”[⑥],而在其全力以赴的工作中却似乎“乏善”可陈。[⑦] 这次对“普遍现象学和现象学哲学”关系——这个名称与《观念》一书的书名如此接近——的重新讨论[⑧],为他充分提供了其后“秋冬两季集中工作”的基础[⑨],不过它这次并非体现于讲演中,而是体现于手稿中。

---

① 1909年3月5日致道倍尔特的信。

② 1909年9月8日致G.阿尔伯莱希特(Albrecht)的信。

③ 手稿FI 1/105b。

④ 手稿FI 17/2a。

⑤ 手稿FI 17/50a。

⑥ 1909年9月8日致G. Albreche的信。

⑦ 1909年5月13日致亨利希·胡塞尔的信。

⑧ 手稿FI 17/52a。

⑨ 1910年2月22日致那托普的信。

这一情况——即正是在1910/1911年冬季度胡塞尔才再次开设研究班讲座——显然可以这样来判断，即他当时相信自己已超过了计划的第一构思阶段（即该研究讲座），这样就可在1907年9月和1908年9月并在这一年进入计划的第二阶段了。在此阶段中他常常重新阅读自己的旧稿并加以修改，反复思索有关的书籍内容和记下扩充的研究细节。他当时的研究策略的改变使其重要的、内容充实的手稿大为改进，不过在这里只能从其大量课题中略示一二予以说明。从1909年9月到年底，胡塞尔主要忙于物的现象学问题，以及判断和注意中的意义作用。1910年1月撰写了关于感情、愿望和喜悦诸课题的手稿。到了现在胡塞尔已经可以对李凯尔特写道，他正处于“一个多年来研究的总结和完成的时期中”。①

然而在这年9月，正好在他先前研究了有关信念、印象、物构成（幻象，空间性质）、客观世界经验和认识论方法等一系列课题之后，他又使具体的出版计划向前推进一步。这些研究使他又返回到科学理论和科学划分以及它们的意向作用相关项的问题，即“论证理论和明证理论”的问题②，1910年8月和9月的手稿就和这些问题有关，这份手稿的一部分显然已是准备付印的手写定稿。③这些课题重新出现在《观念1》第一编第一章和第四编第二章中。然而这位曾“发愤苦攻”的胡塞尔一开始就企图通过这些课题来重新考虑判断的问题：“我将从一开始就根据自然意识观点发展一套

① 1910年1月25日信件。

② 手稿AI 3/5。

③ 1910年9月24日致亨利希信件。

纯分析学(形式科学)思想”,他在1910年9月22日的一份计划中曾这样说过。[①]“意义的道路应当从形式科学的分析性判断通向自然和价值的本体论。”

胡塞尔于是着手立即(在1908/1909冬季度逻辑讲座的激发下)拟定出这一计划,不过由于下一学期即将到来而不得不中断他的手稿修改工作。因此他改变了自己的工作方法,同时开设了两门研究课程。在他后来屡次称其为“自然的世界概念讲座”[②]的“现象学基本问题”[③]中,他阐释了那种“自然的意识观点”,以便从它上升到形式本体论,然后在实行了现象学还原后,使对意识关联体(在单个自我中正像在单子多重体中一样)的认识等价于对自然的认识。[④]然而这个部分地以1908/1909年冬季度逻辑讲座为基础的“作为知识论的逻辑”讲座,首先研究的是判断理论(命题行为)和意义理论(关于范畴和其本体论的理论)的一切问题。在这些研究的基础上,胡塞尔在11月初似乎向人们许诺说,一本主要讲认识论的书即将出版了。[⑤]

后来他利用圣诞假期和1911年年初一段时间来为新刊物《逻各斯》撰写了一篇长文“作为严格科学的哲学”,[⑥]这份刊物他在年

① 手稿AI 8/3——《观念1》也以把世界断定为一切认知或一切对象总和的诸边缘域开始(《观念1》,§1),以便在完成了实质本体论和形式本体论之后再在§27中重新考虑这一课题。

② 参见I. Kern的“编者导言”,《全集》第十三卷,第xxxvi—xxxviii页。

③ 收入《全集》第十三卷,第111—194页。

④ 参见《观念1》第一编第一章和第二编第一、二章中与此相应的部分。

⑤ 参见1910年11月30日M. Geiger致胡塞尔的信。

⑥ 《逻各斯》1910/1911年I/3,第289—341页。新刊于《全集》第二十五卷第3—62页。

初时曾期望李凯尔特与其合作主持。[1] 在该文中他流露出了乐观的情绪：基于“多年来持续不懈的研究，我自 1901 年以来的历次哥丁根大学哲学讲座即建立在那些研究的不断进展的成果之上，……我希望在全面可靠的和无所不及的统一系统中发展起来的现象学和现象学理性批判的研究，不久的将来可广为人知”。[2]

多年来胡塞尔经常同时考虑两种论著出版计划：一种是关于现象学基本问题导论的，它是根据自然世界意识研究，通过对意识进行彻底怀疑论的认识探索和一种理性现象学提出的；另一种是以纯粹逻辑或科学理论问题为动机的意义理论和判断理论，它们导向判断意识和其在有关知觉、注意、想象、时间诸意识中的前提（后者倒是与《逻辑研究》的主旨一致）。[3] 也许是由于外部情况影响的结果，后一种计划的意图暂时占了上风。虽然他在其 1911 年夏季度伦理学讲座中已通过下述证明指出了现象学的必要性，即只有联系到现象学才可达到“认知的目的”[4]，他从 1911 年复活节

① 1910 年 1 月 25 日胡塞尔致李凯尔特的信。

② 《全集》第二十五卷，第 37 页注——此外就胡塞尔的“理性批判”一词可表示哲学之任务而言，这一说法使人们联想到《观念》的书名。

③ 早在 1890 年以后《逻辑研究》的酝酿期，用胡塞尔自己的话说，他曾受到两条现象学道路的困惑：“因为每门科学按其理论内容……都在特定的‘逻辑’介质中，在表达的介质中被表达，于是表达和意义的问题对于受普遍逻辑兴趣引导的哲学家和心理学家就是最具直接性的问题，……（他们）就是迫切要求进行现象学的本质探讨的人……。事实上这正是《逻辑研究》努力借以探究现象学的道路。另一条道路是沿相反方向，即沿作者自 1890 年代初所遵循的经验和感性所与物一侧的方向开始，对此该书尚未加以充分表达。”（《观念 1》，第 258 页）在《观念 1》一书中，这两条道路作为现象学的双重动机出现在第一编（科学分类问题只有通过现象学研究才可加以解决）和与其对立的第二编（一般设定只有通过现象学返诸先验意识分析才有可能）。

④ 手稿 FI 14/28a。

起的主要工作仍然是有关于一个“科学理论导论:结合一种一般意识理论来对意义、判断等观念进行普遍的阐明。这是最为迫切的需要。我必须首先致力于此。”[①]其次,“《逻辑研究》第二卷新版的工作”,由于该书已脱销,现在“再也不能拖延了”。[②]

因此胡塞尔打算“提供一系列系统的阐释,这将使该书的新版发行不再必要,只要该书中绝不能舍弃的内容在经过整理和适当组织之后可在其中产生适当的作用的话。”[③]他的另一部与此有关的手稿自 1911 年 9 月以后也涉入另一档号范围,并从 1912 年 1 月起逐渐通向一般现象学的基本问题,但这部手稿在 1911 年时尚未达到可以发表的程度。由于当时计划过多,胡塞尔未能使其“已经具体地进行的,但刚在文字上整理过的,大部分已重新加以说明的,在一些困难问题上确实已得到改进的研究”[④],达到最终可以付印的形式。不过可以猜想,他的问题不只是在文体表达方面的,而且显然涉及当时未获解决的问题,即现象学的两条道路中究竟哪一条“对我所进行的研究是正确的”。[⑤] 然而还应指出与上述种种有联系一个情况,即 1911 年时胡塞尔的研究工作看来必定遭遇

① 手稿 FI 15/46。

② 1911 年 3 月 4 日致道倍尔特的信。

③ 《逻辑研究》第一卷,1913 年“二版前言”,第 9 页(《全集》第十八卷,第 9 页)。

④ 同上。

⑤ 于是我们看到应标有 1910 年日期的手稿 LII 14/5—7 的名称。在标有 1911 年底和 1912 年初的手稿上的某一段文字内有一句耐人寻味的话:“所有这些问题的安排次序不应再改变了吗?”(手稿 AVI 11 I/86 a)甚至对《观念 1》本身胡塞尔也在 1931 年 6 月 27 日对 Cairns 说过类似的话,Cairns 复述道:“《观念》是以偶然的方式排列它的问题的,因为当时胡塞尔尚未彻底考虑透他的主题。”(肯恩斯:《与胡塞尔和芬克的谈话》〔《现象学研究丛书》第六十六卷〕,海牙,1976 年,第 2 页)

到严重的精神挫折。于是他于1911年8月14日对其兄亨利希写道，他"急需休息"，并说"今年我正需要静心休养，我不会找到更好的时机了"。

2

有关《逻辑研究》的新的思想进程开始于胡塞尔的下一活动阶段，他从1901年冬季起作为哥丁根大学额外教授执教，勉强站住脚跟。虽然他的反心理主义曾使人获有深刻印象[①]，然而他的意图的积极意义只有那些长期参加他的讲座和研究班的听众才能领会，而且也只是渐渐地领会的。[②] 可是由于曾被胡塞尔在其"纯粹逻辑导论"中严厉批评过的里普斯(Th. Lipps)的一位学生——杰出的道倍尔特(J. Daubert)的努力，此书在1902年时就已产生了(同样也对里普斯本人)[③]决定性影响[④]。在道倍尔特和里普斯的高年级学生普梵得尔(A. Pfänder)的领导下，几乎整个慕尼黑小组都皈依了现象学。

这样我们就可以理解，正是在胡塞尔致道倍尔特的一封信中

---

① 如H. Dingler所获得的印象，参见他的《自然哲学基础》，莱比锡，1913年，第200页注6。

② 早逝的美学家W. Conrad大概应当算是最早的真正胡塞尔现象学学者，他自1903年起即师从胡塞尔。有关他的论述参见(例如)Z. Konstantinovič:《现象学和文学科学》，慕尼黑，1973年，第38—50页。

③ 参见E. Holenstein:"编者导言"，《全集》第十八卷，第XLII页。

④ 对比较近的论述参见拙著《胡塞尔论普梵得尔》，出处见前，第19—23页。E. Avé—Lallemant:《巴伐利亚国立图书馆馆藏慕尼黑现象学学派资料》，威斯巴登，1975年，第X页。他正确地说道："准确地探讨里普斯学说对于现象学开端的影响在今天仍然是迫切需要的事情。"这个问题至今一直未被探讨过。

谈到了筹办现象学运动出版机构的计划，他在1907年8月26日——因此也是在胡塞尔第一次具体地构思一本有关认识问题专著的时期内——写道："特别是那份为现象学哲学奠定基础的不定期刊物问题，现在亟待解决。对此问题我的好几位学生都在急切地催促我，也许现在实际上已到了我们能够，甚至必须筹办该刊的时机。遗憾的是，我还未能也就此问题与友人普梵得尔直接谈谈，我当然极其重视他的参与。"普梵得尔主要作为慕尼黑学派的现象学者与此事具有特别重要的关系，这一点稍后还可从以下情况看出，即普梵得尔在1911年为里普斯编辑了一个纪念文集，题名为"慕尼黑哲学文集"，并打算把这个"文集"继续办下去作为现象学的专门刊物。

普梵得尔的这个计划显然促成了在胡塞尔、普梵得尔、盖格和道倍尔特之间的"雷根斯堡协议"，它可能制订于1911年圣诞节假期，而且按此协议，正如普梵得尔在1912年5月28日信上提到的，就有关一份将创办的"哲学和现象学研究年鉴"的合作条件、保证金、实质内容、编辑、封面等等的必要事宜达成协议。会谈决议似乎是由作为《年鉴》编辑者的胡塞尔拟定的。因此他于1912年7月7日能够对美国哲学家霍金(W. Hocking，他于1902—1903年期间随胡塞尔学习)写道："由于现象学哲学在其最近的五年时间中——在我们德国人之间——赢得了这么多的朋友，特别是促动了青年一代，我打算创办一份自己的专门刊物。"(《哲学和现象学研究年鉴》，Niemeyer出版社，哈勒)

新的进展有助于胡塞尔克服当时犹豫不决的心理，不难理解，他想到要出版他于1911年所进行的判断理论研究，这是他当时精心构思的最新成果，以取代《逻辑研究》中的有关部分。他打算在1912年夏再次举办有关这个题目的总结讲座，并将讲稿交给《年鉴》刊出。在为1912年夏季度实际预告为“判断理论”的这次讲演的导言中，胡塞尔明确地证实了这一计划：“在上学期讲座上开始为下一学期讲座做预告时，我曾想到把我多年来有关判断意识的现象学研究做一个总结，不久之后我就准备了出版事宜。”①

1912年1月他首先专注于朝向一个包含在有关它的判断内的对象的现象。这里已出现了对对象或对与对象相关的“信念”所采取的态度问题，这是胡塞尔称作MA手稿（即“3—4月手稿”）的主题之一，他于期中休假时，即从1912年3月21日到4月20日，将其写成。② 这部手稿加上前面所说的出版计划，证实了胡塞尔夫人1912年3月22日致阿尔伯莱希特的一封信，信中说胡塞尔正忙于“付印工作”。这部手稿首先讨论的是关于“采取设定”的实行或中断的问题（按《观念》的语言，即关于设定性和中性的问题）。在这里胡塞尔涉及的是记忆、移情作用，想象行为的问题。③ 只要这些问题以区分印象行为和再生行为为前提，胡塞尔就感到最终还要面临知觉的问题，因此总而言之面临“与一般意识理论相联系阐明意义和判断观念”的问题，一年前，1911年复活节的这个计划曾谈到过这个理论，④而且1911/1912冬季度关于“一般意识理论

① 手稿FI 4/4a。

② 参见手稿AVI 11 I/134 a和AVI 12 I/90a。

③ 此外这份手稿（其中一部分载于《全集》第二十三卷中）显然影响了《观念1》中最长的这个第三编第四章。例如参见§115，特别是第238页注①。

④ 手稿FI 15/4b；前引书第XXIV页。

大纲”讲座也涉及对这个理论的表述。[①]

于是仅在学期开始前不久胡塞尔显然已决心不将这个日趋复杂的判断理论研究发表，他选择了另一条道路，这条道路提供“一个关于新现象学的普遍的、内容丰富的（因为完全基于实际完成的研究）观念：关于它的方法，它的问题系统，它使一门严格的科学哲学可能成立的作用，以及经验心理学的一种理性的理论化作用”。[②] 1912年夏季度讲座开始时，胡塞尔更详细地谈到了他对自己计划做出的这一改变，前面说过这个计划曾被预告过是“判断理论”。在宣布了打算变更名称之后（“在开讲以前，请允许我变更一下本讲的名称”），他继续说：“但是后来我犹豫了。[③] 当我们将在较高理论层的意识构成和较低理论层的意识构成的内在联结的情况下，在‘信念’的视为真实的因素贯穿一切意识层次，包括最低层次，并必须完全在其中进行阐明的情况下，去解决信念和判断的关系这一基本问题时，如不先具有关于某种普遍意识构成的广泛知识是不可能描述判断理论的，关于这种知识，在此只能略举一些标题，如内外知觉、体验意识和时间意识、记忆、期待、注意、把握、说明等等。但是，这种关于意识构成的现象学不可能有前提。事实上，除了我的学生的少量研究之外，还不存在任何其他对此有用的研究成果。虽然几年前我在自己的讲座中曾多次谈到我沿着这个

① 这份讲稿似乎未保存下来。

② 于是有《逻辑研究》“二版前言”中关于《观念》的计划的论述，《全集》第十八卷，第9页。

③ “在实行时开始了认真的犹豫”，他在《逻辑研究》“二版前言”中这样写道（前引处）。

方向进行的研究……。此外我曾听说，最近以来在此地一个哲学协会中共同勤奋工作的一批青年哲学家们主要研讨的就是上述这些领域中的问题……。因此我决心使我的讲演具有不同于最初为其设想的方向。现在我甚至不再要求任何前提。这样我就改变了在所选出的一组现象学问题中的名称"。[①]

因此胡塞尔在讲稿开头部分的封皮上题了"现象学导论"几个字。[②] 关于胡塞尔提到"几年前"他自己的讲座一事，应当指出，他诚然在 1907 年夏季度讲座上可能考虑过这个问题，尽管其名称"诸部分"(Hauptstücke，用了复数)只涉及现象学中单独的一章，即知觉问题。但他似乎首先是指 1904/1905 年冬季度讲座，这个讲座实际上把知觉现象学描绘为四个"部分"，它们分别与注意、想象、形象意识和时间意识相关。1912 年胡塞尔再次列举了这些项目，直到"想象"。由于一方面 1912 年的"现象学导论"根本未从内容上讨论所说的这些问题领域，令人倍感惊异。但另一方面因为 1904/1905 年的讲座——胡塞尔称其为"现象学中最具现实性的导论"[③]——是由于取消了关于判断理论的讲座计划而产生的，后一讲座胡塞尔是在下一学期(1905 年夏季)开设的。于是胡塞尔 1904/1905 年讲座的开场白几乎一字不差地符合他在 1912 年讲座开头的所说的话："最初虽然我只考虑较高层的理智行为，所谓'判断理论'领域……。在对有关材料进行预备性研究时我却认识到，不只由于教学理由，而且首先由于实质性理由，我们须要详细

① 手稿 FI 4/4。

② 手稿 FI 4/1a。

③ 手稿 FI 9/5a。

讨论简单的、最低层的理智行为。我在此所指的自然是那样一类现象，它们带有那些广为人知的模糊名称，如知觉，感觉，想象表象，形象表象，记忆，然而它们还很少从科学角度被探讨过。”[①]因此，改变“判断理论”讲演题目的动机出现过两次。

然而在这里应当提一下，胡塞尔在其1912年夏季讲稿中已有7页取自1910/1911冬季班上称作“现象学的基本问题”的有关自然世界概念的讲演，这轮讲演论述的是现象学态度的特性的问题。[②]

此外，1912年夏季的讲演向前涉及《观念1》，而向后则溯及到胡塞尔早先的著作：其内容首先相应于《观念1》的第一编、第二编和第三编一部分。于是这轮讲演分为两个部分。第一部分讨论本质还原。它以维护本质学的固有权利开始，本质学是与经验主义哲学，甚至与自然科学哲学对立的（参见《观念1》第一编第二章“自然主义的错误解释”）。随后胡塞尔要求一种作为自然本质学对应物的精神本质学，使其作为一种科学的经验心理学的必要基础。讲演的第二部分是：现象学还原[③]，它首先把现象学描述为一种精神本质学的基础。它于是排除了一切质料的和形式的科学，并与后者对立（参见《观念1》第二编第四章）。剩留下来的（作为最后一个步骤）是具有自身之本质的意识；将要更加详细地说明的是，还原未因其所排除的东西而受到任何损失：因为意识在本质上是对某物的意识。因此现象学既分析真实地内在于意识的东西，

① 手稿FI 9/4a。

② 参见《全集》第十三卷第510页。这几页文字重印于该书第141—152页。

③ 于是有在封页BII 19/3 a上的注释。

又分析意向地内在于意识的东西。对内在物而言，超验物是其意识相关项（参见《观念1》第二编第二章，以及第三编第三章）。在此第三步骤中胡塞尔详细讨论了布伦塔诺提出的心理体验分类法要求。胡塞尔拒绝了这一要求，因为体验不可能数学化，而只可以在形态学概念中加以把握（参见《观念1》第三编第一章）。最后简短地概述了现象学描述所揭示的如现实理解和采取设定这类特性，它们按各自的体验类型被分别加以研究①。

讲演与《观念1》的这些类似之处绝非偶然，曾亲聆胡塞尔讲课的茵格尔顿对此知之甚详。正如他所报道的，胡塞尔“在此讲演中讲授了很多当时正在准备中的《观念1》的内容”。② 此外，胡塞尔还在装有该讲稿三分之一部分的封皮上写道：“这是《观念》论述的原稿。”③因此当胡塞尔放弃了发表关于判断理论的念头之后，仍又开设了一次其讲稿有待出版的1912年夏季讲座：这就是《观念1》出版的来由。

“现象学导论”④的标题已使人想起《观念1》的标题：“纯粹现象学的一般导论”。虽然不久之后所叙述的该讲演内容在《观念1》之后并无相应的出版物出现，它们是后来首次在《观念2》和《观念3》标题下分别作为《全集》第四、第五卷被编辑成书的。于是那次讲演可完全看成是《观念1》第一卷的准备。与此颇为一致的

① 对此也参照上面引述过的“现象学导论”。

② R.茵格尔顿：“我对胡塞尔的回忆”，载于胡塞尔：《与茵格尔顿通信集》（《现象学研究丛书》第二十五卷，海牙，1968年，第107页）。

③ 手稿FI 4/1a。

④ 手稿FI 4/1a。

是，胡塞尔在“现象学导论”标题下面添加上“不当看作是哲学导论”的字样[①]。众所周知，《观念1》是纯粹现象学的一个导论，但不是（现象学）哲学的一个导论。

因为胡塞尔在1912年4月下半月仍然还在撰写MA手稿的底本，他只能有十天用来对一个全面的一般现象学研究的底稿进行修改。大概是按照雷根堡协议，现在新的《年鉴》“从本年秋季起”[②]出版，稿件应当在1912年8月1日前交出。[③] 这样，胡塞尔通常的工作程序——先完成讲稿底本，然后再完成定稿——几乎未得遵行。他必须几乎在审定每堂课讲稿的同时写好供发表的初稿。大约在五月份[④]，肯定在六月初之前，即1912年圣降灵节期间，胡塞尔开始投入拟定中的这本书的工作。1912年7月7日他为此向以前的学生霍金（S. W. Hocking）谈到，他“正紧张地”撰写自己的书。

胡塞尔为此书取名为《纯粹现象学和现象学哲学的观念》。以前出现过的与此书名类似的著作名称不仅有胡塞尔相当称赞的狄尔泰于1894年写就的“关于描述的和分析的心理学的观念”，而且还有（模仿海德尔〔J. G. Herder〕的书名《人类历史哲学的观念》）洛兹（H. Lotze）的《小宇宙》的副题：“自然史和人类史的观念”。此外，1912年夏他中止了关于洛兹三卷本《逻辑学》的讨论课，然

① 手稿FI 4/1a。

② 1912年7月7日致E. Hocking的信。

③ 1912年6月10日普梵得尔致胡塞尔的信。

④ 1912年5月24日胡塞尔夫人在致Albrecht信中写道：“去哈尔茨一周，他在那里可以半天写作。”

后将讲稿[1]并入自己著作的第43节。

此外,胡塞尔的《观念1》的撰写根据的是1907年9月以来的大量旧稿,主要是将有关认识论的内容部分纳入了书中。

3

胡塞尔对本人发表的作品的事先准备工作和后来的修改工作,或者(像在《形式的和先验的逻辑》[2]那本书那样)为数甚少,或者(像在《逻辑研究》、《笛卡尔沉思录》、《危机》等书那样)内容过于广泛和跨越众多主题,使得这类事前事后的工作在有关著作的一次新版本中不可能以某种方式显示出来,人们不可能明确地追索出从胡塞尔最初拟稿直到最后达成修订稿的整个思想历程。然而对于《观念1》来说,它所包含的材料范围居于上述两种极端之间。因此在该书中可概略地显示出一部胡塞尔的作品如何在时间上展现于胡塞尔的思想发展中,如何在初版之际最终充分呈现出(借用一下《全集》创编者梵·布雷达的话说)"《观念1》的档案材料"。因此在本版第二分卷中只收进了这样的文稿——仍是出于达到尽可能完整的目的——,即在胡塞尔的遗稿中那些显然可判定属于《观念1》的部分。为了将这些文稿分为不同的类组,有一些只保存了片段,此外在内容和文字上彼此也差别甚大,以下我们简述一下它们的产生及其与已出版作品的关系。

最早准备的一些底稿与完成的原稿篇幅不一。那时胡塞尔本

---

① 这里指手稿FI 42/26—28和BII 18/63—68中的一些新页稿。

② 新发表于《全集》第十七卷。

人已把那份(大部分已散失的)自成一体的，用铅笔速写的《观念》的基本手稿称作“铅笔原稿”[①]，而这份定稿正像大多数胡塞尔手稿一样是用墨水笔速写的，我们称其为《观念1》的墨水笔稿，以与本版中的那份铅笔稿相对。它们也许是在1912年5月底到9月初期间写出的。

在这份最早的手稿中胡塞尔最初仍遵循1912年夏季班讲演中采取的同一条道路，即从本质还原通向现象学还原：一门本质科学，即自然本体论，乃是自然科学的基础。经验的精神科学即心理学也需要这样一种本质科学。不过理性的心理学的基础即是现象学。这条论证路线仍然可以从对《观念》中采取的路线所做的最初“作者说明”中看到，胡塞尔把它“作为撰写本书的准备记了下来”。[②] 然而在此略微显露出一种犹豫，即对于胡塞尔本人的学生以外的——因此如费希特曾说过的那样，那种“已有了一种哲学体系”的读者——公众来说，这样一种说明方式是否适当。精于思考的自然科学家否认他们的科学需要一种本质基础，为此《观念1》第一编第二章须立即转向“自然主义的错误解释”。于是一门理性心理学的观念被胡塞尔时代的心理学家看作是虚构，正如它被哲学家看作是已被康德摧毁了一样。结果胡塞尔在一份研究笔记中得出结论说：“我应当非常留心表述理性心理学和现象学之间的关系。”[③]

① 手稿 MIII 117/1 a。

② 附录4。

③ 附录5。在《观念1》中胡塞尔对此只谈到了在它们之间存在有“困难的联系”。(第143页)

因此胡塞尔在1912年6月间，至迟从7月起，采取了另一条路线。虽然他进而从事实科学和本质科学之间的对立出发（参见《观念1》第一编），但他使与世界相关的全部自然态度的科学在一种“根本区别”中[①]与作为“完全新型的”、“纯粹的或先验的现象学”相对立[②]，不过他并没有想否认心理学与现象学的特殊“亲近性”。[③]（参见《观念1》第二编）如果它的研究领域不与任何其他科学同时发生，它就是一门特殊的科学，这门科学即使“不考虑”[④]一切其他科学，也是能够建立和探讨的。由于其特殊性，这个领域在根基关系上是在自然知识的全体领域之前的，它同时形成了关于全部存在的知识——哲学的基础。本书最终的书名也属于这一新概念的范围，它预示了对一种“纯粹现象学”和一种“现象学哲学”的观念。因此胡塞尔当时打算在此书中一个特殊的“主要部分”[⑤]里论述这两大主题。

胡塞尔在墨水笔稿中写出了第一个主要部分的研究，描述了真正现象学的意识主题学：意向作用和意向对象的区别，或者在具体意向作用内部的质素材料和意向形态的区分。[⑥] 因此这份最重要的只有一些片段内容的草稿主要讨论方法问题，即有关该反思的特性和要求的问题，在反思中可以把握“意识的最一般的本质

① 附录10，第541页。

② 附录6，第530页。

③ 附录9，第538页。

④ 附录10，第542页。

⑤ 参见附录6，第532页，以及1912年8月28日提纲中的二分法（附录14，第559页以下）。

⑥ 参见附录11。

区别”[①]。在这里胡塞尔一方面强调现象学对本质普遍性的意图，但也主张实际去把握作为基础的单一体验的本质可能性，尽管单一体验在朝向“反思直观”[②]时在时间中流逝着。与此相联系的有诸意识变样的问题，如复忆、想象、注意和采取设定等等将被再简单化分为一些问题组系，后者应按照这份手稿和其他手稿的“引导性考虑”[③]导向“时间意识研究……和关于空间现实存在的意识研究”[④]。此外，由于第一个“主要部分”最终划分为两段文稿，其一应当在现象学中“探索道路”[⑤]，另一应当研究“一系列特别重要的问题”[⑥]，第一个“主要部分”似乎不知不觉地一分为二了。正如胡塞尔在《观念 1》的“导论”中所说的，这两个部分在全书计划中脱离开原书，他把最初的第二个主要部分作为“结尾第三卷”[⑦]来考虑。

1912 年 8 月 28 日从瑞士因加丁度假三周回来以后的第二天，胡塞尔写下了待完成的著作“提纲”，这份提纲明确地反映了最初计划中二分法的设想。胡塞尔称这份计划稿为“提纲”，这件事表明，在这里问题显然不是关于一个事先提出的，刚刚付诸实行的构想，而是关于把一份已存在的手稿（即墨水笔稿）最后完成的企图。因此最初的这个主要部分的名称“提高到现象学领域”[⑧]显然

① 附录 12，第 547 页，同时也参见《观念 1》第三编第二章：“纯粹意识的一般结构”。

② 附录 12，第 552 页。

③ 上引书，第 555 页。

④ 上引书，第 558 页。

⑤ 《观念 1》，第 3 页。

⑥ 上书，第 5 页。

⑦ 上书。这部计划中的第三卷书的原稿胡塞尔从未写出来。

⑧ 附录 14，第 559 页。

使人想起《观念 1》的名字。作为本书一个部分的第一编被拟定出来了，它既描述“本体论科学领域”（参见《观念 1》第一编第一章）又维护“本质研究的正当性”[①]（参见本书第一编第二章）。然后在第二编中应提出“现象学态度和现象学剩余”[②]（参见本书第二编），同时也提出了现象学方法问题和“入门问题”[③]。这份提纲因此未超出刚才谈到的重要的墨水笔手稿范围。在两种情况下都以某种方式出现了对“纯粹现象学的方法和问题”的研究（因而有《观念 1》第三编的标题），结果让在发表的著作中只被称作“方法的预备性考察”的东西占据了主要地位。此外，胡塞尔似乎在 1912 年 8 月底把该书第一个主要部分如此安排，以致他的第二编应当包括（也包含在发表的著作中的第二编中）还原的论述，但此外仍然主要包括那些方法论问题探讨，这一部分在今日《观念 1》第三编中加以讨论，或者说它的一些特殊内容稍后包括在计划中的该书第二卷里。

虽然胡塞尔未曾为最初计划的第二个主要部分写出任何初稿，对第一个主要部分的预先准备却做了充分的展开（总之，时间紧迫），以至于他可以开始把墨水笔稿的诸部分研究结合起来，完成对“纯粹的或先验的现象学”[④]进行统一说明的草稿，这样，大约在 1912 年 9 月第二周和 12 月底之间，他写下了前后一贯的，用铅

① 附录 14，第 559 页。

② 同上。

③ 同上。

④ 这是 1930 年发表的《观念 1》的“后记”中的一个用语，《全集》第五卷第 141 页。

笔速记下来的纯粹现象学手稿，这就是《观念 1》的所谓铅笔稿。显然在撰写时胡塞尔已注意到上面指出的应当分开付印的可能性，因此最初的第一个主要部分发展成《观念》的第一卷和第二卷。[①] 对此可作证明的是，他的第二卷手稿也是从 1 起开始标页码的。不过作为《观念 1》基础的这份手稿大部分已经丢失了。

但是在铅笔稿中首先在第一卷和第二卷之间还应有一相对连续性的过渡。正如胡塞尔在 1913 年 10 月说过的那样，同时构想的《观念》一书头两卷篇幅之大出乎意料，“付印时”不得不“分卷出版”。[②] 但是首先必须指出《观念 1》书中的那样一个部分，在其中所论述的是“描述”和“精确规定”的关系以及“描述的科学”和“说明的”科学之间的关系（这些问题与科学分类领域有关）：“与此相关的一种设想将在此项研究的以后阶段分开来。”[③]于是关于“分类—描述”的铅笔稿就构成了这一“继续研究”的草稿，它是作为《观念》“最初的草稿”[④]写下的，被看作“新的一章”，这一章可能也被考虑放在先前的“最后几章”之前。[⑤] 于是这份手稿的结尾[⑥]显然构成了向《观念》第二卷铅笔稿（已丢失的）开头部分的过渡，它因此证实了这样的猜想，即《观念 1》的铅笔稿也被划定为一章，因

① 前面已指出，这仍然可能是在 1913 年头几个月中写出的《观念》待印导论的初稿。后来胡塞尔把第二卷的试写稿又继续分为两部分，比麦尔将它们作为《观念》的“第二卷”和“第三卷”分别归入《全集》第四、第五两卷。

② 《逻辑研究》第一卷“二版前言”第 X 页。《全集》第十八卷第 10 页。

③ 《观念 1》，第 137 页。

④ 手稿 AIV 15/1a。

⑤ 手稿 AIV 15/2a。

⑥ 手稿 AIV 18/1 和 21。

此从本书第一卷向第二卷的过渡最初只相当于从一章向下一章的过渡。

过渡性的分类这一章标出的日期是1912年10月28日，可能这正是该章完成的一天。因此《观念1》(已遗失的)铅笔稿大约完成于1912年9月头几天到10月倒数第二周之间。[①] 按此标记判断，它可能包含70页密排速记稿纸。胡塞尔的后来一再被证实的回忆，即他“在六周内，没有打底稿，如同在顿悟中一般地写完了”《观念1》[②]，大概就是指这份铅笔稿的记录本。

他只——除了关于从《观念1》的问题领域中排除纯粹自我和超验性上帝[③]的互有关联的三页外——保存了一些篇页，它们都是与此书靠后部分有关的。这使我们可以断定，书中关于方法的部分在铅笔稿中不属于现象学还原那一部分，如1912年8月28日提纲指出的，而是扩充为一个独立部分——“关于纯粹现象学的方法和问题”，这就是今日《观念1》第三编的标题。新的第三编结尾一章，即《观念1》铅笔稿结尾部分，显然是有关“现象学理性学说的观念”的一章。[④]

---

① 参见胡塞尔后来在其《观念1》私用本中的注解：“按照日历，我在1912年9月18日达到现象学还原。在24日到27日核阅过关于自我的手稿，也许论及纯粹自我问题。”胡塞尔于1912年9月30日给F. Darkow的信中写道：“我现在正在结束一份巨大的写作计划，正在等待印刷，为此还须做许多工作。”

② 1919年9月4日致A. Metzger的信(重印于《哲学论坛》第21期，1963/1964年，第48—68页)。以及1931年12月22日致G. Albrecht的信和Cairns的谈话纪要(1931年12月26日)，《与胡塞尔和芬克的谈话》，第61页。也参见胡塞尔于1912年10月2日致亨利希信中的话：“我继续全力以赴地工作。”

③ 参见《观念1》§57和§58。

④ 附录19，第566页。参见《观念1》第四编第二章的标题“理性的现象学”。

至迟在1912年10月，胡塞尔向新刊的《年鉴》第一卷的其他编委提交了这份稿件。由于技术上的原因排印“反正进行缓慢”[①]，胡塞尔还有一些时间完成他的定稿。1912年12月30日，他开始处理正在撰写的《观念1》的铅笔稿，并在1913年1月底将将完成待印的定稿的一半篇幅。[②] 1913年2月底胡塞尔才结束了全部定稿工作。[③] 胡塞尔于一个月前写就的《观念1》的分段草稿于是证实了这样的假定，《观念1》中关于“理性和现实”的第四编在铅笔稿中还未达到它今日所包含的篇幅。在关于本书内容目录的草稿中看到“理性现象学的观念”——因此所提到的这份定稿可能大致相当于第四编第二章——被作为先前一编（第四编）的最后一章或作为独立的一编。[④] 因此这份手写稿不只是本书的一编，而首先是铅笔稿的一个扩大的改写本。此外在《观念1》当时最后一章扩大稿的范围内唯一保存下来的有关部分[⑤]乃是独立的一编。

胡塞尔在1913年3月在看此书校样时[⑥]似乎又稍作改动，但尚欠缺证据。无论如何，他在头160页上补加了有关评注，这些评注在开始印刷前也被赶排了出来。于是1913年4月中旬刚过不

① 1912年10月22日致道倍尔特的信——按照施皮格伯格教授有关普梵得尔的报道，在排字房中只存有少量由胡塞尔本人为《年鉴》印刷挑选的新艺术体字模。

② 手稿KI 69/1a。

③ 《观念1》当时的书写稿可能也是胡塞尔将在1913年柏林康德学会上宣读的计划中的报告的基础。参见1913年3月2日U. Simmel致胡塞尔的信。

④ 附录21，第568页。

⑤ 附录22。

⑥ 参见M. Scheler致胡塞尔的信，1913年3月12日。

久《观念1》就问世了[①]，它以两种形式同时出现：作为胡塞尔的《年鉴》第一卷的创刊号专著和作为具有书的形式的《年鉴》单印本。这份初校样的内容目录只包含了章目的编目。为弥补这一缺欠，1916年出版的《年鉴》第二卷刊登了《观念1》的“直到基本章、节的……内容目录”。[②]

1922年出版了此书第二次印刷本。在这一版中胡塞尔本人显然改正了一些印刷上的疏漏错误，加进了一些内容勘误标记，并在§1中稍作修改。[③] 然而根据第一版重印的1928年第三版却又包含了第一版中的全部错漏之处。因此1922年的第二版被看作是现有新版本中最完善的本子。

1922年第二版作为附录加进了由普梵德尔和胡塞尔的女弟子Gerda Walther编写的“详细主题索引”[④]。胡塞尔于1928年(由于至今不得其详的理由)让其助手兰德格里伯将索引做了基本上的改写并加以压缩。结果在《观念1》第三版中收入了改写的“主题索引”，以取代Walther的索引。在我所编的目前这一版中，两份主题索引按时间顺序均重新刊出。(中译本未选译Walther索引——中译者)Walther的索引由于条目详细会为读者欢迎。同样也保留着它所特有的胡塞尔的边注。另一方面也不应缺少胡塞尔最终认可的兰德格里伯的主题索引。

① 参见E. Stein《一个犹太家庭生活点滴》，卢汶—弗赖堡，1965年，第174页。

② 《年鉴》第二卷，1916年，第VI页。

③ 《观念1》，第7页。

④ 关于它的产生，参见G. Walther：《通向彼岸》，Remagen，1960年，第214页以下。此外，这份详细主题索引的发表时间不是1922年，而是1923年。

4

1913 年年初《观念 1》开印不久，胡塞尔本人就开始修改《逻辑研究》，其中“导论”和头五个“研究”已在同年秋季作为修订第二版出版了。他至少到 1914 年夏为止曾几度对第六“研究”进行了大幅度改写[①]，以便之后能在 1915 年复活节假期着手进行《观念 2》铅笔稿的“更广泛和更深入的写作计划”[②]。因而次年他几乎无时间准备新的研究讲演。1912/1913 年冬季度他就由于撰写《观念》而只能重复 1910/1911 年冬季度的逻辑讲稿，这份讲稿他于 1914/1915 年冬季度重又讲述一遍。1913 年关于“自然和精神”的夏季讲演继续以《观念 2》铅笔稿为基础，而在 1913/1914 年冬季，胡塞尔根本没有开设任何研究讲座，1914 年夏季则再次重讲了 1911 年夏季度的伦理学讲稿。在研究班里也不得不限于使用已完成的著作。他将刚出版的《观念 1》当作“研究班的基本教材”[③]，并在 1913 年夏季，1913/1914 年冬季度和 1914 年夏季，与他的高年级学生详细讨论此书的头三编。

从《观念 1》出版至少到 1929 年秋为止，大概也是在上面提到的那个研究班上，胡塞尔把第一版中的一本书当做他的“私用本”，[④]在

① 参照手稿 AI 17 I/29—30。

② 手稿 F III 1/174 a。

③ R. 茵格尔顿：“我对胡塞尔的回忆”，前引书第 113 页。参见 E. Stein：《一个犹太家庭生活点滴》，第 174 页。

④ 1938 年或稍后，胡塞尔的遗孀把胡塞尔的一部分私人藏书重新装订和切齐，其中也包括《观念 1》的 A 本。这时她注意到了该书扉页上的“私用本”字样。由于切齐书边，该书中胡塞尔的一部分眉批被切掉了。参见本版第二分卷正文校勘附录中的描述，第 657 页。

这个本子里他加进了对本书的注释和附页。在目前这个新版本中，我们将这个私用本称作A本，它包含着胡塞尔对《观念1》的最早写下的眉批。

对A本中的注释的考察表明，在关于“本质和本质知识”这第一编中的§1—16和§21—23都带有注释。在§27—60中，因为内容几乎全属“基本考察”，注释较密。此外关于阐明方法的几段（§67，§68，§125）中也有很多注释。关于中性化的部分（§113—118）和关于意向对象概念部分（§88—92，§98，§131—133）也是如此。此外，在内容上彼此相关的§78和§85也包含了许多评注，这两节是有关反思、质素和形态的，它们作为在“关于体验反思的现象学研究”[1]中被分离的体验组成部分。除了这些眉批之外，胡塞尔还在他的私用本中插入了若干单页，这些单页一般被看成是对某些正文段落的修改和扩充，但部分上也包含着对该书某些部分的一般考察或仅只是对一些用语的微细的调整。所有这些包括多种多样内容的篇页在本版第二卷中均标以“附页”字样。正如从眉批中的提示可以推断的，A本起初总共包含了39页这类附页，其中9页属于第一编，4页属于第二编，16页属于第三编，10页属于第四编。

这些注释是在长达16年的过程中写出的，这一事实清楚表明，这些往往性质极不相同的眉批和附页绝不可能显示它们是出于一种统一的改写意图。不过我们按照内、外标准可以将这些文字的产生分为四个主要阶段，并大致概述一下这些注释的基本写

① §78的标题。

作意图。但是我们当然不可能明确区分出眉批的各个类别和为每一个别注释指出其确定的书写日期。

属于A本和39张附页中29页的大多数眉批的第一组文本出现在1913—1915年。首先不难猜测,它们是在有关《观念1》的研究班举办时产生的。特别是关于质素,意向作用和意向对象诸节中的注释是与茵格尔顿关于1913/1914年冬季研究班的报道[①]一致的。他报道说,当时"时间问题"曾被谈到,以及"关于在感性知觉中的感觉材料的现存性有了争论"。[②] 也可看作这些研究班讨论的间接影响的是,按照一些附页上的说法,感觉材料就其实际作用而言属于全部意向作用,但不属于意向对象。[③]

然而值得注意的是,没有任何一份这类早期附录属于《观念1》的第二编"现象学的基本考察",在此编中胡塞尔将作为绝对存在的意识与世界的相对存在相对立。[④] 此外在这些论述中他并未赞同唯心主义。然而我们可以明确证明,在关于这部著作的研究班讨论中,胡塞尔的学生们坚决反对他的"在先验还原的意义和功能方面的唯心主义倾向"。[⑤] 这些附录的其他主题也指出了另一条道路;所讨论的是作为一种本质的或个别事态的原初所与方式的看,这种看与洞见相对,后者乃是作为综合的看的同一性事态的

① 茵格尔顿:"我对胡塞尔的回忆",前引书,第116页。

② 前引书,第125页注1。

③ 参见附录53,54,67。

④ 《观念1》§49,§55。

⑤ 茵格尔顿:"我对胡塞尔的回忆",前引书第116页。参见茵格尔顿:"斯太因作为胡塞尔助手时期的活动",《哲学和现象学研究》,第23期,1962年,第159页注6。以及斯太因:"一个犹太家庭生活点滴",前引书,第174页。

明证。同一事态是在有一个所与物的 DaB 宾语子句的判断中产生的。[1] 对此胡塞尔常常谈到这些事态中设定的与中性的行为之间以及行为的实显性或潜在性之间的区别。[2] 其他值得注意的主题依旧是真理[3]、所意指的事态[4]、质料与其在被意指项中的存在设定的性质[5]之间的区别等等概念，以及有关物质存在的充分所与性观念的讨论。[6]

所有这些主题都显著地集中于一个独特的论点上，即“第六研究”中较短的第五章“关于充分性、明证和真理的观念”。我们显然可以这样推测，所提到的附录和注解以及胡塞尔在 1913/1914 年冬季有关《观念 1》的研究班讨论，大部分应被看作是在他为“从根本上改写‘第六研究’”的长期努力的计划之内的。[7] A 本中最早的附录和边注特别与这样一些讨论有明显的关系，即上述第五章中关于设定的和非设定的行为，作为统握形式的表象，最终充实的观念，知觉概念扩大的必要性[8]，作为事态的真理，作为完全的充

① 参照附录 25，68，69，尤其是 70。这份较长的附录 70 的标题是“明证”。

② 参见附录 55—60。附录 55 带有引人注目的标题“实显性的与潜在性的设定”。

③ 参见附录 71。

④ 参见附录 28，70。

⑤ 参见附录 28，52，63。

⑥ 参见附录 72，73。

⑦ 1913 年 7 月 19 日致道倍尔特的信。手稿 AI 172/167 证实了二者之间的联系，这份手稿写于 1913 年 12 月。在这里“第五研究”的修订即“第六研究”第五章的修订，因为在其 § 38 开头论述的有关设定的和非设定的行为之间的区别是不成熟的。与该稿中断定的不同，一种意向体验可以是“非设定的，然而是实显的和非中性变样的”。关于术语，胡塞尔在此不谈设定的和非设定的行为，而是谈“《观念》中的设定的和中性的行为”。

⑧ 对此参照附录 70 末尾，第 622 页。

实综合的明证和判断性质与质料的区别等等的讨论。

1918 年产生的第二组文本也属于胡塞尔的一个出版计划的范围。这里所说的是专门属于第一编第一章，尤其属于 § 10—15 的边注和附页。[①] 这些边注和附页的主题（意义范畴和形式范畴，句法的和基底的范畴，基底本质和"此处这个"，具体项和个别项）也属于一项系统的计划，胡塞尔在 1918 年 2 月到 4 月期间在集中进行这一计划。当时他在准备一部"供数学家用的哲学书和供哲学家用的数学书"，[②]这部书应当从形式科学理论通向个体性的本体论，并最终通向自然实在本体论。[③] 在进行这种有关"个体化的全部重要问题"[④]的研究时，他也写下了前面提到的《观念 1》中的那些注释。因此在所说的这个文本类别和一份在 1918 年（或许 3 月份）写出的手稿之间有着特别紧密的联系，这份手稿的标题是"此处这个，个别化"，并显然与《观念 1》§ 11 有关。[⑤] 情况甚至可能是，在本版中作为附录 30 重印的关于"基底和本质"的文本，只是无意中夹入了私用本，它与《观念 1》关系甚少，正如胡塞尔在 A 本中所做的任何注释也与这个文本关系甚少一样。然而与其说它属于所引述的手稿 D8，不如说它属于胡塞尔对《观念 1》的修订工

① 参照附录 27，30—32。

② 手稿 AIII 6/44a。

③ 手稿 AIII 6/3a。

④ 1918 年 4 月 5 日胡塞尔致茵格尔顿的信（胡塞尔：《与茵格尔顿通信集》，第 10 页）。

⑤ 手稿 D8/14a："在《观念》中我按照对这类构成之'最终基底'的句法形式的区分，区别了实质性的本质和'此处这个'。我将返回个体，其本质是具体的。"同时参照手稿 D8/30a。

作范围。

在A本中的一些注释和对“1922/1923年讲座”[①]的笔记属于第三类附页。在这些附页中，胡塞尔对先验经验确定性、模态化、逻各斯都提出了确定的批评。[②] 假定这些确定的批评规定了绝对给与性的界限，并且像胡塞尔在一份附录里谈到此给与性说的，它在《观念1》中是“错误定义的”[③]，那么结论就是，这些附页正像其他三份附页[④]一样均产生于1923—1924年左右。在这段期间里胡塞尔反复提到《观念1》。[⑤] 他当时的写作计划是从1922/1923年冬季度关于“哲学导论”的那次讲演出发的，他在下一个冬季关于“第一哲学”的讲演虽然最初只是意在改进该计划[⑥]，事实上却是进行了彻底改写。根据这次准备他当时常在思考那个“重要而又艰难的任务”[⑦]，即完成一个“新的方法论研究”[⑧]或一部作为现象学基础论著的“导论著作”（“第一哲学”的沉思）。[⑨] 因此当时对《观念1》所做的注释也与胡塞尔的一项出版计划有联系。在两次冬季讲座题目中的“哲学”这个问题名称从而表明，当时胡塞尔正

① “眉批”第505页。

② 参见手稿MI 2 I/4—7。

③ 附录43，第597页。

④ 所谈的是附录33，34，51。

⑤ 参见《全集》第八卷中的证明，第593页和1924年“康德讲演”中的意见，《全集》第七卷，第230—234页。

⑥ 参见《全集》第七卷第6页。

⑦ 1924年8月7日致D. Mahnke的信。

⑧ 1923年3月27日致F. Kaufman的信。

⑨ 1923年12月22日致道倍尔特的信，参见《与茵格尔顿通信集》，第24页以下。

打算把《观念 1》的纯粹现象学提升到一种关于全体存在者和其存在特性的研究水平上去。因此私用本中对世界问题的两个附录[①],正像通过意向作用和质素的相互作用[②]来强调意向对象存在的构成性一样,都与胡塞尔当时实行的计划相一致。正如在《观念 1》开头处指出的那样,当世界是意识的"全部边缘域"时,[③]其意义就是为意识结构所规定的,后者却正是现象学还原方法研究的对象。《观念 1》的第三编已为此项研究做了准备,由此我们可以理解那时胡塞尔为什么会涉及这本书了。

5

胡塞尔为了赋予《观念 1》一种较好的新形式而进行的最广泛的,最具统一性的和展开最充分的一次努力,同时也是胡塞尔为发表一部作品所曾做过的一次独一无二的努力,即他于 1929 年秋季着手的对本书进行修订的工作。原稿早于 1912 年秋季写毕,然而促使他在十七年之后重新为之握笔的却是一个外来的因素:一位澳大利亚哲学家 W. R. 吉布森打算将《观念 1》译成英文。施皮格伯格指出[④],此事的起因是,二十年代的倭铿学者和翻译家吉布森理解到此书大有翻译价值。当他在 1928 年去欧洲度过休假年时大部分时间留在弗赖堡与胡塞尔聚谈。同年七月间终于下决心亲

① 附录 33,34。作为附录 76 印出的关于第二编第二章的反思也可能属于这一部分。

② 参见附录 51,第 606 页。

③ 《观念 1》,第 7 页。

④ 施皮格伯格为其所编吉布森"日记"所写的编辑前言,载于《英国现象学学会会刊》,1971 年第 2 期,第 60 页。

自承担这一翻译任务。① 他在其10月19日弗赖堡日记中首次谈到胡塞尔的扩大编写计划:"他将为英译本写一前言和后记,论述《观念》一书之后的两个新方向:第一个是主体间性(移情作用)……,第二个是自我和'习态'。"②按照吉布森的笔记③,胡塞尔将于1929年2月底开始为英译本写前言和后记;因此这是在从法国索邦大学返回之后。胡塞尔曾于二月中旬在那里做了"巴黎讲演"。④

关于拟议中的前言和后记,我们可以推测,前言或许——就像死后发表的"《逻辑研究》前言手稿"⑤那样——应当包括对现象学历程的一段回顾(洛克、柏克莱、休谟、鲍尔扎诺和布伦塔诺),并因此展现了作为一门历史发展终结的新科学。⑥ 或许也是对人们对《观念1》一向产生的误解所做的批评的澄清。计划中的后记于是首先具有肯定性的作用,即说明自《观念1》发表以来的现象学的发展。因此显然胡塞尔将首先更详细地论述他后来建立的现象学心理学观念,以便通过还原的彻底性超越它以通向"唯一真正的科学哲学"。⑦

① 吉布森:"从胡塞尔到海德格尔:1928年弗赖堡日记片断"(施皮格伯格编),载于《英国现象学学会会刊》1917年第2期,第65页。

② 前引书,第71页。

③ 前引书,第76页。

④ 发表于《全集》第一卷,第1—39页。

⑤ 由芬克发表于《哲学杂志》,1939年第1期,第106—133页和第319—339页。颇为可能的是,这个"前言稿"对1930年刊出的"我的《观念1》后记"至少产生过间接影响。

⑥ 参见附录36,38,79中有关评论。

⑦ 附录83,第650页。关于这个问题同时参见附录38,81,82。

从巴黎返回后，胡塞尔首先分两次把他的巴黎讲演归总为一本《笛卡尔沉思录》[1]，然后继续完成他的《形式的和先验的逻辑》[2]，以便最终在1929年夏彻底研究那时刚出版的海德格尔的著作[3]。正如他于1929年9月10日给吉布森的信中所写的，对他来说“时日有限，不可能在其无休无止的研究生活中为《观念1》的英译本再增写拟议中的东西了”。同时可从这封信中推知，胡塞尔当时放弃了特别撰写前言和后记的计划，以便修订该书的文本：“为了重新熟悉该书和考虑人们产生误解的方式，这是由我的肯定不完善的表述（即使由一位现象学家所做的）所引起的……，我重新阅读这部书。因为我再次看到非常有可能——不必大改动旧的文本——通过改进个别字句，适当地添加字句和附加上章节中较详细的讨论，使文本的表述获得显著的改善。”然而由于不久前刚出版的——日期是在1928年——该书第三版，暂时还不能考虑“我所提出的改写德文第二版的计划”。因此胡塞尔要求吉布森在其译本中进行改动：“这比通过必要的补充论述事先或事后指出这些误解要有效得多。”胡塞尔继续谈到了未来德文第四版的修订本：“对有关现象学还原（和现象学唯心主义）的基本的几章和有关意向作用和意向对象的一章，或许还有最后一章（构成问题）给与我们所说的某种改动，大概就足够了。”他补充说：“对于现象学还原，我已经想出了必要的修正。”然而不只是吉布森未看到在其翻译中做出这些改动的进一步的可能性，而且胡塞尔本

① 收入《全集》第一卷，第41—183页。

② 重新发表于《全集》第十七卷。

③ 参见I. Kern：“编者导言”，《全集》第十五卷，第XVI页以下。

人也在1929年10月23日给他写信说，这种改写工作对他来说负担过重，因为他“高估了”自己的力量和“低估了本书其他部分文本之间的一致性。结果，重新修订工作所需的规模之大是您不可能同意的”。于是胡塞尔按自己的考虑“撤销我们早先的协议，撤销撰写那个有益于读者的前言的协议”，但是这个前言当时已经撰写了。

胡塞尔进行改写的努力体现在A本中和《观念1》的另一个本子的注释中，以及其中的附页中，此外还体现在胡塞尔手稿存档中的所谓“吉布森卷宗”中和“英译本作者序”中，吉布森首次将这篇作者序放入1931年出版的英译本中，[①]这篇序言，如胡塞尔在1930年12月29日在致吉布森的信中写道，“鉴于德国的情况”被胡塞尔于1930年重印于《年鉴》第十一卷里作为《观念1》的一篇“后记”，其中并增加了“一段专供德国读者用的‘开场白’”，“在语言表达方面也略作改进(精确化)”。[②][③]

关于他的改写工作，胡塞尔首先在他的私用本A本中加入了一些边注，也许是其中记下的最后一些注释，它们只涉及《观念1》第二编“现象学的基本考察”，当时胡塞尔还为私用本写下一张关于“基本考察”中§38的附页。[④] 这张附页所谈的是体验流，它既是一个封闭的整体，又包含着单一体验的诸单个体。

① 胡塞尔：《纯粹现象学一般导论的观念》，吉布森译，哲学文库，1931年，第11—30页。

② 1930年7月16日致吉布森的信。

③ 《观念1》“后记”重印于《全集》第五卷，第138—162页。首次发表于《哲学与现象学研究年鉴》，1930年，第549—570页。

④ 附录41。

然而不久之后胡塞尔在1922年版的另一个本子里加入了他的文本改动稿。已注满眉批的A本中显然已无空白边页供进一步修改之用了。在这个此处称作D本①的，主要供1929年改写时用的新本子中，胡塞尔不仅将A本中的新边注略经文字润色后转写进去。而且他还首先从A本中最初写好的39张附页中取出29张来，将它们放入D本，这些附页主要是与第一编和第四编有关的部分。显然他在考虑对这些改写的东西做些编排工作。最后胡塞尔还为D本本身另写了12张新的附页。

在D本中《观念1》第一编全部被适当地然而普遍地加上了注释。在第二编第一章中边注甚少，而相反的，在第二、第三章中边注却很多。第四章未加注释。第三编中只有很少的注释，其中大多数注释出现在第二章的§83和§86中(关于统一的体验流和功能性概念)。最后在第四编中只有第一章有些注释。其余各章几乎无注。

边注集中于第二编第二章“意识和现实”中，因此即集中于现象学领域的真正展开中，所以它与胡塞尔在1929年9月10日致吉布森的信中所说的不久将中断工作的情况是一致的。“后记”主要也是关于还原问题的。因此首先是有关于从先验现象学中取消现象学心理学的边注，可以被看作是企图在已发表的文本之后向

① B本可能是在1920年前做的注释，C本大概是在1921年写下的，这两个本子都是1913年《年鉴》第一卷第一部分的印本。B本大约包含十个边注，并标出十处印刷错误。C本中的注解还要少，主要是标出印刷错误，这些错处在《观念1》1922年版本中已做改正。参见本书第二分卷正文校勘附录中关于这个本子的说明，第657页及以下。

该书较早的概念返归，即按照这些概念首先在1912年夏季讲座中所讲的那样。在那次讲座中胡塞尔从要求一种经验心理学以之为基础的“精神本质学”或理性心理学出发，后者本身应当已是现象学了，即使是照有限制的意义讲。

胡塞尔似乎并不是想把1912年时还成疑问的理性心理学概念重新捡起，这个概念他在所发表的文本中毫无犹豫地加以排除了。其实这些边注适合于二十年代末胡塞尔思想的基本方向，那时他相信自己已解决了一种现象学心理学的问题。[①] D本中的边注则想更明确地设想这个在《观念1》中潜在的心理学。因此首先把书中§33和§34之间的对立当作出发点。如果前一节提供了对根据认识论所称的“先验意识”[②]的“预备说明”，那么反之后一节以“对我们的自我和其体验的一种心理学反思”开始，结果似乎是“我们从未听说过这种新态度”。[③] 现在当胡塞尔更加强调说那种先验性是一个特殊存在的领域或一个基础时，[④]他就把以下几节的自然性明确地阐释为一种意向心理学的自然性，后者还没有完全放弃朝向实在世界的外部方向，即还未把握先验意识的构成特性。

D本的12张新的附页[⑤](以及A本中与此有关的一页)都属

① 胡塞尔在1925年夏和1928年做了有关这个问题的讲演。参见《全集》第九卷。

② 《观念1》，第57页。

③ 同上书，第60页。

④ 参见胡塞尔在1929年9月10日致吉布森的信中提到的《观念1》中有关现象学还原和“现象学唯心主义”这一章的评述。

⑤ 作为附录35—40，42，45—49刊出。

于"现象学的基本考察"的范围，都集中于本质区分的主题，而且与此同时纯粹心理学和此处称为"先验现象学"的关于先验主体的这门科学之间的牢固的平行关系"与一切彻底的哲学相联系"。[①] 此外，它们比书中正文更明确地把世界的意义解释为文化世界和价值世界，以及解释为主体间共同体的世界。[②] 因此世界首先是主体的活动场所和作为其"全部实践的和理论的生活之基础的"先决条件。[③] 这个拥有世界的主体将在纯粹心理学还原中成为一种通向物理学的"类似的抽象"[④]的主题。这种态度通向"内部经验"，[⑤]后者在其连续的前涌中作为一种"不中断的真正封闭的关联体"[⑥]是由诸单一体验，主要是由物知觉[⑦]所构成的。[⑧] 这一领域[⑨]在纯粹心理学中还是作为世界的部分区域被把握的[⑩]，其封闭性已预示了一种进一步态度改变的可能性。过渡到先验态度的必要性正好通过把意识全体确定为一种"普遍的边缘域意识"加以说明[⑪]，后者应当被阐明和被批评地质询其合法性与结构。因此与《观念

① 附录 38，第 591 页。对此也参见附录 36，37，45。

② 参照附录 40，42，45，46 和 49。

③ 附录 35，第 586 页。

④ 附录 38，第 591 页。同时参照附录 36，第 588 页。

⑤ 附录 37，第 589 页；附录 38 页，第 592 页。

⑥ 附录 36，第 588 页。

⑦ 参照附录 41，45，47，48。

⑧ 参照附录 35，36，39，45。

⑨ 参照附录 36，37。

⑩ 参照附录 38。

⑪ 附录 45，第 599 页。也参照附录 38，第 593 页："心理学上的纯粹意识主体的封闭的，连续相关性领域"，通过先验还原变为"先验意识主体的相应的普遍封闭的领域"。

1》的书籍正文相对的1929年的附页的特点就是当强调进入先验主体性时“朝向了纯粹心理学还原的道路”，[①]这是现象学中可通向《观念1》的道路之一。

为了进行修改，胡塞尔不仅把A本中的附页放入D本，而且还在1929年秋把不直接与《观念1》相关的其他手稿汇集起来。除了当时新写的材料和关于“现象学的基本考察”的第二章的一些旧材料之外，他把它们都放入一个封套中，标以“《观念1》吉布森附件”[②]或“《观念1》吉布森卷宗”[③]。后来胡塞尔又从中取出了一部分，结果胡塞尔的原始材料现在被分放在胡塞尔档案馆中的三个手稿卷宗内。胡塞尔后来把14页放入“巴黎讲演”卷宗[④]，其中9页大约写于1926年，只有3页是在汇集吉布森卷宗时于1929年新写出的。众所周知，在巴黎讲演中主体间问题起着显著的作用，而这几页也是与此问题有关的。[⑤] 胡塞尔可能——为了进行古布森在1928年10月19日日记中谈到的那个修改计划[⑥]——由于其中有关于主体间性现象学主题而将它们存入吉布森卷宗。然而情况可能是，这些手稿中谈到的“强烈反对”促使他把它们汇集起来以供《观念1》修改之用，胡塞尔无论在最初的封套上[⑦]还是在

---

① 附录38，第593页。

② 手稿BII 4/87a。

③ 手稿BN 3/1a。

④ 同上。

⑤ 它的标题是：“一切存在者，首先是一切先验的主体在存在上依属于我，于是我自己也依属于它们”。I. Kern按照胡塞尔最初安排这些手稿的次序将它们编入《全集》第十五卷作为正文2，第22—39页。

⑥ 参见上书第XLVIII页引文。

⑦ 手稿BII 4/87a。

后来的(今日的)纸夹上[①]都提到了这种反对。正如1923/1924年的《第一哲学》告诉我们的,这些反对的意义在于论证“世界非存在的假设性假定”[②]的有效性。在《观念1》§49中也提出了这一假定。而实际上胡塞尔在D本中有关这一段的一条长注中讨论和驳斥了对此假设的反对,关于一个世界消除的思想或许只意谓着“我疯了”和“别无他意”。[③]

在吉布森卷宗的旧封皮内今天仅留有像刚才提到的手稿一类的较早的文本,虽然它们都写于1920年以后:其中7页讲“先验还原”,[④]一篇短稿关于先验的和纯粹心理学的态度中任务的等价性,此外,除了若干单页之外还有一篇是讲“直接转向先验现象学还原之路”的。[⑤] 所有这些文稿都不是明确地为《观念1》而写。迄此为止它们构成了相当普遍性的“还原材料”,就像吉布森卷宗的最初封套上的另一标题所表明的那样[⑥],因此我在本版中将它们省略了。

相反,我选收了关于第二编第二章的三篇较早的考察,其中只有一篇[⑦]还存于吉布森卷宗的旧封套内。另外两篇[⑧]正像胡塞尔于1929年秋写下的其他文稿和在本版中现在完全发表的作为

① 手稿BIV 3/1a。

② 《全集》第七卷,第55页。

③ “边注”,第498页。

④ 于是有手稿BII 4/88a上的标题。

⑤ 手稿BII 4/98—100的标题。

⑥ 手稿BII 4/87a。

⑦ 附录77。

⑧ 附录76,78。

BI9II 稿系中单独文件包的那些文稿[1]一样被保留着。胡塞尔在其单独的封皮上记下："吉布森，供《观念 1》改写参考。通往心理学还原之途。"D 本中 § 35 对在吉布森卷宗中存放的一个"附录"的提示指出，这些文稿部分上只是偶然地放在吉布森卷宗内的，它们像 D 本中的附页一样整齐地或比它更整齐地被排列起来。[2] 此外在 D 本的注释，D 本的附页和 1929 年写成的吉布森卷宗中诸文稿之间有着紧密关联性。在两处所说的封皮注释中都有所谓在胡塞尔论著占有突出地位的"心理学还原之路"。因此纯粹心理学的和先验心理学的内容"具有相同的本质，虽然各有基本不同的存在方式"[3]。按照胡塞尔，二者的等同和差别，如已谈过的，体现于《观念 1》中从 § 33 向 § 34 的过渡之处。于是毋庸诧异，1929 年吉布森卷宗的手稿——除了少数例外[4]——只限于对这两节的思考。它们具有连续过渡性和实际上作为一种新开端这种两面性，实现了开端中的("演变中的")科学现象学的要求，正如胡塞尔在两年前一份手稿中说过的："如果认识论应当可能是无前提的、必然的、在每一认知功能方面是无前提的，那么仍然必定有一条道路从素朴地假定着世界的自然态度通向认识论的(先验的)态度。"[5]

1929 年以后他不再明确地从主题方面关心《观念 1》了。在此期间我们所了解的首先是在他 1936 年最后一部著作《危机》中的

① 参见《全集》第八卷第 576 页及以下和《全集》第九卷第 640 页中关于这些手稿的说明。

② 附录 84。参见"边注"中对它的提示，第 488 页。

③ 附录 82，第 642 页。

④ 已谈过的附录 84。

⑤ 附录 77，第 630 页。读者可在此看出与前面所谈结构相同的一种两重性。

一节。在该节中，顺便提一下，开头语句十分接近于《观念 1》§ 34 开头的语句，他谈到了《观念 1》所开辟的现象学道路具有一个“严重缺点”。[①] 然而这个缺点与其说是与该书本身现象学价值有关，不如说与在其发表后被其他读者和研究界的“接受”[②]状况有关。一份概述《危机》的手稿指出，应当在此背景下准确理解在此只是“顺便”提出的评论[③]。胡塞尔在此手稿中明确谈到了哲学中心的构建本身，此一中心专注于事物本身的研究：“真正的开端是活动本身，只有活动本身在现实中充分显示出可能性。前再现化，作为预先阐明的直观化，正像‘实行’一样并非是完全明晰的。思考的前明证性是必然的前作用，但仅只是前作用。因此真正的开端是活动，是实行本身，这是哲学本身的开端。”胡塞尔关于思考的真正开端补充了下面这句话：“因此这是一条朝向充分实现哲学之任务的哲学的非历史性道路。其中虽然有历史因素在起作用，但很不明显。这是我自己的最初道路，自那时以来它在我的未完成的《观念》的诸部分中（毫无历史性查证的）立即开始加上对自我的‘现象学还原’，以作为我们每一个近代哲学家都曾经运用过的一种方法。”[④]这段话表白了胡塞尔对本书的最终意见。对他来说，这部作品成为历史中的一个因素，而不只是他本身的作品了。更确切地说，它成了“哲学史目的论”中的一个组成部分[⑤]。

① 《全集》第六卷，第 158 页。
② 同上。
③ 《全集》第六卷，第 157 页。
④ 手稿 KIII 29/41a。
⑤ 全部手稿的标题（手稿 KIII 29/2a）。

*　　　　*　　　　*

1971年当《全集》丛书创立者和当时的负责人神甫H.L.梵布雷达教授委托我筹编胡塞尔《观念1》的一个新版本时，我还不可能预见到这一计划将带来多大的困难。我对这位不幸过早去世者的协助至为感谢。E. Marbach博士费心将本书第二分卷中印出的手稿文本与胡塞尔的原稿进行了核对，为本书的编辑工作做出了贡献。我将特别感谢我的妻子伊丽莎白·舒曼，不仅是为了在进行编辑工作和核对校样时她所给与的多方面的实际帮助，而且更主要的是为了她对此书新版的构想和细节安排方面所提出的有益判断。

卡尔·舒曼

1976年1月初稿

1987年11月(为中译本所做的)订正稿

导　　论 1

纯粹现象学是一门本质上全新的科学，我们将在本书中探索通往它的途径，描述它相对于一切其他科学的独一无二的位置，并证明它是哲学的基本科学。这门科学由于其本质上的特殊性而远离自然的思想方式，因此只是在我们时代才获得进展。我们称它为关于“现象”的科学。其他一些人们早已熟知的科学也研究现象。因而我们听到，心理学被说成是一门关于心理“显相”或现象的科学，而自然科学则被说成是关于物理“显相”或现象的科学；同样，有时人们在历史科学中谈论历史现象，在文化科学中谈论文化现象；与一切其他各类现实相关的科学情况也类似。不论在这类说法中“现象”一词的含义会多么分歧，而且不论它还会有什么其他意义，可以肯定，现象学也与所有这些“现象”有关，而且与“现象”一词的一切意义都有关联：不过现象学却以完全不同的态度与它们相关，按照这种态度，我们在长期熟知的诸科学中见到的“现象”一词的任何含义都以一定方式发生了改变，也只有经过这样改变之后，它才被纳入现象学领域。理解这类改变，或者更准确说，产生现象学态度，并通过反思将其特殊性和自然态度的特殊性提升到科学意识层次，这是首要的然而绝非轻而易举的任务。如果我们要达到现象学领域并以科学的方式使我们把握现象学固有的

本质，就应该完满地完成这个任务。

2 最近十年来在德国哲学和心理学中，关于现象学已有过很多讨论。人们相信，现象学与我的《逻辑研究》[①]是一致的，这样它就被理解为经验心理学的基础，被设想为对心理体验"内在性"描述的一个领域，它被——人们就是这样理解这种内在性的——严格限制在内部**经验**范围内。我对这种理解方式的反对[②]看来没有什么效果，而我对明确强调二者之间至少有某些主要区别点的补充说明，人们或者不理解，或者置若罔闻。由于未能理解我的说明的直接意义，人们对我对心理学方法的批评提出的反驳，也是毫无价值的。我对心理学方法的批评并未否认现代心理学的价值，也不曾忽略一些著名学者完成的实验研究。我的批评不过是直截了当地揭示这类方法的根本缺点，而要想把心理学提升到较高的科学层次并且显著地丰富其研究领域，必定要排除这些缺点。稍后在适当时机我将略谈一下，人们为维护心理学而反对假想中的我的"攻击"是不必要的。我在这里谈到这种争论是为了考虑到不断导致严重后果的流行的误解，使我能从一开始就明确强调，在以下探讨中我将深入对其研究的**纯粹现象学**（它与在《逻辑研究》中首次开创的那种现象学相同，其意义在后来十年的继续工作中日益深刻和丰富地对我显现出来）**不是心理学**，而且既不是对其领域的偶

---

① 胡塞尔：《逻辑研究》两卷本，1900 年和 1901 年。

② 在"作为严格科学的哲学"的论文中，该文载于《逻各斯》第一卷，第 316—318 页（特别注意第 316 页上有关经验概念的论述）。参见我的"1895—1899 年德国逻辑学论著的报告"中有关现象学和心理学关系的详细讨论，该报告载于《系统哲学文库》第 10 卷，1903 年，第 397—400 页。今日无须对该报告内容做任何改动。

然划定，也不是其术语系统，而是**本质的基础**才使其不能被纳入心理学。不论现象学必定认为对心理学方法具有多大意义，不论它为后者提供的“基础”多么必不可缺，它本身(已经是作为一门观念科学)绝不是心理学，正如几何学不是自然科学一样。甚至前一区 3
别比所类比的后一区别更为根本。纯粹现象学不是心理学这一事实，绝不为如下事实所改变，即现象学必须研究“意识”，研究各种体验、行为和行为相关项。通行的思想习惯要想对此理解，须付出艰苦努力。摆脱一切迄今为止通行的思想习惯，认识和摧毁那类通行思想习惯借以限制我们思想视野的理智束缚，然后以充分的思想自由把握住应当予以全面更新的真正哲学问题，这样才有可能达到向一切方面敞开的视野：这些都是难以达到的要求。但它们也都是最低限度的要求。的确，使人们感到如此难以获得现象学的本质，理解现象学问题的特殊意义及其与一切其他科学(特别是心理学)的关系，首先就由于需要一种新的、相对于经验中的自然态度和思想中的自然态度来说是**完全改变了的态度方式**。此外，自由地运用这种态度而不致重返旧的态度，学会察看、辨析和描述视野之内的东西，要求人们进行专门的艰苦研究。

这部书第一卷的最主要任务就在于，仿佛可以说一步步地寻求能够有助于克服突入这个新世界时所面临的极大困难的各种途径。我们将从自然观点，从面对着我们的世界，从在心理经验中呈现出来的意识开始；然后将发展一种现象学还原法，按照这种还原法，我们将能排除属于每一种自然研究方式本质的认识障碍，并转变它们固有的片面注意方向，直到我们最终获得被“先验”纯化的现象的自由视野，从而达到在我们所说的特殊意义上的现象学领

域。

让我们稍微更明确地勾画一幅预备性说明的轮廓，并且先来谈谈心理学，这既是时代偏见又是有关问题的内在共同性所要求的。

心理学是一门经验的科学。根据“经验”一词的通常意义，心理学包含着两种东西：

1. 心理学是一门关于**事实**、关于休谟意义上的 matters of fact（事实）的科学。

2. 心理学是一门关于**各种实在**[1] 的科学。它像心理学的“现
4 象学”一样研究“现象”，这些现象当具有现实的具体存在性时就是实在的事件，它们与所依附的主体都存于作为 omnitudo realitatis（全体实在界）的时空世界中。

与此相反，**纯粹的或先验的现象学将不是作为事实的科学，而是作为本质的科学（作为“艾多斯”科学）被确立**；作为这样一门科学，它将专门确立**无关于“事实”**的“本质知识”。这种从心理学现象向纯粹“本质”的还原，或就判断思想来说，从事实的（“经验的”）一般性向“本质的”一般性的有关还原就是**本质的还原**。

其次，先验现象学的现象将被描述为非实在的。其他的还原，特别是先验的还原，从赋予心理现象以实在性的以及由此赋予它们在实在“世界”中的地位的东西中，“纯化”了心理现象。我们的现象学不应当是一门关于实在现象的本质科学，而应当是一门关于被先验还原了的现象的本质科学。

随着本书论述的展开，上述一切论断的精确意义将会更为清楚。暂时它将勾勒一幅关于一系列导论性研究的略图。在此只须

补充一点看法：读者会注意到，在上述加着重号的两个问题中，不是像通常所做的那样将科学只划分为现实科学和观念科学（或划分为经验科学和先验科学），而似乎是运用着两种划分法，各自对应于两组对立物：事实和本质，实在和非实在。这两组对立取代了通常的实在和观念之间的对立，在以后的研究中（即在第二卷中）将会对此详加证明。我们将看到，实在概念将需要一种基本的限制，按此限制，在实在存在和个别存在（纯时间存在）之间的区别得以确立。一方面，向纯本质的过渡产生了关于实在存在的本质知识；另一方面，对于其余领域来说，也产生了关于非实在存在的本质知识。此外，一切先验纯化的"体验"将显然是非实在存在。现象学研究的正是这些非实在存在，但不是作为单一个体的，而是在"本质"中的非实在存在。然而，作为单一事实的先验现象在什么 5
程度上可为我们的研究所把握，以及这样一种关于事实的研究与形而上学的观念有何关系，只有在我们研究的最后部分中才能加以考察。

然而在本书第一卷中，我们将不限于讨论现象学还原的一般学说，这种学说使我们能看清和把握先验纯化意识及其本质相关项。我们还将力图获得关于这种纯粹意识的最一般结构的确定观念，并以它们为中介获得关于最一般问题系列的观念，属于这种新科学的研究路线和方法。

在第二卷中我们将详细讨论某些有特殊意义的问题系列，对这些问题的系统的表述和独特的解决，乃是一个前提条件，它使我们能实际阐明现象学与各种自然科学、心理学、精神科学之间，以及与一切先验科学之间的复杂关系。此处构想的现象学方案将提供一些有用的手段，以便使人们大大加深对在第一卷中获得的现象学的理解并获得对现象学广大问题领域的内容无比丰富的认识。

本书第三卷是讨论哲学的观念的。它将唤起这样的识悟，即植根于纯粹现象学的真正哲学的观念，是实现绝对认识的观念。所谓植根于现象学，其重要意义是对一切哲学中的这个第一哲学进行系统的严格论证和说明，乃是每一种形而上学和其他“将能作为科学”出现的哲学的永久性的前提条件。

因为现象学在此应被确立为一门本质科学——一门“先天的”或也可以说是艾多斯的科学——，对我们来说十分有用的是，在进行一切关于现象学本身的努力之前先提出有关本质和本质科学的一系列基本说明，并维护本质认识的原初的自身合法性而反对自然主义。

6 在结束这篇导论时，我们来简单说明一下本书使用的术语。正如在《逻辑研究》中那样，我尽可能地避免使用 a priori（先天地）和 a posteriori（后天地）这些词语，因为在它们的通常使用中包含了使人误解的词义含混和歧义性，同时也因为一些作为过去有害的遗产的声名狼藉的哲学学说，是与它们纠缠在一起的。我们只在那样一些可使它们不致产生歧义的上下文中使用它们，此外，它们只被用作其他那些与它们相联系的、可赋予单义性的名词的同义词，特别是当我们进行历史性类比时。

Idee（观念）和 Ideal（观念）这两个词在产生令人不安的种种歧义时也许并非如此使人困惑，虽然整个来说还是很难处理好对它们的使用。人们对《逻辑研究》的经常的误解，使我对这一情况过于敏感。此外,由于有必要保持康德的极其重要的观念(Idee)概念与(形式的或实质的)本质(Wesens)的一般概念之间的明确区分,使我决定改变术语。因此我使用在术语系统中未被使用过的一个外来词"Eidos"(艾多斯)和德文词"Wesen"(本质),后者具有不甚严重但偶尔还会引起麻烦的歧义性。

只要能找到一个适当的替换词,我也想排除语义内涵含混的词 Real(实在)。

一般来说应当注意到:因为我们将不会完全在历史上出现的哲学语言范围之外选择专门用语,尤其是因为,基本哲学概念不可能通过根据直接的直观永远可识别的坚实概念来获得;更确切地说因为一般而言,在概念的确切说明和规定之前必定先有漫长的研究:所以同时并用的说话方式往往必不可少,这些方式一起组成一定数量的词义甚近的习常词语,并赋予其中某一词语以术语的优先性。在哲学中不可能像在数学中一样去定义;在这方面对数学方法的任何模仿不只是毫无成效,而且还会导致最有害的后果。此外,上述术语都应在审慎思考当中通过确定的、内在自明的意义上的有效性,去获得其确定意义。同时,在这方面——以及一般而言——必须放弃与哲学传统的详细批评比较,因为这类工作是过于繁复了。

7 第一编　本质和本质认识[2*]

第一章　事实和本质[3]

§1　自然认识和经验[4]

自然认识以经验开始，并始终存于经验之内。按照我们称作“自然的”理论态度的那种理论态度，可能研究的全体视野可用一个词来表示：即世界。因而，以这种原初①态度为根据的全部科学即关于世界的各种科学；而且，只要它是占绝对支配地位的理论态度，“真正存在”、“现实存在”即实在存在[5] 和——因为各种实在事物共同构成了世界的统一体——“世界中的存在”等概念就相互一致。

与每一种科学相对应的有作为其研究领域的对象域；而与它的一切知识，在此即与它的一切正确陈述相对应的有作为保证其

---

① 此处无须追溯历史。当我们在此谈到原初性时，无须或不应考虑无论是心理因果的生成还是历史发展的生成。后面我们将通过反思从科学上澄清其他的含义。然而一开始人人都感到，对事实的经验的和具体的认识先于每种其他的认识，如每种数学的——观念的认识，前者无须具有一种客观的时间意义。

合法性基础主要源泉的一些直观，按照这些直观，属于该领域中的对象变为自身所与的存在，而且至少其中有一部分变为**原初所与的存在**[6]。第一位的、“自然的”认识领域以及该领域中一切科学的这种**给与的**直观[7]，即是自然的经验；而**原初**给与的经验就是**知觉**，
这个词是按通常意义理解的。某实在物原初地呈现，和在直接的 8
直观中去“注意”它和“知觉”它，是一回事。我们在“外在知觉”中对自然事物有着原初的经验，但在记忆或前瞻的预期中却不再有这种经验；我们在所谓内知觉或自我知觉中有对我们自己和对我们意识状态的原初经验，然而在“移情作用”[8]中我们对其他人及其体验却没有这种经验。我们根据对他人身体外在表现的知觉，“把握他人的体验”。这种移情作用的观察虽然是一种直观的、给与的行为，但不再是原初给与的行为了。他人及其心理生活虽然是被意识作“自身在那儿”，并与其身体相统一，但它们像身体一样不被意识作原初给与物。

世界是关于可能经验和经验性认识的对象的总和，是关于那些根据实际经验在正确理论思维中可认识的对象的总和。我们在这里不讨论，经验科学的方法在被详细考察时情况如何，以及这类方法怎样使合法性超越直接经验所与物的狭窄限制。关于世界的科学，亦即持自然态度的科学，以及关于具有**心理—物理性**质的有生命物的科学，因此还有生理学、心理学等等，都是所谓在某种意义上的自然科学，即关于物质自然的科学。同样，一切所谓的**精神科学**也属此类，即历史学、文化科学、各种社会学学科等等。目前我们可以暂不考虑它们究竟是否应与自然科学并列或对立，究竟是否应被看作自然科学，还是一些具有新颖本质的科学。

§2　事实。事实和本质的不可分离性

经验的科学是关于“事实”的科学。经验的基本认知行为个别地设定着诸实在物，把它们设定为某些在时空中的具体存在物，设定为某种在此时间点上的东西，具有其本身时延和实在内容的东西，这种实在内容，就其本质而言，也可以存于任何其他时间点上。另一方面，它被设定为处于此位置上，具有此物理形态（或被呈现为与某个具有此形态的有机物相一致），虽然同一实在物按其特有
9 本质被考察时也可能处于任何其他位置上和具有任何其他形态，它也可以改变，虽然实际上未变，或可能以不同于它实际改变的方式来改变。普遍而言，每一个别存在都是“偶然的”。它如是存在着，就其本质而言它可以不如是存在。即使存在有某些自然法则，按照该法则某种实在状况事实上存在，那么某种确定的结果事实上也必定存在：这些法则只是表现了事实性规则，这些规则本身完全可能是另外一种样子，而且它们已假定，按照从一开始就属于可能经验的对象的本质，由这些法则所支配的可能经验的对象，就其本身而言仍然是偶然性的[9]。

但是这种被称作事实性的偶然性的意义是有限制的，因为它与一种必然性相关，此必然性并不意味着在诸时空事实间并置关系的有效规则这种纯事实性的组成（Bestand）[10]，而是具有本质必然性的特性，并因此具有一种涉及本质一般性的关系[11]。当我们说，任何事实“按其自身本质”可以是其他样子时，我们已经是在说，每一偶然事物按其意义已具有一种可被纯粹把握的本质，并因而具有一种艾多斯可被归入种种一般性等级的本质真理。一个个

别对象一般不只是一个个别对象，一个 Dies da（此处这个）![12]，一个一次性存在的对象，作为“本身”有某种性质的特殊物，具有一系列本质的谓词，这些谓词必定属于它（作为“一个自身如是的存在物”），因此其他第二性的、相对的规定也可属于它[13]。因此例如，任何声调本身都具有一个本质，其中最高位的本质即具有普遍本质的声调本身，或准确说声音本身——被纯粹当作可直观地在个别声调中挑出的因素（单独地，或使一种声调与作为“某种共同物”的其他声调相比较）。同样，任何物质的东西都具有自己的本质类，其中最高的本质类即“一般物质物”这个普遍类，它具有一般时间规定、一般时延、一般形象、一般物质性。属于该个体本质的每种东西，其他个体也可能有；而且在上述各例中指出的那种最高的本质普遍性，界定着诸个体的“区域”或“范畴”。

§3　本质看和个别直观[14] 10

最初，“本质”一词表示在一个体最独特的存在中呈现为其“什么”（Was）的东西。然而任何这种“什么”都可“纳入观念”之中。经验的或个别的直观可被转化为本质看（观念化作用）——这种可能性本身不应被理解作经验的，而应被理解作本质的。于是被看者就是相应的纯粹本质或艾多斯，无论它是最高范畴，还是最高范畴的直到包括完全具体物的特殊物。

这个给与着、也许原初给与着本质的看，可能是一种充分的看，好像我们能够在例如对声调本质的看中容易达到的。但这种看也可能是某种程度上不完善的、“不充分的”，而且不只是指其明晰性和清楚性的程度。某些本质范畴的特殊性是这样的，属于它们的本质只能“单面地”、连续“多面地”，但永远不会是“全面地”被给与。相应地，对应着这类本质的个别化单一体，于是只有在不充分的、“单面的”经验直观中才可被经验和被表象[15]。这种情况适用于说明与事物有关的每一种本质，也适用于说明外延和物质性的一切本质的组成部分。的确，正如进一步考察（后面的分析将对此加以阐明）可以看到的，它一般地适用于一切现实对象[16]。于是，单面性和多面性这种模糊的表达将因此具有确定意义，而各种不同的不充分性彼此也将被区分开来。

目前指出下面几点已经足够了，即自然事物的空间形态基本上只能呈现于单面的侧显中；而且尽管在任何连续直观过程中这种持续存在的不充分性不断获得改善，每一种自然属性仍把我们引入无限的经验世界；每一类经验复合体不管多么广泛，仍然能使我们获得更精确的和新的事物规定性，如此以至无穷[17]。

个别直观不管属于什么种类，不论它是充分的还是不充分的，都可转化为本质直观，而且这一直观不管在相应的方式上是充分的还是不充分的，都具有一种被给与的行为的特征。但其含义是：
11 本质（艾多斯）是一种新客体。正如个别的或经验的直观的所与物是一种个别的对象，本质直观的所与物是一种纯粹本质。

这里提出的不只是外在的类似，而且是一种彻底的共同性。本质看也是一种直观，正如本质对象是一种对象一样。互相关联的概念“直观”和“对象”的普遍化，不是任意畅想，而是事物本性所强制要求的。① 经验直观，尤其是经验，是对一个别对象的意识，

---

① 今日心理学研究者多么难于掌握这个简明的、基本的洞见，这可由奥斯瓦尔

而且作为进行直观的意识，它“使此对象成为所与物”，作为知觉，
它使其成为原初所与物，成为原初地、在其“机体的”自性中把握此
对象的意识。完全同样，本质直观是对某物、对某一对象的意识，
这个某物是直观目光所朝向的，而且是在直观中“自身所与的”；然
而它是也可在其他行为中被“表象的”、被模糊地或清楚地思考的
某种东西，可成为真假述谓的主词——正像在形式逻辑中必然最
广意义上的任何“对象”一样。任何可能的对象，从逻辑上说“真述
谓判断的任何可能的主词”，在一切述谓思想之先，正好具有它的
与表象和直观的目光交遇的方式，这个目光或许在其“机体的自性
中”达到它和“把握”它。因此本质看是直观，而且如果它在隐含的
意义上是看而不只是再现或模糊的再现[18]，它就是一种原初给与
的直观，这个直观在其“机体的”自性中把握着本质。①然而另一方
面，它是一种基本上独特的和新型的直观，即与那类相关于其他范 12
畴的客体的直观相对立，特别是与在通常狭义上的直观，即个别直
观相对立。

本质直观的特性肯定是这样的，个别直观的主要部分，即个体的显现、被见，是以其为根据的[19]，虽然这个个体肯定未被把握，也

特·库尔波的例子提供典型的说明，他在我刚收到的著作《现实化》第一卷（1912 年）第 127 页上对我的范畴直观理论进行了令人惊异的反驳。十分遗憾，这位杰出的学者误解了我。然而我却不可能对此提出反批评，因为误解是如此彻底，我的论断中的原有意义竟然丝毫未被保留下来。

① 我在《逻辑研究》中通常使用观念化作用这个词来表示原初给与的本质看，而且甚至在大多数场合下表示充分的看。但显然需要一种更灵活的概念，它可包括每一种直接指向本质并把握它、设定它的意识——其中也包括每一种这类“晦暗的”，因此不再是直观的意识。

并未被设定具有任何现实性。因此可以肯定，如果没有朝向“相应的”个体之目光的、并形成例示性意识的自由可能性，就不可能有本质直观——正如反之，如果没有产生观念化作用并在其中使目光朝向个别所见物中被例示的相应本质，就不可能有个别直观一样。但这一点绝未改变这样的事实，即**这两种直观是本质上不同的**；而且正像我们刚说过的，命题只说明了它们之间的本质关系。与诸直观间的本质区别对应的有“存在”（在此显然是指个别性存在）和“本质”之间的本质关系，**事实**和**艾多斯**之间的本质关系。按照这些关联域进行分析，我们就以洞见方式把握住与这些词语相应的，并从此以后与它们牢牢相连的概念本质。因此一切特别依附于艾多斯（观念）和本质的**神秘思想将被彻底排除**。①

§4　本质看和想象。独立于一切事实认识的本质认识[20]

艾多斯，纯粹本质，可以在经验所与物中，在知觉、记忆等等的所与物中被直观地例示，但它也可在**纯想象的所与物**中被例示。因此为了亲身地并**原初地**把握一本质，我们可从相应的经验直观开始，但**也可从非经验的**，不把握事实存在的，而“仅只[21]是想象的”直观开始。

如果我们通过自由想象产生空间形状、曲调、社会过程等等，
13 或者如果我们想象喜欢或不喜欢、意愿等行为，那么在此基础上我
们通过“观念化作用”**能原初地**，**或许甚至是充分地**看到种种纯粹

① 参见我在《逻各斯》第一卷上的文章，第315页。

本质:即一般的空间形状、曲调、社会过程等等的本质,或者是形状、曲调等等有关的特殊类型的本质。在这里,实际经验中的任何这样一种东西是否曾被给与,是无关紧要的。如果由于某种心理上的奇迹,自由想象作用会导致对在任何经验中从未出现过和将绝不会出现的全新种类的,例如感性材料的想象,那也绝不会改变相应本质的原初所与性:尽管所想象的材料绝非实际的材料。

与此有本质联系的是下述情况,即对本质的设定和首先是对它的直观把握,丝毫不包含对任何个别的事实存在的设定,纯本质真理丝毫不包含有关事实的断定,因此甚至最不重要的事实性真理也不能从纯本质真理本身中推出。正如与事实有关的任何思想、任何论断都需要经验为其基础(就这类思想的有效性本质必然要求这一点而言)一样,关于纯粹本质的思想——未经混合的、未把事实和本质联结在一起的思想——也要求本质看作为其根本的基础。

§5　本质判断和具有本质普遍正当性的判断[22]

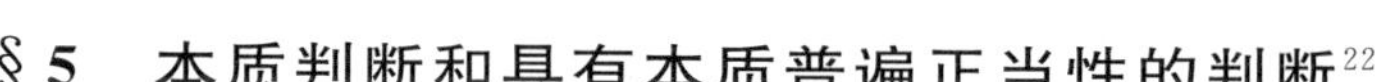

但是我们现在应当注意下述问题。关于本质和本质事态[23]的判断,与一般本质的判断,就此概念应被赋以充分的外延而言,不是一回事。本质认知在其一切命题中都不具有"有关对象"的本质;而且与此紧密相联的是,本质直观——如它直到现在为止被理解的那样——作为一种与经验、与事实存在把握类似的意识,在此意识中一个本质是以对象的方式被把握的,正如在经验中某些个别物被把握时一样,这样的本质直观不是既包含本质又排除每一种事实存在设定的唯一意识。本质可以被直观地意识,也可以通过某种方式被把握，而不须成为“有关的对象”。

让我们先谈判断。更严格地说，这是一个涉及关于本质的判
14 断和下面这种判断之间的区别的问题，后者以不确定的一般方式并且不涉及对个别物的设定，却仍然是关于个别物的判断，虽然它是在一般方式中纯粹作为一种本质单一体被判断的。因此在纯几何学中，我们一般并不判断直线、角、三角形、圆锥曲线等等的艾多斯，而是判断一般直线、一般角，或直线本身、角本身，或个别的一般三角形、个别的一般圆锥曲线。这种全称判断具有一般本质的特性，即“纯粹的”，或也被称作“严格的”、绝对“无条件的”一般性。

为简明起见，让我们假定这是关于“公理”、关于直接明证的判断的问题，一切其他判断都通过间接论证归结到公理。如此处所假定的，如果它们按上述方式判断个别的单一物，这些判断，为了它们的意向作用方面的根据，即为了达到对它们的洞见，就需要一种对本质的看，人们可以把这种看（在修正之后的意义上）也称作本质把握；而且这种看也像以本质为对象的本质直观一样，是建立在对本质个别单一体的一种察看[24]之上的，而非建立在对它们的经验之上的。对于这类判断，单只想象表象，或准确说想象上的清晰性就足够了。被看的东西是这样被意识的，它“显现着”，但非作为事实存在物被把握。例如，如果我们以本质一般性（“无条件的”、“纯粹的”一般性）来判断，“一般颜色不同于一般声音”，刚才所谈的东西可据此加以检验。一个颜色本质单一体和一个声音本质单一体是直观地，即作为其本质单一体而“呈现的”；（无事实存在设定的）想象直观和本质直观是以某种方式同时存在的，

但后一种直观并不使本质成为一个对象。然而这一情况的本质在于，我们总是随意地转向相应的使本质对象化的态度，这种转换正是一种本质的可能性。判断将随着改变了的态度而改变；于是它表示：颜色本质（“属”）不是声音本质（“属”）[25]。一切情况下均如此。

反过来说，关于本质的每一判断可同样地转变为关于此本质本身单一性的一种无条件的普遍判断。诸纯粹本质判断（纯粹艾多斯的判断）都以这种方式联系起来，不管它们可能具有什么逻辑形式。它们的共同性在于都不设定个别的存在，即使它们对个别存在——正是在纯粹本质普遍性中——进行判断。

§6　某些基本概念。普遍性和必然性[26]

显然，下面这些观念是相互联系在一起的：本质判断作用，本质判断或本质命题，本质真理（或真命题）；作为最后一个观念的相关项：本质事态本身（作为本质真理中存在的东西）；最后，作为前两个观念的相关项：在单只被意念者（Vermeintheit）这个变样的意义上的，即在可能存在或不存在的被判断者的意义上的本质事态[27]。

一个本质一般事态的每一种本质个别化和单一化，就其如是而言，被称作一种本质必然性。因此本质一般性和本质必然性是相关项。但“必然性”一词的用法是随关联域的诸相关作用而变化的：相应的判断也被称作必然的。然而重要的是注意这些意义区别，并且首先不要把本质一般性本身称作必然性（如人们常常做的那样）。对必然性的意识，准确说一种判断意识，在其中对于作为一种本质一般性的特殊化的事态被意识着，被称作一种**确真**的意识；判断本身，命题，被称作与其相关的普遍判断的一个**确真的**（也即确真——“必然的”）**结论**。关于所谈的在一般性、必然性和确真性之间关系的命题，也可普遍地加以理解，因而它们将对任何领域，而不仅是对纯本质领域有效。但是很明显，它们**在本质限界内**获得了一种明确的和特别重要的意义。

关于一般个别物的本质判断与对个别物事实存在设定的结合，也是极其重要的。本质一般性转化为一种被设定的事实存在的个别性，或转化为一个由个别物组成的不确定的一般领域（这些个别物被设定为事实性存在）。几何真理对（被设定为现实的）自
16 然界事例的每一次“应用”都属于这种情况。于是被设定为现实的事态，就其是一种个别的现实事态而言，就是一种事实；然而就其是一种本质一般性的个别化而言，就是一种**本质的必然性**[28]。

自然法则的无限制的一般性不应与**本质一般性**相混。当然，“一切物体有重量”这个命题事实上并未把整个自然界内的确定事物设定为事实存在。它仍然不具有本质一般命题的无条件一般性，因为按照它作为一种自然法则的意义，它永远具有一种事实存在的设定，也就是关于自然界本身、时空现实的设定：一切物体——**在自然界中**，一切“现实的”物体——都是有重量的。另一方面，“一切物质事物均有广延”这个命题具有本质正当性，并可被理解作**纯粹**本质命题，只要在主体侧进行的关于事实存在的设定被中断的话。它论述某种纯粹在某物质物的本质中和广延的本质中的东西，而且我们可将其阐明为具有“无条件的”一般有效性。我们是通过使物质物的本质达至原初所与性的方式（或许是

通过对某一种物质物的自由想象）办到这一点的，以便在这种给与的意识中去完成各种思维步骤，这是“洞见”，即每一命题所明确表达的本质事态的原初给与性所要求的。在空间中的**某些现实事物**符合于某种真理，这并不只是一种事实，而是作为本质法则的特殊化的一种**本质必然性**。在此只有被应用的现实事物本身才是事实。

§7　事实科学和本质科学[29]

在个别对象和本质间存在的（本身为本质的）关系，奠定了在事实科学和本质科学之间相互对应关系的根据，按照这种关系，每一个别对象都有一种作为**其**本质的本质组成属于它，正如反过来说，作为其事实的个别化的诸可能的个别物对应着每一本质。存在有**纯粹本质科学**，如纯逻辑、纯数学、纯时间学、空间学、运动学等等[30]。在每一思想阶段上它们都摆脱了各种事实设定；或者仍然是同样的意思：在它们之中**无作为经验的经验**，即作为现实、作为一种把握着或设定着事实存在意识的经验，可**承担奠定基础的功能**。在经验于其中起作用之处，经验不是**作为**经验起作用的。17
因此，在黑板上绘制图形的**几何学家**，是在事实存在的黑板上产生着事实存在的线条。但是他对该产物的经验活动，作为一种经验活动，正像他的物质性生产活动一样，都不曾为他的几何学的本质看和本质思维奠定基础。因此，无论他的经验活动是否是幻想，或者他是否并未实际地去画他的线条和图形，而是在一个想象的世界中想象着它们，都是无关紧要的。**自然科学家**的情况则完全不同。他进行观察和实验，即他按照经验确定着事实存在，**对他来**

说，经验活动是一切均以之为基础的行为，它绝不能被单纯想象活动所取代。而且正因如此，事实科学和经验科学是相等的概念。但是对于几何学家来说，他不探究现实，而是探讨“观念上可能的现象”，不探讨现实事态，而是探讨本质事态，因此提供最终基础行为的不是经验而是本质看。在间接洞观的思想中，即按照绝对直接洞观的原则被给与的间接本质事态，是以在直接洞观中被把握的本质事态（或本质公理）为基础的。因此，间接奠定基础的每一步骤都是确真的和本质必然的。因此纯本质科学的本质就在于，它是以纯然本质的方式运作的；从开始及往后，唯一的事态就是具有本质有效性，并因此能直接地具有原初所与性的（如直接以原初洞见的本质为基础的）事态，或者是可通过纯演绎程序从这类“公理的”事态中“推出的”事态。

与此相联系的是精神本质科学的实践性观念，这种科学严格说来只是由于近代数学才得以实现的：每种本质科学如何通过如下方式被赋予最高的合理性，即把它的一切间接的思维步骤都加以还原并将其直接置于某本质领域的公理之下，这些公理自身形成着一个系统。而且这些公理系统必然与“形式的”或“纯粹的”逻辑的全部公理相结合，如果开始时它并不是关于“形式的”或“纯粹的”逻辑本身的话（在普遍科学的广义上[①]）。[31]

18 与此相联系的还有“数学化观念”，它像刚刚描述的那种观念一样，对于有关一切“精确的”本质学科的认知实践均有重大意义，

[①] 参见有关作为普遍科学（mathesis universalis）的纯粹逻辑的观念，《逻辑研究》第一卷最后一章。

它们的全部知识组成(如在几何学中那样)都被包含在具有纯演绎必然性的少数公理的一般性之中。此处不拟对此多谈了。[①]

§8　事实科学和本质科学间的依属关系

由上面的论述显然可见,本质科学按其意义从原则上就拒绝吸收任何经验科学的认识结果。在这些科学的直接论断中出现的现实设定,完全贯穿于其一切间接论断之中。从事实中永远只能推出事实。

虽然每一种本质科学原则上都独立于每一种事实科学,但是另一方面,事实科学的情况却正相反。不存在任何这样一种充分发展了的科学,它能排除本质认知,从而能独立于形式的或实质的本质科学[32]。因为首先毫无疑问,一种经验科学,不论它在哪里提出间接的判断根据,它必须按照由形式逻辑处理的形式原则来进行。一般而言,因为正像任何其他科学那样,一门经验科学是指向对象的,它必须受属于一般对象的本质的法则的普遍限制。因此它与一组形式本体论学科发生了关系,这些学科除狭义的形式逻辑外,还包括形式的"普遍科学"学科(因此也有算术、纯粹分析、集合论)。[33]其次,任何事实都包含一种实质性的本质组成因素;任何属于包含在其内的纯粹本质的本质真理都必定产生一种法则,所与的诸单一事实,像任何一般可能的事实一样,都受此法则约束。

① 参见本书第三编第一章,§72。

19 ## §9 区域和区域本质学[34]

任何具体的经验对象连同其实质性本质都存于一种最高的实质属、一种经验对象的“区域”中。于是与纯区域的本质相对应的有一种区域的本质科学，或者可以叫作一种区域的本体论。我们假定，区域性本质，或含有它的种种不同属，乃是如此丰富和极其多种多样的知识的基础，这些知识的系统展开使我们能谈论一门科学或谈论一门对应着该区域所包含的诸单一属的整整一系列本体论学科。我们能够充分相信这一前提实际被满足的广泛程度。因而按此，属于一个区域范围内的任何经验科学都将必然既与形式的又与区域的本体论学科相关。我们也可这样说：任何事实科学（经验科学）都在本质本体论中有其本质的理论基础。因为（如果这个假定正确）十分明显，以一种纯粹的、无条件有效的方式与该区域内一切可能对象相关的大量知识，不可能失去对于经验事实研究的意义，因为这些知识一部分属于一般对象的空形式[35]，一部分属于区域艾多斯，后者似乎展现了该区域内一切对象的一种必然的实质的形式。

这样，举例说，一般物质自然的本质科学（自然本体论）就对应着一切自然科学学科，因为可被纯粹把握的艾多斯，即一般自然的“本质”，连同其包含于本质中的无限多的本质事态，都对应着事实性的自然。如果我们形成一种充分合理化的自然的经验科学的观念，即在其理论化的道路上如此发展的一门科学的观念，它所包含的每一特殊命题都溯至其最一般的和最根本的基础，那么显然，该观念的实现本质上依赖于相应本质科学的建立；因此它不只依赖

于以同一方式与一切一般科学相关的形式科学的建立[36]，而且特 20
别依赖于那些实质本体论学科的建立，后者以合理的纯粹性，即完全以本质的方式，说明着自然的本质，并因此也说明自然对象本身的一切本质种类。当然，以上所谈也适合于任何其他区域。

从认知实践角度上[37]首先可以期待，一种经验科学越接近“合理的”阶段，即“精确的”[38]法则科学的阶段，因而它越加以发展了的本质学科作为其基础并利用它们作为其论证的根据，那么，其认知实践结果的范围和效力也就越大。

这一观点已为合理的自然科学，与自然有关的各种科学的发展所证实。它们的伟大时期始于近代，即当在古代（而且主要在柏拉图学派中）作为一门纯本质学已获高度发展的几何学极其辉煌地使物理学方法一举而大获成功之时。人们已明了，物质物的本质在于它是广延物（res extensa），因而几何学就是与物质物[39]的一种本质因素——即空间形式相关的本体论学科。但人们又进一步明了，事物一般的（按我们的说法，区域的）本质，范围更广。这被如下事实所证明，这种发展既沿着一系列与几何学一致的新学科的方向进行，又要求履行使经验事物合理化的同一种功能。形式的和实质的数学科学的空前繁荣就是由这一倾向中产生的。这些科学作为纯“理性的”科学（作为我们所说的本质本体论），为人们以极大的热情加以发展或重新建立起来，而且（在近代初期和此后很长时期）不是为了它们本身，而是为了经验科学之故。因为它们在受尊崇的理性物理学的平行发展中也取得了预期的硕果。

§10　区域和范畴。分析的区域及其诸范畴[40]

如果我们使自己处于任何本质科学领域中，例如自然本体论
21 领域中，我们（通常）就发现，我们不是朝向作为对象的本质，而是朝向本质的对象，在我们的例子中本质的对象是从属于自然区域的。然而我们注意到，在这方面“对象”是关于多种多样的，但相互关联的构成物的名称，例如“事物”、“属性”、“关系”、“事态”、“集合”、“秩序”等等[41]，它们彼此显然互不相同，但却永远指示一种可以说是具有一种原对象性（Urgegenständlichkeit）至上地位的对象，而一切其他对象都在某种方式上表现为仅只是它的变体。自然，在我们的例子中，事物本身就具有相对于事物属性、关系等等的优先性。但正是这一点是那种必须加以阐明的形式组合的一部分，否则“对象”和“对象区域”这些词就始终是含混不清的。从我们以下进行的那种阐明中将自然而然地产生与区域概念相关的、重要的范畴概念。

一方面范畴是这样一个词，它在“一个区域的范畴”这个词组中正好指所谈的那个区域，即指物质自然区域；然而另一方面，它使某种一定的实质区域与一般区域的形式相关联，或者同样地，与作为一般对象的形式本质，与属于此本质的“形式范畴”相关联。

让我们先开始谈一个并非不重要的看法。首先，形式本体论似乎与实质本体论相一致，如果一种一般对象的形式本质和区域本质似乎起着相同的作用的话。因此人们往往一向事实上不谈区域本身，而是谈实质区域，并使“形式区域”与其并列。当我们采取这种论述方式时应当谨慎。在一侧有实质的本质，在某种意义上

这就是"真正的"本质。而在另一侧有一种具有本质特性的事物，但它在其基本的本质上与前者不同：它是一种纯本质形式，即虽然是一种本质，但却是一种完全"空的"本质，这种本质由于其空形式的方式而适合于一切可能的本质；它由于其形式的一般性而具有一切的、直至最高的实质一般性，并借助属于此形式一般性的形式真理，为它们规定法则。因此所谓的"形式区域"毕竟不是与实质 22
区域(即区域本身)相一致的东西。严格说来它不是一个区域，而是一般区域的空形式；它不是使一切具有其实质的本质特殊化区域与自己并列，而是(尽管只是形式地)使其在自己之下。实质性对形式性的从属关系于是表明为，形式本体论同时包含着一切可能的一般本体论的各种形式(包含着一切"真正的"、"实质的"本体论)，并为实质本体论规定一种它们共同具有的形式组合——其中也包含着我们现在为了区别区域和范畴必须加以研究的那些组合。

让我们从形式本体论(永远作为包括普遍科学在内的整个范围的纯粹逻辑)开始，如我们所知，这种本体论是关于一般对象的本质科学。按照这门科学的意义，任何东西都是对象，因此我们才能确立分布于普遍科学内众多学科中的各种各样无限多的真理。但这些真理的全体都被归结为少量直接的或"基本的"真理，后者在纯粹逻辑学科中起着"公理"的作用。现在我们把出现在那些公理中的纯粹逻辑的基本概念定义为逻辑范畴或作为一般对象的逻辑区域范畴：借助这些概念，一般对象的逻辑本质在全部公理中被确定，或者说，这些概念表达了对象本身的、任何一种东西(只要它一般地能够是某种东西)的无条件必然的和构成的规定性。

因为按我们在绝对精确地界定的意义上的纯粹逻辑，规定着与“综合性”对立的“分析性”概念①[42]，这个概念本身在哲学上就是重要的(甚至是具有根本重要性的)，我们也可把这些范畴称作**分析的**。

因此像属性、相对性质、事态、关系、同一、相等、集合(集聚)、数、整体和部分、属和种等概念，都是逻辑范畴的例子。但是“诸意
23 义范畴”(Bedeutungskategorien)[43]，即属于命题本质(命题逻辑)的各种不同命题、命题肢和命题形式的基本概念，也属于逻辑范畴类。再者，它们属于逻辑范畴类是因为，按照我们有关本质真理的定义，本质真理把“一般对象”和“一般意义”联系在一起，而且是这样联系在一起的，使得纯意义真理可转化为纯对象真理。正因如此，“**命题逻辑**”尽管只论述意义问题，然而在完全的意义上仍是形式本体论的一部分。我们还必须将意义范畴本身作为一个特殊类别分离出来，并使其与其他在**严格的**意义上作为**形式对象的范畴**相对比②。

我们在此还可注意，我们一方面将范畴理解作一种意义的概念；但另一方面又将其理解作表达于这些意义中的形式本质。例如，事态、多等等按后一意思理解的“范畴”，就是一般事态、一般多(Vielheit überhaupt)等等的形式艾多斯。混淆的危险只发生于

---

① 《逻辑研究》第二卷，“第三研究”，§11以下。

② 关于将逻辑范畴划分为意义范畴和形式本体论范畴，参见《逻辑研究》第一卷，§67。第二卷的整个“第三研究”特别有关于整体范畴和部分范畴。那时我未贸然用那个在哲学史上颇有争议的“本体论”一词，而是将此研究(该书第一版第222页上前引部分)作为“**对象本身的先天理论**”的一个部分，这个词组被梅农缩约为“对象理论”。然而时代改变了，我认为现在相应地恢复旧的“本体论”一词更为正确。

人们不知道将应当彻底区分的东西明确地加以区分之时："意义"和能通过意义进行"表达"的东西；以及另一方面区分：意义（Bedeutung）和被意指的对象（bedeutete Gegenständlichkeit）。从术语上我们可以明确区分范畴概念（作为意义）和范畴本质。

§11　句法对象和最终基底。句法范畴[44]

在一般对象领域中现在需要做一重要的区分，这一区分在意义形式学内部反映于"句法形式"和"句法基底"或"材料"之间的（"纯语法的"）区分之内。因此，形式本体论的范畴被划分为句法范畴和基底范畴[45]，现在让我们对此作出更详细的讨论。 24

我们用句法对象指通过"句法形式"从其他对象中导出的对象。我们称与这些形式对应的范畴为句法范畴。例如事态、关系、属性、一、多、数、序列、序数一类范畴，就属于句法范畴。此处出现的本质状态可叙述如下：每一对象，只要它可予说明，可与其他对象相关联，或简言之，可受逻辑决定，就都具有种种句法形式。高阶对象是作为规定性思维的相关项被构成的：属性和具有属性规定性的对象，在任何对象之间的关系，诸"一"聚集而成的多，序列的元素，作为序数规定载体的对象，等等。如果这一思想是述谓性的，就逐步增加了表达和相关的命题逻辑的意义结构，它在准确对应的意义的句法中按照句法对象的一切联结方式和形式反映着句法对象。所有这些"范畴对象"①都可再次起范畴结构的基底的作用，范畴结构反过来也可起类似的作用，如此类推。反之，每一个

① 参见《逻辑研究》第二卷，"第六研究"第二部分，特别是§46以下。

这种结构显然都指涉最终基底，指涉一阶或最低阶的对象；因此也指涉那些不再是句法范畴结构的对象，这些对象本身不再包含任何那些仅只是思维功能（归属、否定、使相关、使联结、计数等等）相关项的本体论形式。因此，作为一般对象的形式区域被区分为最终基底和句法对象。我们将称后者为对应基底的句法派生项，如我们即将看到的，一切“个体”均属此类。当我们谈到个别性质、个别关系等等时，我们将由于它们由其所派生的基底而自然地称其为派生对象。

下面的论述也应引起注意。人们也从意义形式学的观点达到最终的、句法上无形式的基底：任何命题或任何可能的命题肢，都包含着作为其命题逻辑形式之基底的所谓“词项”。它们可能只在相对的意义上是词项，即它们本身也包含着形式（例如多形式、属性归与作用等等）。但我们永远而且必然地返回最终词项、最终基底，后者不再包含句法构成。①

§ 12　属和种[46]

我们现在需要一套与本质的整个领域相关的新的范畴区分。每一本质，不论是实质性的还是空的（因此是纯逻辑的）本质[47]，都存在于本质的层级系列中，存在于一个一般性和特殊性的层级系列中。这个系列必然有两个永不彼此相合的界限。我们向下可达

① 关于“句法形式”和“句法质料”理论的更详细说明，将在我有机会发表我的有关纯粹逻辑的多年讲稿时再行提出，这个理论对于意义形式理论——这是“先天语法”的一个基本部分——是至关重要的。关于“纯粹”语法和意义形式理论的一般任务问题，参见《逻辑研究》第二卷，“第四研究”。

到**最低的种差**，或者也可说，本质的单个体；而向上穿过种本质和属本质又可达到**最高的属**。本质的单个体是本质，它们必然在自己之上有“更普遍的”本质作为其属，但不会在自己之下有任何特殊体，其本身是相对于此特殊体的种（或者是最近的种，或者是中间的、较高的属）。同样，这个属是最高的，在自身之上不再有其他属。

在意义的纯逻辑领域里，最高属在此意义上即“一般意义”，每一种确定的命题形式和每一种确定的命题肢形式，都是一个本质的单个体；一般命题是一个中间属。同样，一般基数是最高属。2、3 等等是最低种差或本质单个体。在事实领域中，一般事物、感官性质、空间形状、一般体验，都是最高属；属于确定事物、确定感性性质、空间形状、经验本身等等的本质组成体，是本质的单个体，然而也是事实的单个体。

由属和种表示的这些本质关系（不是类、集合的关系）意味着，
在较特殊的本质中直接地或间接地**包含着**较一般的本质——即在 26
一种在本质直观中把握其特性的确定的意义上。正因如此，许多研究者把一种本质的属或种对其本质特殊体的关系，包括进“部分”对“整体”的关系中。于是“整体和部分”表达了“包含者与被包含者”的最广的概念，其中的本质的种关系即是一种特殊项。因此本质的单个体也包含着在它之上存在的一切一般项，而这些一般项也逐级地“其一在其他之中”，较高项永远在较低项之中。

§13　一般化和形式化[48]

人们应该明确地把一般化和特殊化的关系与**纯逻辑形式中的**

实质物(Sachhaltigem)和普遍化之间的,或反过来说逻辑形式和事物化(Versachlichung)之间的本质上不同种类的关系加以区分。换言之,一般化完全不同于在(例如)数学分析中起着如此大作用的形式化;而特殊化也完全不同于非形式化,后者是对一种逻辑数学的空形式或对一种形式真理的"充实"。

因此,一种本质对一种纯逻辑本质的形式普遍性的从属性,不应被误认为是一种本质对其较高本质属的从属性。因此例如,三角形本质从属于空间形式这个最高属;红本质属于感官性质这个最高属。另一方面,红,三角,同样还有一切其他本质,不论同类异类,都从属于范畴名称"本质"之下,它相对于它们全体而言绝不具有一种本质属的特性;确切说它不具有与它们任何一个相关的特性。把"本质"看作实质性本质属,其错误也许正如把一般对象(某种空的东西)错误地解释成与各种对象相关的属,因此自然地简单解释成唯一一种最高属,即一切属之属。相反,形式本体论的一切范畴应被表示为本质的单个体,它们在本质中有其最高属——"形式本体论的一般范畴"。

同样很显然,任何确定的推论,例如物理学中的一个推论,就
27 是一种确定的纯逻辑推论形式的单一化,物理学中任何确定的命题都是一种命题形式的单一化,依此类推。然而,纯形式不是相关于实质性命题或推论的属,而只是命题、推论等纯逻辑属的最低种差,它们像一切类似的属一样,都以"一般意义"作为它们的绝对最高属[49]。充实一个空的逻辑形式(和除空形式外一无所有的普遍科学)因此就是一种与直到最低种差的真正特殊化相对立的、完全不同的"运作程序"。这一点可彻底加以断定;因此例如从空间向

"欧几里得多重体"的过渡就不是一种一般化,而只是一种"形式的"普遍化。

为了证实这一彻底的区分,我们应当在一切有关事例中回到本质直观,它告诉我们,逻辑的形式本质(如范畴)不是以与下述情况同样的方式"存于"实质的单一体中的,如在普遍项红"存于"红的各种色调之中,或"颜色"是存于红或蓝之中这个意义上;还告诉我们,严格来说它们根本不"在"实质的单一体之"内"——即绝不是与通常狭义的部分关系(Teilverhältnis)相同,以证明一种被包含性(Enthaltensein)关系。

同样,无须详论就可表明,将一个个体或一般而言"此处这个"(Dies—Da)归入(Subsumption)一个本质之下(这个本质按其相关于一个最低种差或一个属而有不同的特性),不应被误解为一个本质从属于(Subordination)它的较高种或一个属[50]。

同样,我们将只指出外延一词的不确定用法,特别当涉及本质在全称判断中的作用时——这种用法显然应该随着被讨论的区别而不同[51]。不是最低种差的每一本质都具有一种本质外延,一种由特殊体并始终由本质单个体构成的外延。另一方面,任何形式的本质都有其形式的或"数学的"外延。再者,每一一般本质都有其个别单一体的外延,即由诸可能的"此处这个"构成的观念总体,本质可在本质普遍性思考中与其相关。经验外延一词含义还不止于此:由于放弃了纯粹普遍性而涉及的事实存在设定而被限制于一种事实存在领域中[52]。所有这些自然都从本质转移到作为意义的"概念"上来。[53]

28 §14　基底范畴。基底本质和 tode ti(此处这个)[54]

我们再进而注意在具有相应“充分的”、“实质的”句法对象的“充分的”、“实质的”基底，和具有由其构成的句法对象的空的基底，即空事物诸变体二者之间的区别。后一类别本身绝不是空的或贫乏的；它被规定为属于作为普遍科学的纯粹逻辑领域的全体事态，后者包含了构成事态的一切范畴对象。因此由一些三段论的或算术的公理或定理表示的每一个事态，每一种推论形式，每一基数，每一复合数，每一纯分析中的函数，以及每一个有准确定义的欧几里得的和非欧几里得的复多体均属此类。

如果我们现在专注于事实客体类，我们就达到作为一切句法构成核心的最终实质性基底。基底范畴属于这些核心，并位于两个相互排斥的项下：“实质的最终本质”和“此处这个”，或纯粹的、无句法形式的个别单一体。人们在此往往会使用的个别体(Individuum)一词是不适当的，因为该词所暗示的，以及永远需要加以规定的不可分离性，不应纳入“此处这个!”概念中，而必须保留给个别项这个特殊的和必不可少的概念。因此我们用亚里士多德的词 tode ti(此处这个)，它至少从字面上不包含那种意思。

我们已对比了无形式的最终本质和“此处这个”的概念。现在应当来断定二者之间起支配性作用的本质联系，这种联系即每一个“此处这个”都具有其实质性的本质成分，这些成分具有在上述意义上无形式的基底本质的特征。[55]

§15　独立的和非独立的对象。具体项和个别项[56]

还须指出另一种基本区别：即独立对象和非独立对象间的区别。例如，范畴形式是非独立的，因为它必然诉诸一种它为其形式的基底。基底与形式是互相关涉的，而且“没有对方”就不可想象。29 因此，在此广义上，纯逻辑形式是非独立的，例如相对于一切对象质料的、作为范畴形式的对象；相对于一切确定本质的作为范畴的本质，如此等等，都是非独立的。现在让我们抛开这类非独立性，并使一种非独立性或独立性的隐含概念相关于一种固有的“内容的”关联结构，相关于“被包含性”、“统一性”（Einsseins），以及或者在更严格意义上的“联结性”（Verknüpftseins）诸关系。

在这里与最终基底，以及在更狭义的理解上，与实质性的基底本质有关的状态，特别值得关注。它们有两种可能性，这样一种本质与另一种本质一起为一种本质的统一性奠定基础；或者不如此。在第一种情况下我们获得了应更准确加以说明的关系，这类关系是单侧或双侧非独立的；而在与属于统一本质的本质的和个别的单一体方面，我们获得了绝对必然的结论，即一个本质单一体不可能存在，如果它不被这样一种本质所规定的话，这种本质与其他本质至少有属的共同性。① 例如感性性质必然指某一种展延的种差；展延又必然是某种与其相联的、“覆盖着”它的性质的展延。一种“增强”因素作为强度范畴，只有在作为一种内在的性质内容时

① 参见《逻辑研究》第二卷，“第三研究”中的详细分析，特别是1913年新版中做了某些改进的说明。

才有可能，而这个属的一种内容如无某种增强度是不可想象的。作为一定属规定（Gattungsbestimmtheit）之体验的一种显现活动是不可能的，除非它作为一种“显现者本身”的显现活动；反之亦然；如此等等。

结果我们获得了关于个别项、具体项和抽象项的形式范畴概念的重要规定。一种非独立的本质被称作一种**抽象项**，一种绝对独立的本质被称作**具体项**。一种其实质本质为一具体项的“此处这个”，被称作一个**个别项**。

如果我们现在把一般化的“程序”包括在现在扩展了的逻辑“变换”概念下，就可以说，个别项是纯逻辑所需要的原对象，是逻辑的绝对，一切逻辑变换都与其相关。

30 一个具体项显然是一个本质单个体，因为种与属（这些词通常排除最低种差）原则上是非独立的。因此**本质单个体被分为抽象项和具体项**。

被包含在一个具体项中的彼此排斥的诸本质单个体，就形式本体论法则而言，必然是“异质的”，按照这一法则，同一属的两个本质单个体不能结合在**一个**本质统一体中。或者，换言之，一个属的诸最低种差是“互不相容的”。因此被看作一种差的、位于一具体项中的每一单个体，都导致一分离的种与属的体系，因此也导致分离的最高属。例如，在现象物的统一体中，某一确定的形式导致作为一般空间形式的这个最高属，某一确定的颜色导致一般视觉性质。然而非互相排斥的具体项中的诸最低种差，也可彼此包含。例如，物理属性以空间规定性为前提，并在自身之中包含着它。此时诸最高属也不是相互排斥的。

进一步的结果是，诸属按特有的和基本的方式被分为那些在其中有具体项的属和那些在其中有抽象项的属。为简明起见，我们说具体属和抽象属，尽管这两个形容词是有歧义的。显然无人会倾向于把具体属本身当作在本来意义上的具体项。然而如果要求严格性就不得不使用这个不方便的词——具体项的属或抽象项的属。具体属的例子是实物，视觉想象（以感性上被充实的方式显现着的视觉形象）、体验等等。相反，空间形象、视觉性质等等是抽象属的例子。

§16　实质领域中的区域和范畴。先天综合认识[57]

再者，对科学理论的基本概念区域是通过严格"分析的"方式以个别项和具体项概念来定义的。一个区域就是属于具体项的全体最高属的统一体，因此即那些属于具体项中最低种差的最高属 31
的本质上统一的联结体。区域的本质外延包括属于诸属的诸种差具体统一复合体的观念整体；区域的个别外延包括具有这些具体本质的诸可能个别项的观念整体。

每一区域本质决定着"综合的"本质真理[58]，即那些以区域本质为基础、作为这个属的本质的真理，但它们不只是包括在形式本体论中的真理的特殊形式。因此在这些综合真理中，区域概念和它的子区域都不是可随意改变的。用不确定词项取代相关的确定词项并未产生一种形式逻辑的法则，如它以特殊方式在任何"分析的"必然性中所产生的那样。以区域本质为基础的一系列综合真理构成了区域本体论的内容。其中基本真理全体，即区域公理，界定着——并为我们定义着——区域范畴的系列。这些概念并不像一般概念那样仅只表示纯逻辑范畴的特殊形式，而是以如下事实为特征，即它们借助区域公理表达该区域本质特有的特殊形式，或者说，以本质普遍性表示那些“先天地”和“综合地”必然属于该区域外延内一个别对象的特殊形式。把这些非纯逻辑的概念用于某个别项，是绝对地和无条件地必然的[59]；再者，它也受该区域的（综合的）公理支配。

如果人们想与康德纯粹理性批判一致（尽管在基本概念上极为不同[60]，彼此的差别并未排除一种内在的类似性），我们就应当用先天综合知识来理解区域的公理；而且我们有如此多的不可还原的、作为区域的知识类。“综合基本概念”或范畴或许是区域基本概念（本质上相关于确定区域和其综合的基本法则或原则）；而且我们应当有很多不同的范畴组，其数目与必须加以区分的区域一样多。

同时，形式本体论在外表上与区域的（真正“质料的”、“综合的”）本体论位于同一系列中。它的区域概念“对象”（参见§10）确
32 定着形式公理的系统，并通过它们确定着全部形式的（“分析的”）范畴。实际上，在形式本体论与区域本体论之间可证明存在有平行关系，尽管我们强调了其中的一切本质区别。

§17 逻辑考察的结论[61]

我们的全部考察都是纯逻辑性的，它既未进入任何“实质的”领域，或同样地，也未进入任何确定的区域，它以普遍方式谈到的只是区域和范畴；而且这种普遍性，按照我们使它们互为依据的诸定义的意义，是纯逻辑的普遍性。我们的目的在于，根据纯逻辑去概述一个纲领，这个纲领作为从纯逻辑中产生的一切可能知识或知识对象的基本结构的部分，按此纲领，个别项必须可以在“先天综合原理”下按照概念和法则来确定，或按此纲领，一切经验科学都必定基于与它们相关的区域本体论之上，而不是基于一切科学共同具有的纯逻辑之上。

同时，由此产生了一种任务观念[62]：在我们对个别项直观的范围内去确定支配具体项的最高属，并同样按存在的区域来分配一切被直观的个别存在物，这些区域中的每一个都标志着由于基本的本质原因而不同的本质科学和经验科学（或科学系列）。此外，这一基本区别绝未排除诸科学的交叉或部分的重叠。因此，例如“物质物”和“心灵”就是不同的存在区域，然而后者是以前者为基础的，由此产生了心灵学以身体学为基础的事实[63]。

诸科学的彻底“分类”的问题主要是划分区域的问题；这又反过来要求先进行那种我在此仅只简略描述的纯逻辑研究。另一方面，当然也需要一门我们对其还一无所知的现象学。

第二章　自然主义的错误解释[64] 33

§18　批评讨论的导论

我们提前提出的关于与事实和事实科学相对的本质和本质科学的普遍陈述，讨论研究了为建立纯现象学（按“导论”所说，它应发展为一门本质科学）[65]观念的，以及为理解其相对于一切经验科学因而也相对于心理学的地位的本质基础。但是这在相当程度上取决于我们的一切原则的规定都应按正确的意义来理解。应当明确强调，在这些规定中我们并非根据预先存在的哲学观点进行讨论，我们也未运用传统的，甚至那些被普遍承认的哲学学说。相反，我们运用了某些严格意义的**原则性的说明**，这就是，我们只是忠实地表述了在**直观**[66]中直接向我们呈现的区别。我们所说的这些区别完全是呈现于直观中的，不加任何假设的或解释性说明，不按古代或近代传统理论向我们提出的任何东西来理解它们。这样确定的东西是真正的“开端”；而且，如果像在我们这种情况下一样，它们具有与无所不包的存在区域相关的普遍性，那么它们就肯定在哲学的意义上是原则性的，而且它们本身也属于哲学。但是我们也不需要以哲学为前提；我们以前的和未来的考察应当摆脱对一门如此有争议和受怀疑的、作为哲学的“科学”的依属关系。在我们的基本论断中不假定任何东西，也不假定哲学概念，以后我们将一直这样做。我们所进行的**哲学** epoche（悬置）[67]经明确地表述之后就在于**完全中止任何有关先前哲学学说内容的判断**，**并在此中止作用的限制内来进行我们的全部论证**。另一方面，我们不需要（也不可能）为此而回避谈论一般哲学，谈论作为一种历史事
34 实的哲学，谈论事实上的哲学流派，后者在好的而往往也在坏的意义上决定着人类的一般科学信念，尤其是在此处论述的基本观点上更加如此。

正是在这方面我们必须与经验主义进行论争，在我们的 epoche（悬置）限度内，我们不难在这一论争中取胜，因为这涉及一些可以直接论断的观点。如果哲学在真正意义上具有任何“基本的”基础，即按其本质，这些基础可只根据一种直接呈现的直观成立，

那么与它们有关的论争的解决将独立于任何哲学**科学**，独立于这样一门科学的观念和后者所谓的有根据的理论内容。迫使我们面对这一论争的情境就是，“观念”、“本质”、“本质认识”是遭到经验主义否定的。此处不宜详论下列事实的历史原因，即自然科学——尽管作为“数学的”自然科学所取得的高度科学水准在很大程度上依赖于本质基础——的辉煌进步，究竟为什么有利于哲学经验主义，并使其成为支配性的信念，甚至几乎是经验研究者中间唯一的支配性信念。无论如何，在经验研究者，因此也在心理学家中间，敌视观念的态度到处蔓延，这最终必定危及经验科学本身的进步，因为由于这种敌对性，这些科学的仍未完成的本质基础，以及对其进步来说必不可少的新本质科学的必然建立，受到了阻碍。我们下面将清楚看到，刚刚谈到的直接与现象学有关的东西，形成了心理学和精神科学[68]的基本的本质基础。因此为了维护我们的论断，应当对此略做说明。

§19　经验和原初给与行为的经验主义同一观[69]

我们应当承认，经验主义的自然主义的产生有着极其值得称赞的动机。它是一种认识实践的彻底主义，与一切“偶像”，与传统的和迷信的势力，以及与每一种粗鄙的和精致的偏见相对立，其目的在于强使自主理性的权利成为真理问题的唯一权威。但是合理 35
化和科学地判断事物就意味着朝向**事物本身**(Sachen selbst)[70]，或从语言和意见返回事物本身，在其自身所与性中探索事物并摆脱一切不符合事物的偏见。下述说法**只不过是同样意思的另一种表达方式**——经验主义者这样认为——，即一切科学必须从**经验**出发，必须使其间接认识基于直接经验。因此经验主义者把真正的科学和经验科学视为同一物。与事实相对立的“观念”、“本质”除了是经院派的实体、形而上学的鬼怪之外还能是别的什么呢？使人类摆脱任何这类哲学幻想被当作是近代自然科学的主要价值。据说，一切科学只研究可经验的、实在的现实。凡非属现实的就是想象；而以想象为基础的科学就是一门被想象的科学。人们自然将想象物看作心理事实，后者属于心理学。但我们在前章企图说明的是，借助于以想象物为基础的所谓本质看，从该想象物中产生了新的所与物，“本质的”所与物，即非实在的对象。于是经验主义者将断言，这正是“观念学的夸张”，“返回经院哲学”或返回十九世纪前半叶的那种“先天思辨虚构”，正由于此，远离自然科学的唯心主义如此严重地阻碍了真正的科学。

然而经验主义者在这个问题上所说的一切都是基于误解和偏见的，不管最初引导他的动机用意有多好。经验主义论证的基本缺点是，把对返回“事物本身”[71]的基本要求与一切通过经验获得的知识论证的要求相等同或混为一谈。经验主义者通过他用来约束可认识的“事物”范围的可以理解的自然主义限制，干脆把经验当作呈现着事情本身的唯一行为。但是事物并不只是自然事实，通常意义的现实也不就是一般现实（Wirklichkeit überhaupt），而我们称作经验的那种原初给与行为又只与自然现实相关[72]。在此把二者等同并将其当作假定的自明之理，就是盲目地抛弃在最明
36 晰洞见中被给与的区别。因此问题在于：哪一方面是有偏见的？真正摆脱偏见并不就是要求否定“与经验相异的判断”，除非判断的严格意义要求经验根据。单纯断言一切判断都承认并甚至要求

经验的根据，而不预先着眼于它们根本不同的种类来研究判断的本质，而且不同时考虑这一断言最终是否可能是悖谬的：这正是一种“先天思辨虚构”，它并不因为适巧来自经验主义方面就较好一些。真正的科学和它本身对偏见的真正摆脱，要求直接有效的判断本身作为一切证明的基础，而且有效性取自原初给与的直观。然而，这些直观有如被判断的意义或被对象的真正本质和判断事态所规定的那样[73]。对象的基本区域和相应给与的直观的区域类型，有关的判断类型，以及最后意向作用的规范[74]，为了确立属于这一特殊类型的判断所要求的正好是这一种而非其他种直观：它们都不可能被人们自上而下地加以设定或规定。人们只能通过洞见来确定[75]，而且如前一样，这意味着通过原初给与的直观来揭示它们，并通过忠实地符合在此直观中被给与的东西的判断来确定它们。在我们看来，这个实际上摆脱偏见的或纯粹符合事情的方法，必定采取这种而不是别种形式。

直接的看，不只是感性的、经验的看，而是作为任何一种原初给与的意识的一般看(Sehen überhaupt)，是一切合理论断的最终合法根源。这一根源具有其给与合法性的功能，只因和只就它是原初给与的而言[76]。如果我们充分明晰地看一个物体，如果我们只根据这类看并在于此看中被实际把握的东西的限度内来进行说明和概念的把握，如果我们之后看(作为“看”的一种新方式)这个物体性质如何，结果这个忠实表达的陈述就有了它的合法性。在回答某陈述为何正确时而不赋予“我看见它”以任何价值，似乎是荒谬的，这正如我们将看到的那样。再者，为防止可能的误解，我们可在此补充说，这并不排除那种可能性，即在一些情况下，一种

37 看与另一种看可能相冲突，同样地，一种**合法的**陈述与另一种陈述也可能相冲突。[77]或许因为这不意味着看是一种合法化基础，也不意味着一种力压过另一种力，表示被压过的力不再是一种力。然而它的确意味着，或许在某种直观范畴中（而这正是感官经验中的情况），看按其本质是“不完善的”，在原则上它能够被加强或减弱，因此一种在经验中直接的，因此具有真正合法基础的论断，仍然会在经验的展开过程中由于一种相反的合法性压过了它或消除了它从而必须被抛弃。

§20　作为怀疑论的经验主义[78]

因此我们用作为较普遍物的直观来代替经验；而且这样做时我们拒绝把一般科学等同于经验科学。再者，不难看出，人们在维护这种等同论和反对纯本质思维有效性时达到了一种怀疑论，这种怀疑论，作为一种真正的怀疑论，由于陷入悖谬而消除了自身。① 我们只须问经验主义者关于他的普遍论题（例如“一切正当思维均基于作为唯一给与的直观的经验”）有效性的根源，就足够使他卷进一种可指出的悖谬性了。毕竟直接经验只给与单个的单一体而非普遍项，因此它是不充分的。他不能诉诸本质洞见，因为他否认它，但他肯定能诉诸归纳法，并因此一般地诉诸一整套间接推论形式，经验科学即借助这些形式而获得其普遍命题。现在我们问，间接推论的真理如何，不论它们是演绎推论还是归纳推论？这个**真理**（我们甚至可以问关于一个单个判断中的这个真理问题）

① 关于怀疑主义这个特定概念，参见《逻辑研究》第一卷，“纯粹逻辑导论”§32。

本身是某种可经验的东西吗，因此是最终可觉察的吗？在争论和怀疑时，关于人们诉诸的那些推论形式的**原则**是什么呢？例如什么是三段论原则，“均等于第三物的两物相等”原则是什么等等，这些例子中的一切推论形式的证明所诉诸的最终根源是什么呢？它们也是经验的普遍化作用吗？这一类理解难道未包含着极端的悖谬性吗？

在这里我们无须详加分析（详细的论述也不过是重复在其他 38
地方已说过的东西[①]而已）就至少可以表明，经验主义的基本论题有待更准确的剖析、阐明和论证，而且这种论证本身必定与那些论题所陈述的规范相符。然而同时在此显然至少存在有一种严肃的怀疑，即关于一种悖谬是否隐藏于这种回溯推论之中。然而认真进行对这些基本论题的实际澄清和科学论证的努力，几乎难以在经验主义的文献中找到。在此正如在其他地方一样，经验论证要求我们从理论上严格规定的个别事例开始，再进而达到按严格的、由本质洞见阐明的方法所获得的普遍性论题。经验主义者显然未能看到，他们在自己论题中对一切知识所提出的科学要求，同时也在对这些论题本身提出。

经验主义者正像真正坚持观点的哲学家那样，在与他们摆脱偏见的原则显然对立的情况下，以未经阐明的、未加论证的先入之见开始，而我们则从**先于**一切观点的东西开始：从本身被直观给与的和先于一切理论活动的东西的整个领域开始，从一切人们可直接看到和把握的东西开始——只要人们不让自己为偏见所蒙蔽以

① 参见《逻辑研究》第一卷，特别是第四、第五两章。

致未能考虑真正所与物的全部种类的话。如果“**实证主义**”相当于有关一切科学均绝对无偏见地基于“实证的”东西，即基于可被原初地加以把握的东西的话，那么**我们**就是真正的实证主义者。实际上我们**不**容许任何权威去剥夺我们接受作为同样有价值的合法认识源泉的各种直观的权利——甚至也不承认“近代自然科学”有这种权利。当实际的自然科学在说话时，我们是乐于倾听并甘当学生的。但当自然科学家说话并不总相当于自然科学在说话时，而且当他们在谈论“自然哲学”和“作为自然科学的认识论”时，就肯定不是自然科学在说话了。而当他们企图使我们相信作为一切
39 公理表达的一般自明之理（像“a＋1＝1＋a”，“一个判断不可能有颜色”，“在仅有的两个性质不同的声调中，一个较低，另一个较高”，“一个知觉**本身**是对某物的知觉”等命题）肯定是经验事实的表达时，这就尤其不是自然科学在说话了。然而我们通过充分的洞见认识到，这类命题提供了对本质直观所与物的明确表达。但这种情况使我们明白，“实证主义者”有时混淆了各种直观间的基本区别，而有时又的确使它们对立，但由于他们为偏见所限，就只愿承认各类直观中的某一类直观是正当的，甚或唯一存在的。

§21　唯心主义一方的含混性[79]

的确，在这个问题上的含混性也支配着对立的一方。人们的确进行着一种纯粹的、一种“先天的”思维，因此拒绝着经验主义的论题。但是人们在反省中并未清晰意识到，存在着作为某种所与物的纯直观活动一类的东西，在其中本质作为对象被原初地给与，完全像个别实在在经验直观中被给与的方式一样。人们未认

识到，任何判断的洞见，特别是对无条件普遍的真理的洞见，也属于给与的直观的概念，这种概念具有许多差异性，尤其是那些类似于逻辑范畴的差异性。[①][80] 虽然他们谈到了明证，但不是使它像洞见行为那样与一般洞见处于本质关系中[81]，而是谈论一种“明证感”，后者作为一种神秘的 index veri(真理标志)赋予判断以情绪色调。这样的理解只有当人们还不知道在纯直观中和以本质方式去分析各种意识，而非自上而下地对它们进行理论分析时，才能成立。所谓明证感、思维必然性感觉或任何其他称谓，只不过是理论上虚构的感觉。[②] 这一点将为每个人所承认，当他把任何明证的例子应用于实际直观的所与物并将其与具有相同判断内容的非明 40
证例子比较时。于是人们会立即注意到，情感式的明证理论的潜在前提，即在其心理学本质的其他部分方面始终同一的判断活动，有时显现出感情色彩，有时又无，这在根本上是错误的；宁可说，一种同样的较上的层次，即一种作为纯粹具有意义的表达的同样的陈述层次，有时逐步适应于一种“明晰洞见的”事态直观，有时又成为完全不同的现象，一种非直观的、或许是完全含混的和不清楚的事态意识在起着一种底层的作用。因此人们在经验领域中以同样的权利可以设想在清晰的和忠实的知觉判断和同一事态的任一模糊判断间的区别，这一区别在于前者具有“清晰感”，而后者则无。

---

① 参见《逻辑研究》第二卷，“第六研究”§45以下，以及前面§3。

② 例如像艾尔森汉斯在他刚发表的《心理学教程》第289页以下提出的说明，在我看来是毫无任何现象学基础的心理学虚构物。

§ 22 被指责为柏拉图实在论。本质和概念[82]

不断引起人们攻击的原因特别在于，认为我们作为“柏拉图化的实在论者”以观念或本质作为对象并赋予它们，正如赋予其他对象，以实际的（真实的）存在，并与此相应地赋予直观把握的可能性，正像我们在现实世界中所做的那样。我们在此可以不顾那些（十分遗憾相当常见的）性急的读者，他们把自己那些与我毫不相干的概念加给我，而且轻易地把悖谬性塞入我的论述之中。① 如果对象和实在的东西，现实和实在的现实[83]，都具有相同的意义，那么把观念理解为对象和现实则肯定是歪曲了的“柏拉图的抽象具体化”（Hypostasierung）。但是，如果像在《逻辑研究》中那样把二者截然区分开来，如果对象被定义作什么东西，例如被定义作真的（绝对的、肯定的）陈述的主语，还有什么攻击能站住脚呢——除了那种产生于蒙昧偏见的攻击之外？我未曾杜撰出一个普遍的对象概念；我只是恢复了一切纯逻辑命题所需要的那个概念，并指出这是一个原则上必不可少的概念，因此它对于普遍的科学语言也
41 具有决定作用[84]。于是在此意义上，音质 C 是该音阶系列上一个可数的单一元素，在基数系列中的数 2，在几何图形的观念世界中的图形，以及命题“世界”中的任何一个命题——总之，许多不同的观念事物都是“对象”。看不到观念是一种精神障蔽；由于偏见，人们未能将自身直觉领域中的东西转入自身的判断领域。实际上，

① 对《逻辑研究》以及对我在《逻各斯》上的文章的反驳，即使是善意的，遗憾，大部分也是在这一水平上进行的。

一切人都在看“观念”、“本质”，并可以说持续地看它们，在自己的思维中运用它们，也做出本质判断；只是因为基于他们的认识论观点，他们对这些概念做了错误解释。明证的所与物是坚忍性很强的，它们让理论在自身中流过而依然如故。理论的工作在于以所与物为基准，知识理论的工作在于区别各种基本的所与物，并描述它们的固有本质。

偏见使人们极易对理论感到满足。不**可能**有本质，因此不可能有本质直观（观念化作用）。因此凡在日常语言与其矛盾之处，必定有一个“语法的抽象具体化”的问题，人们不应让自己被它驱向“**形而上学的抽象具体化**”。事实上只可能存在有与实在经验或表象相联的实在心理的“抽象”过程。结果，“抽象理论”被热心建立起来，自诩为经验性的心理学在此被丰富了，正如在**一切意向领域中一样**（这些领域归根结底构成了心理学的主要主题），这些领域含有**被虚构的现象，含有根本不是分析性的心理学分析**。因此人们说，观念或本质就是“概念”，而概念则是“心理构造物”，“抽象的产物”，并肯定在我们的思维中起很大作用。“本质”、“观念”或“艾多斯”，这些都只不过是“朴素的心理事实”的哲学雅称。这些名称的危险性在于它们所包含的形而上学的暗示。

我们回答说：本质当然是“概念”，如果人们把概念，就这个歧义词所容许的限度而言，完全理解作本质的话。只是人们应该明确，**在这种情况下**把它们谈作心理产物和类似地谈作概念**构成**是无意义的，如果后者应严格地加以理解的话。人们常常在一篇文 42
章中谈到基数序列是概念序列，而稍后又谈到，概念是思想的构造物。因此首先，作为本质的基数本身被称作概念。但我们问，基数

难道不是它们本身吗，不论我们是否“构成”它们？当然，我进行计数，在“1 和 1”中形成了我的数的表象。这些数表象现在如此，而当我们以同样方式第二次形成它们时，它们改变了。在此意义上，有时不存在同一个数的任何表象，有时又存在同一个数的任意多的表象。但正因此之故我们做出了（而且我们怎能避免呢）[85]区别；数的表象不是数本身，它不是数 2 这个数的序列中的单一数，这个数像一切数一样是一非时间的存在。因此把它称作一个心理构造物是荒谬的，是违背算术语言的意义的，后者是完全清晰、随时可有效洞察的，因此是在一切理论之先的。如果概念是心理构造物，那么像纯数这类事物就不是概念。但如果它们是概念，那么概念就不是心理构造物。结果，人们正是为了消除这一类危险的歧义而需要新的术语。

§23 观念化作用的自发性。本质和虚构

但人们也许会反对说，像红、房屋等等这类概念或（如果你愿意的话）本质是通过抽象作用从对某些个别物的直观中产生的，这难道不是真实自明的吗？而且我们不是任意地从那些已形成的概念去构造概念的吗？因此我们所面对的东西的确是心理的产物。人们甚至还会补充说，这很类似于任意虚构的情况：我们随意想象出的奏笛的怪兽，正是我们的表象构成物。我们的回答是：当然，“概念构造”同样还有自由虚构是自发产生的，而且，自发产生的东西显然是精神的产物。但是就奏笛怪兽而言，它是这种意义上的表象，即将被表象物称作表象，而不是在表象一词指心理体验的意义上的表象。显然，怪兽本身不是心理事物；它既不存在于灵魂

中，也不存在于意识中，也不存在于任何其他地方，它是“空无”，是全然的“想象物”；更准确说：想象物的体验是关于一头怪兽的想象。在此限度内，“被意念的怪兽”，被想象的怪兽，肯定属于体验本身。但人们同样不应把这种想象物的体验与在体验中的被想象者本身相混淆。[①][86]结果，在自发的抽象活动中，所产生[87]的东西不 43
是本质，而是关于本质的意识。而且这种情况是，显然极其重要的是，对一本质的原初给与的意识（观念化作用）本身必然是自发的；而自发性与感性所与的、经验的意识是无关的：个别对象可以“呈现”，可被意识领悟，而“其中”并无自发“活动”。因此，除了这类混淆以外不存在任何动机会要求将本质意识与本质本身等同，并因此要求将本质心理学化。

然而，与进行虚构的意识的这种类比也许仍然引起一种有关于本质之“存在”的怀疑[88]。本质难道不是如怀疑论者所说的那样为一种虚构吗？然而，正如在作为普遍概念的“直观意识”中虚构与知觉的类比有损于在知觉中所与的对象的存在一样，上面进行的类比也有损于本质的“存在”。事物可以被知觉，被记忆，因此可被意识作“现实的”；或者在被变样的行为中可被意识作可疑的，空无的（虚妄的）；最后，在完全不同的变样中，被悬想地意识作“纯悬想的”，准现实的，准空无的等等[89]。本质的情况与此完全类似：它们像其他对象一样可能有时被正确地意念，有时被错误地意念，如在错误的几何学思考中那样。但是，本质把握和本质直观是一种具有多种形式的行为，尤其是本质看是一种原初给与的行为，而且

① 关于这个问题，参见本书后几编中的现象学分析。

因此它类似于感性知觉而非类似于想象物。

§24 一切原则之原则[90]

关于各种有悖于理的理论就谈这么多。没有任何可想象出的理论会使我们误解如下这一切原则之原则：即每一种原初给与的直观都是认识的合法源泉，在直观中原初地(可说是在其机体的现

44 实中)给与我们的东西，只应按如其被给与的那样，而且也只在它在此被给与的限度之内被理解[91]。应当看到，每一理论只能从原初给与物中引出其真理[92]。只借助简单说明和借助完全与所与物一致的意义而赋予这些所与物以表达的每一种陈述，如我们在本章开始时所说，实际上要求一个作为其基础的绝对开端，一个在该词真正意义上的 principium(原则)。但是它特别适用于"原则"一词通常被限制于其中的那种一般本质的认知。

在这种意义上自然研究者完全正确地遵循着这样的"原则"：即我们按照作为其基础的经验，来探讨与自然事实有关的每一论断。因为它是一个原则，它是一个从一般洞见中直接得到的论断，正如我们随时都能相信的那样，这时我们充分阐明了在该原则中使用的诸表达的意义，并使属于该表达的本质达到纯粹的所与性。但在同一意义上，本质研究者以及那些任何时候都应用和陈述全称命题的人，都必定遵从着一个类似的原则；而且这样一个原则必定是存在的，因为一切事实知识的已被承认的论证原则本身并非是在经验洞见中被给与的——这正如任何一种原则和任何一般本质知识一样。

§25　作为自然科学家的实践中的实证论者和作为实证论者的反思中的科学家[93]

实证主义者事实上只有在进行“哲学”思考和听任自己被经验主义哲学家的诡辩所欺骗时，才拒绝本质知识。但是当他作为自然研究者以正常的自然科学的态度思考和论证自己的思想时，就不会去拒绝本质知识了。因为在这里他显然让自己在相当广泛的范围内由本质洞见所引导。众所周知，自然科学理论活动的基本手段是诸纯数学学科，如几何学或运动学一类的实质性学科和算术、数学分析一类的形式的（纯逻辑的）学科。极其明显，这些学科并非以经验方式进行的，它们并不是以观察和对被经验的图形、运动等等东西的实验为基础的。

经验主义肯定不会看到这一点。但是人们是否应认真看待它
的论点呢：即远远不是只存在极少的基本经验，反之，却有无限多 45
经验可供支配？在全部人类历史的，甚至在人类以前的动物历史的总体经验中，无穷数量的几何印象和数学印象被收集起来，并被结合入理解习惯的形式中，我们现在的几何洞见就是从这个基础中引出来的。但是人们从何而知这些所谓被收集的宝藏呢，如果无人曾科学地观察它们并忠实地记录下它们的话？从何时开始长期被遗忘和完全是假定中的经验，而非在其真正经验的作用和范围内被最精心检验过的实际经验，成了一种科学——在此即严格的科学——的基础？物理学家观察、实验和有正当理由地不满足于前科学的经验，更不必说有关所谓被继承的经验的本能的解释和假设了。

或者人们是否应当说，如由其他学派实际上已说过的那样，我们的几何学洞见得自“想象经验”，我们把它们当作以想象实验为基础的归纳法？但我们反过来问，为什么物理学家没有利用这些想象中的奇异经验？原因在于，想象物中的实验是被想象的实验，正如想象中的图形、运动、集合不是现实的而是被想象的一样。

然而与所有这些解释相反，我们不是根据它们来进行论证，而是最正确地根据数学论断的固有意义来进行论证。为了认识和毫无怀疑地认识一个数学公理意味着什么，我们不是转向经验主义哲学家，而是转向那样一种意识，在其中我们通过充分的洞见以数学方式把握公理的事态。如果我们纯然地坚持这一直观，那么毫无疑问，纯粹本质关联体在公理中将获得一种表达，而无须对经验事实做任何相关的假定。人们不应从外部对几何学的思考和直观做出哲学的和心理学的判断，而应当根据直接分析亲自进行直观和确定其内在意义。也许我们从以往世世代代的认识中承继了认识倾向，但是我们的认识意义和价值与这类遗产的历史情况并无关联，正如金子的历史情况与金子的价值并无关联一样。

46 ## §26 独断论态度的科学和哲学态度的科学[94]

因此，自然科学研究者以怀疑论态度谈论数学和各种本质事物，但又独断论地实行他们的本质方法。这是他们的幸运。自然科学由于略无犹豫地抛弃了丰富发展的古代怀疑论并放弃对其加以克服的努力，从而发扬光大。自然科学家不是致力于那些有关对“外在的”自然的认识如何可能的各种令人困惑的问题，或致力于关于如何解决古代人已在此可能性中发现了的一切困难的问题，却宁肯忙于有关认识自然的正确方法的问题，这种认识可被实际完成和尽可能地完善，这就是在精确的自然科学形式中的认识。它完成了这一方向的转变并因此取得了通向其实质研究的自由道路之后，却又倒退了半步，这就是它向一种新怀疑论思想让了步，并在其各种可能的研究范围内使自身受到怀疑论倾向的限制。由于听任经验主义偏见的摆布，怀疑主义现在只在经验领域中而不再在本质领域中停止作用。这是因为，只在错误的经验主义旗帜下把本质引入研究领域是不够的。这类价值颠倒只为一些本质科学所容忍，如古代创立的并因习惯权利而免受攻击的数学学科那样，然而（如我们已指出的）对于确立一个新学科来说，经验主义的偏见必定起着极其有效的障碍作用。在好的意义上的独断论的、即前哲学的、一切经验科学（但不仅是这类科学）都从属于它的研究领域中的正确立场是这样的，它充分自觉地把一切怀疑论连同一切“自然哲学”和“认识论”都一起排除，并接受实际所见的认知对象——不论对这些对象可能性的认识论思考以后经常可能指出什么困难来。

正是在科学研究领域中要做出不可避免的和重要的区分。在一侧有独断论态度的科学，它转向事情[95]，不关心认识论的或怀疑 47
论的问题。它从其事情的原初给与性开始（而且在证明它们的知识时总是再返回这里），并问道：直接被给与的东西是什么性质，而且在此基础上关于这些事情以及关于该领域中的任何事情可间接地得出什么结论来？在另一侧有认识论特有的，即那种特殊哲学态度特有的科学研究，它探讨知识可能性这种怀疑论的问题，首先在基本普遍性层次上解决这些问题，以便之后在运用所获得的

解答时可得出有关独断论科学结果的最终意义和认识价值的判断结论。至少在**目前情况**下，而且只要一般欠缺一种具有充分严格性和明晰性的、高度发展的知识批判，**正确的做法是分清独断论研究与“批判”研究的界限**。换句话说，目前在我们看来正确的是去细心理解认识论的（而一般说，怀疑论的）偏见（哲学科学应当判定这些偏见的正误，但不须关心独断论的研究者）并未阻碍他的研究进程。但正是诸怀疑论的这种方式才有可能十分不利地阻碍进步。

与此同时，我们看到了一种独特的情境，在此情境中具有本身特点的、作为一门科学的认识论是必不可少的。不论纯粹符合事情方向的和通过洞见得到的知识可能多么令人满意，只要它反思自身，一切认识方式的、在此甚至包括直观和洞见的正当性的可能性，就会受到令人困惑的含混性和几乎无法解决的困难的困扰；而且特别在考虑到超验性问题时，与认识相对的认识客体是要求这种超验性的。正因如此才存在有各种怀疑论，尽管存在着一切直观，一切经验和洞见，怀疑论仍然是起作用的，并可进而成为**实际**
48 **科学活动的障碍**。我们**通过仅只向自己阐明**并生动地在心中**保持一切方法中的最普遍原则，即一切所与物的原初合法性的原则，排除**掉自然的“**独断论的**”**科学**（这个词在此处以及在全书中都不应表示任何贬义）形式中的那些障碍，然而我们忽略了与各种不同认识方式和相关关系可能性有关的各式各样的内容问题。

第二编　现象学的基本考察[96]

第一章　自然态度的设定及其排除[97]

§27　自然态度的世界：我和我周围的世界

我们从自然生活中的人的角度开始思考，"以自然的态度"[98]去想象、去判断、去感觉、去意愿。我们最好以单数第一人称进行的简单思考来阐明上述意思。

我意识到一个在空间中无限伸展的世界，它在时间中无限地变化着，并已经无限地变化着。我意识到它，这首先意味着：在直观上我直接地发现它，我经验到它。通过我的看、摸、听等等，而且以不同的感官知觉方式，具有某一空间分布范围的物质物就直接对我存在着，就在直接的或比喻的意义上"在身边"(vorhanden)，不论我是否特别注意着它们和在我的观察、考虑、感觉或意愿中涉及它们。有生命的存在物，如人，也直接对我存在：我注视着他们，我看见他们，我听见他们走近，我握住他们的手，在和他们交谈时我立即理解他们在想象和思考的东西，他们内心有什么感情波动，他们愿望或意愿着什么。此外，他们也在我的直观场中呈现为现

实事物，即使当我未注意着他们时。但是他们以及其他东西并不
必然正好在我的**知觉场**中。作为确定的、作为多多少少已知的现
实的东西对我存在着，它们与现时被知觉的东西结成一体，而它们
本身无须被知觉，甚至无须乎直观地呈现。我可让我的注意力离
49 开刚被看见和注意的写字台，通过在我背后房间的未被看见的部
分而移向阳台，朝向花园亭子里的孩童们等等，移向一切在我也直
接意识到的周围某处存在的、我直接知道的东西——一种不涉及
概念思想的知识，而且只由于投以注意才变成一种清晰直观，管这
种直观还只是局部的，而且往往很不完全[99]。

但是所有这些在直观上清晰地或晦暗地、明显地或不明显地**共同呈现的东西**（它们构成了实际知觉场的一个常在的边缘域），并未穷尽一个在我觉醒时被我意识到"在身边"的世界。相反，在其存在的固定秩序中，它伸向无限。现时被知觉的东西，多多少少清晰地共在的和确定的（或至少某种程度上确定的）东西，被不确定现实的被模糊意识到的边缘域部分地穿越和部分地环绕着。我可以将注意之光有某种成效地投入这个边缘域。在确定先是模糊的，然后变为鲜明的再现时[100]，从我之中引出了某些东西，形成了一条记忆的链带，确定物的范围越来越广，直到与作为我的中心环境的现时知觉域联系起来。但一般而言具有另一种结果：模糊的不确定性的空洞雾霭笼罩着各种直观事物或假想，而被显示出来的只是作为"世界"的世界的"形式"。此外，我的不确定环境是无限的。这个模糊的、永远也不会完全确定的边缘域必然存在着。

到此为止我所论述的空间现前存在秩序中的世界，与**时间序列中存在秩序**的世界十分类似。这个在现在中，而且显然在每一

醒觉时刻的**现在**中对我存在的世界，具有其双向无限的时间延展域，即它的已知的和未知的、直接现存的和非现存的过去和未来[101]。经验的自由活动使现存物被我直觉到，它可使我追溯直接包围着我的这个现实关联体。我可以改变我的时空观点，使我的目光转向这个或那个方向，在时间中向前或向后，我可以获得永远 50
新的、具有某种清晰度的和内容丰富的知觉物和再现物，或者具有某种清晰度的图像，我借此图像可直观地向我自己说明在固定的时空世界形式中可能的事物或似乎可能的事物。

我在清醒的意识中始终以这一方式[102]，而且不再可能对其有所改变地处于和世界的关系中，这个世界始终是同一的世界，尽管由于其内容组成的不同而改变着。它不断地对我“在身边”，而且我是它的一员。此外，这个对我存在的世界不只是纯**事物世界**[103]，而且也以同样的直接性是**价值世界**、**善的世界**和**实践的世界**。我直接发现物质物在我之前，既充满了物的性质又充满了价值特性，如美与丑，令人愉快和令人不快，可爱和不可爱等等。物质物作为被使用的对象直接地在那儿，摆着“书籍”的“桌子”、“酒杯”、“花瓶”、“钢琴”等等。同样，那些价值特性和实践特性也**在结构上属于“在身边的”对象本身**，不论我是否朝向这些特性或朝向一般对象。自然，这不只适用于“纯物质物”，而且也适用于我的环境中的人和动物。他们是我的“朋友”或“敌人”，我的“仆人”或“上级”、“陌生人”或“亲友”等等。

§28　cogito(我思)。我周围的自然世界和我周围的观念世界[104]

我的多方面变化着的意识自发性活动[105]的综合体于是与此世界相关,这是我所处的世界,并同时是我的周围环境,这个综合体可由以下诸项组成:研究考察,说明和概念描述,比较和区分,收集和计数,假定和推论,简单说,具有不同形式和不同层次的理论化意识。同样,多种多样的情绪和意志的行为和状态:喜欢与不喜欢,喜悦与悲伤,渴望与逃避,希望与恐惧,决断与行动。所有这一切都包含在一个笛卡尔的用语 cogito(我思)中了,它包括单纯的自我行为,在这种行为中,我以自发的注意和把握,意识到这个直接在身边的世界。虽然我生存于这个自然生活中,但我的生活不
51 断采取一切"实显"生活的基本形式,不论我是否陈述这个我思,不论我是否"反思地"朝向自我和 cogitare(诸我思)[106]。如果我朝向它们,一个新的正活跃着的主体心理过程就出现了,就其本身来说它未被反思,因此不对我呈现。

每时每刻我都觉得自己是这样一个人,他在进行知觉、想象、思考、感觉和愿望,如此等等。而且我觉得自己在这些活动中,大多数情况下都实际地与连续包围着我的现实相关。我说是在大多数情况下,因为我并不总是如此与其相关着;并不是我在体验着的每一心理行为都有作为其对象的物质物,人,属于我周围世界的每一种对象或事态。例如,我可以只考虑纯数和数的法则:其中没有一个是出现于这个作为"实在现实"世界的周围世界中的。数的世界正是作为算术运演的对象领域对我存在着;在算术运演活动中

单个的数或数的组合成为我的注意中心，这个中心被一个部分地确定的、部分地不确定的算术边缘域所包围；但是显然这个“对我存在”，正如事实存在者(Daseiende)本身一样，在性质上是不同的。算术世界对我存在，只有当我采取算术的态度时[107]。然而自然世界，在该词通常意义上的世界，一直对我存在，只要我继续自然地生存着。只要情况如是，即我处“于自然态度”中，这二者当然意思相同。如果我通过采取适当的态度而具有了算术世界和其他类似的“世界”的话，也不会产生任何改变。这时自然世界仍然“在身边”，我像以前一样处于自然态度中，并未被新的态度所干扰。如果我的“我思”只在属于这些新态度的世界中活动，自然世界就始终在思考之外，它成为我的行为意识的背景，但它不是一个算术世界在其中据有位置的边缘域。同时出现的这两个世界之间没有联系，尽管我可借助于它们与自我的关系而使我的目光和我的行为指向这一世界或另一世界。

§29　“其他的”自我主体和主体间的周围自然世界[108]

对我自己适用的上述种种，如我所知，也对我在我周围世界中 52
发现的其他人有效。在把他们作为人来经验时，我把他们中的每一个都理解作和承认作一个像我自己一样的自我主体，并把他们理解作与周围自然世界相关。但我在这样理解时，是把他们的周围世界和我的周围世界都客观地当作同一个世界，对此我们大家都意识到，虽然方式各有不同。每个人都有自己的位置并从这个位置上去看身边的事物，而且每个人将因此而看到不同的事物显相。对每一个人来说，实际知觉、实际记忆等等领域也都是不同的，尽管在那些领域中主体间共同的意识对象是以不同方式、不同把握方式、不同清晰度等等被意识到的。尽管如此，我们与我们的邻人相互理解并共同假定存在着一个客观的时空现实，一个我们本身也属于其中的、事实上存在着的周围世界。

§30 自然态度的总设定

我们关于自然态度的给与物特性以及由此获得的该态度本身的特性所做的说明，是一种前于一切"理论"的纯粹描述。在这类研究中，我们对理论保持严格的距离，这里我们把理论当作任何一种在先的认识。理论只有作为我们周围世界中的事实，而非作为实际的或假想的正当性统一体时，才属于我们的研究范围。但是我们现在并不是提出这样一种任务，即继续进行纯粹描述并将其提升到这样一种高度，使其对自然态度中(以及甚至与自然态度保持一致的一切态度中)的所与物进行系统的、无所不包的、详尽无遗的特征论述。这样一个任务能够而且应该——作为科学——确立，而且这是一种极其重要的虽然迄今为止几乎不为人知的任务。不过这却不是我们现在的任务[109]。对于我们这些找到现象学门阶的人而言，在此路线上所需的一切都已完成。我们只需要自然态度的一些极普遍的特征，这些特征已在我们的描述中以极其充分的清晰性显现出来。正是这种充分的清晰性对我们来说是至关重要的。

在下述命题中我们再次举出一个最重要之点：我不断地发现一个面对我而存在的时空现实，我自己以及一切在其中存在着的

和以同样方式与其相关的人，都属于此现实。“现实”这个词已经表明，我发现它作为事实存在者而存在，并假定它既对我呈现又作 53
为事实存在者而呈现。对属于自然世界的所与物的任何怀疑或拒绝都毫不改变自然态度的一般设定。“这个”世界永远作为一个现实存在着；至多在这里或那里它以“不同于”我设想的方式存在着，并应当从中消除称作“虚妄”和“幻念”的那类东西。按照这个一般设定，这个世界永远是事实存在的世界。更全面、更可靠、在一切方面比朴素的经验认识更完全地认识这个世界，解决呈现于此世界内的一切科学认识的问题，这就是属于自然态度的科学的目的[110]。

§31　自然设定的彻底改变。“排除”、“置入括号”[111]

我们现在不是要停留于这种态度上，而是建议彻底地改变它。我们现在应该相信存在有完成这一改变的基本可能性。

借助于这个总设定，我们不只按一般把握方式不断意识到这个周围实在世界，而且意识到它是事实存在的“现实”，这个一般设定当然不是存在于一个特殊行为中，不是存在于一个清楚的关于存在的判断中。归根到底，这是在这一态度的整个连续中，即在自然的醒觉生存中持续存在的某种东西。在任何时候被知觉的东西，或清晰或晦暗地被呈现的东西，简单说，在一切思想之前从自然世界中产生的经验意识对象，整个地和在其一切相互结合的各个部分中都具有“在那儿”、“在身边”这样的特征；而且基本上有可能使一种明晰的（述谓的）并与其一致的存在判断以此特征为基础。如果我们陈述这样一个判断，我们仍然知道，在其中我们只是把在原初经验活动中非主题的、未被思想的、尚未经述谓论断的东西，或把在被经验物中作为某种“在身边物”的特性的东西，当作主题并通过述谓方式加以把握[112]。

我们现在可以处理潜在的和不清晰的设定，正如我们处理清晰的判断设定一样。在任何时候都可能的一个程序是试图普遍怀疑，笛卡尔出于完全不同的目的，即为了引出一个绝对无可怀疑的
54 存在领域曾经这样做过。我们采取这个出发点，但同时强调，普遍怀疑的设想对我们来说只是挑选出某些注意点的权宜方法，这些注意点似乎是被包含在这种方法的本质之中，并可借助它来阐明的[113]。

普遍怀疑的企图属于我们的完全自由的领域：我们可以试图怀疑任何东西，不论我们可能多么坚定地相信它们，甚至在充分的明证性中肯定它们。

让我们反思一下在这样一种行为的本质中存在的东西[114]。有谁试图怀疑某种“存在”，或以述谓形式述说的什么东西，如一个“它存在着”，一个“它如是存在着”等等。存在的方式在此无关紧要。例如，某人对他并不怀疑其存在的某对象是否有如此性质加以怀疑，这就是怀疑“具有如此性质”一事本身。显然，这是从怀疑转向试图去怀疑。再者显然，我们不可能怀疑一个存在，而在同一个意识中（在“同时性”的统一性形式中）又设定了这个存在的基底，因此意识到作为具有此“在身边”特性的基底。同样可表达为：同一个存在质料[115]不能同时被怀疑又被肯定。同样显然，试图怀疑某种被当作在身边的意识对象，必然导致肯定取消这一设定，而使我们感兴趣的正是这一点[116]。这并不是将设定转为反设定，把

肯定转为否定；也不是将设定转化为猜测、假想、未定状态和某种怀疑（在此词的任何意义上）：同样不是将设定转化为任何那些在我们自由任意选择范围内的东西。相反，它是某种全然特殊的东西。我们并未放弃我们的设定，我们并未在任何方面改变我们的信念，这类信念始终如是，只要我们不引入新的判断动机：而这正是我们所不为的。然而设定却经历着一种变样，虽然它本身始终是其所是，我们却可以说，“使其失去作用”，我们“排除了它”，我们“将其置入括号”[117]。它仍然在那里，正如被置入括号者在括号中一样，正像被排除者在包容范围之外一样。我们也可以说：设定是一体验，但我们不“利用”它，而且这当然不被理解作我们失去了它（如同当我们说某人失去知觉时绝不使用一个设定一样）；相反，对 55
于这种表达和一切类似的表达而言，这是一个对确定的、特殊的意识方式的指示的问题，这个意识被加诸原初的简单设定之上（不论它们是否是一个现实的，甚至是述谓的存在设定），而且以同样特殊的方式改变了它的价值。这种价值改变是由我们完全自由地[118]加以决定的问题，而且它与一切这样的思想设定对立，这些思想设定[119]与该设定一致，但不与它在“同时性”统一体中一致，一般来说，它与在该词严格意义上的一切设定相对立。

在试图怀疑什么伴随着一种我们假定为确定的和坚持据有的设定时，“排除活动”在一种反设定的变样中也即与非存在的“假定”一起产生，非存在的假定因而构成了试图怀疑的补充基础[120]。对于笛卡尔来说，这一基础具有如此支配性地位，我们可以说，他的普遍怀疑企图严格来说即普遍否定的企图。我们在此却忽略这个基础部分，我们不关心经分析可察觉的怀疑设想的每一组成成分，因此不关心对它所做的精确的和充分的分析。我们只选出“加括号”或“排除”现象，显然不只是与怀疑企图的现象有联系，却特别易于与其脱离联系，而且它反过来能使其也显现于其他组合中，并同样也单独显现。对于任何设定我们都可完全自由地实行这一特殊的悬置，即一种判断的中止，后者与对真理的毫不动摇的信念，甚至与对明证真理的不可动摇的信念相容[121]。使设定“失去作用”，置入括号，将其转变成作为“被加括号的设定”的变样，判断本身转变成“被加括号的判断”。

人们当然不应把这种意识等同于所谓“纯想象”的意识，如关于仙女跳圆舞一类的意识。在后一种意识中毕竟没有对一种始终现实存在的信念的排除发生：虽然从另一方面说，两种意识间显然具有近似关系。我们所谈的意识甚至远不是只在“假定”或“假说”意义上自我思考的问题，这种假定或假说在日常有歧义的语言中也可表示为：“我想象（我做如此假定）情况如此。”[122]

56 还应指出，什么也不能阻止人们相应地谈论将属于任何区域和范畴的可设定的对象置入括号中。当这样说时，我们的意思是，每一种与此对象相关的设定都应被排除，并被转变为它的在括号中的变样。再者，更仔细考虑后，加括号这一隐喻首先较适合于对象领域，正如“使失去作用”一词更适合于行为或意识领域一样。

§32 现象学的 epoche（悬置）

我们现在可以让普遍的悬置概念在我们明确、新颖的意义上，取代笛卡尔的普遍怀疑设想。但我们出于正当理由限制了它的普遍性。如果它是如此尽可能地无所不及，那么每一种设定或每一种可完全自由地去变样的判断，每一种可判断的对象，均可被置入括号中了，那么也就没有未被变样的判断的领域了，更不必说一个科学领域了。但我们的目的是要去发现一个新的科学领域，这个领域应通过加括号方法得到，它因此只应是一种被明确限制的领域。

这种限制可用一句话来表示。

我们使属于自然态度本质的总设定失去作用，我们将该设定的一切存在性方面都置入括号：因此将这整个自然世界置入括号中，这个自然界持续地“对我们存在”，“在身边”存在，而且它将作为被意识的“现实”永远存在着，即使我们愿意将其置入括号之中[123]。

如果我可尽情随意地这么做，那么我并非像是一个诡辩论者似地在否定这个“世界”，我并非像是一个怀疑论者似地怀疑它的事实性存在；但我在实行“现象学的”悬置，后者使我完全隔绝于任何关于时空事实性存在的判断。

因此我排除了一切与此自然世界相关的科学，不论它们如何坚定地对我存在着，不论我多么赞美它们，不管我多么不可能对它 57
们哪怕提出最微小的反对，我断然不依靠它们的有效性。我也不使用属于它们的任何一个单独的命题，即使它是完全明证的，我不采取它的任何命题，没有任何命题为我提供一个基础——要指出的是：只要它像在这些科学中所理解的那样，被理解作关于这个世界的现实的真理。只有当我为它加上了括号以后，我才有权接受这样一个命题。这就是说，只有在排除判断的变样意识中才接受这样一个命题，因此我不会把它当作像在科学中那样的一个命题并去接受，这样的命题要求有效性，并且我也承认和使用其有效性[124]。

这里所说的悬置不应与实证主义所要求的那种悬置相混淆，但是我们必须相信，它本身的确被实证主义所违反[125]。现在这不是一个排除损害着科学研究的纯物质性的一切偏见的问题，不是通过使一切论证诉诸直接存在物以构成一门"摆脱理论"、"摆脱形而上学"的科学的问题，也不是关于如何达到那些其价值无可怀疑的目标的问题。我们所要求的东西存在于另一方向上。在自然态度中所设定的、在经验中被实际发现的整个世界，是在完全摆脱理论后被接受的，如其被实际经验到的那样，如其在经验关联体中被明确显示的那样，这样一个世界现在已对我们无效了；我们不再检验它，也不再为其辩驳，而是将其置入括号之中。同样，与此世界有关的一切理论和科学都将遭遇相同命运，不论它们可能如何完美并具有实证主义的或任何其他什么性质的基础。

第二章　意识和自然现实[126]

§33　关于作为现象学剩余的"纯粹意识"或"先验意识"的预备说明

我们已学会理解现象学悬置的意义，但却绝未理解其可能的效用。首先还不明确，对悬置的整个范围的先前界定在什么程度上实际涉及对其普遍性的限制。如果整个世界，包括我们自己和我们的一切我思都被排除，剩下来的还有什么呢？[127]

因为读者已经知道，这样一种深思熟虑的主导兴趣与一种新的本质学相关，他将首先期待，虽然作为事实的世界被排除了，但并非作为艾多斯的世界、也非任何其他本质领域被排除了。的确，排除了世界实际上并不意味着排除了（例如）数的序列世界或与其相关的算术世界。 58

然而我们将不采取这种路线；它并不导向我们的目标，这个目标也可被描述为获得一个新的存在区域，它迄今为止从未按其本身特殊性被界定过，这个区域，正像任何其他真正的区域一样，是一个关于个别存在的区域。以下的论述将使我们了解这些话是什么意思。[128]

我们将首先从直接对我们显示的东西开始，因为我们想显示的那个存在只不过是我为了本质的理由称作"纯粹体验"的东西，称作一方面具有其纯"意识相关物"的，而另一方面具有其"纯粹自我"的"纯粹意识"，我们将从都是在自然态度中呈现的这个自我、这个意识、这个体验开始进行考察。[129]

我这个现实的人，是一个实在客体，像自然世界中其他客体一样。我进行思考，实行在广义或狭义上的意识行为，而且这些行为由于属于这个人主体，它们就是在同一自然现实中的事物。同样，我的一切其他的体验——在其变化之流中特殊自我行为以如此特殊方式闪现——彼此相互交融，结合在综合作用中，不断地进行变样。在广义上，意识这个词（那时肯定不那么适当地）包含着一切体验。正如我们在科学思考中按照从未被误导的充分坚信的习惯所做的那样，"在自然态度中"，我们把所有这些心理反思的事件当作实在世界的事物，正如动物生命中的体验一样[130]。对我们来说极自然的是把它们只看作这样，即当已经认识一个改变态度的可能性和去探索新客体领域时，我们现在甚至未注意到，由于这种新的态度，从这类体验范围本身中产生了新的领域。结果，不是使我们的目光转向这个范围，而是使其离开它并在算术、几何学等等的本体论领域中寻求新的客体——在这里当然不可能获得什么真正新的东西。

59 因此我们将专注于意识领域，并研究我们在其中内在的方面所发现的东西。首先，我们还不是去实行现象学的判断排除[131]，而是使它经受一种系统的，虽然绝非穷尽一切的本质分析。我们绝对需要的是，对一般意识的，而且尤其是关于那样一种意识的本质的某种普遍洞见，即在该意识中“自然”现实的本质方面可被意识到。在这些研究中，我将按需要而尽可能地进行我们必须瞄向的这种洞见，即这样一种洞见：意识本身具有的固有的存在，在其绝对的固有本质上，未受到现象学排除的影响。因此它仍然是“现象学剩余物”，是一种存在区域，一个本质上独特的存在区域，这个区域可肯定成为一门新型科学——现象学科学。

现象学悬置只是由于此洞见才配有此名；这种悬置的充分自觉实行将表明自己是为了使“纯粹”意识以及接着使整个现象学区域可被我们理解所必不可少的方法[132]。正是因此我们才理解，为什么这个区域和与其相关的这门新科学必然还是未被认识的：按自然态度中所见到的只是自然世界。只要现象学态度的可能性未被认识，只要对在此态度中出现的客体可予原初性把握的方法未加以发展，现象学世界就必然是未知的，甚至是还未被察觉的。

我们可对所用的术语做如下补充说明。以这种认识论问题为基础的重要动机表明，我们有权利把我们还将要讨论的“纯粹”意识称作**先验意识**和把借以达到此意识的方法称作**先验**悬置[133]。先验悬置作为一种方法将被区分为“排除”、“加括号”等不同阶段；因此我们的方法将具有一种分阶段还原的特性。为此我们将甚至在大多数情况下谈论**诸现象学还原**[134]（但为了也表示诸阶段全体的统一性，我们也将只说现象学还原），因此从一种认识论观点看，我 60
们也说诸先验还原。然而，这些术语和我们的**所有**其他术语都必须只在我们的说明为它们规定的意义上去理解，而不是以历史或读者本身的术语习惯所暗示的任何其他的意义去理解。

§34　作为主题的意识本质[135]

我们从一系列考察开始，在进行考察时不使自己涉及任何现象学悬置。我们以一种自然方式朝向“外部世界”，而且无须取消自然态度就可对我们的自我及其体验实行一种心理学的反思。完全像我们未听说任何新的态度时会去做的那样，我们全神贯注于这个“**对某物的意识**”**的本质中**，例如这时我们意识到物质物，躯体，人的事实性存在，技术的、文学的作品等等的事实性存在。我们遵循着我们的普遍原则，即每一种个别事物都有其本质，人们可在本质的纯粹性中把握它，而且在此纯粹性中它必定属于一种可能的本质研究领域[136]。因此，一般的自然事实像“我在”、“我思”、“我有一个与我相对的世界”等等，都具有它的本质内容，现在我们将专门研究这些本质内容。因此我们进行（例如）任何单个的意识体验，并把这些体验像它们在自然态度中呈现的那样当作实在的人的事实，或者我们在记忆中或在自由虚构的想象中使它们对我们呈现。[137]根据这些我们所假定的极清楚的例子，我们借助于充分的观念化作用把握和确定那些使我们感兴趣的纯粹本质。在此过程中，单个的事实，一般自然世界的事实性，从我们的理论目光中消失了——正如我们在任何地方进行一种纯本质研究时的情形一样。

让我们把研究主题加以更精确的限制。它的标题是：意识，或更明确些说，在一种最广意义上的一般意识体验，幸而不须对它精确界定。这样一种界定并不存在于我们此刻所进行的分析的开端，而是在进行巨大努力之后的结果。作为起始点，我们在严格的、

61 一开始自行显示的意义上理解意识，我们可以最简单地用笛卡尔的词 cogito（我思）来表示它。众所周知，我思被笛卡尔如此广义地理解，以至于它包含着"我知觉、我记忆、我想象、我判断、我感觉、我渴望、我意愿"中的每一项，以及包括在其无数流动的特殊形态中的一切类似的自我体验。它们全都与自我本身相关，或自我以各种不同方式在它们中间积极地、消极地或自发地"体验着"，以感受的或其他的方式"行为着"，这个自我，以及任何意义上的自我，在开始时将被我们排除于考察之外[138]。以后，我们将彻底地研究这个自我。现在还有足够的其他的内容可支持我们对本质进行分析和把握。这样，我们将直接触及那些无所不包的体验关联体，后者将迫使这个意识体验概念扩大到超过专门的 cogitationes（我思思维）的领域。

我们在充分具体性中考察意识体验，在此具体性中，意识体验呈现于它们的具体关联体中——即体验流中——，而且它们按照自己的本质彼此结合成此具体的关联体[139]。于是很明显，属于我

们的反思目光可达到的此意识流的每一体验，都有其自己的、可直观把握的本质，一种"内容"，它可按其自性被考察。我们应当考虑，通过排除一切不存在于这个我思思维自身固有范围内的东西来把握和普遍地说明在其纯自性中的这个我思思维的固有内容。我们也应该说明这个意识统一体，这个统一体是纯粹为属于我思思维本身的东西所要求的，即为无此统一性它们就不能存在的东西所必然要求的。

§35　作为"行为"的我思。非实显性变样

让我们先举几个例子。这张白纸在半昏半暗光线中横在我面前。我看着它，摸着它。对这张纸的这种知觉的看和触摸是一种思维行为，一种意识体验，它是对横陈在这儿并正好在这一性质中所与的这张纸的充分具体的体验，这张纸正好在这种相对昏暗的光线下，在这种不完全的规定性中，在这一方向上对我显现。这张纸本身具有其客观性质[140]、其空间广延性、其相对于这个称作我的机体的此空间物的客观位置，它不是一个我思思维而是一个我思对象，不是一个知觉体验，而是某种被知觉物，现在被知觉物本身可以完全是一种意识体验；但显然，作为一种物质物的这个东西，如在知觉体验中呈现的这张纸，基本上不是一种体验，而是一种属于完全不同存在方式的存在物[141]。 62

在我们对此进一步研究之前，让我们再将这个例子的内容扩大一下。在作为一种知觉活动的严格意义的知觉中，我朝向对象，（例如）朝向那张纸，我把它把握为这个此时此地的存在物。把握行为（Erfassen）是一种选出行为（Herausfassen），任何被知觉物都

有一个经验背景。在这张纸周围有书、铅笔、墨水瓶等等，这些被知觉物也以某种方式在“直观场”中被知觉为在那儿；但当我朝向这张纸时，我一点也未朝向和把握它们。它们显现着，但未被抽出，未因其本身之故被设定。每一物知觉都以此方式有一背景直观的晕圈[142]（或“背景看”，如果人们已在把被朝向物包括进直观中去的话），而且这也是一种“意识体验”，或者简单说，“意识”，特别是“关于”一切事实上存于其一同被看的客观“背景”中的意识。但是显然，我在这样说时并未谈论那种应在可能属于被看背景的客观空间中被“客观地”[143]发现的东西，也并未谈论有效的和向前涌进的经验可能在那儿发现的一切物质物和物质事件。我们只是谈论属于按“朝向客体”方式实现的该知觉本质的意识晕圈，以及进而谈论在此晕圈本身的固有本质中内含的东西。然而在其中存在着这样的情况，原初体验的某些变样可能发生，我们将其描述为一种“目光”的自由朝向——不只是物理目光的，而且也是“心理目光的”——，从最先被注意的纸朝向那些先前已显现的，因此“隐含地”被意识到的对象，这个对象在目光转向它们之后，就成为明显地被意识到的、“在注意中”被知觉的或“被偶然注意的”东西。

人们不仅在知觉中，而且也可在记忆中和类似于记忆的再现中意识到这些东西，同时也可在自由想象中[144]意识到它们。所有这一切有时是在“清晰的直观”中，有时又当欠缺明显直观性时在“晦暗的”表象方式中；在这类情况下，它们在我们面前游动，各具
63 不同的“特性”[145]，如实际的、可能的、想象的，等等。对于这些本质上不同的体验，我们关于知觉体验的论述全都适用。我们将不想

把在这类意识方式中被意识的对象(例如想象中的小仙女)与相关于它们的意识体验本身相混淆。于是我们再次承认,那种显著的变样属于一切这类体验的本质(这类体验永远在充分具体性中被获得),这种变样使在实显地朝向的方式中的意识转变为在非实显性方式中的意识,反之亦然。有时,体验是对其对象的"明显的"意识,而有时它又是隐含的、仅只是潜在的意识。对象可以是已经对我们呈现,不仅在知觉中,而且也在记忆中或想象中;然而我们还未以心理目光"指向"它,哪怕是偶然地,更不必说在一种特殊意义上"专注"于它了。

我们可以同样方式谈论笛卡尔例子范围意义上的任何其他我思思维,如关于思想、感觉、意愿等一切体验,除了将(在下一节中)指出的具有实显性特征的"指向性"(Gerichtetsein)、"朝向性"(Zugewendetsein)外,并不像在由于最简单而被偏爱的感觉表象的例子中那样,与对意识客体的选取性注意一致。同样显然可以说,非实显的体验的"晕圈"围绕着那些实显的体验;体验流绝不可能由单纯的实显性事物组成[146]。正是这些实显物在与非实显物对比时,以最广泛的普遍性(这可能超出了我们例子的范围)决定着"我思"、"我对某物有意识"、"我进行着一种意识行为"这些词语的隐含意义。为了严格区分这些确定的概念,我们将特别把笛卡尔的术语 cogito 和 cogitationes 保留给它们,除非我们通过"非实显地"或其他什么附加语来明确指出其变样。

我们可以把一个"醒觉的"自我定义作在其体验流中不断以我思这种特别形式来产生着意识;这自然不意味着它持续地对这些体验赋予或能赋予谓词表达。还存在有动物性的自我主体。然而 64

按照前面所说，一个醒觉的自我的体验流的本质正在于：连续不断向前的思维链索连续地为一种非实显性的媒介所环绕，这种非实显性总是倾向于变为实显样式，正如反过来，实显性永远倾向于变为非实显性一样。

§36 意向性体验。一般体验[147]

不论实显性体验由于过渡到非实显性而经历的改变有多么彻底，被变样的体验仍然与原初体验具有一种重要的本质共同性。一般而言，每一实显性我思的本质是对某物的意识。然而按照先前所说，被变样的我思思维按其自身的方式也是意识，而且这一意识的对象与相应的未变样的我思思维的对象相同。因此，意识的普遍本质属性仍然保留在这个变样中。共同具有这些本质属性的一切体验也被称作“意向的经验”（在《逻辑研究》中广义上的行为）[148]；就它们是对某物的意识而言，它们被说成是“意向地关涉于”这个东西。

结果，应当充分注意到，我们在此并未谈论在任何心理事件（被称作体验）和另一种实在的事实存在（被称作对象）之间的关系，也未谈论在客观现实中发生的一物与另一物之间的心理联系。反之，我们在谈论纯粹与它们的本质相关的体验，或谈论纯粹本质和谈论那种“先天地”无条件必然地被包含在本质中的东西。

体验是对某种东西的意识，例如，一个想象是对某确定的怪兽的想象，而一个知觉是对某个“现实的”对象的知觉，一个判断是对与其相应的事态的判断，如此等等，这并不与在世界中的，特别是在事实性心理关联体中的体验事实相关，而是与在观念作用中作为纯粹观念被把握的纯粹本质相关。体验本身的本质不仅意味着体验是意识，而且是对什么的意识，并在某种确定的或不确定的意义上是意识[149]。因此体验也潜在地存在于非实显的意识本质中，非实显的意识可通过上述变样转变为某种实显的我思思维，我们把 65
这种变样形容为“注意的目光对先前未被注意的东西的转向”。

我们把最广义的体验理解作可在体验流中发现的任何东西；因此不仅是意向体验，即在其充分具体性中进行的实显的和潜在的思维行为，而且也是在这一体验流和其诸具体部分中的真实内在因素中可能出现的任何东西[150]。

人们不难看到，并不是在一意向体验本身的具体性统一体中的每一真实内在因素都有此意向性的基本特性，因此即“对某物之意识”的特征。例如，这涉及在对物体的知觉直观中起着如此重大作用的一切感觉材料。在对这张白纸的知觉体验中，更准确些说，在这些知觉活动与此纸的白色性质有关的组成成分中，我们通过适当的目光转向发现了这个感觉材料——白色。这个白色是某种不可分地属于该具体知觉的本质的东西，而且是作为一种真实的具体内在组成成分属于它的。作为当其向我们显现时呈现着纸的白色的这个内容，它就是一种意向性的载者；然而它本身不是对某物的一种意识。对于其他体验材料，如所谓感官感觉也完全如此。稍后我们将对此进行更详细地讨论。

§37　我思内部纯粹我的“指向性”和把握的审视[151]

我们在此不可能对意向体验的描述性本质分析进行更深入的讨论，而是指出为了进一步的说明应加以注意的方面。如果意向的体验是实显性的，即以我思方式进行的，那么在该体验中的主体是使自身“指向”意向客体的。“朝向”此客体的、内在于我思的一种“目光”属于我思本身，另一方面此目光从因此而永不可欠缺的“自我”中涌流出来。朝向某物的这种自我目光随着不同的行为而分别是：在知觉中是知觉的目光；在虚构中是虚构的目光；在喜欢中是喜欢的目光；在意愿中是意愿的目光，等等。因此这意谓着，这种在目光中，在精神之目中属于我思本质，特别属于行为本
66 身本质的能力，本身不再是一种独特行为，而且不应与一种知觉（按最广义来理解的）或与类似知觉的那种行为混同。应当注意，一种意识的意向客体（按其是意识的充分相关物来理解），绝不意味着等同于被把握的客体。我们习惯于把被把握的存在物直接理解作客体[152]的（一般对象的）概念，因为一当我们对客体思考，一当我们关于它说些什么，我们就使它成为被把握者意义上的对象。把握，在最广义上相当于注意某物，不论是特别对其予以注意还是偶然予以注意：至少像这些说法被通常理解的那样。现在这种注意或把握不是一个关于一般我思方式的问题，关于实显性样式的问题；而是更准确些说，关于特殊行为样式的问题，不具有这种样式的任何意识或任何行为都可具有这种样式。如果发生这种情况，它的意向客体不只是被一般地意识到和存于精神指向性的目光中，而是一种被把握的、被注视的客体。当然，我们只能以把握的方式（in der erfassenden Weise）朝向物体，而且对一切可单纯被表象的对象亦如此[153]：在此朝向（即使在想象中）自身就是“把握”、“注意”。然而在评价行为中我们朝向被评价者，在欢喜行为中我们朝向令人欢喜物，在爱的行为中朝向被爱者，在行动中朝向

行为，但并不把握它们。相反，意向客体[154]本身，可评价物本身，令人欢喜物本身，被爱者本身，被希望者本身，行为本身，只在一特殊的“对象化朝向”中才成为被把握的对象[155]。在评价中朝向一事物，当然涉及把握该事物；然而不是纯事物，而是可评价的事物，或者说价值才是（对此我还将详谈的）评价行为的充分意向相关物。因此，“在评价中朝向一事物”并不意味着已经“有了该对象的”价值，在这个被把握的对象的下面这种特殊意义上，即为了对它进行述谓，必须具有它，对于与它有关的一切逻辑行为也是如此。

在评价性的那类行为中我们因此在双重意义上有“一个意向
客体”：我们必须区分纯“事物”和充分的意向客体；而且相应的有
一种双重的 intentio（意向），一个二重的被朝向性。如果我们在一
评价行为中指向一事物，那么我们对该事物的指向就是对它的注 67
意，对它的把握；但我们也“指向”——只是不以把握的方式——该
价值。实显性样式不仅有事物表象（Sachvorstellen），而且也有包
含着此表象的事物评价（Sachwerten）。

但我们应立即补充说，这种情况只在简单的评价行为中才如此简单。一般来说，情绪行为和意愿行为是基于较高层次的，因此意向客体和在统一的全体客体中包括的客体所朝向的方式都同样地复杂化了。然而无论如何，下述的基本命题是有效的：

在任何行为中都有一种注意样式居于支配地位。但只要该行为不只是单纯的事物意识，只要在此意识中有另一个对事物“采取设定的”[156]意识以之为根据，那么在该事物和充分意向对象之间（例如在“事物”和“价值”之间），同样也在注意和具有心的目光之间就产生了分别。但同时，这些有根基的行为的本质涉及一种变样的可能性，按此变样，它们的充分意向对象被注意着，并在此意义上成为“被表象的”对象，这个对象于是能够被看作说明、关系、概念把握和论断的基底[157]。由于这种客观化，我们在自然态度中并因此作为自然世界的成员，不只是面对着自然事物，而且是面对着各种价值和实践客体：城市、照明的街道、住房、家具、艺术品、书籍、工具等等[158]。

§38 对行为的反思。内在的和超验的知觉[159]

我们现做如下补充：当生存于我思中时，我们不把我思思维本身意识作意向客体。但它随时可成为一个意识客体，它的本质涉及一“反思的”目光转向的基本可能性，并自然地具有一种新的我思思维形式，这个我思思维以纯把握的方式指向它。换言之，任何我思思维都可成为一所谓的“内部知觉”的对象，并接着成为一种反思评价的、一种赞成或不赞成等等的客体。在相应的被变样的方式下，同理不只适用于在行为印象意义上的现实行为，而且也适
68 用于我们在想象中、在记忆中或在当我们在理解和体验其他人行
为时的移情作用中我们所意识到的行为。我们可“在”记忆、移情等等之“中”反思，并在种种可能的变样中，使“在”它们之“中”被意识到的行为成为把握的客体和成为基于把握的、采取设定的行为的客体[160]。

我们在此从超验的和内在的知觉或一般行为之间的区别开始。我们将避免内知觉与外知觉这类遭致严重怀疑的说法。现说明如下。

我们把内在地指向的行为，更一般地说，把内在地相关的意向体验，理解作那样一些行为，其本质是，它们的意向对象，如果存在的话，与它们属于同一体验流。因此例如这种情况发生于，每当一行为相关于同一自我的一个行为时（每当一我思行为相关于另一我思行为时），或一行为相关于同一自我的一个感情的感觉材料时。意识和其客体形成了纯由体验构成的个别统一体[161]。

非如是发生的意向体验是超验指向的。例如，一切指向本质的行为或指向属于具有其他体验流的其他自我的意向体验的行为；同样，一切指向物体、指向一般现实的行为，如我们将指出的那样。

对于一个内在指向的知觉，或简单说，一个内在知觉（所谓“内部”知觉），知觉和被知觉者本质上构成了一种直接的统一体，即单一的具体我思行为的统一体。在此，知觉行为将其客体以如下方式包括在自身之中，即它只能抽象地、只能作为一种本质上非独立的东西与其客体分开。如果被知觉物是一种意向体验，如同当我们反思一种只是当下存在的信念（如说：“我相信……”）时的情况，我们就是在使两种意向体验相互混合，至少其中较高的体验是非独立的，而同时不只以较深的体验为根基，而且也意向地朝向它。

这种真实的[162]“被包含性”（严格来说，这是一个隐喻），乃是内 69
在知觉的和以此知觉为根基的设定采取（Stellungnahmen）的突出特征。在大多数其他情况下，诸意向体验之间不具有内在关系。因此例如，对回忆的回忆也欠缺这种关系。此刻被回忆的昨日的回忆并不属于作为其具体统一体的真实组成成分的当下回忆。当前的回忆可能具有其固有的完全本质，即使过去的回忆并未真存在过，而过去的回忆，如果它真地存在过，必然与当前回忆一道属于同一个未中断过的体验流，它不断以各种体验的具体化作用调节着这二种体验[163]。在这方面，对超验知觉和超验地相关于其对象的其他意向体验来说，情况显然不同。对物体的知觉不只包含着作为其真实组成部分的物体本身，物体知觉与物体也没有任何本质的统一性，物体的存在当然在此是预先被假定的。体验流的统一性是纯由体验本身固有本质决定的统一性，或者说来是同一个意思，一个体验只可与体验结合以构成一个整体，其全体本质包含着这个体验的固有本质并以其为基础。往后这一论断将变得更为明确，并获得其重要意义[164]。

§39　意识和自然现实。“素朴”人的理解[165]

我们已获得的体验和意识的一切本质特征，对于达到不断引导着我们的目标来说，即对于获得那种将决定现象学领域的“纯粹”意识的本质来说，乃是必要的准备步骤。我们的考察是本质性的；但是属于体验、体验流和各种意义上的“意识”的本质的诸单一特殊项，已经属于作为实在事件的自然世界了。因此，我们没有放弃自然态度的基础。一种个别意识在双重方式上涉及自然世界：
70 它是某个人的或动物的意识，而且至少在其大多数的特殊形式下，它是关于此世界的意识[166]。鉴于与实在世界的这种牵涉，现在说意识有一种“固有的”本质，而且说它与另一个意识共同构成了一个独立的、纯由此固有本质决定的关联体，即意识流的关联体，这是什么意思呢？因为我们可以在此以尽可能广泛的意义来理解意识，后者最终与体验概念一致，这个问题就与体验流及其一切组成部分的固有本质有关。首先，在什么程度上物质世界是某种性质上基本不同的、被排除于体验的固有本质的东西？而且如果物质世界被这样排除了，如果物质世界与一切意识及其固有本质性相对立而成为“异他物”和“异他存在”，那么意识怎能与其关涉，与这个物质世界并因此与非意识的整个世界相关涉呢？因为人们不难相信，物质世界不只是自然世界的某一部分，而且是其基础层，一切其他实在存在本质上都与其相关。物质世界中仍然欠缺的成分是人与动物的心理部分；而且它们所引出的新的东西首先是它们的“体验”，这种体验在意识特有的方式上与人和动物的周围世界相关联。然而意识和物理事物是一个联合的整体，它们联合为那种我们称作生命存在物的单一的心物统一体，而且在最高层次上联合为整个世界的实在统一体[167]。一个整体的统一体难道能不因其诸部分的固有本质而成为统一的，这些部分因此必定具有某种本质共同性，而不是基本异质性吗？[168]

为阐明此问题，我们将寻求最终源泉，我在自然态度中提出的总设定即从此源泉获得滋养，因此我有可能有意识地发现一个面对着我的实存的物质世界，而且我为自己在该世界中规定着一个身体并因此能为我自己在那儿规定一个位置。显然这种最终源泉即是感性经验。然而对我们的目的而言，考虑感性知觉将足够了，后者在经验行为中，在一种严格的意义上，起着一种原经验(Urerfahrung)的作用。从这种原经验中一切其他经验行为取得其大部分创生性的能力。任何知觉意识都具有一种特性，即它是一个关于某个别客体在机体上自身呈现的意识，这个个别客体或者是纯逻辑意义上的一个个体，或者是这样一个个体的逻辑范畴

71 变项。① 就我们的例子而言，即对感性知觉，或更明确说对物知觉而言，这个逻辑个体就是物；而且把物知觉看作代表着一切其他(有关性质、事件等等的)知觉，这已足够了。

我们自然的、醒觉的自我生存是一种连续的实显的或非实显的知觉。物质世界和存于其中的我们的身体常常是在知觉中存在的。作为具体自在存在的意识本身和在其中被意识的，即被知觉的存在，如何并且怎能被分离开来呢？后者是作为与意识“对立”和作为“自在自为”的存在[169]。

首先我是作为“素朴的”[170]人在思维着的。我在人的物质现实中看和把握着物体。当然，有时我会搞错，而且不只在被知觉的性质方面，同时也在物本身的事实存在方面。我遭受虚幻和幻象的影响。这时知觉不是“真正的”知觉。但当它是真正知觉时，这就是说当它容许在实显经验关联体中或借助于正确经验思维而被“证实”时，那么被知觉的物就是现实的，而且是现实地，即在人的物质现实中呈现于知觉。因此知觉行为，当我认为它纯粹是一种意识并忽略我的物理现实和身体器官时，似乎像是本身无本质之物，一个空“自我”对客体本身的空的看，虽然这个客体奇特地触及到自我。

§40 “第一”性质和“第二”性质。机体上所与的事物，作为“物理真实”的“纯显相”[171]

如果我作为一个顺从自己天性的“素朴的人”，“被感官欺骗

① 参见前面§15，边码第29页。

着”去进行上述各种思维，现在我则作为一个“科学的人”记起了在第二性质和第一性质之间的著名区别，按此区别，感官的特殊性质是“纯主观的”，而只有几何学的和物理学的性质才是“客观的”[172]。物体的颜色、声音、气味和味道等等，不论它们如何持续地“以机体形式”出现于物体内，似乎是属于其本质，但它们实际上并不像显 72
现的那样，而只是某种第一性质的“记号”[173]。但如果我记起某些熟知的物理学理论，我就立即看到，这类广泛接受的命题不能按其字面来理解：似乎只有被知觉物的“特殊”感觉性质是纯显相；因为这意味着，“第一”性质，当除去“特定”感觉性质以后，连同未显现的其他这类性质，都属于在客观真理中存在的物体。如果这样来理解这类命题，那么以前的柏克莱的异议就是正确的，他认为作为物体性和一切第一性质的基本核心的广延性，如果没有第二性质是不可想象的。宁可说，被知觉物体的整个本质内容，因而“在机体中”存在的一切物体和一切性质，以及一切那些可被知觉的东西，都“仅只是显相”，而且“真的物体”是物理学的物体。当物理学决定通过原子、离子、能量等等概念规定着给与的物体时，而且在任何情况下都是以数学表达为其唯一描述的、作为具有空间充实性过程的物体，那么就必须说，它们是某种超越于存在于机体中的整个物体内容的东西。结果，它不意味着某种存在于自然感性空间中的东西；换言之，它的物理学空间不能是在机体上呈现于知觉世界的空间：否则的话，柏克莱的异议也会适用于它。

因此，“真的存在”的规定性就是某种完全地和基本上不同于在知觉中作为机体现实被给与的东西的规定性，后者是完全以感觉规定性被给与的东西，其中包括感觉空间的规定性。被实际经

验的物体提供了纯“这个”，一个空 x 它成为数学规定性和相关的数学公式的载者，而且它并非存在于知觉空间内，而是存在于“客观空间”内，被知觉的空间仅只是客观空间的一个“记号”——一个只能以符号方式表现的欧几里得三维复多体[174]。

因此我们采取这一观点。按其看法，任何知觉在机体上的所与物都是“纯显相”，基本上是“纯主观的”，虽然并不是空的幻象。然而在严格的自然科学方法范围内的知觉所与物的功用在于，向
73 它是其“记号”的这个超越存在提供一个人人均可施行的，并通过洞见证实的有效规定。虽然知觉所与物本身的这个感觉内容永远被当作是不同于存在于自身内的真物体，然而，被知觉的规定性的基底、载体（空 x）永远被当作是运用精确方法以物理谓词来规定的东西。于是反过来，任何物理学知识都被当作可能经验进程的标志，这些经验具有在其中呈现的感觉物和感觉物的事件。因此它被用于在我们于其中生存和行动的实显经验世界中的方向指引[175]。

§41 知觉的真实构成及其超验客体[176]

在所有这些前提下，在作为我思行为的知觉本身的具体的、真实的组成成分是什么呢？显然不是物质物这个完全的超验者，它与整个“显相世界”相比是超验的。但是甚至后者，虽然它被称作“纯主观的”，就其所包含的一切单一事物和事件来看，也不属于知觉的真实组成成分之中，它是“超越于”知觉的。让我们详细讨论一下。我们曾顺便地谈过物的超验性。我们现在必须对超验物与对意识到它的意识有何关系，对本身令人困惑的这种相互关系应

如何理解，获得更进一步的认识。

因此让我们排除整个物理学和整个理论思维领域。让我们停留在纯直观和属于直观的综合的范围内，知觉亦属于此范围。于是显然，直观和被直观者，知觉和被知觉物，虽然在其本质上相互关联，但又必然不是真实地和在本质上结合在一起的同一物。

我们先来举一个例子。当我在一边不断看着这个桌子，一边绕着它走动时，像通常一样改变着我的位置，我不断有对这同一张桌子的意识，这张桌子具有实体上的事实存在性，即它是始终不变的同一物。然而桌子知觉是不断变化着的，它是诸改变着的知觉 74
的一个连续体。我闭上了眼睛。我的其他感官与这张桌子无关。现在我对它没有知觉。我睁开了眼睛，我又有了知觉。是那个知觉吗？更准确说，无论如何在返回知觉时它都不是在个体上同一个知觉了。只有桌子是同一个，它在使新知觉与记忆结合在一起的综合意识中被体验为同一个东西。被知觉物可以存在着而未被知觉到，甚至未被潜在地意识到（在前面论述过的[①]非实显性方式上）；而且它可无须变化而存在。然而知觉本身是在连续意识流中的东西，其本身即为一连续流：知觉的现在不断变为与刚刚过去者接联的意识，同时一个新的现在闪现出来，如此等等。不仅一般被知觉物，而且与其相关的任何部分、侧面、时刻都完全为了同一理由而必然超越着知觉，不论它是第一性质还是第二性质。被看物的颜色本质上是颜色意识的真实因素，它显现着，但当它显现时，这个显现对于显示的经验来说似乎能够和必定连续地变化着。同

① 参见前面§35，特别是边码第63页。

一个颜色出现在颜色侧显的连续复合体中[177]。对于每种感觉性质以及每一种空间形态来说情况亦然。同一个形态(作为在实体上被给与的同一物)连续呈现着,但永远“以不同的方式”,永远以不同的形态侧显。这是一种必然情况,显然普遍适用。只是为了简明起见,我们将出现在不变知觉中的事物作为例子。显然这也适用于任何种类变化的情况。

由连续的显相复合体和侧显复合体构成的一个复合系统必然属于同一物的一个“全侧面的”(all-seitig)、连续确证着其自身统
75 一性的经验意识,在此系统中一切知觉内的对象因素,具有着自身在机体内被给与的特性,它们都在被规定的连续体中呈现或显现其侧面。每一规定性都有其侧显系统,而且对每一规定正如对整个物一样,以下情况都适用,它们对于进行把握的、把记忆和新知觉综合地统一起来的意识来说,是作为同一个东西而存在的,尽管实显性知觉连续体的进程时有中断。

同时我们现在看到现实地和无疑地属于那些被称作物知觉的具体意向体验的真实组成部分中的东西。虽然物就是意向的统一体,物被意识作在彼此融合的知觉复合体的连续正常流动中的同一和统一的东西,这个知觉复合体本身永远有它们的本质上与其统一体一致的确定的描述性组成。例如,知觉的每一样相都必然包含一种关于颜色侧显、形状侧显等等的确定内容,它们被归入“感觉材料”中,这是一种具有确定属的特殊区域的材料,而且它与这样一个属联合起来以构成特殊的具体体验统一体(感觉场)。此外,按我们此处无法进一步详细描述的方式,这个材料将被在知觉具体统一体内的“统握”活跃化,而且在此活跃化中运用“呈现的功

能”[178]，或者在与其联合中构成了我们称作“关于”颜色、形状等等的“显现活动”。这些性质再加上与其他特性相联合，构成了作为同一物之意识的知觉真实组成体，这是由于每一统握都汇入一个基于每一统握之本质的统握统一体，而且由于基于种种这类统一体之本质的同一化综合的可能性。

必须明确注意，实行颜色、光洁、形状等侧显功能（即“呈现”功能）的感觉材料，必然完全不同于颜色本身、光线本身、形状本身，简单说，不同于各种物的因素。侧显必然与被侧显物不属于同一个属，即使二者使用同一词根。侧显是体验。但是体验只作为体验，而非作为某种空间物而存立。然而被侧显物必然只作为某种空间物（它本质上正是空间的）而非作为某体验存立。尤其荒谬的 76
是把形状侧显（如一个三角形的侧显）当作空间物和在空间中可能存立的东西；任何人这样做都是将侧显作用与被侧显物，即与显现的形状混淆起来。至于作为我思行为的各种知觉的真实因素（与超越它们的我思对象的因素相对）应如何彼此区分并说明这些因素的进一步的困难区分，将是一个广泛的研究课题[179]。

§42　作为意识的存在和作为实在物的存在。诸直观方式间的原则区别

我们以上的考察可断定，物是超越对物的知觉的，并因而是超越与其相关的每一个一般意识的；其意义并不是物不可能实际被发现作意识的真实组成体；相反，整个情况是与本质洞见有关的：在任何可能的知觉中，在任何可能的一般意识中，物都不可能绝对无条件普遍地或必然地作为真实内在的东西被给与。因此，在作

为**体验的存在**和作为**物的存在**之间出现了基本本质上的区别。作为区域本质的体验（尤其是作为该区域特殊部分的**我思行为**）基本上表明，体验在内在知觉中是可被知觉的；但空间物本质表明，这是不可能的[180]。正如进一步分析所显示的，如果一切给与物的直观意味着，其他的类似于物的所与物与物的所与物一起，在相应的目光转向中被把握，而且是在这样的方式中，即在显现着物的构成中的可分离层与较低层的方式中——如在其种种特殊个例中的"被视物"——，那么对它们来说完全同样的是：它们必然是超验物。[181]

在进一步追溯内在性和超验性之间这种对立之前，让我们先进行如下的评述。如果先不考虑知觉，我们会发现各种各样的意向的体验，按其本质，排除着它们意向客体的真实内在性，不管客体在其他情况下会怎样。例如，这适用于任何再现作用：任何记忆
77 的再现，通过移情作用把握他人意识的再现等等。当然，我们不应把这种超验性与我们此处考虑的超验性相混淆。内在的不可知觉性，因此在体验关联体中一般不可能出现，这一特点本质上和"基本上"①是物本身以及我们还须阐释和确立其真正意义的任何现实所固有的。因此我们把物本身说成是绝对超验的。在**意识和现实**之间的区别，由于在诸存在方式之间显示出最根本的本质差异性，也是明显的。

我们将进一步说明，在内在性和超验性之间的这种对比包括

① 在这里和在全书各处我们都在严格意义上用 prinzipiell（基本上，原则上）这个词，它指**最高的**和因此最根本的本质普遍性或本质必然性。

了在诸所与物种类之间的本质上的基本区别。内在物的知觉和超验物的知觉间的区别一般并不只在于，在其自身实体的特性中呈现的意向对象，有时真实地内在于知觉活动中，有时又不是：而是说它们通过所与性的各种不同方式而彼此区别，这些方式间的基本区别经必要修正后可涉及知觉的一切再现变样中，涉及类似的记忆直观和想象直观中。我们通过物在任何情况下"实际上"和真正地"落入"知觉的一切规定性来"侧显"自己的方式去知觉物。体验并不侧显自身[182]。"我们的"知觉只通过对物的纯侧显作用本身才能达到物本身，这既非由于物的一个偶然的特殊意义，也非由于"我们人的构成"所具有的某种偶然性。反之，显然地，而且从空间物（甚至在最广义上包括"被视物"）的本质中可得出的是，那样一种存在必然只能通过侧显在知觉中被给与[183]；同理，按照我思行为的本质、按照一般体验的本质十分显然的是，它们排除了任何上述这类可能。换句话说，对于一个属于它们的区域存在者而言，像"显现"，像通过侧显呈现自身等等，不具有任何意义。在不存在空间物之处，从不同观点，沿不同的变化方向，因此按不同的呈现自身的侧面，按不同的视角、显现、侧显去谈论看，这是无意义的。另一方面，为了在确真的洞见中作为本质被把握，极其必要的是，一般空间存在只有按上述那种所与性方式才可为一个自我（任何自我）所知觉。一个空间存在只能在某一"方向"上"显现"，这个方向必然预先规定了诸可能的新方向的一个系统，其中每一个方向又都依次对应于某种"显现方式"，我们可将此显现方式表示为（例如）某一"侧面"上的所与性，如此等等。如果我们在体验方式（这个词也可有一种对应的存在论意义，如上面的论述所阐明的）的意 78

义上谈论显现方式，那么这就意味着：对于具有特殊结构的某种体验，更准确些说，对于某种具有特殊结构的具体知觉来说，重要的是在它们中间的意向对象被意识作空间物；其本质是，变为在确定秩序中的连续知觉复合体的观念可能性，这个复合体可永远延续下去，因此永远也不完成。因此它们产生一种以一致性方式给与的意识统一体[184]，它是内在于该复合体的本质结构中的。另一方面，空间物只不过是一种意向的统一体，它必然只能作为这些显现方式的统一体而被给与。

§43 对基本错误的阐明

因此，一种根本错误的看法是认为，知觉（而且任何各按其自身方式的其他种类的物直观）并未达到物自身（Ding selbst）。物自身并未在自身中和在其自在中给与我们。任何存在者都具有这样的本质可能性，即被简单地直观作其所是的东西，尤其是在一充分的知觉中被知觉为其所是的东西，此知觉无任何“显相”中介地给与着机体中的自身。上帝，作为具有绝对完善知识，因此也具有一切可能的充分知觉的主体，自然具有对该物自体（Dinge an sich）的知觉，而这是我们这些有限存在者所无法得到的。

但是这种看法是荒谬的，它意味着，在超验物和内在物之间无本质区别，意味着在所假定的上帝直观中，一个空间物是一个真实的（reelles）构成物，意味着它本身因此也是同时属于上帝意识流和体验流的一种体验。持有这种观点的人错误地认为，物的超验性是形象表现或记号表现的超验性。形象表现论往往被人们强烈

79 抨击而代之以一种记号论。然而这两种理论不只是不正确，而且

是悖谬的。我们看见的空间物，连带其全部超验性，仍然是某种被知觉的东西，在其机体性中的意识所与物。并不存在可代替空间物的一种形象或一种记号。我们不应用记号意识或形象意识来代替知觉。

在知觉和形象象征表象或记号象征表象之间存在着一种无法沟通的本质区别。在这类表象中我们直观着某种东西，并意识到它以形象再现着或用记号指示着另一种东西；我们在直观场中有一种东西，我们并不指向它，而是通过一种有根基的统握的中介而指向另一个东西，即被形象再现的或被记号指示的东西。无论在知觉中还是在简单记忆或简单想象中都不会遇到这种情况。

在直接直观的行为中我们直观到一个"物本身"[①]；在这种直观行为的统握上没有建立着更高层次上的统握，因此并未意识到被直观者可能起到它的"记号"或"形象表现"的作用。而且正因如此，它被说成是作为"它自身"被直接直观的。在知觉中，"它自身"又被特别地描述为"在机体上的"，以与它的被变样的特性相对，后者是在记忆中或自由想象中"浮动的"或"再现的"。如果人们要是混淆了这些具有本质上不同结构的表象方式，而且因此类似地以通常方式混淆了与它们相应的对象：因而混淆了象征表现(不论形象的还是记号的)和简单再现，并进而混淆了简单知觉和前二者，

① 我在哥廷根讲演中(即从1904年夏季班开始的系列讲演)开始用一种改进的说明代替我在《逻辑研究》中论述简单直观与有根基的直观间关系的不甚恰当的说明(那时我仍然过于受到当时流行心理学的概念的影响)，并提出了关于我以后的研究的详细报道，顺便提一下，这个报道无论从术语方面还是从实质方面都对这一领域中的文献产生了影响。我希望能够在本《年鉴》的以后几卷中发表这些研究成果以及在我的讲演中早先利用过的其他研究资料。

那就陷于悖谬了。物知觉并不再现非被再现者，好像此知觉是一个记忆或一个想象似的；知觉呈现着，它在其机体上的现前（Gegenwart）中把握着物自身。知觉是按照其本身特有的意义起这种
80 作用的，而对其作用做其他的假定就正与其意义相矛盾了。如果我们像在这里一样考虑物知觉，那么其本质就在于是侧显的知觉；而且相应的，其意向对象的意义，即作为知觉所与物的对象的意义就在于，本质上只有通过这种侧显的知觉才能够去知觉。

§44　超验物的纯现象存在，内在物的绝对存在[185]

再者，而且本质上这也是必然的，物知觉具有某种非独立性。物体必然只能“在一个侧面中”被给与，而且这不只意味着它在某种意义上是不完全的或不完善的，同时也意味着侧显式呈现所规定的东西[186]。物体必然只在“显现方式”[187]中被给与，在其中“现实地被呈现者”的核心必然被统握为由一非本然“随同所与物”的边缘域所围绕，而且这个边缘域具有某种模糊的非规定性。而这种非规定性的意义又是由一般被知觉物本身的普遍意义，或由我们称作物知觉的这类知觉的普遍本质所显示的。的确，非规定性必然意味着一种在严格规定的方式下的可规定性。它预先指出了诸可能的知觉复合体，它们彼此不断相互融合，共同汇为一个知觉统一体，在此统一体中连续持存的物在一永远更新的侧显系列中显示着永远更新的（或者在回顾时复旧的）“侧面”。因此，那些非本然地被同时把握的物的因素，逐渐变为现实呈现者，即现实所与物，非规定性受到更严格的确定，以至其本身最终变为明晰的所与性；反过来，当然，明晰者又变为不明晰者，被呈现者变为未呈现

者，如此等等。这样，无限地不完善性乃是“物”和物知觉间相互关系的不可取消的本质的一部分。如果物的意义是由物知觉的所与性决定的(此外还有什么东西能决定其意义呢?)，那么意义必然要求这样一种不完善性，而且必然使我们诉诸诸可能知觉的连续统 81
一的关联体，这些知觉从任何选择的方向开始，以一种系统地和严格规则的方式展开于无限多个方向中，即无限展开于永远被一意义统一体支配的每一方向中。必然永远存在有一个关于可规定的非规定性的边缘域，不论我们在自己的经验中进行得多远，不论我们体验的同一物的实显知觉连续体可能有多广[188]。上帝对此也不能有任何改变，正如他不能改变 1＋2＝3 这个公式或任何其他本质真理的恒常性一样[189]。

人们已经广泛地看到，不论其所属的属是什么，被理解作一个为一自我的存在的超验存在，只能在类似于物被给与的方式中被给与，因此也就是通过显现被给与。否则它就正好是某种会变成内在物的存在；但任何可内在地被知觉的东西只能内在地被知觉。只有当人们犯了现已说明的上述混淆时才可能认为，同一事物在一种情况下可通过在超验知觉形式中的显现，而在另一种情况下可通过内在性知觉被给与。

首先让我们从另一侧研究在物与体验间特有的对立。我们说，体验是不被呈现的。这意味着体验的知觉是对某物的简单的看，这个物是(或可能)作为“绝对物”[190]而在知觉中被给与的，而不是作为在通过侧显的显现方式中的同一物被给与的。我们关于物的所与性所说明的任何东西在此都失去了其意义，而且人们必须详细地充分阐明这一点。一种情感体验是无侧显作用的。如果我看着它，我就具有某种绝对物，它不具有那些可以有时这样有时又那样来呈现的诸侧面。关于这种情感我可以认为它或真或假，但当它在直观的注视中时，它就是在那儿的一种绝对物，具有其性质和强度等等。反之，具有其客观同一性的提琴音调，是通过侧显作用给与的，它有其变化着的显现方式。它们随着我是靠近提琴还是离开它，随着我是坐在音乐厅内还是在关闭的门外面聆听，而有所变化。没有一种显现方式可被认为是绝对的所与物，虽然按我的实际兴趣的范围来看，某种显现作为正常显现也许具有某种优先性：在音乐厅内和在“适当的”地点我听着音调“本身”，如其“实
82 在地”发声那样。我们同样可以说，任何与视觉有关系的物都具有正常外表；我们于是谈到颜色、形状、整个物，这些我们是在正常光线下，而且在相对于我们的正常方向上看见的，这正是事物实在地显现的样子；颜色是实在的颜色，等等。但是它只是指在该物的全体客观化范围内的一种**第二客观化**的东西，这一点我们不难相信。因为显然，如果我们为了坚持“正常的”显现方式而消除其他显现复合体和与它们的本质关系，那么物质所与物就不会再有任何意义了[191]。

因此我们坚持下列看法：虽然显现中的所与物的本质在于任何显现都只是单侧呈现，它不呈现作为“绝对物”的事物，而内在性的所与物的本质却在于呈现某种绝对物，它不可能按诸侧面被呈现或被侧显。的确也很明显，真实地属于知觉物体验的、对它物进行侧显的感觉内容本身，尤其起着对它物侧显的作用，但它们本身并不再通过侧显被给予。

下列区分也应注意。一种体验也未被、从未被完全地知觉，即

它不可能在其完全的统一体中被充分把握。一个体验就其本质而言，乃是一条长流，我们将反思目光指向它时，可从现在时刻开始在其中游动，而向后退去的部分已对知觉消失。只有在持存的形式中，或者在回顾性重忆的形式中，我们才具有对刚流逝者的意识。最后，我的整个体验流都是一个体验统一体，它必然不能在一“随其游动的”知觉中被完全把握。但体验知觉的本质所包含的这种不完全性或“不完善性”，根本不同于“超验性”知觉的本质所包含的那种不完全性或“不完善性”，这种知觉是通过侧显性呈现、通过显现一类作用成立的[192]。

我们在知觉范围内所有的一切所与性方式以及诸所与性方式
之间的区别，也出现在再生性变样作用中，但以被变样了的方式。
物的再现作用是通过呈现作用进行的，因此侧显作用本身、统握、 83
从而整个现象，都是彻底地、再生地被变样的。我们也有在再现和
再现中的反思这种方式中的体验的再生和再生地直观着的体验行
为。当然，我们在此未发现任何再生性侧显[193]。

现在我们再提出下面的对比。再现的本质在于相对明晰性和晦暗性的逐级区分。显然这种完满性的区分与通过侧显显现得到的所与性区分之间毫无共同之处。具有某种程度的明晰表象未通过逐级明晰化而被侧显，这就是说，按照我们的术语所规定的意义上，一空间形状，任何对应该形状的性质，以及“显现物本身”都是多方面侧显的——不论其表象是明晰的还是晦暗的。一种再生的物表象有其种种可能的明晰度，而且当然是对它的每一个侧显方式而言。我们看到，这是一个不同范围间的区分问题。同样显然，我们在“明晰的和不明晰的”、“清楚的和不清楚的”看行为项下的

知觉本身范围内所做的区别，确实显示了与我们刚谈过的明晰度区分的某种类似性，因为在两种情况下，这都是一个有关被表象物逐渐增加和减低其充实性的问题，但这些区分也属于其他不同的范围。

§45　未被知觉的体验，未被知觉的现实[194]

如果我们更深入地分析这种情况，也可理解在体验和物之间的、相对于它们的可知觉性而言的下述本质区别。

那种体验性的存在方式意味着，一个看知觉的目光可以完全直接地指向每一现实的、作为一原初性现前而实存的任何体验。它出现于“**反思**”形式中，具有如下突出的特性，在反思中被知觉把握的东西，不只是被基本地刻画为某种存在的和在知觉目光中持存的东西，而且也是某种在这种目光朝向它之**前已存在**的东西。“一切体验都是被意识的”，因此这特别意味着与意向体验有关的东西，这些体验不只是对某物的意识，而且不只是作为当它们本身

84 是一个反思意识的客体时作为呈现者，而且同样也是未被反思地已经作为“背景”存在着，因而本质上在类似于下述意义上是“有待知觉”（Wahrnehmungsbereit），即如同在我们的外部视线中尚未被注意的物是有待于被知觉的一样。物是可以有待于被知觉的，只要当它们作为未被注意的物已在某种方式上被意识到，这就意味着：只要它们显现。**并非一切**物均满足这一条件：包括着一切显现者的我的“注意视域”不是无限的。另一方面，未被反思的体验也必须满足有待性（Bereitschaft）的某些条件，虽然以极其不同的，并适合其本质的方式。它毕竟不能“显现”。然而无论如何它

通过它的实际存在方式本身总能满足这些条件，而且是为了它所从属的那个自我，其自我目光（Ichblick）可能存于它之中。只因反思和体验具有这里所谈的那些本质的特殊性，我们就有可能获得有关未被反思的体验的某些知识，因此也认识了反思本身。显然体验的再生性的（和持存性的）变样具有类似的、只是已被相应变样了的规定性。

我们现在进一步来研究一下这种对立。我们看到，体验的那种存在方式表明，它在反思方式中是本质上可被知觉的。物也是本质上能够被知觉的，而且在此知觉中它被把握为我周围世界的物。甚至在未被知觉时它也属于这个世界，因此这时它也是对自我存在的。但是一般来说，一种简单注意的目光仍然不是在此方式上可指向它的。被理解作简单可注视性领域的背景场，只包含我周围世界的一小部分。“事物存在着”宁可说是表示，我们可以从具有现实显现的背景场的实显知觉开始，将可能的以及具有连续协调性动机的（kontinuierlich-einstimmig *motivierte*）知觉序列，随着不断更新的物场（作为未被注意的背景基础），引向那样一种在其内有相关物显现着和被把握着的知觉关联体。如果我们考虑的不是一个单一自我，而是一个多重自我的话，上述分析中基本上没有发生任何本质的改变。只有借助于可能的相互理解关系，我的经验世界才与其他人的经验世界同一，而且同时被他们大量溢入的经验所丰富[195]。因此欠缺通过协调性动机关联体而与我当 85
下实显知觉范围发生上述联系的超验性，就是一完全无根据的假设；一种超验性要是欠缺这种本质的联系就是无意义的。因此物世界的未被实显地知觉的部分就是以这种方式现存的，它在本质

上不同于本质上被意识到的体验的存在[196]。

§46 内在知觉的不可怀疑性，超验知觉的可怀疑性[197]

从上面的全部论述中产生出了重要的结论。各种内在性知觉都必然保证其对象的存在。如果反思性把握是指向我的体验，我就把握住了某种其事实存在本质上不可否定的绝对物本身，也就是这样一种洞见，即它不存在一事本质上是不可能的；认为以该方式被给与的体验实际上有可能不存在的看法是荒谬的。作为思维者的我的体验流，不论它尚未被把握到什么程度，不论在已逝去的和在前方的体验流领域内未被认知到什么程度，只要我在其现实现前中注视着这个流动的生命，并因此把我自己把握为这个生命的纯主体（稍后我将专论其含义），我就无条件地和必然地说：我存在着，这个生命存在着，我生存着：cogito（我思着）。

获得这一明证的基本可能性属于每一体验流和自我本身；每个自我自身都禀赋着有关其实际存在的绝对保证，这是一种基本的可能性。但是我们可以问，是否不可以想象有这样一个自我，在其体验流中只有想象，这个体验流只由虚构的直观组成？因此这样一个自我会只发现我思行为的虚构，自我的反思，按此体验介质的性质，就会完全是想象中的反思。但这是一种明显的悖谬。心中浮动者可能是一纯虚构；浮动行为本身，此虚构意识，本身不是被虚构的，而且它的本质以及每一体验正包含着进行知觉的和把握绝对事实存在的反思的可能性。我在移情经验中假定的每一其他意识都不存在的可能性中并不含有任何悖谬性。但我的移情行为，我的一般意识是原初地和绝对地被给与的，不仅涉及其本质，而且涉及其存在。只有对于自我和相对于自我本身的体验流来说，这种特殊事态才会发生；只是在这里才存在有和必定存在有这 86
样一种作为内在性知觉的东西[198]。

如我们所知，与此相反，物质世界之本质在于，没有任何不论多么完善的知觉能在其领域内给与任何绝对物，而且本质上与此相联系的是这样的事实，任何不论多么广泛的经验都存留有这样的可能性，即给与物不存在，尽管有关于它在机体上自身显现的连续意识。按照本质法则可以断言，物质存在绝非某种按其所与性是必然所需的东西，反之，在某种方式上它永远是偶然的。这意味着，永远有可能的是，进一步的经验展开要求放弃已根据经验的合法性被假定的东西。其后人们会说，这仅只是一种幻想，一种虚妄，一种有连贯性的梦境等等。再者，一种可能性是不断敞开着的，即在此所与性领域中存在着某种作为统握改变（Auffassungsänderung）的东西，一种显现突然变为另一种不与其协调结合的显现，因此后一显现中的经验设定影响着前一显现中的经验设定，以至于可以说，先前设定中的意向对象事后遭受到一种改造——一次纯粹的偶然事件，而这种偶然事件在本质上是被排除于体验范围的。在此绝对范围内，绝无发生冲突、虚妄、异它物的可能。这是一个绝对设定的范围[199]。

因此从每一种方式上看都很显然，在物质世界中对我存在的东西，必然只是假定的现实；而另一方面，世界对其存在着的我自己（在排除了“被我”归为物质世界的东西之后）或者说我的实显体验则是一绝对现实，这个现实是被一无条件的、绝对不可取消的设

定所给与的[200]。

因此，与作为一"偶然"设定的世界设定相对的是关于我的纯自我和自我生命的设定，它是"必然的"，绝对无疑的。一切在机体上被给与的物质物都可能是非存在的，但没有任何在机体上被给与的体验可能是非存在的：这就是规定着后者必然性和前者偶然性的本质法则。

显然，这并不因此意味着，当下实显的体验的存在必然性是纯本质必然性，即：不是一本质法则的纯本质的特殊化；它是一种事实的必然性，这样称呼它是因为一种本质法则触及到该事实[201]，在
87 这里即触及到该事实存在本身。这样一种反思的观念上的可能性是基于一般纯自我的本质和一般体验的本质的，这种反思具有一种明证地不可取消的事实存在设定的本质特性。①[202]

刚才提出的讨论也表明，我们不能设想出任何一种从对世界的经验考虑中得出的证明，它可以对我们绝对确保世界存在的确定无疑性。世界的可疑性并不在于，理性的动机抗衡着所考虑的诸协调经验的巨大力量，而在于，怀疑是可以想象的，因为世界非存在的可能性将永不会在本质上被排除。任何经验力量，不论多么大，都可逐渐地被抵消和超过[203]。体验的绝对存在却绝不因此而改变，甚至于一切经验都永远要以体验为前提。

我们的考察现在终于达到了一个最高点。我们获得了所需要的知识。向我们显示了自身的这些本质关联体已包含了最重要的

① 因而在这里问题与经验必然性的一个十分突出的例子有关，它曾在§6，边码第15页，第二段末尾提到。此外也参见《逻辑研究》新版第二卷，"第三研究"。

前提，我们想从中引出有关全体自然世界与意识领域、与体验的存在范围之间在本质上是可分离的[204]推论；我们可以相信，在这些推论中，笛卡尔“诸沉思”的一个核心主题（尽管它朝向完全不同的目的）的正当性最终应得到确认，虽然它还未被充分完成。因此我们当然还要进行一些不难完成的补充论述，以便达到我们的最终目的。我们暂时将只在一有限制的正当性范围内得出我们的结论。

第三章　纯粹意识区域[205]

§47　作为意识相关物的自然世界[206]

我们可根据上一章的结论讨论下述问题。我们人类经验的事实历程是，它迫使我们的理性超越直观所与物（笛卡尔的形象物），并使它们以“物理学真理”为根据。但这个进程也可能是另一个样 88
子[207]。情况似乎不会是，人类发展从未超出过、也将永不会超出前科学阶段，以致尽管物理世界的确有其真理，我们却对其一无所知；情况似乎也不会是，物理世界是另一个世界，具有一个不同于我们实际具有的规律系统。相反，我们还可以想象，我们的直观世界即最终的世界，在它“背后”不存在任何物理世界，即知觉物会不具有数学的和物理的规定性，经验给与物会排除一切与我们的物理学类似的物理学。于是经验关联体将相应地和在形式上不同于它们目前实际所是的样子，因为物理学概念和判断形成以之为根据的经验动机不复存在了。但整个来说，我们在以“简单经验”（知觉、回忆等等)名称下理解的那类所与直观的限界内,"物"可仍然像现在一样被连续持存地呈现于作为意向统一体的显现复合体中。

但我们可以沿此方向继续前进;没有任何限制会在我们设想摧毁(作为经验现实相关物的)事物客观性的过程中妨碍我们。在此应当永远记住,不管物是什么——只有我们能对其做出陈述的物,只有我们对其存在或不存在、如是存在或如彼存在进行争论和做出合理决定的物——它们是经验的物。正是经验本身规定着它们的意义[208],而且由于我们所谈的是事实上的物,正是实显的经验本身在其一定秩序的经验联结体中进行着这样的规定。但如果我们能对经验中的各种体验,尤其是对本质考察中的物知觉的基本体验加以考察,而且如果我们能区分它们的本质可能性和本质必然性(如我们显然可能做到的那样),并因此也可按本质方式追溯有动机的经验联结体的本质上可能的诸变体:那么结果就产生了我们事实经验的相关物,它被称作"现实世界",作为在诸可能世界与诸非世界组成的复合体中的一个特例,这些世界只不过是"经验意识"的观念[209]的本质上可能的诸变体的相关物,这个意识含有禀具某种程度的秩序性的经验联结体[210]。人们不应错误地谈论相对于意识的或在其自在中的物的超验性。物的超验性的真正概念,作为关于超验性的任何合理论述的尺度,本身只能从知觉的本质内容或我们可称其为证明性经验的一定性质的联结体中推出。因此这种超验性观念是这种证明性经验的纯观念的本质相关项。

89

上述说法适用于任何可想象的超验性,无论是可被当作现实性还是可能性的超验性。**一个自在的对象绝不是意识或意识自我与之无关的东西**。物是**周围世界**的物，即使它是未被看见的物，即使它是实际可能的、未被经验的，但可经验或也许可经验的物。**可经验性绝不意味着一种空的逻辑可能性**，而是在经验联结体内**有动机的**一种可能性。这个联结体本身彻头彻尾是“**动机**”的联结体[①]，它永远纳入新的动机和改造那些已形成的动机。对于它们的把握内容或规定内容而言，动机是不同的，是具有或多或少丰富性的，具有或多或少内容规定性或模糊性的，这取决于它是否是有关于一个已“被知”的、或“完全未被知的”、“还未被发现的”物；或者对于被看见的物而言，它是一个关于已知物或未知物的问题。这完全是一个有关这类联结体的**本质结构**的问题，它们就其一切可能性而言，都可成为纯本质探讨的对象。在本质上，任何现实中存在的，但还未被实显地经验的东西，都可变为所与物，而且这意味着，它属于我的每时每刻经验现实的尚未规定但可被规定的边缘域。然而这个边缘域是本质上与物经验本身联系在一起的未规定成分的相关物；而且这些未被规定成分——永远按本质方 90
式——敞开着被充实的可能性，这些可能性绝非完全任意的，而是**按其本质类型被规定的**，有动机的。一切实显经验都超出自身而指向可能的经验，它接着指向新的可能经验，如此以至无穷。而且

① 应当注意，由于我在《逻辑研究》中分离出纯现象学领域而直接产生的这个基本的现象学概念——动机（它与相关于超验的实在领域中的因果性概念相对照），是这样一种动机概念的**普遍化**，按后者，例如，我们可以说目的意愿是手段意愿的动机。此外由于一些重要理由，这个动机概念经受了种种改变；这些改变了的动机表达所含有的歧义性，一当现象学情境得到阐明，可不致有害，甚至似乎是必然的。

这一切都是按照本质上规定的、与先天类型相联系的方式和规则形式进行的。

在实际生活或在经验科学中的任何假定的推断，都与这种变化的，但永远共同设定的(mitgesetzten)边缘域有关，通过此边缘域，世界设定具有了其本质意义[211]。

§48 我们之外的世界的逻辑可能性和事实上的悖谬

关于在此世界之外的某实在界的假定前提，"在逻辑上"当然是可能的，它显然未包含着什么形式矛盾。但当我们询问关于其有效性的本质条件时，关于由其意义所要求的证明方式时，当我们询问由一种超验者设定本质上规定的一般证明方式——不管我们能如何合法地将其本质普遍化——时，我们认识到，这个超验者应当是必然可经验的，不仅是对于被想象作一个空的逻辑可能性的自我，而且是对于任何一个被想象作其经验联结体的可证明的统一体的实显自我[212]。但我们可以看到(当然在此处我们的论述还未进展到足以详细论证它，只有以后的分析才会使我们达此目的)[213]，某一自我可认识的东西必然应当可被任一自我所认识。即使事实上并非是，每个人与每个人都处于或能处于"移情作用"、"相互理解"的关系中，例如与生存于遥远星系上的精神生命就不处于这种关系中，然而从本质上看，存在着产生相互理解的本质可能性，因此也是这样一种可能性，事实上分离的诸经验世界通过实显经验联结体联合起来以构成一个唯一的主体间世界，即统一的精神世界(人类共同体的普遍扩大化)的相关物。当考虑到这一点

时，在世界之外的现实界的形式的、逻辑的可能性，由我们的实显经验固定的一个时空世界，事实上被证明是一种谬想。如果存在 91
有一般世界、实在物，那么构成着它们的经验动机必定能够以上述一般方式并入我的经验并并入每一自我的经验之中。显然存在有不能在任何人的经验中被确定证明的诸物和诸物的世界，但是它们在人的经验的事实性界限内有纯事实性的基础。

§49　作为世界消除之剩余的绝对意识[214]

另一方面，这一切并不意味着一般来说必定存在一个世界或某种物。一个世界的存在是由某些本质构成物加以突出的一些经验复合体的相关物。但是人们不能理解，实显经验只能呈现于这种联结体形式中；只根据一般知觉本质和只根据其他与知觉相配合的那种经验直观的本质不可能得到这类形式。反之，完全可以想象，经验由于冲突不只在各细部上解体为诸假象，而且每种假象事实上未显示出较深的真实性，此外，在其发生处的每种冲突，正是为了保持整体的和谐而为更广阔的关联域所要求的东西；可以想象，在我们的经验中拥塞着不只是对我们来说，而且在其自身上都不可调和的冲突，如经验可能突然显示出对继续协调地维持物的设定这一要求的抗拒；如经验联结体会失去由侧显、统握、显现等作用构成的固定的规则秩序；又如不再存在有任何世界。然而在这种情况下仍有可能的是，某种程度上大致统一的构成物出现了，这就是仅只为物直观类似物的瞬时的直观支点，因为它们完全不可能构成常存的“诸现实”和经久的统一体，这些现实或统一体“自存自在，不论它们是否被人知觉”。

现在让我们再加上在上章末尾获得的结果，即回想一下每种超验物本质中包含的非存在的可能性：因此显然，意识的存在，即一般体验流的存在，由于消除了物的世界而必然变样了（modifi-
92 ziert），但其自身的存在并未受到影响。当然是变样了。因为世界的消除相应地只意味着，在每一体验流中（在一个自我体验的完全的，因此双向无限的全体流中），某些有序的经验联结体，以及因此与那些经验联结体相关的理论化理性的联结体，都被排除了。但这并不意味着，其他体验和体验联结体也被排除了。因此实在的存在，在显现中对意识呈现和显示的存在，对于意识本身（在最广泛的体验流意义上）的存在不是必不可少的[215]。

因此，内在的存在无疑在如下的意义上是绝对的存在，即它在本质上不需要任何“物”的存在（nulla“re”indiget ad existendum）。

另一方面，超验“物”（res）的世界是完全依存于意识的，即并非依存于什么在逻辑上可设想的意识，而是依存于实显的意识的。

这些原则已为前面的（前几节中的）论述以一般的方式加以阐明。某种超验物是通过某种经验联结体被给与的[216]。超验物在显示出为协调一致性的知觉连续体中和在以经验为基础的思想的某些方法形式中，直接地和逐渐增加其完全性地被给与了，它以某种程度上直接的方式获得其明证的、不断前进的理论规定。让我们假定[217]，意识连同其体验内容和历程实际具有这样的性质，意识主体在其经验的和经验思维的自由理论活动中可以完成所有这些联结体（因此我们将必须考虑与其他自我和其他体验流的相互理解的作用）；让我们再假定，意识的适当调节作用实际上在运行着，在一般意识流程中不欠缺一个统一世界的显现和对此世界的理性化理论认识所必需的任何东西。假定了这一切以后我们现在问：相应的超验世界之**不存在**仍然是可设想的而不是悖谬的吗？

因此我们看到，意识（体验）和实在存在绝不是那种相互协调的存在，二者睦邻而处，彼此偶尔"发生关系"或"相互联系"[218]。只有本质上相类似的东西，只有当各自的本质有相同的意义时，它们才能在该词严格的意义上是有联系的，才能构成一个整体。内在 93
的或绝对的存在和超验的存在虽然都被称作"存在者"、"对象"，而且尤其是都具有各自对象的规定内容，但是显然，被称作对象和对象规定的东西，在各自情况下只有对照于空的逻辑范畴才被这样命名。在意识和现实之间存在着真正的意义沟壑。对一方来说是一个侧显的、非绝对所与的、仅只是偶然的和相对的存在；对另一方来说是一个必然的和绝对的存在，本质上不可能由于侧显和显现而被给与。

因此显然，尽管我们颇有根据地谈论**人类**自我及其意识体验的**在世界内**的实在存在和谈论属于它们的"心理物理"联结体[219]中的每种东西，尽管如此，在其"**纯粹性**"中被考虑的意识必定被看成是**独立的存在联结体**，一种**绝对存在的联结体**，没有东西可以撞入其内和溢露其外；没有任何东西在时空上外在于它，而且它不可能存于任何时空联结体内，它不可能经受任何物的因果作用，也不可能对任何物施予因果作用——可以假定，在正常意义上的因果性是自然的因果性，它是在不同诸现实间的一种依属关系[220]。

另一方面，整个时空世界，包括人和作为附属的单一现实的人自我，**按其意义仅只是一种意向的存在**，因此人仅只有对某意识的一种存在的第二级的和相对的意义。它是这样一种存在，它被意识在其经验中设定着,这个意识本质上只可被规定作和直观作某种有一协调一致性动机的复合体的同一物——**除此之外**,别无所有[221]。

§50 现象学态度和作为现象学领域的纯粹意识

因此,关于存在论述的一般意义被颠倒了。这个存在首先是为我们的,其次才是自在的,后者只有“相对于”前者才如是。但并不是说存在有一盲目的法则秩序,它使得作为物的秩序和联系(ordo et connexio rerum)必然符合于作为观念的秩序和联系(ordo et connexio idearum)。现实,单一物的现实和整个世界的现

94 实,都由于其本质(在我们对这个词严格规定的意义上)而失去其独立性。现实本身不是某种绝对物并间接地与其他绝对物相联系,其实在绝对意义上它什么也不是,它没有任何“绝对本质”,它有关于某种事物的本质性,这种事物必然**只**是意向性的,**只**是被意识者,在意识中被表象者和显现者。

现在我们再回到第一章所考虑的问题,回到我们对现象学还原的考察。现在已经很清楚,与作为世界相关物的自然的理论态度相对的一种新态度必定是可能的。这种新态度尽管“排除”了整个自然界的这个心理物理世界,仍给我们留下了某种东西:即绝对意识的整个领域。于是,我们不是素朴地生存于经验中和从理论上探讨被经验的东西,即超验的自然,而是要实行“现象学还原”。[222]换句话说,不是素朴地**实行**属于我们的、构成自然的意识的、具有其超验设定的行为,并让我们被诸设定之内潜在的动机所引导去实行更新的超验设定——相反,我们使所有这些设定“失去

作用”，我们并不介入它们；我们使把握的和理论上探索的目光指向在其自身绝对独特存在中的纯意识。这就是所探索的余留下来的“现象学剩余”，虽然我们已“排除”了包含一切物、生物、人、我们自己在内的整个世界。严格说，我们并未失去任何东西，而只是得到了整个绝对存在，如果我们正确理解的话，它在自身内包含着、“构成着”一切世界的超验存在[223]。

让我们再详细阐明一下。在自然态度中，我们只是实行一切行为，按此行为世界对我们存在着。我们素朴地生存于知觉和经验活动中，生存于那些设定行为中，在其中物的统一体对我们显现着，而且不只是显现着，还以“在身边的”、“现实的”等特性被给与。当涉及自然科学时，我们以经验的和逻辑的方式实行着[224]有规则的思维行为，在其中那些被当作所与的现实物成为在思想上被规定的，而且在其中根据这些直接被经验的和被规定的超验物又涉及新的超验物。在现象学的态度中，按本质一般性，我们中止实行所有这些认知的设定，即我们将所实行[225]的设定“置入括号”；对于我们的新研究而言，我们不“介入这些设定”。我们不生存于它们 95
之内，不实行它们，而是实行着指向它们的反思行为；而且我们把它们本身把握为如其所是的绝对存在。我们现在完全生存于这类第二级行为中，其所与物是绝对体验的无限领域——现象学的基本领域。

§51　先验预备考察的意义

当然，任何人都能实行反思，而且任何人都能将反思行为带入意识中的他的把握的目光之中；但这并不必然是实行一种现象学的反思,而且,被把握的意识也不是纯粹意识[226]。因此,像我们已完成的这种彻底考察对于加深如下的认识是必要的,即存在着和可能存在着不是自然之组成部分的一般纯粹意识领域这类东西。这绝不是说自然只可能作为一个意向性的统一体,这个统一体在此纯粹意识中以内在的联结体为根据。此外,这些考察对于了解下述情况是必要的,即这个统一体只在一种完全不同的态度中被给与和在理论上被研究,也就是不同于那样一种态度,按照它可以研究"构成着"该统一体的意识以及因此每种一般绝对意识。这些考察对于我们如下的认识是必要的,即我们在现象学还原的形式中忽略整个世界的做法,完全不同于对更广泛的关联域中的组成成分加以纯抽象作用的做法,不论这些关联域是必然性的还是事实性的。如果意识体验不卷入自然就不可想象,正如颜色无广延物就不可想象一样,那么我们就不能在那样一种我们必须如此看待它的意义上把意识看作一个绝对特殊区域。然而我们必须看到,借助这样一种从自然中的"抽象作用",我们只能得到自然物而不能得到先验纯粹意识。而且现象学还原并非意味着对整个现实存在的一个有联系部分的纯判断限制(blosse Urteilseinschränkung)[227]。在每个特殊的现实科学中,理论兴趣被限制于整
96 个现实内的一个特殊范围内;对于其他范围则不予注视,只要在其他诸范围内反复起作用的实在关系并不强制人们进行一种调节性的研究的话。在这种意义上,力学从光学事件中"抽离"出来,而一般广义的物理学从心理学现象中抽离出来。然而正如每一位自然科学家所知,这并不意味着任何现实领域都是分离的;整个世界最终是一单一的"自然",而各门自然科学都是此单一自然科学的分

支。对于作为绝对本质的体验领域来讲，情况则根本不同。它是严格自我封闭的，然而却没有任何边界把它与其他区域分开。因为任何可以限制它的东西会必定与它分享一种共同本质。然而它是在我们的分析所产生的确切意义上的绝对存在全体[228]。在其本质中，它独立于一切世界的、自然的存在；而且它甚至也无须为其实存(Existenz)之故而需要任何世界存在。自然界的实存不可能是意识界实存的条件，因为自然本身最终成为意识的一个相关物；自然只是作为在有规则的意识联结体中被构成的东西存在着。

注　　释[229]

让我们顺便讨论一下以下情况，以免发生误解：如果在具有其分离形式的意识个别历程所与秩序中的事实性，和内在于这些个别意识中的目的性，提出了探求此秩序基础的正当理由，那么按照本质的要求，那种或许可合理地假定的神学原则不可能被当作是在世界是超验物这一意义上的超验物；因为，正如从我们前面的论述中可明显看到的，这将是一种荒谬的循环论证。绝对物的秩序原则必须在绝对自身内以及在纯粹绝对的考察中去发现。换句话说，因为世俗的上帝是显然不能成立的，而且另一方面因为，在绝对意识中的上帝的内在性，不可能被理解作作为体验的存在的意义中的内在性(这同样是荒谬的)，因此在绝对意识流及其无限多个别意识流中必定存在有不同的表明超验性的方式，即不同于作为协调一致显现统一体的诸物质现实的构成；而且最终或许也必定有理论思维与之相符的直观显示，并且通过合理追随这种显示

97 就可能对被假定的神学原则的统一支配作用获得理解。于是同样明显的是，这个支配作用一定不应被当作是在自然科学因果概念意义上为“因果性的”，后者是顺从于现实和属于其特殊本质的功能关联体的。

但在这里我们不再关心这些问题。我们直接的目的不与神学而与现象学相关，虽然后者或许间接地对于前者来说极为重要。然而上述基本考察对于现象学是非常有用的，因为它们对于展开作为其特殊研究领域的这个绝对领域来说是必不可少的。

§52 补充。物理物和“显相的未知原因”[230]

现在我们来做一个必要的补充。我们在进行前面一系列考察时主要针对着感性形象物，而未适当注意物理物，对物理物来说，感官显现的(知觉上给与的)物应该起“纯显相”作用，甚或起“纯主体的”物的作用。然而在我们先前论述的意义中已包含着如下意思，即这个纯主体性不应与(却往往如此)一种体验的主体性混淆，好像被知觉的物被归结为其知觉性质，而且好像这些知觉性质本身就是体验似的。自然科学家的真正意见也不可能是说(特别当我们不是注意他们的言语，而是注意他们的方法的意义时)，显现的物是一假象或一幅“真正”物理物的虚假图画。同样，认为显相的规定是真的规定之记号的说法也是错误的。①

那么我们是否能按照相当普遍采用的“实在论”说：现实地被知觉物(而且在该词的第一个意义上，显现物)本身是否应被看成

① 参见§43边码第78页以下关于形象论和记号论的论述。

显相或被看成对另一个内在地异于它并与其分离之物的本能性基础结构呢？我们可以说，从理论上考虑，这另一物是否应该理解作一个现实，它完全不为人们所知，但必须对其加以假定，以便说明显现体验历程，以及被理解作这些只能间接地和类推地用数学概 98
念去刻画的显相的隐蔽原因呢？

根据我们的一般说明（这将在以后的研究中进一步深入分析和不断加以论证），可以明显看出，这种理论只有当人们避免认真考察和科学地探讨物的所与物（Dinggebenem）的意义，因此就是“一般物”的意义时才能成立，这个意义包含在经验的特殊本质中，简单说，这个意义起着有关于物的一切理性论述的绝对规范的作用。如果任何东西违反了此意义，就在该词最严格的意义上是悖谬的[①]；而且这无疑适用于一切上述这种类型的认识论学说。

不难表明，如果这种假定的未知原因存在的话，它就必然会在本质上是可知觉的和可经验的，如果不是被我们那也是被比我们目光更敏锐、更宽阔的其他自我。顺便说一下，我们在此所谈的东西不是关于一种空的、纯逻辑的可能性，而是关于一种内容丰富的，并因该内容而有效的本质可能性。此外，还应指出，可能的知觉本身按本质必然性必定是通过显现产生的另一种知觉，因此我们将陷入不可避免的无尽倒退之中。还可以指出，由假定的因果性现实，由未知的事物（如由关于一尚未知的海王星星座的假说提出的关于某些星体扰动的说明）做出的对知觉给与的事件的说明，

① 在本书中 Widersinn（悖谬）是一逻辑词，它不含有逻辑学以外的情绪含义。甚至最伟大的科学家偶尔也会陷入悖谬；而且，如果我们的科学责任感要求我们这样去描述的话，这并不会影响我们对他们的敬意。

在本质上不同于那样一种在经验物理学规定的意义上的说明，不同于借助原子、离子等等这类物理科学手段所做的说明。在类似的意义上可展开很多问题的讨论。

在这里我们无须深入地、详尽系统地讨论所有这些问题。明确举出几个主要观点来对于我们的目的来说就已经足够了。

我们先来看容易证实的如下论断，即被知觉的物本身永远地
99 和必然地正好是物理学家按物理学方法予以探讨和科学地去决定的东西。

这个命题似乎与前面所说的[①]那些命题相矛盾，在那些命题中我们企图更准确地确定物理学家们共同使用的某些说法的意义，以及在第一性质和第二性质之间传统上的区别。在排除了明显的误解后我们说，“实际被经验物”给与我们的是“仅仅这个”(blosse Dies)，一个“空 x”，它成为物理学的诸精确规定的载者，这些规定本身并不属于实际的经验。因此“物理学中真实的”存在会“必然地以不同于”那种在知觉本身中“在机体上”给与的存在“的方式被规定着”。前者具有那些非物理学的纯感性规定性。

然而这两种说法彼此十分一致，而且我们没有必要当真地与物理学中的概念解释进行辩驳。我们只须正确地去理解它。我们绝不应陷入基本上错误的形象论和记号论，这些理论我们先前考察过，并在彻底一般性水平上反驳过，但当时并未特别关注物理物。[②] 一个形象或一个记号指示着在它之外的某种东西，后者“本

① 参见前面§40，边码第72页。

② 参见前面§43，边码第79页。

身”是可把握的，如果我们过渡到一种不同的表达方式，过渡到所与的直观方式的话。一个记号或一个形象本身并不“表明”被指示的（或被描绘的）事物本身。然而物理物不是异于感性地“在机体上”显现着的东西，而是某种在其内，尤其是先天地（由于不可消除的本质理由）只在其内原初地表明自身的东西。因此，起着物理学规定载者作用的 x 的感性规定内容，不是异于和掩盖着这些物理学规定的隐蔽物：相反，只因 x 是感性规定的主词，它也就是物理学规定的主词，后者本身也在感性规定中表明自身。物，尤其是物理学家所说的物，按照我们前面的详细论述，必然可以感性地，只在感性“显现方式”中被给与；而且在这些显现方式的变化连续体
中显现的同一物，是物理学家在相关于一切经验的（因此被知觉的 100
或可知觉的）、可看作“环境”关联域中使其受因果分析的东西，后者即一种关于实在的必然性关联体的研究。这个物理物，他观察着，实验着，反复看着，拿在手里，放到天平上，放进熔炉里：这个物而非别的物，成为物理学中诸谓词的主词，因为它有重量、温度、电阻等等。同样，正是被知觉的经验事件和关联体本身被力、加速度、能、原子、离子等概念所规定。有着感性形状、颜色、气味和味觉等特性的感性显现物，因此绝不是代表其他某物的记号，而是代表自身的记号。

我们至多只能这样说：在所与的现象环境中以某些感性特性显现的物，对于以那种相关的诸显相关联体的形式已一般地为这类一般物在原则上确定了物理规定性的物理学家们来说，就是同一物的大量因果性质的标志，这些因果性质正好在已知的诸显相依属关系中显示出来。在这里显示的东西显然是——正如在意识

体验的意向统一体中显示的那样——本质超验性的。

归根结底十分清楚，即使物理物的较高层次的超验性，也不意味着超越了意识世界或超越了每一起认知主体作用的自我的世界。

一般而言情况是，物理思维是建立于自然经验活动的（或其产生的自然设定的）基础上的。按照经验关联体所提供的理性动机，必定产生某些把握方式，某些理性所需的意向结构，产生它们以便达到感性经验物的理论规定性。正因如此出现了作为纯感性
101 的 imaginatio（形象物）与作为物理学家的 intellectio（理智物）之间的对立；而且对后者而言，一切观念上的本体思维结构产生了，它表现在物理学概念中，而且只从或应只从自然科学中取得其意义[231]。

如果经验逻辑理性在物理学名目下按此方式形成了较高层次上的一种意向相关物——如果从纯显现的自然形成了物理学的自然——，那么所谓的神秘化作用就发生了，当人们把只不过作为在纯直观中所与的自然的经验逻辑规定的这种洞见的理智所与物，理解作一个未知的物理现实世界本身时，这个世界被假定为供人们从因果律上说明显相之用的基础结构。

因此人们用因果关系把感性事物和物理事物悖谬地联结起来。然而结果人们以通常的实在论把感性显相，即作为显现的对象本身（它们本身已是超验物），由于它们的"纯主观性"，与构成着它们的绝对的显现体验，与显现活动的、一般经验意识的体验相混淆了。这种混淆至少以这样一种形式处处存在：人们的说法似乎是，客观的物理学不在于说明在呈现的物意义上的"物的显相"，而

在于说明在经验意识的构成性体验意义上的“物的显相”。因果关系本质上属于被构成的意向世界关联体并只在该世界中有意义，现在人们只使其成为在“客观的”物理存在和在“主观的”、直接经验中显现的存在——具有“第二性质”的“纯主观”的感性物——之间的神秘纽结，而且通过从后者向构成后者的意识的不合法的推移，使因果关系成为一种在物理存在和绝对意识，特别是和经验的纯体验之间的纽结。这样，人们把一种神秘的绝对的现实归属于物理存在，却完全未看到真正的绝对物，即纯粹意识本身。因此没有注意到把物理自然，把进行逻辑规定的思维的这种意向相关物绝对化时所陷入的悖谬性。同样，悖谬性还在于，人们使这样一个根据经验逻辑方式规定着直接直观到的物世界的，而且在此作用

中*被认知的*自然（寻找其背后之物是无意义的），成为一种未知的 102
和只是隐秘显示的现实，*其本身*的任何特性规定都不可能被把握，而且现在人们把一种相关于主观显现和经验体验历程的*因果*现实作用赋予了此现实。

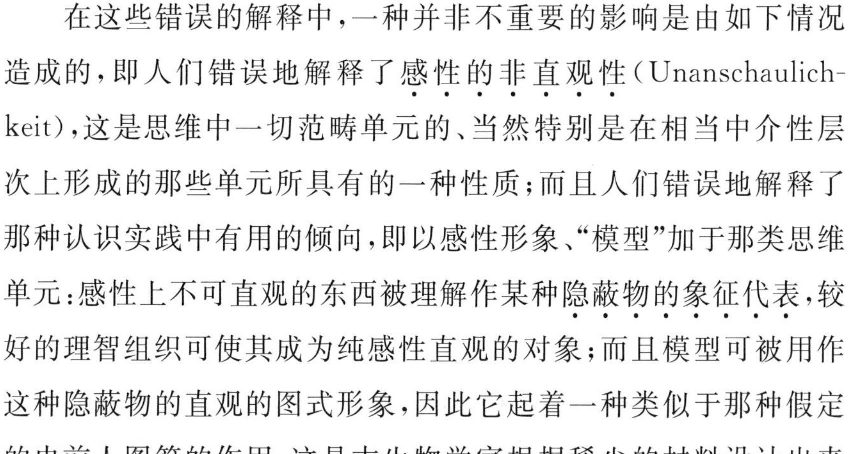

在这些错误的解释中，一种并非不重要的影响是由如下情况造成的，即人们错误地解释了*感性的非直观性*（Unanschaulichkeit），这是思维中一切范畴单元的、当然特别是在相当中介性层次上形成的那些单元所具有的一种性质；而且人们错误地解释了那种认识实践中有用的倾向，即以感性形象、“模型”加于那类思维单元：感性上不可直观的东西被理解作某种*隐蔽物的象征代表*，较好的理智组织可使其成为纯感性直观的对象；而且模型可被用作这种隐蔽物的直观的图式形象，因此它起着一种类似于那种假定的史前人图符的作用，这是古生物学家根据稀少的材料设计出来

的。人们没有注意构造的思维单元本身的明证意义；并忽略了假定物在此是与思维综合活动相联系的。即使一门上帝的物理学也不可能把这些有关现实的思维范畴规定变为纯直观的规定，正像一位无所不能的神明也不能使人为椭圆函数染色或将其在小提琴上奏出一样[232]。

以上说明不论还须如何深入探讨，不论已在我们心中如何引起了多么敏感的需要，对于我们的目的来说一清二楚的是：物理物的超验性必然就是被构成于和联系于意识的存在的超验性，而且在考虑到以数学为基础的自然科学（不论对其认识涉及多少特殊的谜结）时，我们的上述结果也绝不致有任何改变。

无须特殊说明就可理解，我们对于有关作为“纯事物”的自然客体所做的阐释，必定也适用于以它们为基础的一切价值的和实践的客体，一切审美对象，一切文化构成物等等。而且同样最终也适用于任何以意识特有的方式被构成的一切一般超验物[233]。

103 ## §53　有生命物和心理意识[234]

我们的考察界限在另一方面的扩大也有极大重要性。我们在我们的论断范围内所包括的是整个物质自然界，即以感性方式显现的自然，以及以后者为基础并在较高认识层次上的物理自然。那么生命现实，人与动物，又如何呢？它们的精神和精神体验又如何呢？完整的世界不只是物理的，它也是心理物理的。它应当——谁能对此加以否认呢——包括与生命机体相联系的一切意识流。因此一方面意识应当是绝对物，一切超验物，因此最终整个心理物理世界都是在其中被构成的；而另一方面意识却应当是在此世界内部的一种从属性的实在事件。这两种说法彼此如何协调呢？

让我们来阐明，意识如何能（所谓地）进入实在世界，以及自身为绝对的东西如何能取消其内在性并具有其超验性特点。我们立即看到，它之所以能如此，仅仅由于在第一层的和原始的意义上对超验性的某种参与，而这显然是指物质自然的超验性。只是由于与机体的经验关系，意识才成为实在人的和动物的意识，而且只因如此它才在自然空间和自然时间（即物理测度的时间）中获得位置。我们也记得，只有通过将意识和有机体联结到一个自然的、经验直观的统一体上去，属于一个世界的诸生物之间的相互理解才能成立；而且我们记得，只有这样，任何认知主体才能发现这个完全的世界包括着它和其他主体，并把此世界看作同时属于它和一切其他主体的同一周围世界[235]。

一种特殊的把握或经验，一种特殊的“统觉”履行着这个所谓的“联结”功能，即这种意识实现化功能。不论这一统觉由何组成或可要求何种特殊证明[236]，十分明显：意识本身在这些统觉的介入或在这种对物体的心理物理关系中，丝毫未失去其特有的本质，而且也不能纳入任何不属其本质的东西，否则就会导致悖谬。物体存在（körperliche Sein）本质上是显现的存在，它通过感性侧显作用呈现。以自然方式被统觉的意识，作为人和动物的体验流被给 104
与的，因此也就是在与物体联结中被经验的意识流，自然不由于这种统觉而成为一种通过侧显作用显现的东西。

然而它变成了其他东西，变成了自然的组成部分。它本身按其绝对本质就是如其所是的东西，但是它并未在此本质中，在它的流动的“这个性”（Diesheit）中被把握，而是“作为某种东西”被把握；而且在这种独特的把握中构成了一种独特的超验性：现在显现的是同一实在的自我主体的一种意识状态，此主体在它们之中表现出其个别的实在特性，而且现在它——作为在诸状态中显示诸特性的这个统一体——被意识作与显现的机体相统一。于是，心理物理的自然统一体，即人或动物，作为与统觉基础相符合的，有机体性基础的统一体被构成了。

正如任何超验性统觉的情形一样，在这里也可能本质上采取一种双重态度。按照一种态度，我们把握的目光通过超验的把握作用指向被统觉的对象，而按照另一种态度，它反思地指向纯粹进行把握的意识。因此对我们来说，我们一方面有心理学的态度，按此，我们自然凝聚的目光指向体验，例如指向一种喜悦的体验，即作为人或动物的体验状态。另一方面，我们有作为本质可能性的、与前者相结合的现象学态度，后者在进行反思和排除超验设定时转向绝对物，即纯粹意识，并发现了一种作为绝对体验的意识状态的统觉：因此在上述例子中，这就是作为绝对的现象学材料的喜悦(Freude)情感体验，但它是通过一种使其活跃化的把握功能的中介成立的，这种功能正好是一个“显示”着一个与显现的机体相联结的、某个人的自我主体状态的功能。在某种意义上，“纯粹”体验“存于”心理统觉之内，存于作为人之状态的体验之内；按其特殊本
105 质，它具有一个状态序列的形式，并因此具有其对人自我(Menschen—Ich)和人机体(Menschen—Leiblichkeit)的意向关系。如果这个有关的体验，在我们的例子中即喜悦感情，失去了此意向形式(而这毕竟是可以设想的)，于是它当然就经受着一种改变，但这只是说它因此被简化(vereinfacht)为纯粹意识，而不再有任何自

然意义了。

§54　继续。偶然和相对的超验心理体验，必然和绝对的超验体验

让我们想象，我们在进行自然的统觉，但它永远无效而未形成协调一致的关联体，而只有在此关联体中经验的统一体才可能构成。换句话说，让我们按前面论述的意义[①]想象，整个自然界，首先是物理的自然界“被消除了”：那么就不会再有有机体，因此也没有人。我将不再作为一个人而存在，而且也不再有同伴对我存在。但是我的意识，尽管它的体验状态会大大改变，仍然为一具有自身本质的绝对体验流。如果还留下什么可使我的体验被把握为一个个人自我的“状态”，在这些状态的变化中显示出同一个人的心理特性，那么我们也可能消除那些把握，取消构成着它们的意向形式，并将那些意向形式还原为纯粹体验。心理状态也指向它们按其被构成的绝对体验的规则，按此规则它们具有意向的，而且在其本身方式上超验的形式，即“意识状态”。

当然我们可以想象一个既无机体（而且似乎荒谬的是）也无精神的意识，即一个非个人的意识[237]。这就是说，一个体验流，在其中没有作为诸意向经验统一体的机体、精神和经验的自我主体在其中被构成；在其中所有这类经验概念，以及因此在心理学意义上的体验（作为一个人的、一个活的自我的体验）的概念，是欠缺任何基础的，而且无论如何没有任何有效性。一切经验统一体，因此也

① 参见§49，边码第91页。

包括心理体验，是具有一种特殊本质构成的诸绝对体验关联体的标志，按照这种特殊的本质构成可以设想其他的构成；在同一意义
106 上，一切都是超验的、纯相对性的、偶然的。人们必须相信，这样一种自明性在上述考察中是受到限制的，按此自明性本人的和他人的每一体验在经验上被看作并且完全正当地被看作一个有生命主体的心理的和心理物理的状态序列；相信与经验的体验相对的是作为其意义前提的绝对体验；而且相信，后者不是一个形而上学构造物，而是通过相应的态度改变在其绝对性中可被明确证明的东西，在直接的直观中所与的东西。人们应该相信，在心理学意义上的一般心理的东西，心理的个性，心理特质，体验或状态，都是经验的统一体，因此像其他各种类和各层次的现实一样，它们都仅只是意向"构成"的诸统一体——在它们各自的意义上是真正存在着的；可被直观、可被经验、可以经验为根据科学地加以规定的——，然而是"纯意向性的"，因此仅只是"相对的"。这样，要是把它们看作是在绝对意义上存在着就是悖谬的。

§ 55 结论。 切实在都是通过"意义给与"而存在的。非"主观唯心主义"[238]

我们在某种意义上并在慎重选用词语之后也可以说：一切实在的统一体都是"意义统一体"。意义统一体预先设定（我再次强调：不是因为我们能从某些形而上学假定中推演出来，而是因为我们能通过一种直观的、无可怀疑的程序证明出来）一个给与意义的意识，此意识是绝对自存的，而且不再是通过其他意义给与程序得到的。如果人们从自然现实中，从可能经验的统一体中推导出现

实概念来，那么“全体世界”或“全体自然”当然等同于全体现实；但是使后者等同于一切**存在**并因而将其本身绝对化，这都是悖谬的。**一个绝对的现实正相当于一个圆的方形一样**，在此现实和世界正好是某些有效的**意义统一体**(Sinneseinheiten)的名称，这些“意义”统一体相关于某种绝对的、纯粹意识的关联体，后者按其**本质**赋予这种而不是别种意义，并指明意义的有效性。

如果人们在读完这段论述后反对说，这会意味着把整个世界变为一种主观的虚幻，并陷入一种“柏克莱唯心主义”[239]，对此我们只能回答说，他并未领悟这些陈述的**意义**。我们从作为全体现实 107
的世界的充分有效存在中并未消除任何东西，正如在否定方是圆形时(在此例中这当然是不言自明的)并未从方形的充分有效的几何学存在中消除任何东西一样。实在的现实未曾“被重新解释”，更不必谈对其否定了；实则反而是排除了对实在现实的那样一种悖谬的解释，即与其由洞见阐明的**本身的**意义相矛盾的那种解释。那种解释来自对世界的一种**哲学的**绝对化，它与考察世界的自然方式完全不同。后者正是十分自然的，它朴素地存在于由我们描述的总设定的实行过程中，因此它永不会成为悖谬的。只有当人们进行哲学化活动时才会产生悖谬，而且当人们寻求关于世界意义的最终信息时甚至未注意到，世界本身具有相当于某种“意义”的整个存在，这个意义预先假定着作为意义在其中被赋予之场所的绝对意识①；而且悖谬性还产生于当人们未能注意到这个场所，

① 在此顺便一提，我允许自己特殊地，并按其自身方式可容许的限度内扩大“Sinn”(意义)这个概念的含义，以便更鲜明地进行这一对比。

这个绝对根源的存在领域[240]是直观的探究可以达到的，并产生着具有高度科学尊严性的、明证性的、无限丰富的知识。对于后者，我们当然尚未将其明示出来，但它将随着本研究的进展而逐渐明晰起来。[241]

在结束本章时还须指出，在前面进行的考察中我们用以讨论绝对意识中自然世界构成的那种普遍性不应对任何人有所冒犯。我们并未贸然进行自上而下的哲学畅想，而是根据这一领域中进行的系统基本研究，以普遍陈述形式集中探讨了谨慎获得的知识，有科学经验的读者将可从此论述的概念准确性中获知上述一切。人们或许感觉到需要做出更准确的论述和填充遗留下来的空缺，这样的想法是正当的。以后进一步的论述将大大有助于更具体地展开到此为止所提出的构想。然而应当注意到，我们此时的目的并非要提出有关这种先验构成的详细理论，并因此设计出关于各

108 现实领域的一种新的“知识理论”；我们只是要洞见到有助于我们获得先验纯粹意识观念的一般思考。对我们来说，重要的是这样一种自明之理，即作为对自然态度或对其总设定加以排除的现象学还原是可能的，还有，在我们进行了这种还原以后，绝对的或先验纯粹的意识仍然作为一种剩余物留存下来，如若要再给与此剩余物以实在性则将会导致悖谬。

第四章　现象学还原[242]

§56　关于现象学还原范围的问题。自然科学和精神科学

对我们来说，排除自然是使我们能够将目光转向先验纯粹的一般意识的方法手段。既然我们已使其进入有关领域，那么反过来考虑就研究纯粹意识而言必须一般地排除什么东西以及这种必要的排除是否只与自然领域有关，就也是有用的。从我们打算建立的现象学科学观点来看这就意味着，它可能诉诸什么科学而不致有损其纯意义，它可能把什么科学作为预先给与的东西加以利用，什么科学又不能这样利用并因而须要将其“置入括号”。由于其作为“根源”科学的特殊本质，任何素朴的（“独断论的”）科学所忽略的那类方法论问题，都应当由现象学精心地加以考察。

首先不言而明的是，由于排除了自然界，即心理的和心理物理的世界，因而也排除了由价值的和实践的意识功能所构成的一切个别对象，各种各样的文化构成物，各种技术的和艺术的作品，科学作品（就其作为文化事实而非作为公认的有效性统一体被考虑而言），各种形式的审美价值和实践价值。同样当然还有如国家、习俗、法律、宗教这类现实对象。因此一切自然科学和文化科学，以及它们的全部知识组成，正如要求自然态度的科学一样，都要加以排除。

109 ## §57 关于排除纯粹自我的问题[243]

在有关一种限制的问题上又出现了困难。作为自然存在和作为人的联合体(Verbande)中的、“社群”中的存在的人被排除了;此外也排除了一切其他生物。但纯粹自我又如何呢?由于现象学还原而产生的现象学自我也变成了一种先验的虚构吗?让我们把还原一直进行到纯粹意识流。在反思中每一实行的我思行为都具有明确的我思(cogito)形式。当我们实行先验还原时,它是否失去了这种形式呢?

一开始就很清楚:在完成此还原后,我们在作为一种先验剩余物的多种多样体验流中根本未遇到纯粹自我,不论把它看作各种体验中的一种体验,还是看作体验的一个真正组成部分,后者随着它为其一个部分的体验一道出现和消失。自我似乎是连续地甚至必然地存在着,而且这种连续性显然不是一种呆滞持存的体验的、一种“固定观念”的连续性。自我倒不如说是属于每一来而复去的体验;它的“目光”通过每一实显的我思指向对象。这种目光射线是随着每一我思而改变的,它随着每一新我思重新射出,又随其一道而消失。然而自我是某种同一物。从本质上看,每一自我至少能施予变化,来而复去,即使人们会怀疑每一自我是否是一种必然的事项,而不只是,如我们所见的那样,一种事实上的事项。然而相反,纯粹自我似乎是某种本质上必然的东西;而且是作为在体验的每一实际的或可能的变化中某种绝对同一的东西,它在任何意义上都不可能被看作是体验本身的真实部分或因素[244]。

纯粹自我在一特殊意义上完完全全地生存于每一实显的我思

中，但是一切背景体验也属于它，它同样也属于这些背景体验；它们全体都属于为自我所有的一个体验流，必定能转变为实显的我思过程或以内在方式被纳入其中。按康德的话说，“‘我思’必定能伴随着我的一切表象”。

如果在对世界和属于世界的经验主体实行了现象学还原之后留下了作为排除作用之剩余的纯粹自我（而且对每一体验流来说 110
都有本质上不同的自我），那么在该自我处就呈现出一种独特的——非被构成的——超验性，一种在内在性中的超验性。因为在每一我思行为中由此超验性所起的直接本质的作用，我们均不应对其实行排除；虽然在很多研究中与纯粹自我有关的问题[245]可能仍然被悬置不问。但是只就直接的、可明证论断的本质特性及其与纯粹意识被共同给与而言，我们将把纯粹自我当作一种现象学材料，而一切超出此界限的与自我有关的理论都应加以排除。在本部书第二卷中我将在适当机会用单独一章研究这个与纯粹自我有关的困难问题，并在该卷中进一步论证此处所暂时采取的立场。①

§58　被排除的超验者上帝[246]

在放弃了自然世界以后，我们遇到了另一种超验物，它不是像纯粹自我一样在与被还原的意识保持一致的情况下被直接给与

① 在《逻辑研究》中有关纯粹自我的问题上我采取了一种怀疑主义的立场，这一立场随着我的研究的进展不能再加以坚持了。因此我对那托普那部博大精深的《心理学导论》（第二卷第一编，第340页以下）所做的批评在一些主要问题上不再适当了。（遗憾的是，新发表的那托普一书的修订版我还来不及阅读，因此在此未能加以考虑）。

的，而是以相当间接的方式被认知的，这种超验物似乎与世界超验物正相对立。我在此所指的是作为超验物的上帝。将自然世界还原为意识的绝对，产生了具有独特规则秩序的某种意识体验的**事实的**联结体，在这类联结体中，一种在经验直观范围内的、在形态学上有秩序的世界被构成为其意向相关物，它是这样一个世界，对于此世界可能存在有诸分类的和描述的科学。同时正是这个世界在较低物质层次方面能够在数学的自然科学的理论思维中使自身被规定为服从着精确自然法则的**物理自然**的“显现”。在以上全部论述中存在有令人惊异的**目的论**，因为由事实实现的**合理性**不是本质所要求的合理性。

111 再者，对一切应在经验世界本身去发现的目的论所进行的系统探讨，例如关于有机体序列的**事实上的演化**，直到人类和在人类发展中精神文化的增长，并未由这样一种自然科学阐述所解决，这类阐述是针对一切从给与的事实环境中和按照自然法则产生的一切这类构成物的。相反，通过先验还原方法向纯粹意识的过渡，必然导致关于相应的构成性意识的现刻自行呈现的事实性基础问题。不是一般事实，而是作为无限增加价值可能性和价值现实性的源泉的那种事实，迫使我们询问有关“基础”的问题——这个基础当然并不具有物质因果性原因的含义。我们对任何来自宗教意识能导致同一原则的东西均不考虑，即使它们来自一种有合理根据的动机。在我们刚刚指出了一个世界之外的“上帝”存在的各种理性根据之后，我们在此关心的是，这种神明存在不只是超越于世界的，而且显然也是超越于“绝对”意识的。因此，它就是**一种“绝对”，不过其意义完全不同于意识的绝对**；另一方面，它是一种**超验**

存在，不过其意义完全不同于与其对立的世界中的超验存在。

我们于是自然地把现象学还原扩展到包括这个“绝对的”和“超验的”存在。它将仍然被排除于应予重新形成的研究领域，就后者将是纯粹意识本身的一个领域而言。

§59　本质事物的超验性。排除作为普遍科学的纯粹逻辑[247]

我们排除了一切意义上的个别现实之后，现在想着手排除各种其他的“超验存在”。这种排除企图是相关于“一般”对象、本质的系列的。它们也在某种方式上“超越”于纯粹意识，即不会在后者之中被真实地发现。然而，我们不可能无限制地继续排除超验物；先验纯化不可能意味着排除一切超验存在，因为否则的话，尽管有余留下来的纯粹意识，却不可能余留下来一门纯粹意识科学。

对这个问题应当继续加以阐明。假定我们试图最大限度地排 112
除本质事物，并因此相应地排除一切本质科学。一种本体论在最广的逻辑意义上属于个别存在的每一可分离的区域领域。例如，自然本体论属于物理自然，有生命物的本体论属于生命世界。所有这些学科，不论是已经成熟的还是刚刚设定的，都要经受还原。与物质本体论相对的是“形式的”本体论（它与有关思维意义的形式科学结合在一起）[248]，“一般对象”的准区域也属于后者[249]。如果我们企图进而排除形式本体论，将会产生对本质物进行无限制还原可能性的怀疑。

我们必须进行以下一系列思考。为了科学目的，我们必须在每一存在领域之上叠加上某种本质界域，并非将后者直接当作研究领域,而是将其作为该本质界域研究者为了本质认知而必须能够进入的领域,只要当在该界域的本质独特性内彼此关联的诸理论动机促使他这样做。首先,每一研究者必须能自由地诉诸形式逻辑(或形式本体论)。因为不论他研究什么,所研究的东西永远是对象;而且他也同样关心任何对一般对象(一般特性,一般事态等等)在形式上有效的东西。而且不论他如何把握概念和命题并做出结论等等,形式逻辑关于这些意义和意义属在形式普遍性中加以论证的东西也与他有关,这正像每一特殊科学的研究者一样。对于现象学者来说情况也相同。每一纯粹体验也包括在该词的逻辑上最广义的对象之内。因此我们似乎不可能排除形式逻辑或形式本体论。而且由于显然类似的理由,我们也不可能排除普遍的意向行为学(Noetik)[250],这一学科论述与一般判断思维的合理性或不合理性有关的本质洞见,其意义内容只在形式普遍性中被规定。

但是我们如果更详细地考察一下就会看到,存在着在某种前提下把形式逻辑和因而把形式科学的一切学科(代数、数论、集合论等等)都"置入括号"的可能性。即如果我们假定,现象学对纯粹
113 意识的研究给自己和应当给自己只提出那种可在纯粹直观中解决的描述分析任务[251]:那么不论是数学学科诸理论形式[252]还是后者的任何派生的定理,都不可能对现象学有用。只要概念与判断的形成不是通过构造方式进行的,只要未建立中间演绎系统,那么关于一般演绎系统形式的学说,如在数学中所见的那样,都不可能起一种实质性研究工具的作用。

现在现象学事实上是一门**纯描述性科学**,通过**纯粹直观**对先

验纯粹意识领域进行研究的学科。因此现象学可能有机会去涉及的逻辑命题或许只是诸逻辑公理，如矛盾律等，这些公理的普遍的和绝对的正当性，现象学可在自身所与物的例示中加以洞见。因此我们能明确地将排除性的悬置作用扩大到形式逻辑以及一般科学全体；而且这样做时要肯定我们作为现象学者所遵循的规范的合理性：只运用我们能在意识本身中和在纯内在性中洞见到的东西。

同时我们因此获得了更明确的认识，即一种描述的现象学本质是独立于所有那些学科的。对于将现象学充分用于哲学目的而言，这一论断并非无关宏旨，而我们趁此机会注意到这一点是十分有益的[253]。

§60　排除实质—本质性学科[254]

在关于现在与实质的和本质的领域有关的各种问题中，有一个是以这样一种显然不可能设想可将其排除的方式对我们显现出来的：这就是以现象学方法纯化的意识本身的本质领域。即使我们的目的是在其单一的特殊化表现中研究纯粹意识，因此是按照事实性科学的方式，即使不是按照经验心理学方式（因为我们是在由现象学排除世界之后的限制范围内进行的），我们也不可能消除意识的先天性。事实性科学不可能取消运用本质真理的权利，因为本质真理与它本身领域中的个别对象有关。但是，按照在导论中的论述，我们的意图正是要为作为本质科学，作为先验纯化意识 114
的本质理论奠定基础。

如果我们这样做，现象学就在自身内包含了一切“内在的本质”，即一切那些完全在意识流的个别事件中，在任何一种流逝的单个体验中被单一化的东西。现在具有根本重要性的是认识到，并非一切本质都属于该领域，更确切地说，正像在个别的对象中存在着内在的对象和超验的对象之间的区别一样，在相应的本质中也存在有这种区别。因此例如“物”、“空间形状”、“运动”、“物体颜色”等等，以及“人”、“人的感觉”、“心”、“心的体验”（在心理学意义上的经验）、“个人”、“个性”等等，都是超验的本质。如果我们打算建立一门作为关于内在意识构成物的、关于在现象学排除范围内可于体验流中被把握的事件的、作为纯描述性本质学科的现象学，那么在此范围内就不包括任何超验的个体，从而也不包括任何超验的本质，后者的逻辑位置确切说是在相关的超验对象的本质学科之内的。

因此，现象学绝未在内在性中设定这类本质的存在，绝未论述它们的有效性或无效性，也绝未论述与它们相应的对象的观念可能性，而且未确立与它们相关的本质法则。

超验的和本质的区域和学科，本质上不可能为试图使自己限制在纯粹体验区域内的现象学提出任何假定。因为我们的目的正是在此纯粹性（按照前面刚提出的准则）中为现象学奠定基础，而且因为极其重要的哲学意义依存于我们在现象学分析中充分自觉地维护这种纯粹性，于是我们将原初的还原[255]明确地扩大到包括一切超验的和本质的领域以及属于此领域的本体论。

因此正如我们排除了现实的物理自然和经验的自然科学一样，也同样排除了本质的自然科学，即那些研究任何属于物理自然
115 对象本身的本质的东西。几何学、运动学和“纯”物质物理学等都

被置入括号。同样，正如我们排除了关于有生命的自然存在的一切经验科学和关于在个人关系中的人之存在的精神科学，关于作为历史主体、文化承载者的人的一切经验的精神科学，以及关于文化构成物本身的这一类科学等等一样，我们现在也排除了相应于这些对象的本质科学。我们在观念中事先排除了它们，因为直到现在，众所周知，人们还没有或还未纯粹地和毫无疑义地为这些本质科学（如理性的心理学、社会学等）奠定基础。

就现象学被要求去承担的那种哲学功用而言，应该明确表明，我们的论述同时确立了这样的事实，即现象学绝对独立于实质的一本质的科学以及一切其他科学[256]。

我们对现象学还原的扩展并不具有最初只排除自然世界和与其相关的诸学科时所具有的那种根本意义。由于此第一级还原，我们有可能将目光转向现象学领域并把握其一般所与物。其他的还原由于以第一级还原为前提，所以是第二级的，但却绝未因此而减少其重要性。

§61　关于现象学还原系统研究的方法论意义

对于现象学方法（并因此对于一般先验哲学研究方法）来说，我们在此试图概述的有关一切现象学还原的系统学说是极其重要的。它所明确陈述的“加括号”程序具有这样一种方法论的作用，即不断提醒我们注意，有关的存在领域和认识领域本质上处于先验现象学应予探讨的范围之外，而且提醒我们，这些被置入括号的领域内的前提的侵入表明了一种悖谬的混淆，一种真正的 metabasis（概念转移）。如果现象学领域以这样直接的、明显的方式呈

116 现，有如经验中的自然态度领域那样，或者如果它作为从后者向本质态度的直接过渡被给与，有如从经验空间性的东西开始的几何学领域那样：那么我们就无需会引起困难思考的繁复的还原法了[257]。也没有必要如此关心于区分各种个别步骤，如果不是由于，特别是在解释本质学科的对象时，受到虚假的概念转移法的经常诱惑的话。这类诱惑如此之强，甚至威胁着那些已在个别领域中摆脱了一般性误解的人。

首先，我们时代中存在着极其广泛的将本质事物心理化的倾向。受到这种倾向影响的人中包括很多自称为唯心主义者的人；的确，一般而言，经验主义观点对唯心主义一方的影响是极强的。任何一个把观念、本质看作“心理构成物”的人，以及在那样一类意识活动中，在其中颜色、形状等等的“概念”是根据具有其颜色、形状等等的物体的例示性直观获得的，任何一个把关于作为本质的颜色、形状的最终意识与这些本质本身混淆的人，都是将本质上超越它的东西作为其真实组成成分而归属于意识流的人。但是这样一来一方面是损害了心理学，因为损害了经验意识；另一方面（这是我们在此所关心的）它损害了现象学。于是极其重要的是应当对此问题加以阐明，如果我们真地想找到所探求的这个区域的话。然而这自然地应是沿着我们的路线进行的：首先在对一般本质事物进行普遍证明中，然后在涉及对本质事物特别加以排除的现象学还原的一系列学说中。

当然，现在这种排除程序必须限制在一切意义上的超验性个别对象的本质学内。在此应考察一种新的基本因素。一旦我们摆脱了将本质和本质事态心理化的倾向，当我们对简单地表示为在

内在的本质和超验的本质之间的意义丰富的区别加以承认和系统
连贯地思考时，将是向前迈进了一大步，这一步骤绝非如此直接地
继续着前一步骤。一方面是意识本身的诸构成物的本质；另一方 117
面是超越于意识的个别事件的本质，因此是那些只在意识的构成物中“显示”的，即只通过感性显现物以意识特有的方式“被构成的”东西的本质[258]。

至少对我来说，即使在第一步骤之后，第二步骤仍是极困难的。《逻辑研究》的细心读者今天不难注意到这一点。在该书中我曾坚决贯彻了这个第一步骤，详细论证了本质事物的独立合法性，从而与将其心理化的做法对立——也与当时极其活跃的反“柏拉图主义”和“逻辑主义”的时代精神对立。至于第二个步骤，它也在某些理论中被决断地采取了，例如在那些与逻辑范畴对象和与关于它们的给与的意识有关的理论中；而在同一卷中的其他论述部分，犹豫不定是明显的，例如在所阐述的理论中逻辑命题的概念有时与逻辑范畴对象有关，有时又与相应的判断思维的内在本质有关[259]。事实上，现象学的开创者觉得很难学会在反思中掌握具有各自不同对象相关物的不同意识态度。然而这对于不属于意识本身内在性的一切本质范围却都是真确的。人们应当不仅在有关形式逻辑的或形式本体论的本质和本质事态[260]方面（因而在这样一些本质如“命题”、“推论”等等以及在“数”、“顺序”、“复合体”等方面），而且也在从自然世界范围（如“物”、“物体形状”、“人”和“个人”等）中取得的本质方面获得此洞见。这一洞见的一个标志就是扩大了的现象学还原。作为此扩大还原之结果支配着我们的是这样一种实践意识，即不只在自然世界范围内而且在一切本质范围

内没有任何东西在其真实存在方面被现象学家看作是必然给与的。此外,为确保人的研究区域的纯粹性,有关它们的一切判断都应被置入括号;而且从一切有关的科学中没有一个定理,甚至一个公理可被采取作现象学研究目标的前提——上述一切现已获得了重大的方法论意义。正是依照这种“实践意识”,我们在方法上保护自己免受这些深植于我们作为天生独断论者心内的混淆之害;我们没有摆脱这类混淆的任何其他方法。

118
§62 认识论的预备性说明。“独断论”态度和现象学态度[261]

我刚才用过了“独断论者”一词。正如我们将看到的,这不只是类比的用法,而是暗示一种类似于认识论的因素在事物的固有本质中有其根源。我们不无正当理由地在这里回忆起在独断论和批判论之间的认识论对立,并把一切经受了还原的科学称为“独断论的”。[262]因为从这些本质根源中可以看到,上述被置入括号的科学才正好是那些和全部那些应予以“批判”的科学,而且这的确是它们本身本质上不可能进行的一种批判;而另一方面又看到,具有对一切其他科学和对自身进行批判的这种独一无二功能的科学就是现象学①。更准确些说:现象学的突出特性就在于,在其本质普遍性范围内包括进一切知识和科学,而且尤其是在有关一切可被它直接洞见的对象方面,或者至少必定会如此,如果它们是真正的

① 参见前面§26,边码第46页以下。当然那里提到的专门哲学性科学是以现象学为基础的。

知识的话。一切可能的直接起点和任何可能方法的一切直接的步骤的意义和合法性，都存于其司法范围内。因此现象学包括一切本质的(因此是无条件的和普遍有效的)知识，借助这些知识任何所考察的知识和科学之"可能性"这一根本问题，将得到回答。作为应用现象学[263]，它因此必然对每一特殊科学提供最终评价性的批判；而且它特别为其对象提供着其"存在"的最终意义规定和其方法的基本阐明。因而我们可以理解，现象学可以说是一切近代哲学的隐秘的憧憬[264]。具有令人惊异的深刻性的笛卡尔的基本性思考已迫近现象学；然后它又出现在洛克学派的心理主义中；休谟几乎踏上了它的领域，但失之于盲目性。而第一位正确地瞥见它的人是康德，他的最伟大的直观，只有当我们通过艰苦努力对现象学领域的特殊性，获得其清晰认识以后才能充分理解。于是我们 119
明白了，康德的精神目光是停留在这个领域上的，虽然他仍未能掌握它或认识到它是一门属于严格本质科学的研究领域。这样，例如在《纯粹理性批判》第一版中的先验演绎，实际上已经是在现象学领域内的工作了；但康德错误地把它解释为心理学领域，从而把它又放弃了。

但我们期望以后(在本部第三卷中)再进一步论述这个问题[265]。在这里我们的预先说明有助于证明，为什么我们把经受还原的那些科学称作独断论的，并使它们与作为一种属于完全不同领域的科学的现象学相互对立。同时，我们在独断论态度和现象学态度之间做一类似的对比。显然，自然的态度是独断论态度的一个特例。

注　释[266]

我们提出的现象学特有的排除作用是独立于个别存在的本质排除作用的，这种情况使我们提出，在那种排除作用的范围内是否有可能存在一门与被先验还原的体验有关的事实科学的问题。这个问题，正像每一种其他本质可能性的问题一样，只能在本质现象学领域内给予回答。这一回答就是，可以理解，为什么在发展现象学的本质理论之前，从一门现象学的事实性科学开始的任何素朴的设想会是荒谬的。因为显然，在非现象学的事实性科学之外，不可能有一门与其类似和与其并列的现象学的事实性科学。而且理由在于，一切事实性科学的最终运用导致在一个统一的系统内把所有与那些事实性科学对应的现象学关联体和有事实可能性动机的现象学关联体联系起来，这个联系的统一体也就是尚付阙如的现象学的事实性科学领域。因此这门科学的主要部分就是一门由于本质现象学而使其成立的、普通事实性科学的"现象学转换"，而且唯一剩下的问题就是，由此往后还有多少工作须待一一完成。

第三编　关于纯粹现象学的方法和问题[267] 120

第一章　方法的预备考察[268]

§63　方法考察对于现象学的特殊意义

如果我们注意到现象学还原为我们规定的准则，如果像这些准则所要求的那样我们正好排除了一切超越存在，并且如果我们因此而纯粹按照其固有本质来理解体验，那么，按照前面所讲的一切，一个本质认知领域就向我们敞开了。一旦最初的困难被克服，这个领域就在一切方面无限地展开了。多种多样不同种类和形式的体验，以及它们真实的和意向性的本质成分的确是不可穷尽的，正如以它们为基础的多种多样本质联结体与多种多样的绝对必然真理是不可穷尽的一样。因此这个无限的意识先天性领域的独特性从未受到过应有的重视，实际上从未被领会过，这样一个领域必须加以垦殖并使其结出硕果。但我们如何发现正确的开端呢？事实上，在这里开端是最困难的，面对的情境是不同寻常的，这个新领域并未以其突出的丰富成果广泛地呈现在我们眼前，以致我们可以简单地抓住它们并能肯定地使它们成为一门科学的客体，更不必说能够肯定地使我们获得借以前进的方法了。

当我们试图通过独立的研究增加对这一领域的知识时，情况并不像在自然态度的所与物，特别像在自然客体时那样，这个自然历经连续不断的经验和千百年来实行的思维方式，其多种多样的特性、成分和法则已为我们所熟悉。一切未知物都是已知物的边缘域。每种方法的努力都开始于所与物；方法的任何进一步发展都开始于已存在的方法；一般来讲，它只是一个诸特殊方法发展的问题，这些方法符合于已给与的和具有固定风格的一套已经检验的一般科学方法，而且对于这些特殊方法的发现亦受到该风格的引导。

121 在现象学中情况是多么不同。不只是在确定有关问题的一切方法之前已需要一种方法，以便一般地将先验纯粹意识的问题领域置于把握的目光之下；这不只是需要一种从自然对象转移的艰难的目光，这种对象包括迄今一直被意识到的所与物和因而可以说与前者交织在一起的新意向到的所与物，以至于永远受到将两种所与物相混淆的威胁：而且另一方面我们欠缺从自然对象领域中获得的一切利益，欠缺由长期运用的直观所产生的熟悉性，而且欠缺继承来的理论化的和事实性的方法的便利。显然，甚至在已发展的方法中也欠缺可靠的自信，这种自信可以从公认的科学和生活实践里大量成功的和受过检验的应用中获得滋养。

因此现象学在初次出现时必须慎重考虑一种基本的怀疑主义情绪。现象学不只要发展一种获得符合新型事物的新型知识的方法，还要为该方法的意义和有效性产生最完善的明晰性，从而可以使其面对任何一种严肃的质疑。

此外，——而且由于与某种本质的东西有关而更为重要——现象学按其本质必定以“第一”哲学自任，并提供手段来实行一切所需的理性批判；因此它要求最完全地摆脱前提并要求自己具有一种绝对反思性的洞见。它固有的本质在于，完成关于其固有本质的，因而是关于其方法原则的最完善的明晰性。

因此，千辛万苦地努力获得那种对于其方法的基本成分的洞见，因而获得对那种在一门新学科中从其开始到整个发展过程中始终具有的、在方法上有决定意义的东西的洞见，对于现象学是至关重要的，其重要性完全不同于其他科学中类似的努力所可能具有的重要性。[269]

§64　现象学者的自我排除[270]

我们首先必须提到一种甚至能够阻碍此第一步骤的方法论的犹豫。

我们排除整个自然界和一切超验的—本质的范围，因此应当 122
获得一种“纯粹意识”。但是我们不是刚说过“我们”在实行排除吗？我们这些也是自然世界成员的现象学家们是否能使自身失去作用呢？

人们马上会相信，这样做并无困难，只要我们不改变“排除作用”的意义。我们甚至能继续平静地以我们作为自然的人的方式来这样讲；因为作为现象学者，我们不应当不再是自然人或在我们说话时设定自己不是自然人。但是，作为一种方法和相关于在那本预定将完成的现象学基本著作中要占一席之地的论述来说，我们为自己提供了现象学还原的准则，它相关于我们的经验性**事实存在**，并阻止我们引入任何明显地或隐含地包括着那类自然设定的命题。就其有关于个别的事实存在来讲，现象学家与任何其他本质科学家，如几何学家，并无不同。几何学家在其科学论著中往往谈到自己和自己的研究；但是进行数学思维的主体并不包括在数学命题本身的本质内容之中。

§65　现象学对本身的自反关涉

再者，我们会发现这种反对意见，我们以现象学态度使自己的目光指向任何一种纯粹体验以便研究它们，但是关于这种研究本身的体验，这种态度和目光所指向的体验，当以现象学的纯粹性原则加以考察时，也应同时属于应予研究的领域之内。

在这个问题上也并不存在什么困难。情况在心理学中和在逻辑的意向行为学中是类似的。心理学家的思维本身即某种心理学的东西；逻辑学家的思维即某种逻辑的东西，即本身属于逻辑规范领域内的东西。对它们本身的这种反身关涉，只有在下述情况下才值得关心，即当在某思想家的当下思维中的现象学的、心理学的或逻辑的认识，是在各种有关研究领域中的一切其他相关事物的认识的条件时。但这显然是一种悖谬的前提。

很明显，某些困难出现在一切反向关涉自身的学科中，因为对
123 它们的初次引介以及最初介入该研究，必须借助方法的辅助手段来进行，而此学科只能随后才被赋予一种科学上确定的形式。如果不对其问题和方法给予暂时性的和预备性的考察，就不可能设计出任何新科学。但是一门开创中的心理学、现象学等学科在这

类预备性研究中所运用的概念和其他方法论因素，本身即为心理学的或现象学的，并只在已被确立的科学系统之内获得它们的科学标记。

在这一思想方向上显然并不存在严肃的怀疑，足以妨碍这类科学的，特别是现象学的实际发展。如果现象学现在应当是在纯直接直观限界内的一门科学，一门纯"描述性"的科学，那么其程序的普遍性已作为某种明显因素被预先给定了。它应当使纯粹意识的事件作为例示向我们显现，并使其达到完全的明晰性；在此明晰性限度内去进行分析和把握它们的本质，以洞见方式追溯诸本质的相互关联，把握在准确的概念表达中现刻所见到的东西，人们只能够通过所见物或一般来讲被洞见物来规定这些表达的意义，如此等等。素朴地实行这一程序首先只供探索新领域之用，同时也被用于在其内以一般方式来进行看、把握和分析，以及被用于逐渐熟悉其所与物。那么，对程序本身之本质，对在其内部起作用的各种所与物的本质，对完全明晰性和洞见以及完全准确、确定的概念表达的本质、效果、条件，以及对其他这类对象所进行的科学反思，现在起着一种一般的和逻辑上严格的方法论基础的作用。这种方法被自觉遵行之后，现在具有了科学方法的特性和尊严，它在任何给定的情况下均可通过应用严格表述的方法论规范去进行一种限制性的和改善性的批判工作。在这里现象学对自身的本质的相关性通过以下特点显现出来，即在明晰性、洞见、表达等等名目下的方法论反思中所考察和确定的东西，本身也被包括在现象学领域之内；而且一切反思分析都是现象学的本质分析，以及在其规定中所获得的方法论洞见本身也与它们拟定的准则相符。因此在新的

124 反思中人们必定能够随时相信，在方法论陈述中被陈述的事态可以在完全的明晰性中被给与，并相信使用的概念与所与物真实地相符。

以上所述显然适用于与现象学有关的一切方法论研究，不管我们可能将研究范围扩展多远；因此可以理解，这一步骤全体的目的在于为现象学铺路，其本身的内容也彻头彻尾地是现象学的。

§66　明晰所与物的忠实表达。单义的词语[271]

让我们再直接进一步地推进在前几节中出现的最普遍的方法论思想。于是，在本身只不过是在纯直观中产生的本质理论的现象学中，我们在先验纯粹意识的例示性所与物上实行直接的本质看行为，并以概念或术语将其固定。[272]使用的字词可能取自日常语言，这类字词含义分歧，由于意义多变而词义模糊。只要它们在实际表达的方式中“符合”于直观所与物，它们就具有一种确定的、当下实显的和明晰的意义。

当然，仅只应用忠实符合于被直观把握的本质的字词，即使就这种直观的把握而言该完成的均予完成了，也不等于做完了一切。科学只在这样一种条件下才成立，即当思维的结果可以知识的形式存储起来，并可以一个陈述句系统的形式为后来的思想利用时，这些陈述句都具有清楚的逻辑意义，但是它们能够在无表象根基的明晰性从而欠缺洞见的情况下被理解和在判断中被实显。当然，对于任意地（而且尤其是以主体间方式）建立相关的基础和实显的洞见来说，科学同时要求有主观的和客观的准备。

现在这一切意味着，同样的字词与句子和一些可直观把握的本质保持着无歧义的一致性关系，这些本质赋予它们以“充实的意义”。于是，基于直观和充分被实现的例示性单一直观，赋以清 125
楚的和单一的意义（那些偶尔由于习惯力量而出现的其他意义可以说被“取消”了），这样，在实显思想的一切可能的联结体中，它们保持着由思想产生的概念，并失去了它们与具有其他充实性本质的其他直观所与物相适应的能力。因此永远需要警惕日常语言用法中的歧义性，在通行语言中一般尽可能地避免外来专门性术语，并反复检察在以前语境中确定的词语是否以同一意义在新语境中被应用。然而我们不拟在此处更详细地论述这些规则和类似的一些规则（例如与被看作主体间合作产物的科学相关的那些规则）。

§67　阐明的方法。“所与物的近距”和“所与物的远距”[273]

我们更关心的不是与表达有关，而是与被其表达的和在被表达前应被把握的本质和本质关联体有关的方法论思考。如果我们的探究目光指向体验，它们将一般地呈现在一种**空疏性**和**模糊的远距**中，[274]这使它们无论对某一单个的论断还是对一种本质的论断均无用处。如果我们不关心于那些体验本身，而关心它们的给与方式，并想探索空疏性和模糊性本身的本质，后者这时不是模糊的而是以最充分的明晰性成为所与物，情况就会不同了。但如果某种模糊地被意识到的东西本身，例如记忆或想象中的不清晰的浮现物被要求呈现其本质时，那么它所呈现的东西将必定是不完善的；即当作为本质把握基础的**单一体直观**只有较低度明晰性时，该本质把握亦然，而且相应地，被把握者有着“不明晰的”意义：它是模糊的，欠缺明确的内外区分。不可能决定或只能“粗略地”决定此处被把握者和彼处被把握者是同一的（或具有同一本质的）还是不同一的；也不可能确定组成成分实际是什么，以及确定已显出其模糊轮廓但只暧昧不定地显示其存在的这些组成成分“究竟是”什么。

126 因此，某种永远在流动的不明晰性中，在或大或小的直观的远距中浮动的东西，应当被引入正常的近距（Nähe），被引至完全的明晰性，以便对其运用相应的、有充分价值的本质直观，在此直观中所意向的本质和本质事态达到了完全的所与性。

因此本质把握本身具有其明晰度，正如单一的浮动物一样。然而，正如在个体中与本质对应的因素一样，在任何本质中，可以说，均存在一种绝对的近距，在其中相对于其明晰度序列来说其所与性为一种绝对的，即一种纯自身所与性。对象物不只是一般地作为“自身”存于视野中和被意识作“所与的”，而且纯粹所与者自身完完全全地自存自立。就仍然残存有不明晰性而言，就其遮蔽了“自身”所与物中的某些因素而言，那些因素因此仍未进入纯所与物的晕圈内。就作为完全明晰性对极的完全不明晰性而言，任何东西均未达到所与性，意识是“晦暗的”，完全不再是直观的，在严格意义上一般不再是所与的。结果我们必须说：

在隐含意义上所与的意识和与非直观意识对立的直观意识，与晦暗意识对立的明晰意识，彼此都相互一致。对所与性、直观性和明晰性的程度来说也是一样。零限（Nullgrenze）是完全的晦暗性，一限（Einsgrenze）是完全的明晰性、直观性、所与性。

然而在这里所与性不应被理解为原初的所与性，因此不应被理解为知觉的所与性。我们不把“自身所与者”等同于“原初所与者”，即“在机体上的所与者”。在确定说明的意义上，“所与的”和“自身所与的”相同，而且我们运用这个冗繁的表达法只是为了排除广义的所与性，按此它最终关系于任何被表象的东西，即在表象中（虽然或许是以“空的方式”）所与的东西。

十分清楚，我们的规定进而适用于任何直观或空表象，因此在
客体方面也无任何限制，虽然我们在此只关心体验及其现象学的 127
（真实的和意向的）组成成分的所与方式。

但考虑到未来的分析时也应注意到，基本问题依然存在：纯粹自我的目光是否逐步穿过了所谈的体验；更清楚些说，纯粹自我是否“转向”一“所与物”，是否可能“把握”它。[275]因此例如，“知觉的所与物”——不是在此所与物的存在把握的严格的和正常的意义上“被知觉的”——只能意味着“有待被知觉的”所与物。同样地，“想象的所与物”不须意味着“在想象中被把握的”。这一论述有普遍的适用性，它也适用于全部明晰度或晦暗度。我们在此先提一下这个“有待”概念，以后再详细谈论它，但同时想指出，只要相反的限制未被指出或未在关联域中自然显示，我们就把“所与性”隐含地理解作被把握性，而对于本质所与性而言这就是原初的被把握性。

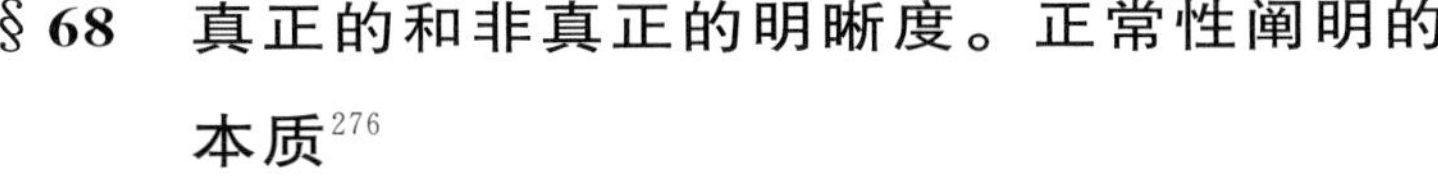

§68　真正的和非真正的明晰度。正常性阐明的本质[276]

但我们还应继续我们的描述。如果我们谈到所与性程度或明

晰度，我们就应区分真正的、分级的明晰度和非真正的明晰度，在前者的同一系列中也应包括进晦暗性之内的分级度，而后者即明晰性范围的扩大，或许同时伴随以明晰度的增强。

一个已经所与的、已现实地被直观的因素，例如一个音调或一种颜色，可以被给与某种程度的明晰性。让我们排除一切超出了直观所与物的把握活动。[277]我们于是处理着分级的程度系列，此系列展现于在其中直观物是现实地可直观的范围内；直观物本身的明晰性可以有连续的强度差别，从强度零开始，但以一种固定界限为终结。我们可以说，某种方式的较低的强度表明后一种终结界限。[278]在某种不完全明晰性样式中直观一种颜色时，我们“意指”那样的颜色，有如它是“自在的”——即正好是在完全明晰性中所与的颜色。然而人们不应让自己被指示性的隐喻所误导——好像一

128 者是另一者的记号似的——，而且在此也不须谈论（我们记得前面已指出过的情况①）明晰的“自在”（Ansichselbst）通过不明晰物呈现的问题，多少有如一种物的特性在直观中通过一种感觉的因素“被呈现”，即被侧显那样。明晰性的等级差别完全是所与性方式中所特有的差别。

当超出直观所与物的把握，把空的把握与实际直观把握结合起来时，[279]情况将完全不同，因为这时在一种准分级的方式中越来越多的空表象物可成为直观的，同时反过来说，越来越多的已直观物可成为空表象的。因此在这里，明晰化（Sich-klar-machen）发生于两种彼此联合的过程中：直观化过程和已直观物明晰性增加的

① 参见前面§44，边码第80页。

过程。

但这是对正常阐明(Klärung,明晰化)的本质的描述。因为通常不存在纯粹直观,或者,纯空表象不转为纯粹直观;通常的情况倒是,作为诸中间程度的非纯粹直观或许起着主要作用,这类直观使其对象在某些侧面或因素上被直观,而对于其他侧面或因素则仅只加以空地表象。

§69　完全明晰的本质把握方法[280]

完全明晰的把握由于其本质而具有如下优越性,即它容许实行绝对无疑的同一化以及区别、阐明、联系等作用,因此也就是"以洞见方式"实行一切"逻辑行为"。[281]本质把握行为也属此类,现在已更详细阐明的明晰性差别,如前所述,被转换为本质把握的相关对象,正像另一方面,我们刚获得的方法论认识被转换为获取完全的本质所与性。

因此,作为一般本质科学方法基本部分的这个方法,一般须要一步步前进。用于本质把握的单一体直观,对于充分明晰地获得一种本质普遍因素来说已足够明晰,但此单一体直观尚未明晰到可达至该主导性意向的程度;在对相互联结的本质的更详细规定 129
方面还欠缺明晰性,因此有必要使例示性单一体更近些或重新提供更适当的单一体,由此可使在含混性和晦暗性中所意向的单一特征突出出来,并因而能达到最明晰的所与性。

在这里处处实行着使近作用(Näherbringen),甚至在晦暗性范围内。晦暗地被表象者以其独特方式逐渐靠近我们,终于叩敲直观大门,但它不须因此而跨入(而且或许因为心理学的障碍而不可能跨入)。

还应提及,在任何时刻所与者往往被一未定的可规定性光晕(Hof von unbestimmter Bestimmbarkeit)围绕,后者以特定方式在区分诸表象系列时使其"展开式地"靠近;最初也许还在晦暗中,之后又在所与性范围内,直到所意向物进入完全所与性的鲜亮照明圈内。

也应注意到这样的事实,即当我们这样说时也许太过分了:本质把握的一切明证都需要属于该本质的单一体在其具体化中的完全明晰性。为了把握最普遍的本质差别,如在颜色和声音之间的差别,在知觉和意志之间的差别,在较低明晰度中所与的例子无疑已足够了。似乎可以说,最普遍物的属(一般颜色,一般声音)是完全地所与的,然而种差还不是。这种说法是会招致非议的,但我不知如何避免它。读者应在实显的直观中来想象以上所谈情况。

§70 在本质阐明方法中知觉的作用。自由想象的优先性[282]

让我们举出本质把握方法的几个特别重要的特征。

直接直观的本质把握的普遍本质是,它(我们对此已强调过①)可以根据例示性单一体的纯再现作用来实行。然而再现作用,例如想象,如我们刚才已说明过的,可以是如此完全地明晰的,
130 以致它可实现完全的本质把握和本质洞见。一般来讲,原初呈现

① 参见§4,边码第12页以下。

的知觉，当然特别是外在的知觉，具有对各种再现的优先性。但是这种优先性不只是在一种确定事实存在的经验行为方面，这与此处所论无关，而且也在现象学本质确定的基础方面。外在知觉对于以原初样式在其中实际给与的一切对象因素均有完全的明晰性。但它或许在与其相关的反思的共同作用下，对现象学性质的普遍本质分析，更准确说甚至对行为分析，也提供明晰的和可靠的单一示例。愤怒可能由于反思而被驱散，其内容也可迅速被变样。它也不可能像知觉一样通过简易的实验安排而随时能够产生出来。在其原初性上反思地研究它，就是研究一种已被驱散的愤怒；后者当然绝不是无关紧要的，但可能不是此处应加以研究的。相反，如此容易了解的外部知觉是不被反思"驱散的"，它的普遍本质以及一般与其相联系的组成成分的本质和本质相关项，可在原初性限界内被研究，而无须特别关心明晰性的产生。如果说知觉也有其明晰性差异，如谈到在黑暗、雾霭中等条件下的知觉时，我们并不打算在此更详细地考虑这些差异是否应与那些前面所谈的差异相当的问题。通常情况下知觉不是在雾霭中产生的，而且只要有需要我们随时可获得明晰知觉，这就足够了。

如果原初性的优先性在方法论上十分重要，我们现在就应考虑在何处，怎样，和在何种程度上，它们在各种不同的体验中是可实现的；哪些种类的体验在这方面特别接近这种极具优先性的感性知觉领域，以及许多其他类似的问题。然而所有这些问题也都可略而不计。在现象学中和在一切其他本质科学中都存在着这样的理由，依据这个理由，再现和(更准确些说)**自由想象**获得了**优先于知觉的地位**，而且**甚至在关于知觉本身的现象学中亦如此**，**后者** 131

当然是排除了感觉材料的。

几何学家在研究和思考时，在想象中远比在知觉中更多地运用图形或模型；而且对于"纯"几何学家，即舍弃了代数方法的几何学家，甚至更是如此。当然在想象中他必须努力达到明晰的直观，而运用草图或模型则免除了这种直观。但在实际绘草图和建立模型时他是受到限制的；在想象中他有无比多的自由去任意修改虚构的图形，去考虑一系列连续变样的可能图形，因此就是去产生无限多的新结构。这种自由性首次为他展开了达到本质可能性的广阔区域，这个区域具有着其无限的本质认知的边缘域。因此绘制草图通常在想象构造之后和在依据后者完成的本质纯思维之后，其目的主要在于将先前进行的过程中的诸阶段加以固定，从而使其更易重新再现。甚至当人们望着图形"沉思"时，重新进行的思想过程，就其感性基础而言，仍然是想象的过程，其结果为图形中的新线条所固定。

就其最普遍的特征而言，现象学家的处境并无不同，现象学家研究的是被还原的体验和它们的本质相关项。现象学的本质构成也是无限多的。他也只能有限制地使用原初所与性的手段。虽然，在原初所与性中他可自由支配一切主要类型的知觉和再现，即作为有关知觉、想象、记忆诸行为的现象学的知觉例示作用。就最普遍的特征而言，他在原初性范围内同样地运用着判断、假想、感觉、意愿诸行为的例子。但是他当然不能掌握一切可能的特殊构成物，正如几何学家不可能为无限多的物体绘制图形和模型一样。在此本质研究的自由性无论如何也必然要求运用想象。

而另一方面（而且还是像几何学中一样，几何学近来并非毫无

收益地极其重视模型收集等等)，当然重要的是，在这里所要求的 132
完全的阐明活动中和在自由改变想象时获得的所与物中大量地运用想象，但是在这样做之前，他也必须通过在原初直观中尽可能丰富和准确的观察，去使想象富于成效：这当然并非因而就是说，经验本身在此具有作为有效性来源的功能。我们可从历史的事例中，甚至在更大程度上可从艺术，特别是诗歌的事例中，汲取极大的益处，后者虽然是想象事物，但它们在其形态创新的原初性方面，在独特特征的丰富性方面和在动机的连绵不断方面，都远远高出于我们自己的想象，而且此外，由于艺术呈现手段的暗示力量，它们可在理解性的把握中极其容易地被转变为完全明晰的想象。

因此，如果人们喜爱似非而是的语句就可以实际上说，而且如果人们明确地理解意义的分歧性就可符合严格的真理说，“**虚构**”**构成了现象学的以及一切其他本质科学的生命成分，虚构是“永恒真理”认知从中汲取滋养的源泉**。①

§71　关于一门体验描述本质学的可能性问题[284]

前面我们不断地把现象学直截了当地刻画为一种描述性科学。在这里又产生了一种基本的方法问题，而且一种犹豫不决心理在我们热切地要挺入新领域时阻碍着我们。**为现象学设定单纯描述性的目标是否正确呢？一种描述的本质学难道不会是某种完全错误的东西吗？**

① 以引用句形式表示的这个命题应当特别适合于以自然主义的态度对本质认识方式加以嘲弄。[283]

这类问题的动机对我们大家来说都是显而易见的。任何人以我们的方式(不妨说)探索着进入一门新的本质学领域时都会询问道,在此可能有什么样的研究,应采取什么出发点,应遵循什么方法,这时他都在不由自主地注视着高度发展的旧本质学科,因而注视着数学学科,特别是几何学和算术。然而我们立刻注意到,这些学科不可能被要求来为我们的研究提供引导,它们的情况必定是
133 本质上不同的。对于那些对现象学本质分析尚无任何了解的人,更有某种对现象学的可能性产生误解的危险。因为数学学科是目前唯一能以有效方式代表一门科学本质学观念的学科,他将首先不会想到可能有另一种不同的、非数学的本质学科,后者在其整个理论性质上基本不同于已知的诸本质学科。[285]因此如果他让关于一门现象学本质学要求的一般考察所征服,从而错误地立即试图去建立任何类似于现象学数学的学科,这就会误导他放弃一门现象学的观念。这样一来,当然就大错特错了。

让我们阐明**与一门体验的本质理论相对立**的数学学科之最普遍的**独特性**,而且让我们因此阐明,这些本质上就不应该是适合体验领域的目标和方法究竟是什么。

§ 72 具体的、抽象的,"数学的"本质科学

我们从将本质和本质科学区分为实质的和形式的开始。我们将删除形式的科学,因而也就删除了整个一套形式数学学科,因为现象学显然属于实质的本质科学。如果类比法对一般方法问题能有任何引导作用,它就将起最强有力的作用,条件是我们使自己限于实质的数学学科,如几何学,并因而更专门地询问,一门现象学

是否必需或能够构成为一门体验的“**几何学**”。

为了获得此处所期望的洞见，必须记住某些得自一般科学理论的重要的规定。[①]

任何理论科学都关涉于一个知识领域而将一个观念上封闭的整体统一起来，此知识领域由一个较高的属所规定。只有当我们返诸绝对最高的属时，因而返诸有关区域和区域属的组成成分时，134
即返诸在该区域属内统一着并可能互为基础的诸最高属时，才能达到一种彻底的统一体。部分地由分离的、部分地由互为基础的（而且在此方式中互相包含的）诸最高属组成的最高具体属（区域）的结构，对应于部分地由分离的、部分地由互为基础的最低种差组成的从属的具体项的结构。例如，对物而言，有时间规定性、空间规定性和质料规定性。每一区域都对应着一门区域的本体论，它包含着一系列区域的科学，后者或者是独立封闭的，或者是互为基础的，因而正好对应着在组成该区域中被统一起来的最高属。只有学科或所谓理论对应着下属的诸属，例如关于圆锥曲线的学科对应着圆锥曲线属。不难理解，这样一门学科没有完全的独立性，因为在其认识和认识根据方面，它自然必须具有从此最高属中获得其统 性的本质认识的整个基础。[286]

按照其最高属是区域的（具体的）还是仅只是这类最高属的组成成分，**科学或者是具体的**，**或者是抽象的**。这一区别显然对应于具体属与抽象属之间的一般区别。[②] 因而该领域或者由具体对象

① 关于进一步的说明，参见前面第一编第一章，特别是§12，§15，§16。

② 参见前面§15，边码第30页。

（如在自然的本质学中）或由抽象对象（如空间形状，时间形式或运动形式）组成。一切抽象属对具体属以及最终对区域属的本质关系，将一种对具体学科和区域学科的本质关系赋予一切抽象学科和完全的科学。

另外，诸本质科学的划分准确地对应于诸经验科学中的划分。后者也按区域彼此区分。例如，我们有**一门**物理的自然科学；而一切单一的自然科学严格说只是各个学科：这些学科的不仅以本质法则同时也以经验法则[287]为根据的有力组成，在自然诸领域的各种划分之前属于一般物理自然，这一组成使各学科获得了统一性。此外，不同的区域可证明也是由诸经验规则联系在一起的，如物理区域和心理区域。

135 如果我们现在观察熟悉的本质学科，就会注意到它们的程序**不是描述性的**，即几何学未依靠单一体直观去把握本质种差，因而未把握可在空间绘制的无数空间形态并对它们描述和分类，像经验自然科学在经验的自然形态方面所做的那样。相反，几何学固定了若干少数种类的基本结构，如体、平面、点、角等观念，它们都在“公理”中起着决定作用。借助于公理，即最初的本质法则，它于是能够在代表着我们一般直观所不熟悉的那类进行精确规定的概念形式中，纯演绎地导出**一切**在空间中“存在”[288]的、即在观念上可能的空间形状，以及一切与它们有关的本质事态。几何学领域的属本质或空间本质有如下特征，即几何学可完全肯定地以其方法真正地和准确地支配其一切可能的情况。换句话说，一般空间形状的复多体具有一种显著的基本逻辑特性，我们用“**确定的**”复多体或“**在严格意义上的数学复多体**”这样的名称来表示。[289]

这种复多体的特征是，在某给与事例中可从有关领域的本质中导出的**有限数目的概念和命题，以纯分析必然性方式完全地和无歧义地规定着该领域的一切可能形态的全体，**[290] **于是在该领域中就必然没有什么未定之物了**。

因此我们也可以说，这样一种复多体具有“**数学上彻底地可定义**”的特性。“定义”存在于公理性概念和公理二者组成的系统中；而“数学上彻底地”意思是，关于复多体的定义性论断包含着可想象地最大的预先判断：没有任何东西是未被规定的。

一个与确定的复多体概念类似的概念包含在下列命题中：

任何由所指出的公理概念构成的命题，不论其逻辑形式如何，都或者是该公理的纯形式逻辑的结论，或者是纯形式逻辑的反结 136
论(Widerfolge)，即在形式上与该公理相矛盾的结论；于是这个矛盾的对立项就是该公理的一个形式逻辑的结论。**对一个数学上确定的复多体而言，“真”的概念与“该公理的形式逻辑结论”概念是等价的**；同理，“伪”概念和“该公理的形式逻辑的反结论”概念也是等价的。

我把按上述方式纯分析地、“彻底地定义着”复多体的公理系统称作**确定的公理系统**。以此系统为基础的任何演绎学科就是**一门确定的学科**，或者说是在严格意义上的一门数学学科。

如果我们让复多体的质料特殊项完全不确定，也就是采取形式化的普遍项的话，这些定义就始终保持完整。[291] 于是公理系统就变为一个关于公理形式的系统，复多体变为一种复多体形式，而与复多体有关的学科也就变为一种学科形式。①

§73　现象学问题的应用。描述和精确规定[292]

那么关于可与作为一般实质性数学代表的几何学相比较的**现象学**情况如何呢？现象学显然是一门具体本质学科。它的范围由**体验本质构成**，后者不是抽象物而是具体物。这些具体物本身具有多种多样的抽象因素；而现在问题是：属于这些抽象因素的最高属在此也形成了确定学科的、几何学一类的“数学”学科的领域
137 吗？我们因此在这里必须寻找一种确定的公理系统，并在其上建立一个演绎系统吗？相应地，我们必须也在此寻求“基本的结构”，并通过构造程序，即通过演绎公理的系统运用，而从其推导出该领域中一切其他的本质构成和它们的本质规定吗？但是必须同时注意，这种推导的本质正在于，它是一种间接的逻辑规定作用，其结果，即使是“用图形绘制的”，本质上也不是在直接直观中被把握的。可以用一种相关性说法来理解我们的问题：意识流是一种真正的数学复多体吗？从其事实性角度来看，它是否像物理学自然一样呢？后者将必定被称作一个具体的、确定的复多体，如

① 关于这一点参见《逻辑研究》第一卷，§69，§70。——在此论述的一些概念我于1890年初已使用（在我的“形式数学学科的理论研究”中，我曾打算将它作为我的《算术哲学》的续编），目的主要在于找到对想象问题的一个**原则**的解决（参见《逻辑研究》第一卷，第250页上的简短提示）。自那时以后我常有机会在讲演和研究班中，有时十分详细地展开这些有关的概念和理论；而在1901—1902（前几版中均为1900—1901——中译者）年冬季度研究班上我曾对哥廷根数学学会做过两次讲演。这一连串思想的某些部分曾载于文献中，但并未提及材料来源。希尔伯脱为算术基础所提出的确定性概念与“完全性公理”的紧密关系，对于每一位数学家都是显而易见的。

果引导着物理学家的观念是有效的，并以严格概念加以把握的话。[293]

一个极其重要的科学理论的问题在于充分阐明这里所考虑的一切基本问题，因此在规定了确定的复多体概念之后就要去考察在一质料上被确定的领域应加以满足的必要条件，如果让这一领域能够符合这一观念的话。一个应满足的条件是“概念构成”的精确性，它绝不是一个自由选择和逻辑技巧的问题，而是在仍然必定在直接直观中可显示的所谓公理概念方面，假定着被把握的本质本身中的精确性。但是在什么程度上我们可以发现一个本质领域中的“精确”本质呢？而且是否可以在一种现实的直观中被把握的一切本质里，并也在一切本质组成成分里发现一种精确的本质基础结构呢？这是一个完全依赖于该领域的特殊性质的问题。

刚刚提到的问题与这样一种基本的，但尚未解决的问题紧密相关，这就是对在具有其“描述概念”的描述和具有其“观念概念”的“无歧义的”、“准确的规定”此二者之间关系进行本质阐明的问题；而且与此平行的问题是，对“描述的”科学和“说明的”科学之间的远未被充分理解的关系进行阐明。我们将在这部书的以后各卷中试图解答这些问题。目前我们考察的主要进程不应过分拖长；我们的准备也还不足以使我们彻底地处理这些问题。下面我们一 138
般地指出值得考察的几点已足够了。

§74 描述科学和精确科学[294]

我们首先考察几何学和描述的自然科学之间的对立。几何学家不像从事描述的自然科学家那样关心事实上的感性直观形状，他不像后者那样形成有关模糊的形态类型的形态学概念，这些形态类型是根据感性直观而被直接把握的，而且它们尽管模糊不清，却是在概念上和术语上已被确定的这种概念的模糊性，它们的应用范围富于流动性，都并非是它们的缺欠；因为在它们被使用的知识范围内，它们是绝对必不可少的概念，或者说在那些范围内它们是唯一合法的概念。如果要对在其直观所与的本质特性中的物的直观所与物给与适当的概念表达，这就正好意味着应把这些物的直观所与物当作是自行所与的。它们正是作为流动物自行所与的，而典型的本质只能通过直接分析的本质直观在它们之内被把握。最完善的几何学和最完善的对几何学的实际掌握，不可能有助于进行描述的自然科学家去直接表达（以精确的几何学概念）[295]，他以简单的、可理解的和完全适当的方式用“齿形的”、“凹形的”、“透镜形的”、“伞形的”诸词所表示的东西——这些简单概念在本质上而非偶然地是不精确的，并因而也是非数学的。

几何学概念是“观念的”概念，表达着某种不能被“看”的东西；它们的“起源”，[296]因而也是它们的内容，本质上不同于描述概念的内容；后者作为概念表达的不是“观念”，而是直接从直观中引出的本质。精确的概念有其本质相关物，后者有康德意义上的“观念”的特性。与这些观念或观念本质相对的是作为描述概念相关项的形态的本质。

这种观念作用产生着作为观念的“限界”的观念本质，它本质
139 上不可能存在于任何感性直观中，但形态的本质或多或少紧密地“接近着”它们，却永不会达到它们。这种观念作用在其基本本质上不同于通过纯“抽象”成立的本质把握，[297]在此纯抽象作用中，一

个抽出的"因素"作为本质上模糊的东西,作为典型的东西,被提升到本质区域中去。在流动物领域中有其外延[298]的属概念或属本质的稳定性和纯可区分性,一定不要与观念概念和在观念物上有其外延的属的精确性混淆。于是可以进一步看到,精确科学和纯描述科学虽然联合在一起,却不能相互取代。任何精确的,即在观念的基础结构之上进行的科学,不论其发展程度有多高,都不能解决有关纯描述问题的那种原初的和正当的任务。

§75 现象学作为有关纯粹体验的描述性本质学说[299]

于是对于现象学来说,它被看作是用现象学态度观察的先验纯粹体验的描述性本质学科;而且像任何其他不起基础结构[300]作用并且不按观念化方式进行的描述性学科一样,它具有其内在的合法性。无论什么在纯粹直观中可被把握作属于被还原的体验的东西,不论作为真实的组成部分还是作为后者的意向相关物,都是属于现象学的,而且对现象学来说这是绝对认识的一大源泉。

然而我们还要更仔细地考察一下,我们在具有其无数本质相关项的现象学领域中可在什么程度上来确立真正科学的描述,[301]以及这种描述能予以完成的东西是什么。

一般意识的特性在于,它是一种在不同层面上流逝的波动,因此不可能谈论任何本质具体项的或一切直接构成着它们的因素的精确的概念确定性。例如让我们把一个"物的想象"属(Gattung "dingliche Phantasie")的体验当作是此体验在一现象学的内在知觉中或在某一其他的(永远被还原的)直观中所与的。那么现象学的单个体（本质单个体）就是在其完全充实的具体化中的物想象，正如它在体验流中流逝着，以规定性和非规定性使该物有时从一侧有时从另一侧显现，在明晰性或模糊性中，在来回变动的明晰性
140 和断续的晦暗性中显现，如此等等，这些肯定都是它所特有的。现象学只是忽略个别化，然而在其充分的具体化中将全部本质内容提升到本质的意识，并将其当作一种观念上同一的本质，它像任何其他本质一样不仅是立即地，而且是在无数例子之中被单一化。[302]我们马上看到，不可能设想将一种确定的概念和术语加于任何一种流动的具体物上，而且对于它的每一种直接的和同样是流动性的部分和抽象因素而言，情形也是一样。

在我们的描述范围内现在虽然没有谈到本质单一体的无歧义的规定性，在高层次特殊性的本质中情形却正相反。我们可以确定地区别它们，维持它们的同一性和在严格的概念中把握它们，并同时将它们分析为诸组成部分的本质；因此把它们当作一门全面科学描述的任务是合情合理的。

于是我们描述了并因而用严格概念规定了关于一般知觉的或关于其从属的种的属本质，如这样一些种，像物理物的知觉，有生命物的知觉等。同样情况也适于一般记忆，一般移情作用，一般意愿的属本质等等。然而在它们之前是最高的普遍项：一般体验，一般我思过程，它们已使广泛的本质描述能够成立。对本质的一般把握、分析和描述在性质上显然是：在高层次上可获得的东西不会依赖于在低层次上可获得的东西，例如不会像在方法上需要一种系统的归纳程序那样，后者即逐渐地沿着普遍性阶梯的一种上升作用。[303]

在此还可再增加一项结论。按照以上所说，演绎的理论化步骤从现象学中被排除了。在现象学中并不直接否定**中间推论**，但因它的一切认识应是描述性的，单只适合于内在性范围的，于是我们推论，任何一种非直观的程序方式仅只有引导我们达到这样一类事物的方法论意义，即随后发生的直接的本质看必然使该事物成为所与物。必然导致的类推可能在现实直观之前使我们提出关
于本质联结体的假想，并可从它们得出进一步结论：但本质联结体 141
的现实的看最终必定认可该假想。只要情况不如此，我们就未获有现象学结果。

显然我们还未回答如下紧迫的问题，在被还原的现象的本质领域（不论作为全体还是作为某局部领域）中，在描述程序之外是否不可能也有一种观念化程序，它以纯粹的和严格的观念取代被直觉的所与物，甚至可作为一门体验学的基本手段——作为**描述**现象学的对应物[304]。

尽管我们刚完成的研究必然留下不少待解决的问题，但这已使我们大大向前迈进了一步，并不只是把一系列重要的问题带入我们的视野。现在完全清楚的是，按类推方法为现象学奠定基础是一无所获的。一种只会引人误入歧途的偏见是认为历史上给与的先天科学方法都是完全**精确的**有关观念物的科学，它们必定可立即被用作每一种新科学的模型，特别是我们的先验现象学的模型——似乎只可能存在唯一一种方法论类型的、即“精确性”的本质科学。然而先验现象学作为一种描述的本质科学属于一种**本质科学的基本类别**，它完全不同于数学科学所属的那种基本类别。

第二章　纯粹意识的一般结构[305]

§76　以下研究的主题

作为在一种确定意义上“绝对的”存在的先验意识王国，通过现象学还原对我们产生了。它是一般存在的原范畴（Urkategorie）（或按我们的用语，原区域）。一切其他存在区域均植根于此范畴，按自己的本质均相关于此范畴，并因而在本质上完全依赖于此范畴。范畴理论必须完全从一切存在区别中最基本的区别——作为意识的存在和作为在意识中“显示的”、超验的存在——开始，

142 这些区别，如我们所见，只有通过现象学还原的方法才能在其纯粹性中被达到和证实。在先验存在和超验存在之间的本质关系中根植着已被我们反复论及而稍后将更深入地加以探索的现象学和一切其他科学间的关系，这一关系意味着，现象学的支配领域以某种引人注目的方式扩展到它所排除的一切其他的科学。排除作用同时具有一种改变着价值的记号变化的特性，而且由于这种记号变化，被改变价值者再次被置入现象学范围内。如果用譬喻方式说，被置入括号者并未从现象学的黑板上被抹消，而只是被加上括号，因此被提供了一个标记。然而有了这个标记之后，它就位于主要的研究主题范围之内了。

彻底了解具有其种种特殊观点的这种情况是绝对必要的。例如这里涉及的事实是物理自然经受着排除，而同时不仅有作为自然科学经验和思维问题的自然科学意识现象学，而且也有作为自

然科学意识相关物的自然本身的现象学。[306]虽然心理学和文化科学受到这种排除的影响，同样，存在着一门关于人、人的个性、个人特征和其意识流的现象学；再者还有关于社会精神、社会构成、文化结构等等的现象学。[307]一切超越物，就其在意识中被给与而言，不只是在**对它的意识方面**——例如不同的意识方式，在其中它作为同一物被给与——，而且，虽然这在本质上涉及前者，也作为所与物和所与物中的被体验者，都是现象学研究的对象。

这样就存在着一个广泛的现象学研究领域，人们从体验观念出发时对此领域非常难以掌握——特别是如果人们，我们大家，以心理学态度开始，并首先借用我们时代心理学的体验概念时——，而且人们由于内在障碍的影响最初极不情愿承认这一领域为现象学领域。就心理学和精神科学而论，由于把它们置入括号而导致 143
极其特殊的和首先令人困惑的情境。为了只在心理学方面指出这一点，我们注意到意识，作为心理学经验所与物的，因此作为人和动物的意识，是心理学对象，在经验科学的研究中是经验心理学对象，在本质科学研究中是本质心理学对象。另一方面，经加括号变样以后，具有其全部心理个体和其心理体验的整个世界属于现象学：它们全都是绝对意识的相关物。因此意识在不同的统握方式和不同的关联域中呈现，甚至是在现象学本身之内；即在现象学本身之内，有时作为绝对意识，有时在其相关物中作为属于自然世界的心理学意识——在某种方式中价值被改变了，但意识的固有内容并未失去。这是难以把握的关联域，而且极其重要。它说明了这样的事实，任何与绝对意识相关的现象学论断可被再解释为一种本质心理学论断（严格来看，它本身绝非现象学的），虽然在这里

现象学考察事物的方式在范围上更为广泛，作为绝对性考察方法也更为彻底。为了理解所有这一切，并从而彻底阐明纯粹现象学、本质心理学和经验心理学和精神科学之间的关系，对于这里所区分的诸学科和对于哲学来说，都是至关重要的。尤其是在我们时代富有极强活力的心理学，可以获得它仍然欠缺的那种彻底的基础，只要它具有对上述本质联系的深邃的洞见。

刚刚做出的说明使我们感觉到，我们离理解现象学还很遥远。我们学会了运用现象学态度，消除了大量使人困惑的方法论怀疑，我们维护了纯粹描述的合法性：因而研究领域敞开了。但我们还不知道在该领域中**主要主题是什么**；尤其是，**体验的最普遍的本质种规定了什么基本的描述方向**。为了在这些方面进行阐明，我们

144 在下一章中，至少在其某些特别重要的特性上，将试图说明这些最普遍的本质种。

我们并非由于这些新的考虑而真地放弃了方法问题。我们对直到目前为止的方法论讨论已为现象学领域本质内的最普遍洞见所决定。显然，对后者的最彻底的知识——不只相对于其单一体，而且相对于无所不在的普遍项[308]——必定也使我们获得内容丰富的方法论规范，一切特定方法必定与此规范联系在一起。一种方法毕竟不是从外部引入的或可能从外部引入的。形式逻辑或本质学不提供方法，而只提供一种可能方法的**形式**，而且作为一种形式知识在方法论方面可能是有用的，一种**确定的**方法——不只相对于其技术特性而且相对于一般方法类型而被确定的——是一种规范，它从该领域的区域基本种和其普遍结构中产生，于是从认识观点看，这一规范本质上依赖于对这些结构的知识。

§77　反思作为体验领域的基本特性。反思中的研究309

在纯粹体验领域的最普遍本质特性中，我们将首先研究反思。这样做是因为它的普遍方法论功能：现象学的方法完全在反思行为内起作用。但是关于反思的效力，因而也是关于一般现象学的可能性，存在着怀疑论的疑惑，对此我们希图一开始就完全将其消除。

在我们的预备性思考中我们已经不得不谈到反思。[①] 我们在那时，甚至在进入现象学领域以前所获得的结果，现在当我们严格实行现象学还原时，仍然能加以接受，因为那些论断只与体验本质上特有的东西有关，因此如我们所知，只要在把握它们时进行先验纯化，它们就仍然为我们所牢牢具有。首先，我们将更详细地概述已熟悉的东西，并同时试图更深入地考虑有关问题以及由反思形成和所需的现象学研究特性。

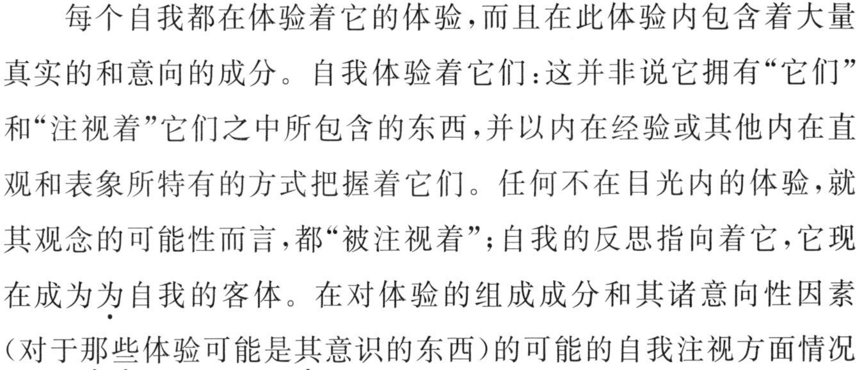

每个自我都在体验着它的体验，而且在此体验内包含着大量 145
真实的和意向的成分。自我体验着它们：这并非说它拥有“它们”和“注视着”它们之中所包含的东西，并以内在经验或其他内在直观和表象所特有的方式把握着它们。任何不在目光内的体验，就其观念的可能性而言，都“被注视着”；自我的反思指向着它，它现在成为为自我的客体。在对体验的组成成分和其诸意向性因素（对于那些体验可能是其意识的东西）的可能的自我注视方面情况

① 参见前面§38，边码第67页和§45，边码第83页。

也是这样。结果反思就是体验，并且作为反思，它可成为新反思的基底，如此以至无穷，本质上必然如此。

当下现实地被体验的体验，当它进入了反思的目光内时，它就呈现为现实地被体验物，成为“现”存者。但不仅如此：它也呈现作刚刚存在者，而且就其尚未被注视而言，正好是这样呈现的，即呈现作未被反思者。在自然态度中我们不须深思就会认为，体验不只是存在于当我们注意到它们并在内在经验中把握它们之时；而且它们曾现实地存在着，甚至曾被我们现实地体验着，如果在进行内在反思时它们在持存内（在“初次”记忆内）“仍然被意识”作“刚刚存在着”的话。[310]

另外我们相信，对重忆的和“在‘重忆’中”的基础的反思，使我们认识到我们先前的体验，这些体验是“当时”曾存在的，是当时可内在知觉的，虽然未曾内在地被知觉。按照素朴的自然观，对于预期和前瞻的期待方面情况亦然。在此首先应被考察的问题是直接的“预存”（可以这么说），正好是直接持存的对立面，然后是以完全不同方式再现的、在更严格意义上是再生的预期，它是重忆的对立面。在此人们在前瞻时被意识作“未来到来者”的直观地被期待者，同时由于“在”预期“中”的可能的反思，具有着关于将被知觉到的某物的意义，正如被回忆者具有着曾被知觉的某物的意义一样。因此我们也可在预期中反思，并将我们先前未曾向其凝聚的我们
146 自己的体验，体验作属于被预期物本身的体验：如每当我们说我们将看到什么在到来时，当此时我们反思的目光转向“未来的”知觉体验时。

我们以自然的态度，例如作为心理学家，完全阐明了这一切，

而且我们探索着与该现象有关的更广泛的关联域。

如果我们现在实行现象学还原，我们的论断（在其括号内）就变为本质普遍物的例示，我们就能在纯粹直观界限内掌握它们和系统地研究它们。例如在一实显的直观（它也可能是想象）中，我们使自己进入某种行为实现中，例如进入对自由而富于成效的理论思维进程的欣喜中。我们实行着一切还原，并看到在现象学事物的纯粹本质中存在的东西。于是我们首先朝向实行中的思想。我们更进一步形成了例示性现象：在这种欣喜的思想过程中，一种反思目光朝向欣喜。欣喜变成了被注视的和被内在地知觉的体验，并以某种方式在反思中波动着和消失着。同时，思想进程的自由因此受到损害，它现在以一种被变样的方式被意识到；属于其进程的欣喜情绪也受到本质的影响——这一点我们也可通过使我们的反思目光朝向新的方向上而观察到。但是我们现在不考虑这一点，而是注意以下情况。

对欣喜的最初反思发现它是实显的现前者，**但不正是正在开始者**。它作为持存者在此存在着，先前已被体验着，只是未被注意到。这就是，显然存在着这样的可能性，即回顾过去的延存和欣喜因素的给与性方式，注意在理论思维进程中先前的阶段，但也注意先前所朝向的目光；另一方面存在着这样的可能性，即注意欣喜的转变目光方向，并与此相对地，把握在流逝的现象中朝向这个欣喜的任何目光的欠缺。但是就随后成为一客体的欣喜而言，我们也有对使其客观化的反思进行反思的可能性，并因而有使**被体验**但未被注视的欣喜和**被注视的**欣喜之间的区别甚至更清楚的可能性；变样作用亦然，它由以目光朝向开始的把握、说明等行为引入。[311]

147 我们能够以现象学态度**本质地**去考察这一切，不论以其较高的普遍性还是按照特殊体验中可本质上呈现的任何东西。整个体验流，以及**在未被反思的意识样式中**被体验的体验，因此可经受一种科学的、目的在于系统的完全性的本质研究。这种研究也涉及**意向地**包含在它们之内的体验因素的一切可能性，因此也特别涉及或许在它们中以一种变样方式被意识的诸体验和其被意向者(intentionalen)。我们已经熟悉了具有那些体验变样形式的诸被意向者，那些体验变样被意向地包含在一切再现过程中，并可“在”再现“中”被反思突出：例如，在任何记忆中所包含的“曾被知觉者”和在每一期待中所包含的“将被知觉者”。

对体验流的研究在种种具有特殊结构的反思行为中进行，这些行为本身也属于该体验流，而且它在较高层次上的相应反思中也可成为现象学分析的客体。这是因为这样的分析对于普遍现象学和对于它所必不可少的方法论洞见来说是至为根本的。对心理学而言情况也显然类似。如果只模糊地论及在反思中或在记忆中——人们常把它们等同于反思——对体验的研究，那么我们什么也未完成，更不必说许多往往直接涉及论述（正因欠缺认真的本质分析）的错误了，例如人们说，根本不可能有内在知觉和一般观察。

让我们稍微更详细地考察一下这些问题。

§78　关于体验反思的现象学研究

按照刚才所做的说明，反思是这样一种行为的名称，在这种行

为中体验流连同其复合关联体(体验因素，被意向物等等)的出现，
成为显然可把握的和可分析的。正如我们也可能说的，它是对一
般意识认识的意识方法的名称。[312]然而正是按此方法，它本身也成
为可能研究的客体：反思也是本质上相关联的诸种体验的名称，因
此是现象学主要一章的主题。其任务在于区分不同的“反思”，并 148
在一系统的秩序中充分地分析它们。

在这方面，首先人们必须阐明，**任何一种“反思”**都具有一种**意识变样**的特性，而且它在本质上是**任何意识**都能加以经验的。[313]

在此我们谈到变样，因为任何反思按其本质都是态度改变的结果，经此改变，一个已给与的体验或体验材料(未被反思者)经验了向被反思的意识(或被意识者)的样式的某种转换。已给与的体验本身可能已具有对某物的被反思的意识的特性，于是新的变样属于较高的层次。但最终我们返回到绝对未被反思的体验，并返回到它们的真实的或意向的被给与物。现在，按照一种本质法则，**任何**体验都可转变为反思的变样，而且沿着不同的方向进行转变，对此我们将逐渐更准确地加以认识。

关于反思的本质研究对现象学以及同样对心理学所具有的根本方法论意义表现在，内在本质把握的和内在经验的一切样式都包含在反思概念之内。因此例如，本身事实上是一种反思的内在知觉也包括在内，只要它假定着目光从所意识到的某一物向对该物的意识的转移。同样，如我们在(前几节中)讨论自然态度的当然性时所谈的，任何记忆不只使目光在反思中向它自身转移，而且也是“在”记忆中的特殊反思。例如在记忆中首先有对一般音乐进程的意识，这段音乐在“过去”的样式中未经反思。但对此曾被知

觉者的反思的可能性,属于如此被意识者的本质。同样,对于期待,对于预见到"即将到来者"的意识,存在有将目光从将到来者转向其曾被知觉者的本质的可能性。在这类本质关联体中有:"我记得A","我知觉了A","我预感到A"和"我将知觉A"等语句,它们都是先天地和直接地等价的,但也只是等价而已,因每一语句意义都是彼此不同的。[314]

149 在这里现象学的任务在于系统地研究反思项下体验的一切变样,以及与后者本质上相关的和以之为前提的一切变样。后者与全体本质变样相关,这些变样是任何体验在其原初进程中必定经验的,而且此外也与各种各样的变异有关,这些变异在观念上可被设想为经"运作"而被实行(von"Operationen" vollzogen)于每一体验中。[315]

每一体验本身是一生成流,是在一种不可能变化的本质型(Wesentypus)的原初生成中所是的东西:它是一种以本身流动的原初体验位相(Phase der Originarität)为中介的持存和预存的连续流,在其中体验的实显的现在(Jetzt)是相对于其"在前"和"在后"被意识的。[316]另一方面,每一体验在不同的再生形式中都有其平行物,后者可被看作是原初体验的、在观念上"运作的"转换:每一体验都在回忆中,以及在可能的预期记忆中,在可能的纯想象中,并在这类变异的重复中,有其"准确对应的"和被彻底变样的对应物。

我们自然地把一切相互平行的体验看作具有共同本质组成成分的体验:因此诸平行体验应当被意识为同一意向对象,并在取自那些在其他可能变异条件下出现的一切方式范围中的同一所与性方式里被意识到。

因为这个被考察的变样属于任何作为观念上可能的变异的体验，所以在某种程度上从观念上指示着可被看作影响着任何体验的观念运作，于是它们是无限可重复的，同时也能对被变样的体验起作用。反过来说，从已具有这种变样特征的任何体验出发，而且因此它永远在自身中具有此特征，我们被引回到某种原体验，引回到“印象”，这些印象是在现象学意义上呈现的绝对原初的体验。因此物知觉是相对于一切记忆、想象再现等等的原初体验。因此它们是原初的，正如具体的体验一般可能是原初的那样。因为在精确思考下，在它们的具体化中它们只有一个，却永远是连续流动 150
着的、绝对原初的位相，此即活生生现在的机因。

我们可以使这些变样最初相关于未经反思意识的实显体验，因为我们可以立即看到，一切被反思意识者必定由于以下事实而正好参与那些最初的变样，即它们作为对体验的反思并在充分的具体化中被考虑时，本身为未经反思意识的体验，因此可采取一切变样。现在，反思本身肯定是一种新的普遍变样——它使自我指向自我的体验，并相应地实行着我思行为(尤其是最底层的基本层次的行为，纯表象层次的行为)，“在”其中自我指向其体验；但是反思与直观的或空的统握或把握的联结，必然导致反思变样的研究与上述变样的研究结合起来。

只通过反思经验的行为我们认识了有关体验流和体验流与纯自我的必然相关性问题；因此我们知道它是同一纯自我的我思行为自由作用场；意识流内一切体验是自我的体验，正因为它注视着它们或可“通过”它们注视着自我之外的其他东西。[317]我们相信，那些经验活动也将意义和合法性作为被还原者保持着，而且我们在一般的本质普遍性中把握着这样一种一般经验活动的合法性，正如我们以一种与其类似的方式把握了与一般体验相关的本质看的合法性。

因此我们把握了(例如)对内在知觉性反思的，即纯内在知觉的绝对合法性，而且是相对于它在其流逝中使其成为实际原初所与物的东西；类似地，某种内在的持存的绝对合法性，是相对于以“仍然”活跃者和“刚刚”发生者的特性在其中被意识者来把握的，但当然只是就具有如此特性者的内容为限。因此(例如)相对于这样的事实，对一个声调而非对一种颜色的知觉。同样地我们把握内在性重忆的相对合法性，就个别考察的这种记忆内容表明了真正的重忆特性(这绝不是说被记忆物的每一种因素一般均有此特

151 性)而言，这种合法性正好出现在每一重忆中。但是当然，这是一种纯“相对的”合法性，不论这种合法性有多大，它都可能被取代。如此等等。[318]

结果，我们以最完善的明晰性和在无条件正当的意识中看到，这样去设想是荒谬的，即说只有当意识在内在知觉的反思意识中被给与时它才在认识上是可靠的；或者说，意识只在特殊的实显现在中才是可靠的；错误在于，在回转目光时对作为“仍然”被意识者(直接持存)的曾经存在(Gewesensein)加以怀疑，并去怀疑成为目光对象的体验最终是否未因此而转化为某种其他的东西等等。在此不应为这样的论点所困惑，这种论点尽管具有充分的形式精确性，却欠缺与有效性源泉、与直观源泉的任何相符性；人们应当仍然忠实于“一切原则中的原则”，即完全的明晰性是一切真理的尺

度，以及赋予它们的所与物以忠实表达的陈述，不须关心不管多么精巧的论证。

§79　批评附言。现象学和“自我观察”的困难[319]

从刚才的论述中我们可以看到，现象学不受那样一种方法论怀疑主义的影响，这种怀疑主义在经验心理学中的相类情况下，如此经常地导向对内部经验价值的否定或不适当的限制。虽然近来H. J. 瓦特①相信，他能够赞成这种怀疑论以反对现象学，但他肯定未领悟《逻辑研究》试图导引的纯粹现象学所特有的意义；他也未看到纯粹现象学状况和经验心理学状况之间的区别。不论这两方 152
面的困难多么相似，在两类问题之间仍然有区别。一类问题是关于表达着我们（人类）对内部经验所与物的*事实存在*论述具有什么样的范围和基本认知价值，因而是一个心理学方法的问题；另一类问题是关于现象学方法的问题，它考察*本质*论述的基本可能性和范围，关于应根据纯粹反思去考察相对于它们本身的、摆脱了自然统觉的体验本身。然而在两类方法间仍存在有内在关联，甚至在相当程度上存在着一致性，这使我们有理由去考虑瓦特的批评，尤其是如下一段值得注意的陈述：

“人们甚至很难设想如何达到对直接体验的认知。因为它既

① 参见《综述》II，“论1905年中有关记忆和联想心理学中最新的研究”，载于《德国心理学学会文库》，V. IX（1907年）。——H. J. 瓦特专门攻击了Th. 里普斯。虽然在这个问题上未提及我的名字，我仍相信，他的批评应看作是针对我的，因为他在其报道性论述中的很大一部分既与我的《逻辑研究》（1900/1901）有关，又与里普斯后来的著作有关。

不是知识也不是知识对象，而是某种其他东西。不可能理解关于体验之体验的报道如何能写在纸上，即使它存在着。”“但这是有关自我观察基本问题的关键所在。”“今天人们把这种绝对描述称作现象学。”①

瓦特在回顾了 Th. 里普斯的论述后进一步说：“自我观察对象的被意识的现实，与现前自我和现前意识体验的现实对立。后一种现实是被体验的，〔即仅只被体验的，不是“被意识的”，即不是被反思把握的〕。因此它正是绝对的现实。”“人们现在可以有非常不同的意见”，于是他现在加上自己的看法，“这个意见是关于他可如何对待此绝对现实……。况且它只是一个自我观察的结果的问题。现在当这个永远在回顾着的观察是永远相关于刚被作为对象拥有的体验的知识时，人们怎能陈述对其不可能有知识，对其仅有意识的状况呢？确实，它因此关系到整个讨论的重要性，即关系到本身不是知识的直接体验概念的起源问题。人们必定能够观察。归根结底，我们每个人都有体验。只不过他不知道它而已。而且如果他要知道它，他怎能知道他的体验实际上绝对如他所设想的
153 那样呢？现象学可能从谁的大脑中产生呢？现象学可能成立吗？它又是在什么意义上成立呢？所有这些问题都是迫使人去回答的。也许有关实验心理学的自我观察问题的讨论能阐明这一领域。因为现象学问题也是必然会对实验心理学产生的问题。也许后者的回答是更为慎重的，正因为它欠缺现象学发现者的热情。

① 《综述》II，第 5 页。

无论如何，它由于自身之故更适于运用一种归纳法。”①

鉴于对上段提到的归纳法可能性的虔诚信念（如果瓦特思考一下该方法的可能性条件的话，怕就难以这样主张了），当他做了下述供认时，自然是令人惊异的：“一种功能分析的心理学将绝不能说明知识的事实。”②

与近来心理学特有的这些陈述相反，我们——就其正是从心理学上设想的而言——必须首先阐明在心理学和现象学问题间所做的区分，并在这个问题上强调这样的事实，即现象学的本质学说极少关心研究**事实存在**的现象学家可能借以断定供其作为现象学论述基础的那类体验的方法，正如几何学家也极少会关心黑板上图形或架子上的模型的事实性存在如何可从方法论上获得一样。作为纯粹本质科学的几何学和现象学不了解任何有关现实存在物的论断。与此相关的事实正是，清晰的虚构不仅为他们提供同样有效而且在很大程度上优于实际知觉和经验所与物的基础。③

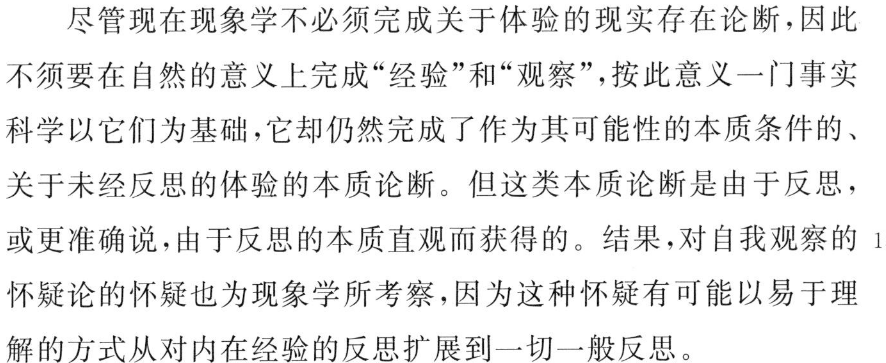

尽管现在现象学不必须完成关于体验的现实存在论断，因此不须要在自然的意义上完成“经验”和“观察”，按此意义一门事实科学以它们为基础，它却仍然完成了作为其可能性的本质条件的、关于未经反思的体验的本质论断。但这类本质论断是由于反思，
或更准确说，由于反思的本质直观而获得的。结果，对自我观察的 154
怀疑论的怀疑也为现象学所考察，因为这种怀疑有可能以易于理解的方式从对内在经验的反思扩展到一切一般反思。

① 《综述》II，第 7 页。

② 同上书，第 12 页。

③ 参见前面 § 70，边码第 129 页以下。

事实上，现象学应当是什么呢，如果“不可能理解关于体验之体验的报道如何能写在纸上，即使它存在着”？现象学应当是什么呢，如果它可以做出关于“被意识者”、被反思的体验的本质的陈述，但不是关于纯粹体验的本质的陈述？如果“很难设想如何达到对直接体验的认知”，——或对其本质的认知，那它又应当是什么呢？回答可能是，现象学家不可能完成有关作为在其观念作用中的例子而浮动的体验的任何现实存在论断。但是人们可以反驳说，在这些观念作用中现象学家只能看到在例示中当下看到的东西的观念。一旦他的目光转向体验，体验只朝向现在对目光呈现的东西，正如当他转移目光时，目光又转向了其他的体验。被把握的本质只是关于被反思的体验的本质，而下面这样一种意见是完全无根据的，即我们通过反思可获得对一般体验绝对有效的知识，不论它是被反思的还是未被反思的。“人们怎能陈述对其不可能有知识的状态呢”，即使是作为本质可能性的状态？

这种情况显然与每一种反思有关，虽然在现象学中每一种反思仍然作为绝对认知的源泉而有效。在想象中的一个物体，哪怕是一头四角兽，在我眼前浮动。我以为知道它呈现于某种“显现方式”中，某种“感觉侧显”中，领悟中等等。我以为我具有此本质洞见，即这样一种一般对象，它只能在那种显现方式中，只借助于这样的侧显功能以及任何其他能在此起作用的东西被看。但当我的目光注视四角兽时，我未看到它的显现方式、侧显材料和统握；而且在把握其本质时，我并未把握它们及其本质。对此需要某种反思的自觉转向，但它使整个体验处于流动中并使它们变样；于是我在新的观念作用中看到了某种新的东西，并且不应断定，我已获得未被反思的体验的本质组成成分。我也不应断定，它属于这样一种物的本质，这种物呈现于“显现”中，在感觉材料中以上述方式侧显时被统握着。 155

显然，困难也与这样的意识分析有关，这种意识分析是关于意向体验的“意义”的[320]，是关于属于所意指物、意向对象本身、某种陈述的意义等一切东西的。因为那也是在以特殊方式指向的反思行为内的分析。瓦特本人甚至进而说，“心理学应该阐明，描述的体验与对象的关系随着自我观察的改变而改变。或许这种改变比人们愿意相信的更重要。”①如果瓦特正确，我们就做了过多的肯定，在自我观察中宣称，我们刚刚注视这里的这本书并仍然注意着它。这至多在反思之前有效。但反思改变了的“有待描述的”注意“体验”，而且尤其是（按照瓦特的说法）在与对象的关系方面。

这种基本的悖谬性说明了一切真正的怀疑论，不管是哪种类型和方向上的；这就是在其论证中它隐含地以在其论题中正好否定的东西作为其有效性可能的前提条件。人们不难相信这一特点也适合此处讨论的论证。有谁仅只说：我怀疑反思的认知意义，就也是在断定着一种悖谬之论。因为当他陈述他的怀疑时，他在反思着，而且断定此陈述正确就是假定着反思实际上和无疑地（对目前例子而言）具有被怀疑的认知价值，假定着它没有改变与对象的关系，假定着反思中未经反思的体验在过渡到反思时未失去其本质。

另外，在此论证中不断谈到作为事实的反思，谈到它引起的和

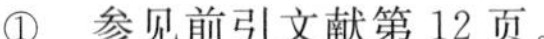

①　参见前引文献第12页。

能引起的东西；结果，人们当然也谈论“未被意识的”、未经反思的体验，后者作为事实，即作为被反思者的体验从中产生的那些东西。因此关于未经反思的体验的知识不断地被假定着，其中包括未经反思的反思，而同时又怀疑那种知识的可能性。这种情形的发生是由于对论述关于未经反思的体验的内容和关于反思行为的任何东西的可能性有了怀疑：在什么程度上它改变了原初体验，而且它是否由于使其成为一种完全不同的体验而使其，譬如说，虚假
156 化了呢？

然而显然，如果这种怀疑以及它所具有的可能性是正当的，那么就不再存有丝毫正当的根据去肯定一般存在着和能够存在着一种未经反思的体验和一种反思。再者显然，这种肯定性作为始终存在的前提，只能被反思意识到，而且它只能被一种反思上呈现的直观证明为直接的知识。对于随反思而产生的变样的现实性的或可能性的断定，情况亦然。但是如果这类认识是被直观给与的，那么它是在一种直观的内容中被给与的；因此悖谬的是去断定，在此不存在任何可认识的东西，不存在与未经反思的体验内容和它所经受的那种变样有关的任何东西。

上述一切已足以揭示这种悖谬性。在这里正如在其他场合一样，怀疑主义在由言语论证返回到本质直观，返回到原初呈现的直观和本身合法性时，就失去了其效力。当然，一切都依赖于人们是否真地实行这种直观，并能够使有关问题获得真正的本质阐明，或是否能如我们在前几节中设法去做的那样，以在其中实行和提出分析时的同样的直观方式来进行分析[321]。

反思现象实际上是一种纯粹的和完全明晰的所与物领域。它

是一个由于是直接的所以是永远可达到的本质洞见，它从作为对象的所与物开始，永远能反思所与的意识及其主体；从被知觉者，从机体上的“在此”开始永远能反思知觉行为；从记忆物开始，正如它作为本身“曾存在者”，“在眼前浮动着”开始，永远能反思回忆行为；从其流逝中所与的存在陈述开始，永远能反思该陈述行为，如此等等。结果，知觉正是作为对该被知觉者的知觉，现前意识正是作为对现前被意识者的意识而成为所与物。显然，由于其本质——因此不是由于纯偶然理由，或不是仅只“对我们”和我们偶然的“心理物理构成”——像意识和意识内容这类东西（在真实的或意向的意义上）才能仅只通过这种反思被认识。因此上帝[322]也受 157
到这种绝对的和洞见中的必然性的制约，正如2＋1＝1＋2这种洞见要受到这种制约一样。上帝也只能通过反思获得对其意识和意识内容的认识①。

因此人们同时说，由于完善认知的理想，反思不可能被牵扯到任何悖谬的争执中去。我们曾不得不多次强调，每一种存在在本质上都有其所与性方式，以及随之而来的它自己的认知方法的方式。把它们的本质特征当作缺欠是悖谬的，更不必说把它们看作“我们人类”认识中的那种偶然的、事实上的缺欠了。然而另一个在本质洞见中也应被考虑的问题，是有关认识的可能“作用”的问题；因此它是关于我们怎样才能使自己不致做出那些超出当下现

① 我们将不把此处的争论扩大到神学领域：神的观念在认识论考察中是一必要的限界概念，或者是某些限界概念结构的必不可少的标志，连进行哲学思考的无神论者也不可能超越此限界。

实所与者和能本质地加以把握的陈述的问题。而且还有另一种问题与经验的方法有关：我们人类，例如心理学家，如何必须在给定的心理学环境中工作，以便使我们的人类认识具有最高可能的尊严。

此外我们必须强调，我们不断诉诸洞见（明证或直观），不论在此处还是在别处，都不是一个用词问题；相反，按照导论中的说法，返回到一切认识中最终部分，与在最原初的逻辑的和算术的公理中谈到的洞见意思完全相同[①]。但是学会以洞见方式把握在意识
158 范围内所与者的人，在谈到前面引述的那类陈述时只会感到惊讶，如："人们不可能哪怕设想一下如何达到对直接体验的认识"；由此我们可以看到，内在本质分析对于近代心理学仍然是多么陌生，即使本质分析是唯一可能的确定那些概念的方法，而这些概念在一

① 当本书付印时我读到了刚出版的 Th. 奇恩所著《以心理生理学和物理学为基础的知识论》一书中一段颇有特色的论述："那个可疑的所谓直观或明证……它有两个主要性质：首先各哲学家或各哲学流派对其有不同理解；其次，它特别容易出现在作者提出一种极其可疑的理论之时。于是我们应当通过虚夸使自己免除怀疑。"如这段文字所指出的，这一批评有关于在《逻辑研究》中论述过的"普遍对象"或"本质"。和有关于本质直观的理论。这样，奇恩接着说："为了区别这些超经验的概念和大量普通的日常概念，人们甚至常常除此以外赋予它们一种特殊的普遍性，一种绝对精确性，如此等等。我认为所有这一切都出于人类的自以为是。"（同上书，第 413 页）对于这种知识论来说同样富有特色的是在第 441 页上的这段话，它与对自我的直观把握（但按作者的意思，它具有一种十分普遍的有效性）有关："对于这样一种最初的直观，我只能设想一个实际的证明：一切有感觉的和有思想的个人在目击此直观时的一致性。"——此外当然不能否认，在诉诸"直观"时往往会做得失当。唯一的问题是，在一种所谓的直观中出现的失当情况能否在现实的直观以外的场合被发现。甚至在经验领域中，诉诸经验时也会常常失当，而且很难接受的是，如果因此人们就把经验一般说成是"虚夸"和使其"证据"依赖于"一切有感觉的和有思想的个人在目击这类'经验'时的一致性的话"。关于这个问题，请参见本书第一编第二章。

切内在心理学描述中必须起到决定因素的作用[①][②]。

在现象学和心理学之间的紧密关联，在这里讨论的反思问题中可以特别领会到。与各种体验有关的每一种本质描述，都表达着对于可能的经验存在物的无条件有效的规范。特别是，这当然也与一切这类体验有关，这些体验本身对于心理学方法具有一种构成性作用，正如它对一切样式的内部体验都适用一样。因此现象学是心理学方法论基本问题的“上诉法院”。心理学必须承认，159
而且如果需要的话必须接受现象学的一般论断为其一切其他方法可能性的条件。与此相冲突的东西刻画着**一种基本的心理学悖谬**，其情形正如在物理学领域中与几何学和一般自然本体论中的真理相矛盾的东西刻画了**基本的自然科学悖谬**一样。

因此这样一种基本的悖谬性表示在这样的期望里，即通过实验心理学中的**心理学归纳法**去克服对自我观察可能性所抱有的怀疑主义的疑虑。这同样类似于物理自然认识领域中的情况，在那里人们想通过实验物理学去克服对如下事物的类似怀疑，即归根结底每一外在知觉是否不都是欺骗的（因为单个来看，每一知觉的确可能是欺骗的），而实验物理学实际上在每一步骤上都假定着外

① 参见我在《逻格斯》第一卷（1910/1911）中的论文，第 302—322 页。

② A. 美塞尔和 J. 柯亨的两篇文章（载于《哲学年鉴》第一卷，由 F. 柯勒尔编辑）我在本书付印时才看到，它们再次表明，即使重要的研究者也极难使自己摆脱流行偏见的束缚；而且虽然同情于现象学的努力，却极难领悟作为一种“**本质理论**”的现象学的特性。他们两人，而且尤其是美塞尔（甚至在他早先于《德国心理学学会文库》第十二卷中的批评论述中）误解了我的论述的**意思**，竟至于他们将其作为我的理论加以反对的理论，**根本不是我的**理论。我希望本书中的详细说明将不致使这类误解再次发生。

在知觉的合法性。

此外，这里的普遍论述将通过一切进一步的分析，特别是通过阐述反思的直观洞见的范围而增加效力。这里所谈的在现象学（或在暂时尚未与现象学区分开来的和无论如何与其紧密联系在一起的本质心理学）和经验科学心理学之间的关系，以及各种相关的深刻的问题，将在本书第二卷中加以阐发。我肯定，在不太远的将来人们将会共同相信，现象学（或本质心理学）将是相关于经验心理学的方法论上的基本科学，其意义正如实质性的数学学科（如几何学和运动学）是物理学的基础一样[323]。

对“可能性”的认识必定在对现实性的认识之前的旧本体论学说，在我看来是一个重要真理，只要我们正确地理解它并以正确方式运用它[324]。

§80　体验与纯粹自我的关系[325]

在先验纯化体验领域的普遍本质特殊性中，真正具有首要地
160 位的是每一体验与“纯粹”自我的关系。每一“我思”，在特定意义上的每一行为都具有自我行为的特征，它“从自我发生”，自我在行为中“实显地生存着”。对此我们已经谈过，现在再简短地回顾一下前面讲述过的东西。

在观察时我知觉着某物，我往往以同样方式“关注于”记忆中的某物；在进行准观察时，我在虚构的想象中追随想象世界中发生的事情。或者我反思，我得出结论；我取消一个判断，或许一般地“中止”做出判断，我高兴或不高兴，欢喜或悲伤，我愿望，或者我意欲和行动。在所有这些行为中，我都实显地在那儿。在反思中我

将自己领悟为人。

但当我实行现象学悬置时，如在自然设定中的整个世界一样，“我，这个人”也经受了排除；留下的是具有其自己本质的纯行为体验。然而我也看到，对这个人的体验的统握，撇开对现实存在的设定不谈，引入了种种不一定存在的事物，而且看到；另一方面没有一种排除作用可取消我思和消除行为的“纯粹”主体：“指向于”，“关注于”，“对……采取态度”，“受苦于”，本质上必然包含着：它正是一种“发自自我”，或在反方向上，“朝向自我”的东西——而且这个自我是纯粹的自我，没有任何还原可对其施加影响。

先前我们谈过“我思”这个特殊类型的体验。形成自我实显性普遍环境的其他体验当然欠缺我们刚刚谈过的那种独特的自我相关性(Ichbezogenheit)。然而它们也参与纯粹自我，纯粹自我也参与它们。它们作为“它的”而“属于”纯粹自我，它们是它的意识背景，它的自由领域。

然而在与“它的”一切体验的这种特殊联结中，体验的自我不是某种可被看作自为的，并可被当作一种研究本身的对象的东西。除了其“关系方式”或“行为方式”以外，自我完全不具有本质成分，不具有可说明的内容，不可能从自在和自为方面加以描述：它是纯粹自我，仅只如此[326]。

因此，正是在这类特殊的方式方面仍然有进行多种重要描述的理由，体验的自我即在这些方式中存于所谈的种种体验或体验样式中。因此在体验本身和体验行为的纯粹自我之间永远有区别——尽管彼此必然有联系。同样，在体验方式的纯主观因素和 161

其余的所谓从自我离开的体验内容之间永远有区别。结果，在体验范围的本质中存有一种确定的、极其重要的两面性，对此我们也可以说，在体验中应当区别主体方向的侧面和客体方向的侧面：一定不要把这一表达方式理解作似乎我们在教导说，体验的"客体"是在该体验中类似于纯粹自我的某种东西。然而这种表达方式仍然是正当的。而且我们立即补充说，对此两面性，至少在重要的阶段上对应着一种研究分界（虽然不是一种实际的划分），其中的一个部分是朝向着纯粹主体的；另一个部分朝向着为主体而"构成"对象的东西。我们将充分论述体验（或纯粹的、体验的自我）与客体的"意向关系"，并论述属于该关系的各种体验成分和"意向相关物"。但是这一切均可在全面研究中分析地或综合地加以探讨和描述，而无须更为深入地涉及纯粹自我及其参与方式。当然人们往往必须涉及纯粹自我，因为纯粹自我是某种在此必然参与体验的东西[327]。

在本编中我打算进一步考察的思维活动，首先是针对客体方向一侧的，这是当我们从自然态度出发时首先呈现出来的。在本编的引导性诸节中所指出的问题已经涉及这个客体方向的侧面了。

§81　现象学时间和时间意识

作为一切体验之普遍特性的现象学时间，应当予以专门讨论。

我们应当注意观察现象学时间和"客观的"即宇宙的时间之间的区别，前者是在一个体验流内的（一个纯粹自我内的）一切体验的统一化形式[328]。

意识由于现象学还原不仅失去了与物质现实及其(尽管是间 162
接的)空间体现的统觉“联系”[329](这当然是一个隐喻),而且也失去了它在宇宙时间秩序中的地位。那样一种本质上属于体验本身的时间,以及它的现在、在前和在后的、通过它们具有确定样式的同时性和相续性等等的所与性样式,既未被也不应被太阳的任何位置,钟表或任何物理手段所度量。

宇宙时间与现象学时间的关系在某方面类似于属于某具体感性内容(或许是在视觉材料领域内的视觉内容)之内在本质的“延展”与客观空间的“广延”的关系,后者即显现的和在此感觉材料[330]中从视觉上“侧显”的物理客体的“广延”。正如使一种感觉因素,或颜色或“广延”,与通过它们侧显的物质因素,如物体颜色和物体广延,列入同一本质属是悖谬的一样;对于现象学时间和世界的时间二者之间的关系也是如此。超验性时间可通过在体验和其成分中的显现方式呈现;但在此正如在其他地方一样,假定在呈现与被呈现者之间有隐喻的类似性,这必然是无意义的,这种类似性实际上假定了本质的单一性。

此外不应说(例如)宇宙时间在现象学时间中借以呈现的方式,正是相同于世界的其他实质的本质因素借以在现象学上呈现的方式。当然,物体颜色和其他感觉性质(在相应于诸感觉场的感觉材料内)的显现是本质上不同类的;而且,在感觉材料内的诸广延形式中,物体空间形态的侧显也是不同类的。但是在上述诸方面之间处处都有共同性。

况且,如稍后的研究中将指出的,时间是一组完全被界定的问题范围的名称,而且这些问题都是极其困难的。我们将指出,我们

先前的论述在某种程度上对一整片领域保持着和必定保持着沉默，以免混淆了首先只在现象学态度中看到的东西和这个尽管是
163 一个新的方面却构成了一个自足研究领域的东西[331]。我们通过还原产生的先验"绝对"实际上并非是最终物；它是在某种深刻的和完全独特的意义上被构成的东西，而且它在一种最终的和真正的绝对中有其根源。

幸而我们在预备分析中不考虑时间意识之谜①，亦可不致有损其严格性。我们在以下论述中只稍稍触及到时间意识问题：

时间性一词所表示的一般体验的这个本质特性，不仅指普遍属于每一单一体验的东西，而且也是**把体验与体验结合在一起的一种必然形式**。每一现实的体验（我们根据一种体验现实的明晰直观进行这一明证）都必然是一种持续的体验；而且它随此绵延存于一种无限的绵延连续体中——一种**被充实**的连续体中。它必然有一个全面的、被无限充实的时间边缘域。同时这就是说，它属于**一个**无限的"**体验流**"。每一单一的体验，如喜悦体验，均可开始和结束，因此界定了其绵延。但是体验流不可能有开始和结束。每一作为时间性存在的体验都是其纯粹自我的体验[332]。它必然有如下的可能性（如我们所知，它不是空的逻辑可能性），即自我使其纯粹自我目光指向此体验，并将体验把握为在现象学时间中现实存在的或延存的东西。

但这一情境的本质也具有如下的可能性，即自我使其目光指

① 作者对于解决这个问题长期以来所做的徒劳努力，于 1905 年获得一本质方面的结论，其结果宣读于哥廷根大学的几次讲演中。

向时间性的所与性方式，并明证地知道(如我们大家通过重新体验在直观中所描述的东西实际上获得的这种明证)不可能有延存的体验，除非它被构成[333]于一个作为过程或绵延统一物的诸所与性样式的连续流之中；此外，它明证地知道，这种时间性体验的所与性方式本身又是一种体验，虽然是体验的一种新的类型和新的方面。例如，我首先在纯粹目光中可具有快乐本身，它有始有终并在 164
一段期间持存着。我随其诸时间位相而活动。然而我也可以注意其所与性样式：我注意某特定的"现在"的方式，并注意到一个新的和连续更新的"现在"紧接在这个现在之后，并本质上紧接在必然连续流中的每一"现在"之后；同时也注意到，与其相统一的每一实显的现在都变为一个当下(Soeben)，这个当下又接着连续地变为一此当下的一个永远更新中的当下，如此等等。对于每个新的被联结的现在来说都是如此。

实显的现在必然是和始终是某种即时性因素，一种不断更新的质料的持存着的形式。"当下"的连续性，它是一种永远更新的内容的形式连续性。同时这意味着：对快乐的这个绵延的体验是"以意识特有的方式"在一恒定形式的意识连续体中被给与的；一种作为印象[334]的时间位相相当于持存连续体的限界位相(Grenzphase)，然而诸持存不在同一层次上，而是在连续中和意向关系中[335]彼此相关着——，它是不同诸持存间的连续综合体。这种形式永远包含着新的内容，因此连续地"联结于"每一现在体验(Erlebnis—Jetzt)在其中被给与的印象中，这是一个对应于连续的新绵延点的新印象；这个印象连续地变为持存；后者连续地变为一种被变样的持存，如此等等。

除此之外还须补充说一下这种连续变化的反方向：在前是与在后对应着的；持存的连续体是与预存的连续体对应着的。

§82　继续。三重体验边缘域，同时作为体验反思的边缘域[336]

但是在这方面我们还有更多的认识。每一现在体验，即使它也是一个新出现的体验的开始位相(Ansatzphase)，必然有其在前边缘域(Horizont des Vorhin)。但它在本质上不能是一个空的在前，一个无内容的空形式，一种无意义可言的东西。它必然具有一个已过去的现在的意义，后者在此形式中包含着一种过去的东西，一种过去的体验。每一种新开始的体验都必然有时间上在前的体验，体验的过去性是连续被充实的[337]。然而每一现在体验也具有
165 其必然的在后边缘域(Horizont des Nachher)，而且它也不是一空的边缘域；每一现在体验，即使是一正在终止的体验绵延的终止位相，必然变为一新的现在，而且它必然是一被充实的现在。

在这个问题上人们也可以说：关于刚刚过去的意识必然联结于现在的意识，这个刚过去的意识本身又是一个现在。没有任何体验在终止时却不意识到中止行为和过去了的中止行为，而这个意识是一个新的被充实的现在。体验流是一无限统一体，而体验流形式(Stromform)是一个必然包含着一个纯粹自我的一切体验的形式——它具有多重形式系统。

我们将把对这些洞见的更准确阐释和它们的重要形而上学结论的证明留待我们在已宣布过的未来论述中来完成[338]。

刚刚讨论的体验的普遍特性，作为反思的(内在的)知觉所与

物，是一种更为广泛的特性的组成部分，这种特性表述于如下这种本质法则中，即每一体验不只是按时间相续性观点而且也按同时性观点存于一种本质上封闭的体验联结体中。这意味着，每一现在体验都具有一个体验边缘域，它也具有同样的“现在”原初性形式，并这样构成了纯粹自我的一个原初性边缘域，即它的完全原初性的现在意识[339]。

这种边缘域以一种统一方式进入了过去样式。每一个作为被变样的现在的在前，对每一它是其在前的被把握的体验来说，都包含着一个无限的边缘域，后者包括着属于同一被变样的现在的一切内容，简单说，它包含着其“曾同时存在者”的边缘域。因此前不久提出的描述应补充以新的方面，而且只有当这样做了之后，我们才获有纯粹自我的现象学时间的整个领域——自我可以从“其”任何一个体验出发，按在前、在后和同时这三个维度来穿越这一领域；或者换句话说，我们有整个的、本质上统一的和严格封闭的体验时间统一流[340]。

一个纯粹自我——一个在全部三维上被充实的，在此充实中本质上相联结的和在其内容连续体中进行的体验流：它们是必然的相关物[341]。

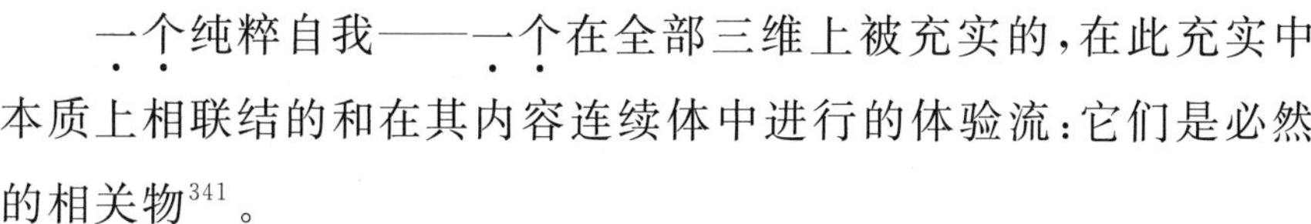

§83　作为“观念”的体验流的把握[342] 166

以下所述内容通过本质法则与这个意识的原形式(Urform)相关联。

当纯粹自我的目光通过反思，尤其通过知觉地把握达到任何体验时，在此关联域范围内就存在着使该目光转向其他体验的先天可能性。但是这整个关联域本质上不会由一单一的纯粹目光给与或能被给与。尽管如此，它也可在某一个虽然是本质上不同的方式中被直观把握，即在内在直观的无限进程方式中被直观把握，这一进程从被确定的体验通向其体验边缘域中的诸新体验，从新体验的确定化通向新体验边缘域的确定化，如此等等。然而体验边缘域一词在此并不只意味着按其上述诸维度存在的现象学时间性边缘域，而且也意味着新类型的所与性诸样式的区别。因此一个成为了某一自我目光对象的，因而具有注视对象的样式的体验，具有其未被注视的体验的边缘域；在"注意性"样式中而且或许在渐增的明晰性中被把握者，具有一个非注意性边缘域作为背景，这个非注意性具有相对差异的明晰性和晦暗性以及突出性与未突出性。植根于其中的诸本质可能性即为：使未被注视者成为纯目光的对象，使模糊地被注意者成为主要的被注意者，使未被突出者成为突出者，使晦暗者成为明晰者和更加明晰者。[①]

我曾说过，在从一个把握到另一个把握的连续进程中我们现在以某种方式也把握住了作为统一体的体验流。我们并未将其作为一个单个体验来把握，而是以一种康德意义上的观念的方式来把握。它不是某种被偶然假定着或肯定着的东西；它是一种绝对无疑的所与物——就所与物一词的相应广义来讲。这种无疑性虽然也以直观为基础，但它具有的根源完全不同于体验存在的根源，后者是在内在知觉中达到纯粹给与性的。正是由于这种看到一种

① 因此在这里"边缘域"与边码第 62 页 §35 中的"光晕"(Hof)和"背景"(Hintergrund)等词意义类似。

康德"观念"的、或许并不因此而失去其洞见性的观念作用之特殊
性[343]，它的内容的、在此即体验流的充分规定是不可达到的。同时 167
我们看到，一系列可区别的所与性样式属于体验流和其组成部分，普遍现象学的一个主要任务应当是发展有关它的系统研究。

根据我们的考察，我们也可得出如下本质上正当的和明证的陈述，即没有任何具体的体验可被看作是在完全意义上自足的体验。每一体验在一个按其种类和形式来说并非任意的，而是被规定的关联体中都"需要补充"。

例如，我们观察任何一个外在的知觉时，假定这是一个在具体充实性中被规定的房屋知觉，于是作为一种必要的规定部分的体验环境属于此知觉；然而它当然是一种特殊的、必然的、仍然"在本质之外的"规定部分，即那样一种规定部分，其变化毫不改变该体验固有的本质内容。因此知觉本身按环境规定性的改变而改变，而知觉属的最低种差，它的内在特性可被设想为同一的。

本质上情况不可能是，两个在此特性中本质上同一的知觉，在环境的规定性方面也是同一的，否则的话个别而言它们就是一个知觉了。

无论如何我们可以在两个知觉，因此在属于一个体验流的两个一般体验方面获得洞见。每一体验都影响其他体验的（明亮的或晦暗的）光晕。

此外，更详细的考察会表明，同一本质内容的两个体验流（两个纯粹自我的意识领域）是不可想象的，正如从前面的论述中可以理解的，没有任何一个主体的完全被规定的体验可属于另一主体；只有同一内在特性的体验才可为二者所共有（虽然不是在个体上

同一的共有），但是绝没有两个体验另外还具有绝对相似的“光晕”。

§84 作为现象学首要主题的意向性[344]

168 我们现在来谈体验的一个特性——意向性，人们可以马上将其称作“客体”方向现象学的一般主题。意向性是一般体验领域的一个本质特性，因为一切体验在某种方式上均参与它，尽管我们不能在同一意义上说，每一体验具有意向性，就如我们可能（例如）就每一作为客体进入可能的反思目光的体验——即使它是一个抽象的体验因素——说它具有时间性的因素一样。意向性是在严格意义上说明意识特性的东西，而且同时也有理由把整个体验流称作意识流和一个意识统一体。

在本书第二编有关一般意识的预备性本质分析（当时尚处于进入现象学门坎之前的阶段，而且尤其是目的在于通过还原法来达到它）里，我们已经必须完成一系列与一般意向性，并与“行为”、“我思思维”的特性有关的最普遍规定性①。我们继续使用了这些规定性，即使最初的分析还未在现象学还原的明确规范下进行。因为它们与体验的纯固有本质有关，因此不可能通过排除心理学统觉和存在设定来讨论。因为现在的问题在于，把意向性作为无处不在的包括全部现象学结构的名称来探讨，而且在于概述本质上与这些结构有关的一系列问题（在其于一般导论中可能论述的范围内），为此我们将扼要重述先前论述过的内容，但以一种我们

① 参见前面§36—§38，边码第64—69页。

目前在本质上方向不同的目标所要求的形式。

我们把意向性理解作一个体验的特性，即“作为对某物的意识”。我们首先在明确的我思中遇到这个令人惊异的特性，一切理性理论的(vernunfttheoretischen)和形而上学的谜团都归因于此特性：一个知觉是对某物的、比如说对一个物体的知觉；一个判断是对某事态的判断；一个评价是对某一价值事态的评价；一个愿望是对某一愿望事态的愿望，如此等等。行为动作(Handeln)与行为(Handlung)有关，做事(Tun)与举动(Tat)有关，爱与被爱者有关，高兴与令人高兴之物有关，如此等等。在每一活动的我思中， 169
一种从纯粹自我放射出的目光指向该意识相关物的“对象”，指向物体，指向事态等等，而且实行着极其不同的对它的意识。然而现在现象学反思告诉我们，不可能在任一体验中发现这种表象的、思索的、评价的……自我朝向，这种对相关对象的实显性参与，这种对它的指向(或者甚至从其离开，但仍将目光指向它)，即使如此，体验仍能包含着意向性关系。例如因此显然，对象的背景，在思维中被知觉的对象，是由于特殊的自我朝向而从此背景中被突出的。这就是说，虽然我们现在朝向“我思”样式中的那个纯粹对象，但各种对象都在“显现”，它们是直观地“被意识的”，都被汇入一个被意识的对象场的直观统一体中。它是一种潜在的知觉场，其意义是，一个特殊的知觉(一个知觉着的我思)可朝向如此显现的每一物；但不是在这样的意义上，好像在体验中出现的感觉侧显，例如视觉侧显和在视觉场统一体中展开的侧显，欠缺任何对象的把握，而且只是由于目光朝向对象，直观显现一般来说才被构成。

此外，对实显性背景中的那些体验也属于这种情况，如喜悦、

判断、愿望等的“起动”(Regungen)都在背景距离的不同远近上，或也可以说，在与自我的不同远近距离上，因为在各个我思行为中现存的实显的纯粹自我乃是参照点。一次喜悦，一次愿望，一次判断等等可在特殊意义上“被实行”，即被“当下参与”此实行的自我所实行(或者如在悲伤的“实行”中那样，实显地“受苦着”)；但是这类意识方式已能被“起动”，已能出现于“背景”前而不这样“被实行”。就它们固有的本质而言，这些非实显样式同样已经是“对某物的意识”。[345]结果我们未在意向性本质中纳入我思、“朝向……的目光”或(仍须以种种方式去理解并以现象学方法来研究的)自我
170 朝向等等的特性；①更确切说我们把这些我思特性看作我们称为意向性的此普遍特性的某种特殊样态。

关于术语

在《逻辑研究》中正是这一普遍特性被称作“行为特性”，而具有这个特性的每一具体体验被称作“行为”。这个行为概念所经常遭受到的误解使我决定(在本书中以及在若干年来的多次讲演中)多少更慎重地去界定术语，并不再毫无保留地把行为和意向体验当作彼此相当的词来使用了。结果表明，我最早使用的行为概念是绝对必不可少的，但是必须不断考虑到在被实行的和未被实行的行为之间的样式差别。

当我们不加以补充而只谈行为时，就是单指真正的、所谓实显

① 参见前面§37，边码第65页以下。

的、被实行的行为。

再者，我们必须完全一般性地指明，在现象学的开始阶段一切概念和术语都必须在某种方式上维持其可变性，永远要准备随着意识分析的发展和新的现象学层次认识的进程，在最初未被区分的统一体中出现的东西内去进行区分。一切选择的术语都有彼此联系的倾向；它们都关涉到关系的方向，因此似乎往往可以看到，它们并不只在**一个**本质层次上有其来源；结果，最好是限定，甚至改变术语。因此我们只能指望在一门科学发展的很高阶段上来获得确定的术语。使人误入歧途和根本荒谬的做法是，将术语逻辑的外在的和形式的准则应用于正在形成中的科学说明，并要求获得那样一种术语，借助它们可以确定重要科学发展的最终结果。在开始时，任何词语都适用，尤其是那些能引导我们的目光朝向可被明晰把握的现象学过程的、任何适当选择的比喻性词语。明晰性并不排除某种非确定性光晕。后者的进一步确定或阐明正是下一阶段的任务，正如另一方面，通过比较或通过改变关联域而进行的内在分析一样：分解为诸组成成分或层次。那些不满足于直观 171
证明的人，像在"精确"科学中那样去要求"定义"，或者那样一些人，他们相信自己可以借助于通过一些粗糙的例示分析获得的所谓确定的现象学概念，轻易地在一种非直观的科学思想中前进，并可因此促进现象学研究，但是所有这些人还只是这样一类新手，他们甚至尚未把握住现象学的本质及其本质上所要求的方法。

以上所述也同样适用于经验方向上的心理学现象学，后者可被理解为那种与内在性本质相联系的心理学现象描述研究。

在其不确定范围内被理解的意向性概念，如我们所理解的那样，是一个对于现象学开端来说完全不可缺少的起始的和基本的概念。它所表示的普遍性，在更精确的研究到来之前，可能会一直这样显得模糊不清；它或许会进入极其多种多样的本质上不同的构成中；可能会总是如此难于通过严格的和明晰的分析来叙述意向性的纯粹本质所真正构成的东西，诸具体构成中的哪些成分真正在自身中包含了它，而哪些其他构成成分又必然外在于它——无论如何，当我们把体验认作是意向性的，并把它们说成是对某物的意识时，就是在从一个确定的和极其重要的观点来观察体验。另外，对我们来说，这类断言是有关于具体体验还是有关于抽象的体验层次的，都无关紧要：因为它们也可显示上述的那种独特性。

§85 感性的 hyle（质素），意向性的 morphe（形态）[346]

我们前面（在把体验流刻画为一种意识的统一体时）已经指出，意向性，除了它的令人困惑的形式和层级以外，也像是一种普遍性中介物（Medium），它最终在自身内包含着一切体验，甚至那些本身不被刻画为意向性的体验。但是在我们在进一步研究之前一直自限于其中的考察层级上，必须区分本质上不同的两件事；这个层级不下降到组成一切体验时间性的最终意识的晦暗深处，而是把体验看作内在反思中呈现的统一时间过程。这两件事就是：

172 1. 在《逻辑研究》中称作“初级内容”的一切体验。①

---

① 《逻辑研究》第二卷，“第六研究”，§58，第652页；此外，初级内容概念在我的《算术哲学》（1891年）中第72页以下已出现过了。

2.带有意向性特性的体验或体验因素。

某些“感性的”体验属于第一类，它们在最高属上是统一的，如颜色感觉材料，触觉材料和声音材料这类“感觉内容”，我们将不再把它们与物的显现因素混同，如颜色性，粗糙性等等，它们借助于那些“内容”“呈现于”体验中。同样，感性的快乐感，痛苦感，痒感等等，当然还有“冲动”范围内的感性因素。我们把这些具体的体验材料看作在包容更广的具体体验中的组成成分，后一种体验整个来说是意向性的；于是我们看到在那些感性因素之上有一个似乎是“活跃化的”、**给与意义的**(或本质上涉及一种意义给与行为的)层次[347]，具体的意向体验通过此层次从本身不具有任何意向性的感性材料中产生。

我们现在不可能决定，这些在体验流中的感性体验是否处处必然具有某种“活跃化的统握”(再加上这种统握反过来所要求的和能形成的一切特性)，我们也可以说，它们是否永远具有**意向功能**。另一方面，我们首先同样使其不被决定，如果本质上构成意向性的特征能够有具体化特性而又无需感性基础的话。

无论如何，**感性的质素**和**直观的形态**之间的这种突出的二元性和统一性，在整个现象学领域内(“在整个”，意思是在永远应保持的被构成的时间性层级内)[348]都起着支配作用。事实上，关于质素和形态的这些概念将直接自动地在我们面前呈现，如果我们向自己再现任何明晰的直观或明晰实现的评价、欢喜行为、意愿等等的话。直观的体验通过意义给与行为(在极广的意义上)而成为统一体。感性材料呈现为属于不同层级的意向形成或意义给与的质料，呈现为简单形成物和有特殊根基的形成物的质料。我们将更 173

详细地再论述这个问题。另一方面我们将用关于“相关物”学说来证实这些说法的充分适当性。至于上面展现的这两种未定的可能性，因而应当被称作无形式的质料和无质料的形式。

下面再补谈一些术语的问题。初级内容一词在我们看来不再充分显示其特征了。另一方面，感性体验一词不可能用作与其同一的概念，因为它与感性知觉、一般感性直观、感性快乐等词相互抵触，这些词语刻画着感性的直观体验，而非单纯感性质料的体验；“单纯的”或“纯粹的”感性体验用语由于其新的歧义性显然也无济于事。此外，“感性的”一词还包含特有的歧义性，这种歧义性在现象学还原之后留存了下来。除了出现于“意义给与的”和“感性的”两词之间对立中的、偶尔使人困惑而几乎不能避免的这种双重意义外，下述情况亦应一提：在较狭的意义上的感性表示由在正常外知觉中以“意义”为中介的东西的现象学剩余。在还原之后显示出了在外直观的诸有关的“感性”材料间的本质类似性，而且与此相对应的是一种特殊的属本质，或者说是现象学的一个基本概念。然而在较广的和本质上一致的意义上，感性也包含着感性感觉和冲动，它们具有自己的属统一性，而另一方面无疑也有与前述狭义的感性的一般本质类似性——所有这一切，但除了由质素的功能概念另外表示的那种共同性。这两种理由共同迫使最早的狭义的感性一词转到情绪和意志领域中去，即转到那样一种意向体验中去，在其中属于所指领域的感性材料呈现为起功能性作用的“质料”。因此无论如何我们需要一个新的词，它通过功能的统一性和与构成性特征的对比来表达这个类全体；为此我们选择质素的(hyletische)或质料的(stoffliche)材料，甚至简单地说质料

(Stoffe)。当不得不记起旧的、按其性质说不可避免的词语时,我们将说**感官的**(sensuelle),甚至**感性的**(sinnliche)**质料**。

使质料形成为意向体验和引出意向性特性的东西,正是赋予 174
意识一词以特定意义的东西;因此,意识本身指向某种它为其意识的东西。因为现在关于意识因素(Bewusstseinsmomenten),意识(Bewusstsein)和一切类似的构成语,以及同样地关于意向因素的词语,都因以后将明确显示出来的多重的歧义性而变得完全无法应用。现在我们引出了**意向作用因素**(noetischer Moment)一词或简称为**意向作用**(Noese)一词。这些意向作用构成了在其最广意义上的努斯(Nus)一词所特有的因素;努斯按照它所有的一切实显的生活形式使我们返回**我思思维**,然后返回一般意向体验,并因此包含着作为**规范观念本质前提**的一切东西(而且本质上只包含它们)。同时,并非不可取的是,努斯一词使人想起它的特殊含义,即正好想起"意义"(Sinn),虽然在意向作用因素中被实现的"意义给与"包含着各种各样的内容,而只是作为其基础的"意义给与"内容才涉及严格的意义概念。

人们似乎有正当的理由把体验的意向作用一侧称作**心理**侧。这是因为哲学心理学家乐于通过 ψυχη(灵魂)和心的东西等词语关注意向性一词所引入的东西,而他们把感性因素归属于身体和其感官活动特性。这种陈旧的倾向在布伦塔诺区分"心理现象"和"物理现象"时获得了最新表现。这一情况特别重要,因为这种区分开阔了现象学发展之路——虽然布伦塔诺本人仍然还远离现象学的基础,而且虽然他并未依据这种区分获得他真正在追求的东西:即物理自然科学的经验领域与心理学经验领域的区分。在这里我们特别关心的只是下面的情况：布伦塔诺的确还未发现质料因素概念——而这是因为他未考虑作为质料因素（感觉材料）的“物理现象”和作为出现在对前者的意向作用把握中的对象因素（物体颜色，物体形态等等）的“物理现象”——；另一方面他却在其
175 若干限制性因素之一中借助意向性特性刻画了“心理现象”概念。正因如此，他在特殊意义上把“心理事物”一词带入我们时代的视野，此特殊意义在该词的传统解释中虽然受到过一定的注意，却从未被特别强调过。[349]

但是反对把心理事物一词用作意向性同义词的原因在于，毫无疑问，以同样方式把同一个词“心的东西”用在意向性意义上和心理学的（因而即心理学特殊对象的）意义上，这是不适当的。另外，对于这后一种心的东西的概念我们也遇到了令人不愉快的歧义性，其根源在于人们对一门“无灵魂的心理学”的熟知倾向。与此倾向相联系的是这一事实，人们宁肯借助心的——尤其是与相应的“心理性向”对立的实显地心的——名字，在经验上假定的体验流统一性中考虑体验。但现在不可避免的是，应把这个心的东西的实在持有者，这个有生命物或其“灵魂”，以及把它们的精神的和实在的特性，既表示为心的事物又表示为心理学的对象。我们似乎觉得，“无灵魂的心理学”把对某种含混不清的灵魂形而上学意义上的灵魂实体的排除，与对一般灵魂的排除混为一谈了，后者即在经验世界中实际所与的、其状态（Zustände）即为体验的那种心的实在。[350]这个实在绝不只是与身体不可分并以某种方式被经验世界支配的那种体验流，而性向概念仅只是经验支配性的单纯标志。然而歧义的存在，以及首先是心的事物这个支配性概念与

特定意向性事物无关的事实，使心的事物这个词对我们来说不适用了。

因此我们坚持用意向作用的(noetish)一词，并且说：

现象学的存在流具有一个质料层和一个意向作用层。

与质料(Stoffliche)特别有关的现象学考察和分析可被称作质素(hyletisch)现象学的考察和分析，正如另一方面那些与意向作用因素有关的考察和分析可被称作意向作用现象学的考察和分析一样。在意向作用一侧我们可以看到远远更为重要的和更为丰富的分析。

§86　功能问题[351] 176

然而一切问题中最重要的是功能的问题，或“意识对象构成”的问题。这些问题与意向作用的这样一种方式有关，按此方式意向作用在与(例如)自然有关的方面，通过使质料活跃化和使自身与多重统一连续体及综合体相结合，以此来产生对某事物的意识，即客体的客观统一性使它们能在复合体中一致地“呈现”、“显明”和“理性地”被规定。[352]

在这种意义上讲“功能”(在与数学上的函数截然不同的意义上)是某种基于意向作用的、纯本质上的全然独特的东西。意识正是“关于”某物的意识；其本质正在于自身中隐含着作为(可以说)“灵魂”、“精神”、“理性”之要素的“意义”。意识不是一种有关“心的复合物”、被凝聚的“诸内容”、“感觉束”或“感觉”流的名称，这些东西本身无意义，它们也不能在任何一类混合体中产生“意义”，反之，意识完完全全就只是“意识”，它是一切理性和非理性、一切合法性和非法性、一切现实和虚构、一切价值和非价值、一切行动和非行动(Untat)等等的来源,彻头彻尾地就是"意识"。因此意识完全不同于感觉主义本身想去理解的那种东西,不同于实际上自身无意义的、非理性的——但当然可被合理化的——质料。关于合理化的含义,我们很快就会更清楚地理解。

功能观点是现象学的中心观点,由其产生的诸研究几乎包含着整个现象学范围,而且最终一切现象学分析都以某种方式为它服务,作为其组成部分或基层结构。[353]我们不再进行仅限于在单一体验上的分析和比较、描述和分类,而是从其能形成"综合统一体"的功能的"目的论"角度来考察单一意识。[354]这种考察将转向那样一种意识的复合体,它们在体验本身中、在其意义给与中、在其一般意向作用中,可以说,被预先规定着,[355]似乎是从意向作用中进行抽取的:因此例如在经验和经验思维的范围内,思考转向多种形式的意识连续体和诸意识体验的非连续的关联体,这些体验通过
177 意义关联体,通过对同一个有时这样显现、有时那样显现的、直观呈现的或在思维中被规定的对象的无所不包的统一意识,而彼此联结起来。这种考察企图探索某种东西如何是自我同一的,不是真实内在的任何一种统一体如何"被意识到","被意向着";十分不同的而本质上必需的结构的意识构成,如何属于被意向者的同一体,以及这些构成应如何在方法上被严格描述。再者,这种考察试图去探索,与"理性"和"非理性"这两个词对应的任何一种客观区域和范畴的对象统一体,如何能够和必须在意识中被"显明"和拔"拒绝",它如何能够和必须在思维意识的形式中被规定,更"准确地"被规定或以其他方式被规定,或被当作"无效"、"假象"而完全

予以摒弃。因此在这些通常的、令人困惑的名称下的一切区别都与上述方面有关，像“现实”和“假象”，真的“现实”和“虚假现实”，“真的”价值，“虚假价值和非价值”等等。我们将对它们进行现象学的说明。[356]

因此应当在最广泛的普遍性中探究任何区域和范畴的客体统一体如何“以意识特有的方式被构成”的问题。应当系统地指出，现实的和可能的对它们的意识——正作为本能的可能性——的一切联结体如何按其**本质**被预先规定：在意向上与它们相关的、简单的或有根基的直观，较低的和较高的思维构成，含混的或清晰的、表达的或非表达的、前科学的或科学的思维构成，直到严格的、理论科学的最高构成。应当在本质普遍性和现象学纯粹性中系统地研究和阐明各种基本种类的可能意识和本质上属于它们的诸变体、诸融合、诸综合。这些基本种类的意识如何按其**本身固有**的本质而规定着一切存在的可能性（以及存在的不可能性），一个存在的对象如何按照绝对固定的本质法则是被完全规定的本质内容的意识关联体，正如反过来说，这样一种关联体的存在相当于一存在的对象；以及关涉到一切存在区域和一切普遍性层级，直到存在的具体化层级。[357]

现象学在其“排除”每一种超验物的纯本质态度中，根据它的纯粹意识的固有基础，必然达到**在特定意义上的先验问题**的这一 178
整个范围，并因此配享**先验现象学**的名称。现象学根据它固有的基础必须达到这样一点，即不把体验，按照成分、复合结构、类和亚类，看作任何呆板的事实，如“内容复合体”，后者只存在着而不意味着任何东西，不意指着任何东西；而是应当掌握**本质上独特的**问

题系列，体验将这些问题呈现作，并纯按其本质呈现作意向的体验，呈现作“对……的意识”。

当然，纯粹质素学（Hyletik）从属于先验意识现象学。此外，它具有一门自足学科的特性，作为一门自足学科，它有本身的价值；但另一方面，从功能观点看，它由于如下事实而有意义，即它在意向性的织体（Gewebe）中提供可能的构架，提供意向构成的可能的质料。如果不仅考虑到困难，而且也考虑到相对于绝对认知观念的问题等级，它显然远在属于意向作用的和功能的现象学（而且二者严格说来是不能分开的）之下。358

我们将在以下几章中详细论述。

注　释

在“心的功能”这一短语中的功能一词，为斯图姆波夫在其为柏林科学院写的一篇重要论文中使用过①，用以和他称作“显现”的词对比。这一区别被当作心理学的区别，从而符合我们在“行为”和“初级内容”之间的（只在心理学中适用的）对比。应当注意，我们在论述中所说的这个词与这位杰出的研究者所使用的这个词有着完全不同的意义。阅读我们两人著作的粗心读者不止一次地混淆了斯图姆波夫的现象学（作为“显现”的学科）概念与我们的现象学概念。他的现象学或许符合上面规定作质素学的那种东西，

① C. 斯图姆波夫的“显现和心理功能”（第 4 页以下）和“论科学的划分”：两文均载于《1906 年普鲁士科学院论文选》。

只是我们的规定在其方法论意义上是由先验现象学的无所不包的框架所决定的。此外，另一方面，质素学的观念本身从现象学自然 179
过渡到本质现象学的基础，后者按我们的理解会包括斯图姆波夫的“现象学”。

第三章 意向作用和意向对象[359]

§87 预备说明[360]

意向性体验的独特性不难在其普遍性中显示出来；我们都理解“对某物的意识”这个词，特别是在我们任意列举的例示中。人们却相当难于对相应的现象学本质独特性给以纯粹的和正确的理解。这个名称涉及由极难达到的论断，尤其是本质论断所组成的广泛领域，这一情况甚至在今天也不为大多数哲学家和心理学家所了解（如果我们能按发表的文献来这样判断的话）。因为人们在说和洞见到诸如每一种表象行为与被表象者相关，每一种判断与被判断者相关时，并不等于获得了什么结果。或者此外人们提到具有各自大量明证性内容的逻辑学、知识论、伦理学，然后指出这些明证性内容属于意向性本质，这也无济于事。同时一种非常简单的办法是把现象学的本质学说当作某种非常古老的东西，当作古老逻辑学和那些或许与其并列的学科的新名称。由于未把握住先验态度的独特性以及实际上未掌握纯粹现象学基础，人们自然也可以使用现象学这个词，然而并未把握住问题的实质。此外让我们说，仅只改变态度，或仅只实行现象学还原以便从纯逻辑学中

引出某种类似于现象学的东西，这也是不够的。因为人们并不明确，逻辑的以及纯本体论的、纯伦理学的命题和人们可能引述的任何其他的先天命题，在什么程度上实际表达着某种现象学内容，以及这些各式各样命题又可能属于哪些现象学层次。相反，其中隐含着一些最困难的问题，其意义自然不为所有那些仍然未察觉到重要的基本区别的人所了解。实际上，这是（如果容许我根据个人
180 经验加以判断的话）一条漫长而充满荆棘的道路，它从纯逻辑洞见，从意义理论的、本体论的和意向作用的洞见，同样从通常规范的和心理学的知识论，达到对内在心理学的、然后是现象学的所与物真正意义的把握，并最后达到一切本质关联体，后者使此先验关系成为对我们来说先天地可理解的。不管我们可能从何处开始这条从对象洞见达到本质上属于它们的现象学洞见之路，情况都是类似的。[361]

因此，“对某物的意识”显然是充分自明的东西，同时又是极其难以理解的。最初的反思所进入的一些错误迷途，容易产生一种否定整个这些麻烦问题领域的怀疑态度。不少人已被阻塞住通往这条大道之路，因为他们不可能使自己把握意向的体验，例如知觉体验，以及知觉体验所固有的本质。他们生存于知觉中，观察被知觉物和将其理论化，而未努力将目光指向知觉行为，或指向被知觉物的所与性**方式**的独特性，并因此采取在内在本质分析中如实呈现的东西。如果人们获得了正确的态度并通过实践加以巩固，以及首先如果人们获得了勇气去彻底消除偏见，遵从明晰的本质所与物，免于受到当下一切习常理论之累，那就会直接产生坚实的结果，而且对于每一位具有同样态度的人来说，情况都是一样的；随

之而来的是增加了如下各种牢靠的可能性：向他人传达自己的所见，检验自己的描述，使未被注意的空洞言语意义的混入显露出来，通过直观检验而使人们知悉错误并将其根除——无论在这里还是在任何正当领域中错误都可能发生。不过，现在让我们来谈真正的问题吧。

§88　真实的和意向的体验成分。意向对象[362]

如果像在目前的一般思考中那样，我们从最普遍的区别开始，这些区别可以说在现象学的门坎上是可加以把握的，而且它们对于一切进一步的方法程序均有决定作用，那么在意向性方面我们 181
立即遇到一种最基本的区别，即在意向性体验的固有组成成分和其意向性相关物或其组成成分之间的区别。我们在第二编的预备性本质考察中已谈及这一区别。① 在从自然态度向现象学态度的过渡中，这一区别可有助于我们阐明现象学领域的独特存在。但是它在此领域本身内部，因此即在先验还原的范围内，曾获得了一种基本的意义，它规定了现象学的一系列问题：那时我们还不能对此加以讨论。因此一方面我们必须区别我们通过体验的真实的(reelle)分析所发现的那些部分和因素，以此来研究作为一种和其他对象一样的对象的体验，探讨它所固有的部分或构成着它的从属因素。但另一方面，意向的体验是对某物的意识，而且这是由于它的本质而如此，例如作为记忆、作为判断、作为意志等等的本质；而且我们因此可以问关于“对某物”(von etwas)这方面本质上可

① 参见§41，边码第73页以下。

以说些什么。

每一种意向性体验由于其意向作用的因素都正好是意向作用的;其本质正在于在自身内包含某种像“意义”或多重意义的东西,并依据此意义给与作用和与此一致地实行其他功能,这些功能正因此意义给与作用而成为“充满意义的”。这类意向作用因素是(例如),纯粹自我的目光指向针对着由于意义给与作用而被自我“意指的”对象,针对着对自我来说“内在于意义”的对象;还有,把握此对象,当目光转向在“意指过程”中出现的其他对象时紧握住它;同样的情况是有关说明、相关、包含、多重信念态度的采取、猜测、评价等等行为的功能。上述一切都在所谈的体验中看到,不论各个体验在结构上如何不同和在自身内部多么富于变化。现在,不论这一系列例示性因素在什么程度上关涉体验的真实组成成分,它们却也按照意义名称——关涉到非真实的组成成分。

在一切情况下,真实的意向作用内容的多样化的材料永远对应着这样的材料复合体,即它可在现实的纯粹直观中,在相关的
182 “意向对象内容”中,或简单说,在“意向对象”(Noema)中被显示,这些术语我们从此以后将经常使用。[363]

例如知觉有其意向对象,在最基层处即其知觉的意义,①[364]也就是被知觉物本身。同样,每一记忆活动有其被记忆物本身,后者有如为它所有一样,正如它在记忆行为中是“被意指的”、“被意识的”;另外,判断行为有被判断物本身,喜爱行为有被喜爱者本身,

① 参见《逻辑研究》第二卷,“第一研究”,§14,第50页上论“充实的意义”部分(此外“第六研究”中§55,第642页上论“知觉意义”部分);此外“第五研究”§20以下论行为的“质料”(Materie);同样,“第六研究”中§25—§29。

如此等等。对每一种情况来讲，在此被称作“意义”（在相当广义上）的意向对象相关物，**正**应被理解作它“内在地”[365]存于判断、喜爱等等的知觉体验中；即正如当我们**纯粹地探询这个体验本身**时由此体验向我们提供的东西。

我们通过进行一个例示性分析（我们将在纯粹直观中进行）就会澄清如何去理解这一切。

让我们假设说，我们在一座花园里喜悦地望着一株花朵盛开的苹果树，望着草坪上绿草茵茵。显然，这个知觉和相随而生的喜爱并不同时是被知觉者和被喜爱者。在自然的态度中，苹果树对我们来说是某种存在于超越的空间现实中的东西，而知觉及喜爱对我们来说是真实人所有的心理状态。在一种现实物和另一种现实物之间，在实在的人或实在的知觉和实在的苹果树之间，存在有实在关系。在某些情况下我们可以说，在这类体验情境中知觉是“纯幻觉”，被知觉者，即这株在我们面前的苹果树并不在“现实的”实在中存在。现在，先前以为是现实存在着的实在关系被毁灭了。剩留下来的只是知觉，但不存在它与其相关的现实的东西了。

现在再转过来谈现象学态度。超验世界含有其“括号”，我们在其现实存在方面实行着悬置作用。我们现在问，在知觉的意向作用的体验复合体中和在对喜爱的评价中，本质上能够发现的是
什么呢？在知觉和被知觉者之间的实在关系的现实存在，连同整 183
个物理的和心理的世界都被排除了；然而在知觉和被知觉者之间的（以及在喜爱和被喜爱者之间的）关系却显然存留了下来，这个关系在“纯内在性”中达到了本质所与性，即纯粹根据在现象学上

被还原了的知觉体验和喜爱体验，正如它们被置于先验的体验流中。正是这种纯粹现象学的状况现在成了我们的关心对象。现象学也有可能对于有关任何东西的幻觉、虚妄和一般知觉欺骗有所论述，甚至颇多论述：但显然它们在这里，在它们于自然态度中所起的作用里受到排除。在此就知觉而言，同时也就任何流动中的知觉关联体而言（如当我们顺便考察开花的果树时），不会提出究竟是否在“此”现实中有某种东西与其对应着的这类问题。这个设定的现实不会由于判断行为而对我们存在。但是可以说一切都照旧存在。甚至经现象学还原了的体验也是一种对“在此花园中的这株花朵盛开的苹果树”的知觉，同样，被还原的喜爱是对同一棵树的喜爱。这棵树丝毫未失去它在此知觉中出现时所具有的那些因素、性质和特性，由于这些因素、性质和特性它才“在”此喜爱“中”显得“可爱”、“有魅力”，等等。

在我们的现象学态度中，我们能够和必须提出这样的本质问题：被知觉物本身是什么，它在自身中包含着哪些作为此知觉意向对象（Wahrnehmungs-Noema）的本质因素？我们在纯粹涉及本质上的所与物时得到了回答，而且我们可以以完全地明证性来忠实地描述“显现者本身”。与此相同的另一种说法是：“从意向对象方面描述知觉。”

§89 意向对象的陈述和现实陈述。心理领域内的意向对象[366]

显然，所有这些描述性陈述，即使它们可能像是现实陈述，却都经受了彻底的意义变样；同样，被描述物本身，即使它呈现作“完

全相同的”东西，然而由于所谓记号的相反的变化，它仍是某种根 184
本不同的东西。“在”被还原的知觉中（在现象学上纯粹的体验中）我们发现，作为不可取消地属于其本质的被知觉物本身，可被表达为“物”、“植物”、“树”、“盛开的花”等等。显然，在这里**引号**是有含义的，因为它表达了记号的那种改变，表达了字词的相应彻底的意义变样。这个**树本身**，自然界的这个物，只不过是这个**被知觉的树本身**，后者作为知觉的意义，不可分离地属于此知觉。这个树本身可烧光，可分解为其化学成分，如此等等。但此意义——**此**知觉的意义，即必然属于其本质的某种东西——不可能烧光；它没有化学成分，没有力，没有实在的属性。

每一种以纯内在的和被还原的方式为体验所特有的东西，每一种像是自在者似的离开了它即无法想象的东西，以及每一种按本质态度看都正好变为艾多斯的东西，都与自然界和物理学中的一切，并同样与心理学中的一切隔着一条鸿沟——而且这个比喻，由于是自然主义的，甚至也不足以表明此区别。

显然，知觉意义也属于现象学上未被还原的知觉（心理学意义上的知觉）。因此人们在此同时可以阐明，现象学还原如何能使心理学家获得此有用的方法论功能，用以严格区分意向对象的意义和对象本身，并承认前者为某种不可分地属于意向的体验的——从此被把握为实在的——心理学本质之一。

因此在心理学态度和现象学态度这两方面，我们都不应忽略这样的事实，即作为意义的“被知觉者”在自身中除了在此按知觉方式显现的某物中“实际出现的”东西以外什么也未包含（因此不应根据“间接认识”硬加予它什么东西），而且更准确地说，正是在这种样式中，在这种所与性方式中，它才是在知觉中被意识者。一种**特定的独特反思**可时时指向此意义，有如它是内在于此知觉中，而且现象学的判断必须在忠实的表达中符合在其中被把握的东西。

185 §90 “意向对象的意义”，“内在客体”与“现实客体”间的区别

正像知觉一样，**每一种**意向的体验——正是它构成了意向关系的基本部分——具有其“意向性客体”，即其对象的意义。或者换个说法：有意义或“在意义中有”某种东西，是一切意识的基本特性，因此意识不只是一般体验，而不如说是有意义的“体验”，“意向作用的”体验。[367]

当然，在我们的例示分析中作为“意义”被分离出来的东西并未穷尽完全的意向对象；相应地，意向性体验的意向作用侧并不只是包括固有的“意义给与”的因素，作为相关项的“意义”特别属于此意义给与作用。我们将马上指出，完全的意向对象是由诸意向对象因素的复合体组成的，在该复合体中特定的意义因素只形成一种必不可少的**核心**层，其他因素本质上基于此核心层之上，因此这些因素同样可被称为意义因素，不过是在一种扩大的意义上。[368]

然而让我们首先只考虑可明确阐明的东西。[369]我们毫不怀疑地指出，意向的体验具有这样的特性，即在一适当的目光朝向中，可从中引出“意义”来。为我们规定意义的这个情境不可能始终隐而不显，即这样的事实：相关表象之（以及任何一般意向体验的）被表象的或被思考的客体本身的非存在（或对非存在的信

念)，不可能夺走它的被表象者本身，因此必须在二者之间加以区别。这样一种引人注目的区别必然在文字中表现出来。实际上经院哲学家在“心的”、“意向的”或“内在的”客体和“现实的”客体之间所做的区别即与此有关。然而，从初步把握意识中的区别到其正确的、现象学上纯粹的确定和正当的评价还有很大的差距——而且正是这个对于一门具有一致性的、富于成效的现象学具有决定性意义的这一步骤尚未实现。首先，决定性的因素在于，对于在现象学纯粹性中和对超验所与物的一切解释保持距离时实际出现的东西进行绝对忠实的描述。在这里命名已表明了解释，而且往往是十分错误的解释。这类解释在以下词语中显示出来，如“心 186
的”、“内在的”客体，并且至少是由于“意向的”客体一词才被需要的。

人们甚至倾向于说：在体验中意向是与其意向客体一同被给与的，后者作为意向客体是不可分地属于意向的，因此它本身真实地存于意向之内。的确，它是和始终是它的被意指者，被表象者等等，不论相应的“现实客体”是否存于现实中，不论它是否同时被消灭了，如此等等。

但是[370]我们如果以这样的方式企图把现实客体(就外在知觉而言，即被知落的自然物)和意向客体分开，将后者真实地置入作为“内在于”知觉的体验中去，我们就陷入了困难，即两个现实应当彼此对立，而只有一个现实是呈现的和可能的。我知觉着这个物，这个自然客体，花园中的这株树；除此以外别无它物是知觉的“意向的”现实客体。一株第二个内在的树，或者哪怕一株在我面前的这株现实的树的“内在形象”，绝未被给与，而如要做此假设只会导致悖谬。作为在心理学上实在知觉中的真实成分的这个形象也不会再次是某种实在物——这个实在物会起着描绘另一实在物的作用。但这只有借助于一种再现意识才能发生，在这种意识中首先出现了某种东西，按此意识我们会先有第一种意向性——而且这会再次在意识中起到表示另一"形象客体"的作用——，对此来说，基于第一种意向性的第二种意向性或许是必需的。同样明确的是，这些意识方式中的每一个别方式已经要求在内在客体和现实客体之间做出区别，因此包含着应当通过此构造加以解决的同样问题。此外，就知觉而言，这种构造遭到我们先前讨论过的那种反对[①]；将再现描述功能包括进对物理事物的知觉中，只能意味着赋予它一种形象意识，此意识经描述的考察就是某种具有本质上不同构成的东西。然而，在这里主要的问题是，知觉以及因此每一种体验，都要求一种再现描述功能，不可避免地（如从我们的批判中直接可看到的）导致一种无限的倒退。

187 为了对抗这类谬误，我们必须坚持依靠在纯粹体验中的所与物，并将其置于明晰性的范围内，正如它所呈现的那样。于是"现实的"客体应被"置入括号"。让我们考察一下这意味着什么：如果我们一开始作为自然态度中的人，那么现实客体就是在我们之外存在之物。我们看着它，站在它的前面，我们使自己的目光牢牢地指向它，然后我们描述它，并做出关于它的陈述，正如我们发现它在空间中面对着我们而存在着那样。同样，我们在评价中也采取一个对它的立场；这个面对着我们的、在空间中被我们看到的东

① 参见前面§43，边码第78页以下。

西，使我们喜悦或决定着我们去行动；我们把握着或操纵着被给与的东西，等等。如果我们现在实行现象学还原，那么每种超验设定因此首先是内在于知觉本身的一切东西，都遭受到它的排除性加括号作用，而且这种程序将逐渐涉及一切有根基的行为，一切知觉判断，基于知觉判断的价值设定，还可能有价值判断等等。结果，我们只能去观察、描述所有这些作为自在的本质的知觉、判断等等，去确定一切与本质相关的方面或在本质中的明证所与物。但我们不容许任何这样的判断，它利用对“现实的”物或整个超验的自然设定或“参与”建立这种设定。作为现象学者，我们中止所有这类设定。但如果我们不因为“未把它们当作我们的基础”，“未参与”它们，我们就并不因此而拒绝它们。它们的确存在着，它们本质上也属于该现象。更确切说，我们思考它们；我们不是参与它们，而是使它们成为客体，把它们当作该现象的组成部分——当作其知觉及其组成成分的设定。[371]

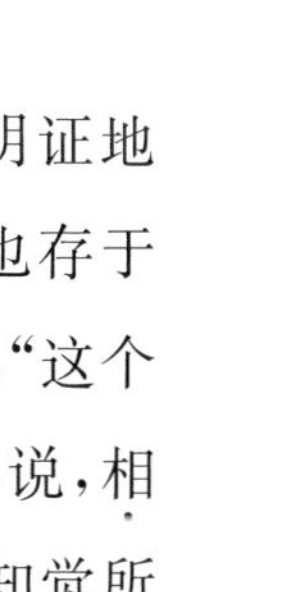

因此，在明确地排除了它们之后，我们可以普遍地问，明证地“存于”整个“被还原的”现象中的东西是什么。现在，正好也存于知觉中的是：它有其意向对象的意义，它的“被知觉者本身”，“这个在空间中某处的开花的树”——在引号中理解的——，简单说，相关物，它属于经现象学还原的知觉的本质。用比喻方式说：知觉所经验的那种“加括号”阻止任何关于被知觉现实的判断（即在未变样的知觉中有其基础的任何判断，因而即在自身中被采取的知觉设定）。但是它并未阻止对如下事实进行判断，即知觉是对一现实 188
的意识（然而对它的设定不应被“实行”）；而且它未阻止有关这个在知觉上呈现的“现实本身”的描述，这个现实是以特殊方式出现

的,在此方式中它在此被意识着,它只是在某一方向上“单侧地”出现,如此等等。现在我们必须十分当心防止加予体验任何不实际包含在其本质中的东西,而且我们必须这样“加予”它,正如它是“存于”其内一样。

§91 扩展到最广的意向性领域[372]

到此为止对知觉特别加以详细论述的东西,现在实际上也适用于各种意向体验。在还原之后,我们在回忆行为中发现被回忆者本身,在期待行为中发现被期待者本身,在虚构想象中发现被想象者本身。

然而一种意向对象的意义“存于”那些体验的每一例之中,不管在不同的体验中意义多么类似,或者在一个核心成分方面它们可能在本质上类似,然而无论如何意向对象的意义在各式各样的体验中是种类不同的;在某一情形下共同的东西,至少是以不同方式被赋予特性的,而且必然如此。在种种情况下它都可能是与某一开花树有关,而且在每一种情况下这株树都可能以这样一种方式出现,以致对显现物本身的忠实描述必然导致同样的表达。但尽管如此,意向对象的相关物对于知觉、想象、形象再现、回忆等等在本质上仍然是不同的。有时此显现者被刻画为“机体上的现实”,有时它被刻画为虚构物,有时它又被刻画为回忆中的再现物。

它们是一些我们发现其呈现在被知觉物、被想象物、被回忆物等等本身之中的特性——在知觉的意义上,在想象的意义上,在回忆的意义上——,即作为不可分离的东西和作为在各种相关的意向作用体验的相互关系中的必然所属物。

因此当必须忠实地和完全地描述意向的相关物时，我们也必须把握所有这些特性，它们从不是偶然的，而是由本质法则支配的，并被固定为严格的概念。

在这方面我们注意到在完全的意向对象内的东西（事实上，我 189
们以前已指出过），我们必须分离那些本质上不同的层次，这些层次都围绕着一个中心“核”，围绕着一个纯“对象意义”[373]——围绕着那个在我们的例子中可用纯同一的客观词语来描述的东西，因为在种类不同但类似的体验中可有某种同一的东西。同时我们看到，当我们抛开加于此设定的括号时，相应于不同的意义概念，我们必须类似地能够去区别不同的未变样的客体的概念，其中的“对象本身”的概念，即此同一物，只表示一个中心概念，它有时是被知觉物，有时是直接再现物，有时又在绘画中被形象地呈现，如此等等。这样的表示法目前对于我们已足够了。

让我们在意识的范围内再进一步仔细考察并设法了解在意识的主要方式中的意向作用—意向对象结构。我们同时将一步步地通过实际的证明使我们确实获得在意向作用和意向对象之间基本相互关系的普遍有效性。

§92　按意向作用角度和意向对象角度的注意的变化[374]

在我们的预备性章节中反复谈到了一种显著的意识变化，这类意识变化与一切其他种类的意向性事件交汇，并因此构成了具有其本身独特维度的极其普遍性的意识结构：我们以隐喻的方式谈到纯粹自我的“心的目光”或其“目光射线”，谈到目光射线的朝向和转离。与此有关的现象以完全明晰的和清楚的突出性统一地对我们存在。每当最初谈到“注意”时，这些现象都起着重要的作用，并且在现象学层次上不与其他现象分离，而是作为诸注意样式反而与其他现象混合在一起。对我们来说，我们打算保留注意这个词，并考察**注意的变化**，但只是在专门关系到**我们**清楚地将其分离的心理事件时以及关系到进一步精确描述相互关联的现象变化的组合时。

190 在这里，这是一个关于一系列观念上可能的变化的问题，这些变化已假定着一个意向作用的核心和必然属于它的各不同属的特征因素。这些可能的变化本身并未改变相应于这些意向作用的意向对象的功能，而是展现了**整个**体验中的意向作用侧和意向对象侧方面的变化。纯粹自我的目光射线有时穿过了一个意向作用层，有时穿过了另一个意向作用层，或者穿过了（例如在回忆内的回忆中）一个或另一个套接层（Schachtelungsstufe），有时是直接地，有时是反思地。在潜在的意向作用或意向作用客体的整个所与领域内，我们有时看见一个整体，例如树，它是在知觉中呈现的，有时是作为同一整体的某些部分和因素呈现的；然后我们又看着一个附近的物体或一个具有多种形态的关联体和过程。我们突然将目光转向“闪过心间”的记忆客体：目光不是穿过知觉意向作用，后者以连续统一的、虽然是结构的方式为我们构成了连续出现的物的世界，而是通过一种回忆的意向作用融入了一记忆世界，它在此世界中游荡，融入其他层级的回忆或融入想象世界，如此等等。

为简单起见，让我们保持在以绝对确定性存在着的知觉世界中的**一个**意向性层次上。让我们在观念上确定一个相关于其意向对象内容的知觉上被意识的物或物的过程，正如我们在现象学绵延的相应片断中，按照完全内在的本质去确定对该物的完全具体的意识一样。因为在其本身所属的**一定的**转移之中的注意射线的确定也属于此观念。因为注意射线也是一种体验因素。于是显然，被确定的体验的改变方式是可能发生的，我们正称其为“在注意及其样式的分布中的纯改变”。明显的是，通过这些改变，体验的**意向对象**的组成始终不变，因为人们永远能说，同一对象被连续地刻画为在机体上存在的，在同一类显现方式上，在同一类方向上，在同一类特征上显现。意识以同一类不确定的表达方式和使非直观地共同呈现的方式等等把握住这种或那种内容。于是我们说，在突出了和比较了类似的意向对象成分后，这个改变**只**存于这 191

269 样的事实中，即在被比较的诸事例之一中，该对象的一个因素“被突出”，而在另一事例中又是另一因素被突出；或存于这样的事实中，即同一个因素第一次“被首要地注意”，而第二次只被次要地注意，或“还只刚刚被附带地注意到”，如果还不是“完全未被注意”，尽管它始终呈现在那里。正好存在有专门属于注意的不同的样式。在其中，一组**实显性样式**是与**非实显性样式**分离的，我们把后者称作绝对非注意性，它可以说是寂灭意识的(toten Bewusst-habens)样式。

另一方面，这些变样显然不仅是那些在其意向作用构成中的体验本身的变样，而且它们也影响着其**意向对象**，即在意向对象侧——未触及同一性意向对象的核心——它们呈现了一个固有的特征属。人们常常把注意比喻作一次闪光。被注意者在特定意义上存于具有某种光亮度的光的射面中；但它也可退入昏暗区域和完全昏暗区域。虽然这个隐喻对于区分一切可用现象学方式确定的样式远不充分，它仍然是极有说明力的，因为它指出了显现者本身中的改变。这些光照变化并未改变显现者本身的**意义**组成，但是光暗度使它的显现方式变样了，当目光指向意向对象客体时即可发现和描述它们。

显然，意向对象中的变样不具有这样一种性质，即纯外在的附加物被加诸到某种同一不变者之上；相反，具体的意向对象彻底改变了，这是一个同一物所与性方式的必然的样式问题。

但进一步考察时我们看到，情况并非是说，在某种样式中有注意特征的**整个**意向对象内容（可以说**注意核心**）可保持不变，这正与任意性注意变样形成对比。[375] 相反，从意向作用侧看时，显然某些意向作用，必然地或相对于其确定可能性地，是由注意样式，特别由在特定意义上的肯定注意所决定的。一切“行为的实行”，“实显的采取设定”，例如决疑的“实行”、拒绝的“实行”、关于一个主词
192 设定和在其上的谓词设定的“实行”，一次评价和一次“为他者的”评价的实行，一次选择的实行等等——所有这一切都假定着对自我对之采取设定之物的肯定性注意。但这决未改变这样的事实，这个变动着的、扩大或缩小着其目光范围的功能，意味着一个有关于**相关性的、意向作用和意向对象的变样的特殊维度**，而系统地研究共本质正是一般现象学的基本任务之一。

在其实显性样式中，注意的构成以特殊的方式具有**主体的特性**；而且此特性本身因而为一切这类功能所具有，它们是通过这些

样式正好被变样的或借助其特性以这些样式为前提的。注意的射线作为从纯粹自我中射出的东西呈现着自身，并终止于对象，即指向着它或从其转离。这个射线并未脱离自我，相反，它本身就是一个自我射线并始终是一个自我射线。[376]“客体”作为目标被击中，并被置入对自我的关系中（而且是被自我本身），但其本身不是“主体的”。含有自我射线的一种设定采取因此是自我本身的一种行为，这个自我是施动的或受动的，自由的或受制约的。我们也可说自我“生存”于这些行为中。这种生存并不意味着在一个内容流中的某些“内容”的存在，而是意味着多种多样的可描述的方式，按照这些方式，在某种意向体验中的纯粹自我生存于这些行为中，这个作为“自由存在者”的纯粹自我具有我思的普遍样式。但是“作为自由存在者”一词只不过表示自由地离开自身或自由地返回自身这类生存样式，自发行为的生存样式，对客体有某种经验、痛苦等等的生存样式。在自我射线之外或我思之外的体验流中的诸过程具有一种本质上不同的特性，它位于自我的实显性之外，但正像我们早先指出的，它属于自我，因为它是供自我自由行为的潜在性领域。[377]

关于意向作用—意向对象主题的一般特征的论述就暂时讲到这里，这些问题应当在关于注意的现象学中以系统的、彻底的方式加以处理。①

---

①　注意是现代心理学的主要课题之一。现代心理学的突出的感觉主义特征在这一课题的处理中比在任何其他课题中表现得更为突出，因为甚至在注意和意向性之间的本质联系——这个基本事实即一般注意只不过是一种基本的意向性变样——，就我所知，以前从未被如此强调过。自从《逻辑研究》发表以来（参见第二卷“第二研究”中

193 §93 过渡到较高意识领域中的意向作用—意向对象结构[378]

在以下的讨论中我们想要考察“较高”意识领域中的结构，在其中诸多意向作用彼此互为根基地形成于一个具体的体验统一体中，而且相应地，意向对象的相关物也是如此被建构的。因此，普遍确认的本质法则表明不可能有不具有特别属于它的意向对象因素的意向作用因素。

甚至在——在其具体的完全性中被理解的——较高层级的意向作用中，在意向对象的组成中首先突出地涌现了一个中心核，即“所意指的客体本身”，也就是现象学还原所要求的加引号的客体。在这里，这个中心的意向对象必须也在变样的客体组成中被准确理解，在被变样的客体组成中它正是那个意向对象，是被意识物本身。这种新种类的客体——因为这个被变样的客体作为意义，例如在我们对其进行科学研究时，本身再次成为一种客观的东西，虽然具有着特殊的尊严——具有其所与性方式、其性格、其多重样式，按此样式它在有关的意向作用体验的或有关的那种体验种类的完全意向对象中被意识到。当然，在这里意向对象中的一切区别也对应于未变样的客体中的类似区别。

的论述，§22以下，第159—165页和“第五研究”中§19，第385页），当然偶尔也谈到过在注意和“对象意识”之间的联系，但除了一些例外（我是指里普斯和普梵德尔的著作），在某种方式上表现了欠缺对这样的事实的理解，即这里所谈的东西关系到注意理论的根本的和最初的开端，以及必须在意向性限度内进行进一步的研究，即不是立即作为经验的、而首先是作为一种本质研究。

于是，现象学的更精确研究的进一步任务就在于确定，对于一
种固定(例如知觉)的变化着的诸特殊形式的意向对象来说，什么 194
属性是由这个种按本质法则所限定的，以及什么属性是由区分着该种的诸特殊形式所限定的。但是这种限定性是彻底的，在本质领域中不存在任何偶然的东西，一切都是通过本质关系，因而尤其是通过意向作用和意向对象联系在一起的。

§94　在判断领域内的意向作用和意向对象[379]

作为这个根基性本质的领域中的一个例子，让我们考察**述谓判断**。判断行为，即具体的判断体验的意向对象，是"被判断者本身"，但它只不过是，或至少就其主要核心而言只不过是我们通常简单称作**判断**的东西。

为了把握完全的意向对象，我们必须在现实中，在完全的意向对象的具体化中采取它，在此具体化中它是在具体的判断行为中被意识到的。被判断者(Geurteilte)不应与判断内容(Beurteilten)相混。如果判断行为以知觉行为或某种其他单纯"设定的"表象行为为基础，表象行为的意向对象就进入了判断的完全具体化中(正如进行表象的意向作用变成了具体判断的意向作用的本质组成成分一样)，并在其中采取某种形式。被表象者(本身)具有命题逻辑主词的形式或命题逻辑谓词的形式，或某些其他形式。[380]在此为简便起见，让我们不考虑言语"表达"的较高层次。[381]那些"关于什么有关的对象"，尤其是具有主词形式的对象，是判断内容。由它们所形成的一切，**被判断的全体东西**，以及严格地说伴随着**特性描述**，以及在它们于体验内"被意识"的**所与性样式**中，构成了完全的

意向对象相关物,判断体验的(按广义理解的)“意义”。更严格地说,它是“在其所与性样式的方式(Wie)中的意义”,因为这一所与性样式乃是在它之内可被发现的特性。[382]

但是在这类问题上我们不应忽略现象学还原,它要求我们在希望获得我们的判断体验的纯意向对象时将判断实行(Urteilsfällung)“置入括号”。如果我们这样做,那么我们就在其现象学纯粹性中具有了该判断体验的完全的具体本质,或如我们现在所说的,被具体地把握为本质的判断意向作用(Urteilsnoesis),以及属于它和必然与其一致的判断意向对象(Urteilsnoema),即作为艾多斯的“被实行的判断”(gefällte Urteil),而且后者也存于其现象学的纯粹性中。[383]

195 心理学家们将反对所有上述论述,他们不习惯于区分作为经验性体验的判断行为(Urteilen)和作为“观念”、作为本质的判断(Urteil)。对我们而言,这一区别已被根本地确立。但是读者在接受它时也会感到困惑,因为他被要求承认,做出这一区别并不等于完成了一切,而且须要确定若干观念,它们从不同的两侧看都存于判断意向性的本质中。首先应该承认,在此正如在任何其他意向体验中一样,意向作用和意向对象这两侧必须加以区别。

在这里我们可以批判地说,在《逻辑研究》中确立的“意向本质”和“认识本质”概念①[384]虽然是正确的,但应再加以解释,因为它们可以在本质上被理解作不只是意向作用本质的表达,同时也是意向对象本质的表达,而且在形成纯逻辑的判断概念中被单侧

① 参见《逻辑研究》第二卷,“第五研究”,§21,第321页以下。

地实行的意向作用的解释，正好不是在形成纯逻辑的判断概念（因此即由作为纯科学的纯逻辑所要求的概念，它与由规范性的逻辑意向作用学〔Noetik〕要求的意向作用判断的概念相对立）中应当运用的解释。在一个判断的实行（Fällen）和被实行的（gefällten）判断之间的这个在日常语言中已被认识到的区别，可用于指出这一正确的观点，即作为意向对象的这个判断本身相关地属于判断体验。

于是意向对象应被理解作“判断”或就纯逻辑中使用的意义来讲的命题——只要纯逻辑不关心在其完全的组成中的意向对象，而只关心被设想为纯由一较狭的本质规定的意向对象，对于它的更准确的定义已由前面提到的《逻辑研究》中所尝试的区分指出了途径。如果我们想从一种确定的判断体验出发去获得完全的意向对象，就必须如已说过的那样把“该”判断正好当作在该体验中被意识的东西；而对于形式逻辑而言，“该”判断的同一性范围却要大得多。一个明证判断“S 是 P”，以及“同一个”不明确的判断在意向对象上不同，但在意义核心方面等同，这个意义核心本身从形式逻辑的观点看是决定性的。在这里区别类似于已经谈到过的在知 196
觉的意向对象和一种平行的再现作用的意向对象间的区别，此再现作用以完全相同的规定性内容和相同的特性（如“肯定存在的”，“可疑存在的”等等）表象着同一对象。诸行为种类是不同的，而且在其他方面还存在着广泛的现象学区分领域——但是该意向对象的所是（Was）是同一的。让我们补充说，刚刚描述的判断观念构成了形式逻辑（在普遍科学内与述谓的意义相关的这个学科）的基本概念，这种判断观念相关地与意向作用观念对立：在第二种意义

上的判断，即理解作一般判断行为的判断，具有一种纯由该形式决定的本质普遍性。这是有关判断行为的形式的意向作用法理学的基本概念。[①][385]

刚才所谈的一切也适用于其他意向作用体验，例如显然适用于所有那些本质上类似于作为述谓确定性的判断行为的体验：适用于相应的估计、猜测、怀疑以及拒绝。其中一致处可达到这样的
197 程度，在意向对象中出现了一种完全同一的意义内容，只是后者具有着种种不同的"特性"。作为一个意向对象核心的同一个"S是P"，可以是一种确定性的内容，一种可能的相信，一种猜测性的相信，如此等等。[386]在意向对象中"S是P"并不单独存在，而是由于它似乎是通过思想在意向对象中作为内容被设想出来的，所以是某种非独立的东西；它是在完全的意向对象所必不可少的变化着的特性中被意识到的：它是在某种"确定的"、"可能的"、"或然的"、

① 关于鲍尔扎诺的"判断本身"或"命题本身"概念，《科学理论》的说明表明，鲍尔扎诺没有搞清他的开创性概念的真正意义。他从未看到在这个问题上我们有两种原则上可能的解释，其中每一种都产生了某种或许可称作"判断本身"的东西，即判断体验的特定因素（意向作用观念）和相关于此意向作用观念的意向对象观念。他的描述和说明是意义含混的。作为一位沿着客体方向的数学家，他时时关注着意向对象概念——虽然一个偶尔出现的词语似乎表明了相反的情况（参见上书第一卷，第85页。他所赞同的引文引自梅美尔的《思维理论》）。他关注意向对象概念正如数学家关注数——即关注于用数去演算，而非关注于数与对数的意识的关系这样的现象学问题。在逻辑领域和像在其他领域中一样，现象学是某种对于这位大逻辑学家来说完全陌生的东西。对于任何实际研究过目前（十分遗憾）已很少见的鲍尔扎诺的《科学理论》一书和此外还不至于把基本本质概念的每一运用——相对于现象学来说，这还只是素朴的运用——和一种现象学的运用混淆的人，这一情况必然是不言而喻的。如若不然，那么为了保持论点的一致就必将把每一位概念创造的数学家，如乔治·康托尔这样的建立了集合论基本概念的天才，都当成现象学家了，同样地，也可把遥远古代那位基本几何概念的无名创造者算在内了。

"空无的"等等特性中被意识到的，这些特性全都存于表示在变样着的引号中的，而且这些特性作为相关项特别属于看作可能、看作或然、看作空无的等等意向作用的诸体验因素。[387]

我们同时看到，因此，在有关"判断内容"，以及有关猜测内容、疑问内容等等方面区分出了两类基本概念。逻辑学家们往往这样来使用判断内容一词，显然(即使不一定非进行这一区别)这是指判断的意向作用概念或意向对象概念，这两个概念我们前面已说明了。有关猜测、疑问、怀疑等等的对应概念耦与上面两个概念相平行，当然绝非与它们相符或彼此一致。然而在此产生了判断内容的第二个意义——作为一种"内容"，判断可以与一种猜测(或一种猜测行为)，与一种疑问(或一提问行为)，以及与其他行为意向对象(Aktnoemen)或意向作用共同地具有此相同的内容。[388]

§95　在情绪领域和意志领域中的类似区别[389]

于是我们不难相信，类似的论述也适用于情绪和意志的领域，适用于有关喜爱或不喜爱、任何意义上的评价、愿望、决定、行动等等体验。所有这一切都是体验，它们包含着很多的、往往是多种多样的意向层次，意向作用的以及相应地还有意向对象的层次。

在这方面，一般而言分层作用是这样的，整个现象的最上层可以取消，而其余层次仍然是具体的、完全的意向体验，而反过来说，一种具体的体验也可采纳一个新的意向作用的全部层次；如当一个非独立的"评价"因素在一个具体表象中被分层时，或反过来说，被再次取消。

198 如果一种知觉行为、想象行为、判断行为等等成为一个完全与其一致的评价层次的根基，于是我们在此**根基全体**中有**不同的意向对象或意义**，此根基全体按照其中的最高层级被称作是具体的评价体验。被知觉者本身作为意义，特别属于知觉行为，但它也同样被包括在具体的评价的意义中，作为**其**意义的根基。因此我们应当区分：对象，物，性质，事态，它们在评价中呈现作被评价者，或者呈现作表象、判断等等相应意向对象，它们是价值意识的根基；另一方面则为价值对象本身以及价值事态本身，或与它们相应的意向对象的变样；然后，一般地讲，属于具体的价值意识的完全的意向对象。

让我们首先说明，为了明确起见，我们的确（在此以及在一切类似情况下）引入了明确相对性的词汇，以便鲜明地区分被评价对象和价值对象，被评价事态和价值事态，被评价性质和价值性质（这个词本身有两种意义）。我们将谈到被评价的纯“事物”，它具有一种价值特征，具有**价值性**；另一方面，我们谈到**具体的价值本身或价值客体**。同样，我们将谈到**纯事态**或**纯事况**（Sachlage）和**价值事态**或**价值事况**，即在这里评价行为具有一种作为根基性的基底的事态意识。价值客体包含着它的事物，它将**价值性**作为新客体层引入了。价值事态包含着属于它的纯事态，同样，价值属性包含着事物属性以及在此之上的价值性。

在这里我们也应当区分价值客体本身和存于**意向对象**内的、**在引号中的价值客体**。正如被知觉者本身在如下意义上与知觉行为相对立，即在排除了被知觉者真实存在性问题的意义上，于是被评价者本身也与评价行为相对立，同样也是在排除了（被评价的事物的和其真正价值性的)价值存在问题的意义上。为了把握意向对象,必须排除一切实显的设定。此外必须细心注意这样的事实,评价行为的**完全**"意义"包括着该评价行为的、具有完全充实性的所是者本身(Was desselben),它因此而在该价值体验中被意 199
识到,而且在引号中的价值客体本身并不直接就是完全的意向对象。

同样,在此做出的区别也适用于**意志领域**。

一方面我们有随时实行的**决定行为**,连带着一切它要求其作为基础的和在具体化中包含在自身内的一切体验。种种意向作用因素都属于它。意志设定是以评价设定、事物设定等等为基础的。另一方面我们发现,**决定**作为一特殊种的客体,特别属于意志领域;而且显然它是一种以其他这类意向对象客体为根基的客体。如果我们作为现象学者排除了我们的一切设定,那么作为现象学纯意向体验的意志现象,仍然保持着它的"**被意欲者本身**",后者作为意志所特有的意向对象:即"意志意指"(Willensmeinung),它是此意志中的(在其完全本质中的)"意指",并连带着一切所意欲的和所"指向的"东西。

我们上面说的"意指"(Meinung)这个词,正像"意义"(Sinn 和 Bedeutung)这个词一样,在本书中到处出现。于是意指对应着**意指行为**(Meinen 或 Vermeinen),而意义则对应着意谓行为(Bedeuten)。但我们在使用这些词时应格外慎重,因为由于替换使用,它们都具有了很多歧义性。歧义性也同样发生在它们在各相关的层次间换用时,这些层次是我们将按照科学的要求严格加以分开的。我们目前的研究范围是本质属的最广外延,即"意向体验”。但“意指行为”一词通常限于较狭范围，不过后者同时也作为较广范围中诸现象的基层起着作用。因此这个词(以及与它同类的词)作为专门术语，只应在较狭范围内的考察中使用。在涉及普遍性问题时，我们当然最好使用新的术语和相应的例证分析。

§96　过渡到其他各章。总结

我们极其细心地以一般方式详述了在意向作用(即通过强调意向作用成分来表示的具体完全的意向体验)和意向对象之间的
200 区别，因为把握和掌握这一区别对于现象学是最重要的事，这对于建立现象学的合法基础确实具有决定性意义。初看起来，所论述的一切似乎是一些不言自明之理：任何意识都是对某物的意识，而且意识的方式是极其多种多样的。然而经过更仔细的研究，我们就开始意识到所涉及的困难有多么大了。它们关系到我们对意向对象存在方式的理解，按此方式它应“存于”体验中和在体验中“被意识”。它们特别关系到那些属于体验本身的真实的成分和属于意向对象的、应作为其自身成分归与它的那些成分之间的清楚分别。因此，对意向作用和意向对象之间类似结构的正确剖析包含着极大困难。甚至当我们在考察表象和判断时成功地做出了某些重要的有关区别，在这些表象和判断中这些区别首先呈现出来，而且在此领域中逻辑已完成了有价值的、虽然远非充分的初步工作，我们仍须进一步努力和克制，以便实际地使类似的区别明确地呈现于情绪行为中，而非仅只是去设定和断定它们。

在我们仅只是导论性的考察工作中，我们的任务不可能是系统地展开现象学的各个所属部分。然而按照我们的目的，我们应

比迄今为止所做的更深入地研究真实问题，并奠定这一研究的开端。为了使意向作用—意向对象的结构足够清楚，以便使它们对于现象学问题和方法的意义得以被理解，这是非常必要的。关于现象学成效的更丰富的观念，它的问题的幅度和方法特性，只有通过实际地进入一个个领域和看到有关问题的范围才可达到。但只有当人们完成了现象学的各种概念区分和阐明的工作，从而使在此应予解决的问题之意义得以理解，我们才能实际地进入每一个这种领域，并可察觉到它为我们提供了一个坚实的研究基础。我们进一步的分析和问题的提出应当严格地限于这种方式，正如我们先前的努力曾在局部上完成过的那样。不论所处理的这些问题对于初学者显得多么繁复，我们将依旧只在有限制的领域内进行考察。我们当然将优先考察那些相对地靠近现象学门坎和对于追溯贯通全领域的主要系统路线来说是绝对必要的东西。所有**这一** 201
切都十分艰难，并要求我们努力集中于现象学的特殊本质直观的所与物之上。并不存在进入现象学的“康庄大道”，因此也不存在进入哲学的康庄大道。存在的只有由现象学本身的本质所规定的**唯一**路径。

最后，再补充一点意见。在我们的论述中现象学显示为一门**开创中的**科学。只有未来可以告诉人们，这里进行的分析会给我们带来多少确定的成果。当然，我们所做的很多描述本质上将可能以另一种方式进行。但有一件事是我们可能和必须追求的，即在每一阶段我们都忠实地去描述那些按我们的观点和经极严格的研究之后实际得到的东西。我们的途径就是一个穿过未知世界地域的求知探险家的旅程，并仔细地描述着在无人走过的地段上所呈现出来的东西，而这个探索旅程将永远不会是一条捷径。这样一位探险家可满怀这样的自信，即他在某一时刻、某一条件下说出了**必须**被说出的东西，而且因为他是对亲见事物的忠实描述从而将永远保持其价值——即使后来新的探索会要求运用各种改进的方法去进行新的描述。我们怀着同样的信念希望在以后的研究中做一名现象学诸形态的忠实描述者，并进而在我们自己的描述中坚守内在自由的态度。[390]

第四章 关于意向作用—意向对象结构的一系列问题[391]

§97 作为真实体验因素的质素的和意向作用的因素，作为非真实体验因素的意向对象因素

当我们在上一章介绍意向作用与意向对象间的区别时，使用了关于**真实性分析**和**意向性分析**这些词语。现在我们就由这里开始。一种现象学上的纯粹体验有其真实的组成成分。为简单起见，让我们只限于考察最低层的意向作用体验，即那些未在其意向关系中因种种互为根基的意向作用层次而复杂化的体验，那些层次我们在思维行为、情绪行为和意志行为中曾确认过。

一种感性的知觉也许可为我们提供一个例子，我们在向花园
202 望去时获有树知觉本身，此时在一个意识统一体中我们望着那株

有时静止不动、有时被风吹动的树，而且它也以极其不同的显现方式呈现着，当我们在连续性的观察中改变着我们相对于此树的空间位置时，也许是来到窗口，也许是只改变着我们的头和眼睛的位置，此外也许放松着、接着又凝聚着我们的视觉调节，如此等等。一种知觉的统一体就能在自身中如此这般地包括着极其多种多样的变样，我们在用自然态度观察时，有时将它的改变归于现实客体，有时归于一种相对于我们的实在的心理物理主体的实在的和现实的关系，最后又归于主体本身。但现在应该描述一下，当我们还原到"纯粹内在性"时，作为一种现象学剩余剩下了什么东西，以及因此什么东西可看作是和什么东西不可看作是对纯粹体验的真实组成成分。而且在此应该清楚阐明，"被知觉的树本身"或未因排除了树本身和整个世界的现实而受影响的完全的意向对象，也属于知觉体验的本质本身；然而还应阐明，另一方面这个意向对象，连同其在引号中的"树"，正如现实中的树一样，并未真实地被包含在知觉中。

我们发现真实地内在于作为纯粹体验的知觉中的东西，即那些有如在整体中包含的部分、组成片段和不可再分的因素的东西，是什么呢？有时我们用质料的组成部分和意向作用的组成部分等名称来区分这些真正的、真实的组成成分。让我们将它们与意向对象的组成成分对比一下。

我们在纯知觉中意识到的树干的颜色，与现象学还原以前现实中的树的颜色完全"相同"（至少作为"自然的"人和在物理学知识介入以前）。现在置入括号中的这个颜色属于意向对象。但是它不属于作为真实的组成成分的知觉体验，虽然我们也在其中发现“某种类似于颜色的东西”：即“颜色感觉”，即具体体验的那种质料因素，意向对象的或“客体的”颜色是在其中实行侧显的。

然而因此在**作为**一种同一的和自身不变的颜色的可变知觉意
203 识的连续统一体中被意识到的同一意向对象的颜色，是在一种连续的多样性的颜色感觉中侧显的。我们看着一株未改变的树的颜色——望着它的颜色、该树的颜色——而眼睛的位置和相对的方向是时时改变着，不断地朝向树干和树枝的目光移动着，而同时我们靠近着，并因此以种种方式使知觉体验处于流动中。让我们考察一下感觉和侧显行为：此时我们把它们把握作明证的所与物，而且我们也可在完美的明证中改变着态度和注意方向，使它们与相应的对象因素也发生关系，承认它们是相互对应的东西，而且这样做时立即看到，(例如)属于任何确定的物体颜色的侧显颜色与它的关系，正如连续“复合体”与“统一体”的关系一样。

我们在实行现象学还原时甚至获得了这样的一般本质洞见，这个对象树出现于**一般**知觉中，如同被这样**客观地**规定的，似乎它是显现于知觉中一样，**只有当**质料因素(或者当面对一个连续的知觉系列时——当面对连续的质素变化时)正好是这样而非别样时，它才能显现。因此这意味着，知觉的质素内容的任何变化，如果它未曾直接消除知觉意识的话，至少应当导致这样的结果，即显现者客观上成为“其他物”了，无论在其本身或在属于其显现方向的方式上等等。[392]

于是绝对不容置疑的是，在这里“统一体”(Einheit)和“复合体”(Mannigfaltigkeit)各属**完全不同的维面**，即一切**质素的因素**属于作为**真实**组成成分的具体体验，而反之在其中作为复合体的

“显现者”、“侧显者”则属于意向对象。

但我们先前说过，质料是由意向作用因素“活跃化”的，它们经受着（而自我不是转向它们，而是转向对象）“统握”、“意义给与”，我们正是在对质料和以质料进行反思时把握它们的。有鉴于此，直接得出的结论是：不只是质素因素（颜色感觉，声音感觉等），而且也是使其活跃化的统握作用——因此是这二者的结合：颜色、声音的出现，因此对象的任何性质的出现——都属于体验的“真实 204
的”组成。

现在我们可以一般地说：知觉本身是对它的对象的知觉；通过“客体”方向的描述从客体中突出的每一因素都对应于一个知觉的真实组成成分；但是应当注意，这里只就该描述忠实地符合于作为在该知觉本身中“存在”的对象而言。此外，我们可以只通过诉诸意向对象的客体及其因素来表明所有这些意向作用的组成成分；例如可以说，对一个树干的、对该树干颜色等等的意识，更准确说，知觉意识。

另一方面，我们的考察的确指出，由质料的和意向作用的组成成分构成的真实体验统一体，完全不同于在意向作用中“被意识到的”意向对象组成成分的统一体；它也不同于那样的统一体，这种统一体使一切真实的体验组成成分都与我们在其中作为一种意向对象意识到的东西统一起来。“根据”质料的体验，“通过”意向作用功能“被先验构成的”东西，当然是一种“所与物”；而且当我们在纯直观中忠实地描述着体验和其意向对象的被意识者时，它是一种明证的所与物；但它之属于体验，其意义完全不同于真实的和因而真正被构成的东西之属于体验。[393]

把现象学还原以及类似地把纯粹体验领域描述为“先验的”，正是根据这样的事实，即在此还原中我们发现了一个由质料和意向作用形式组成的绝对领域，其确定结构的组合**按照内在本质必然性**具有一种以这种方式所与的被规定者或可规定者的奇异的意识，后者是与意识本身对立的东西，某种本质上的他者、非真实物、超越物；又根据这样的事实，这是最深邃的认识问题的唯一可想象的解决的首要来源，这些认识问题与那些对超验物的客观正确知识的本质和可能性有关。“先验”还原对现实实行悬置：但是它从现实中保留的东西包括意向对象，后者具有存于自身之内的意象对象统一性，以及因此在意识自身中实在物借以被意识的，以及尤其是被给与的方式。一种完全有关于**本质的**、因此无条件必然的关联体的知识，开辟了一个有关在意向作用和意向作用之间，在意
205 识体验和意识相关物之间本质关系的广阔研究领域。然而后面这

两个本质词包括：意识对象本身，以及关于所指物和所与物的意向对象方式（Wie）的形式。在我们的例示领域内，首先出现了这样的普遍明证，即知觉不是一种对对象的空洞的现前具有（Gegenwärtighaben），而是说（“先天地”）属于知觉固有本质的东西是，具有“它的”对象，并将其作为**某种**意向对象组成的统一体而具有此对象，此意向对象组成对于“同一”对象的其他知觉永远是不同的、但本质上却永远是被规定的东西；或者，那种以某种方式被客观规定的对象的本质意味着，此客体在意向对象侧存于呈现着某种描述特性的知觉中，并意味着它只能以这种方式存于此知觉中，如此等等。

§98　意向对象的存在方式。意向作用的形式理论。意向对象的形式理论

然而我们还需要做一些重要的补充。首先必须注意，从一个现象向对其进行真实分析的反思本身的过渡，或向分解其意向对象的、性质十分不同的反思的过渡，产生了一种新现象，而且应当注意，如果我们将这个在某种方式上是旧现象之变形的新现象与旧现象混同，而且如果我们要将真实地，或在意向对象侧包括在旧现象中的东西加予新现象，就要陷于错误了。因此我们不是想说，(例如)质料内容，如侧显的颜色内容，出现在知觉的体验中，正如它们出现在进行分析的体验中一样。我们只指出一个区别，在知觉体验中它们作为真实因素被包含在内，但它们未在其中被知觉，未作为对象被把握。但在进行分析的体验中它们是对象，是以前未出现的意向作用功能的目标。虽然这些质料还承担着它们的呈现功能，后者本身也经受着本质的变化(当然是在其他方面的变化)。这个问题我们后面还要再谈。显然，这种区别对现象学方法来说有本质上的重要性。

在完成了这些论述之后，我们转过来谈我们的特殊主题中的下述一些问题。首先，每种体验是这样组成的，即存在着使目光转 206
向它的和其真实组成成分的本质可能性，而且同样是在与意向对象，例如与被见的树本身相反的方向上。在此目光凝聚中的所与物，虽然现在从逻辑上说是一种对象，但却是一种完全**非独立**的对象。它的esse(**存在**)完全是它的“percipi”(**被知觉**)——但这个命题完全不具有柏克莱的意义，因为在这里此存在未将“被知觉”作

为一个真实的组成成分包括在内。[394]

这一相互关系自然地转换到本质考察方式上：意向对象的艾多斯指示着意向作用意识的艾多斯，二者在本质上互相依属。意向性因素本身只是作为如是构成的意识的意向性因素，而意识就是对意向性因素的意识。

尽管欠缺这种独立性，意向对象仍然容许对自身加以考察，与其他意向对象相比较，探讨它的可能的形态变化等等。我们可以设计一种关于意向对象的普遍的和纯粹的形式理论，这一理论也将有其对立的相关的理论，后者是一种有关于具体意向作用体验的普遍而又纯粹的形式理论，后一理论具有其质料的和特殊意向作用的组成成分。

当然，这两种形式理论绝不是作为所谓相互反映者而联系在一起的，或者说，一个理论也不会仅仅通过记号改变而转换为另一个理论。于是例如我们把"对 N 的意识"换为每一意向对象 N。这种不可能性已经可从我们前面那些有关论述中得出，它们探讨了在物体意向对象的统一性质和它在可能的物体知觉中的质素的侧显复合体二者之间的相互关联性。[395]

现在同样的原则似乎应适用于有关特殊的意向作用因素。我们尤其可以指出那样的一些因素，它们可使质素性材料的一个多样性复合体，如颜色感觉材料、触觉材料的复合体，获得同一客观物体的一种多样性侧显的功能。当然只须记起，在质料本身，按其本质来说，对客观统一体的关系并非是毫无歧义地被规定的，相反，同一质素综合体可经受种种不同的、彼此间断地相互融合和超越的统握，按此统握不同的对象被意识到。因此本质差别存于作

为体验因素的**活跃化统握**(beseelenden Auffassungen)**本身中**,而 207
且本质差别随着它们跟随其变化的侧显和通过侧显的活跃化作用而构成着、区别着“意义”,这难道不是已很清楚了吗?人们因此得出以下结论:在意向作用和意向对象之间的**平行关系**肯定存在,但是人们必须**按两侧**并在它们本质上的相互对应中描述这种构成。意向对象是统一体领域,意向作用是“构成性的”复合体领域。“在功能上”统一着多样性因素并同时构成着统一体的这个意识,实际上**绝不**指示一个同一物,当“对象”的统一性是在意向对象的相关物中被给与时。例如当构成着一物体统一性的连续知觉的不同片段显示了某种同一性内容时,如在此知觉的意义中保持不变的一株树——有时呈现于此方向,有时呈现于彼方向,有时从前方呈现,有时从后方呈现,某一位置上的按视觉把握的性质先是不清楚和不确定,继而清楚和确定,如此等等——,在意向对象中存在的对象被意识作直接意义上的同一物,但是对它的意识,在其内在绵延的不同片断中是一些非同一性内容,一种仅只相互联结在一起的,由于连续性而统一起来的东西。

不论这些陈述包含了多少正确成分,所得出的结论仍然不是完全正确的,的确,在考察这些困难问题时须极其慎重。这里所谈的平行关系——存在有**很多种**平行关系,它们彼此极易混淆——涉及有待澄清的一些严重的困难。我们必须仔细注意在具体的意向作用体验,具有其质素因素的体验和仅只作为意向作用因素综合物的纯意向作用之间的区别。另外,我们应该在完全的意向对象和(例如)在知觉中“显现的对象本身”之间保持区别。如果我们采取这个“对象”和它的一切对象的“谓词”——作为知觉物在正常知觉本身中被现实地设定的谓词的意识对象诸变样——,那么这个对象和这些谓词肯定是与意识的构成性体验复合体(诸具体意向作用)相对立的统一体。但它们也是意向对象多样性内容的统一体。
208 一旦我们考察到现在为止一直严重忽略的意向对象的“对象”(noematischen Gegenstandes)(及其“谓词”)的意向对象特性,我们就会认识到这一点。因此我们可以肯定,例如,显现的颜色是与意向作用复合体和尤其是与意向作用统握特性(Auffassungscharaktere)复合体对立的统一体。但更准确的研究表明,这些特性中的一切改变对应于意向对象的平行物——如果不是在连续显现的“颜色本身”中,也是在其变化着的“所与性方式”中,例如在其显现着的“相对于我的方向上”。于是一般而言意向作用的“特性”就反映于意向对象的特性之中了。[396]

为什么情况会是这样,现在将必须作为我们全面分析的主题,而且不只限于在此作为例子加以强调的知觉的范围内。我们接着将分析具有其很多不同意向作用特性的各种不同意识,并探讨意向作用—意向对象的平行关系。

然而我们应当预先牢记,在意向对象方面以如此方式“被意指的”对象的、在“意义”中的对象的统一体和构成性的意识型式的平行关系(ordo et connexio rerum——ordo et connexio idearum),一定不应与在意向作用和意向对象之间的平行关系相混淆,特别是那种被理解作意向作用的特性和对应的意向对象的特性之间的平行关系。

现在让我们来考察后一种平行关系。

§99　在呈现和再现领域中的意向对象核心及其特性[397]

因此我们的任务在于大大扩大在意向作用事件和意向对象事件这两个平行系列中所展示的东西的范围，以便达到完全的意向对象和完全的意向作用。我们前面优先考察的东西仅只是一个中心核，甚至不是一个明确界定的中心核，当时当然还未预感到其中包含着严重问题。

让我们首先回想一下那种“对象的意义”。前面①提到，它们 209
通过与各种不同的表象、知觉、记忆、形象表象的意向对象比较对我们呈现出来。[398]这些对象意义要求以纯粹客观词语，甚至以在特殊选择的有限事例中的同一词语去描述，在这些有限事例中一种完全类似的，在类似的方向上的，在每一方面均以类似方式被把握的对象，如一株树，是在知觉的、记忆的和形象表象等等方式上被呈现的。与具有其同一“客体的”显现方式的同一“显现的树本身”相对，仍存在着从一种直观到另一种直观，从一种表象到另一种表象的不断变化的所与性方式的差别。

同一性的东西，一时被“原初地”，一时“以记忆方式地”，然后又“以形象表象方式地”被意识到。然而在这方面，当目光指向意向对象的相关物而非指向体验及其真实内在组成成分时所发现的特性在“显现的树本身”上显示了出来。因此被表示的不是在意向作用因素意义上的“意识方式”，倒不如说是被意识者本身在其中

① 参见前面§91，边码第188页以下。

呈现的方式。它们作为(可以说)“观念上内在的”东西的特性,本身是“观念的”,而不是真实的。

我们经过更详细的分析之后可以看到,在例示中提到的特性并不属于一个系列。

一方面我们有再生性的变样本身,再现本身,它们作为其他事物的变样极其突出地呈现于其本身的本质中。再现涉及在其自身特殊现象学本质中的知觉;例如,如我们先前已指出的,对过去的某种事情的回忆“含蕴着”“知觉过”(Wahrgenommenhaben)的意思;因此在一定方式上“对应的知觉”(对同一意义核心的知觉)是在回忆中被意识的,虽然它未现实地被包含在它之内。正是按其本身特有的本质,记忆是一种“知觉的变样”。具有过去特性的东西,相关地在自身中呈现作“曾经是现前的”,因此呈现作“现前的”一种变样,此现前作为未变样者是“原初的”,是知觉的“机体上现前者”(das leibhaftig gegenwärtig)。

另一方面,形象化变样属于另一变样系列。它“在”“一形象中”进行再现。然而这个形象可能是一个原初显现者,如我们知觉地把握的“被画的”图像(绝不是作为挂在墙上的物品的图画①)。
210 但是这个图像也可以是某种再生式的显现者,如当我们在回忆中或在自由想象中所获得的形象表象。[399]

同时我们看到,这个新系列的特性不只与第一个系列有关,而且也假定着某些综合现象:所假定的综合现象涉及在“图像”和被描绘物之间的、在意向对象侧属于意识本质的区别。因此人们也

① 关于这一区别,参见下面§111,边码第226页。

看到，意向对象永远包括着一对特性，它们彼此相关，即使各自包括着属于不同表象客体本身的特性。

最后，记号表象，连同它们的类似对立物——记号和被标记者，提供给我们一个与前者紧密相关的、然而却是新型的、有变样作用的意向对象特性（类似的意向作用特性处处与其对应）；因此，表象综合体以及在意向对象客体耦上的相互关联的意向对象特性耦再次出现了，后者乃是其记号表象真正统一体的相关物。

我们也注意到，正如“图像”本身按其作为图像的意义呈现作对某物的变样，它无此变样本身也会在机体上存在或以再现方式存在，“记号”也完全如此，但是同样也是在其自己的方式上作为对某物的变样。

§100　在意向行为和意向对象中表象的本质法则的层级结构

在此以前讨论的一切类型的表象变样永远可适用于一种永远在更新的层级结构，这样，在意向作用和意向对象中的诸意向关系是以层级方式互为根基的，或者不如说是以独特方式彼此套接的（ineinanderschachteln）。

存在有知觉再现本身，变样本身。但也存在有第二层、第三层，以及本质上来说任何层级的再现。可举“在”记忆“中”的记忆为例。我们生存于记忆中，以再现的样式“实行”着体验关联体。我们对这一事实的相信是通过“在”记忆中的反思（它本身是一种 211
原初反思行为的再现变样）发现体验关联体具有在记忆中“被体验的”特性。在具有此特性的体验中，我们可以对其反思或不反思，现在具有“曾被体验的记忆”这一特性的记忆甚至都能出现，而且目光可通过它指向第二层级的被记忆物。在二次变样的体验关联体中记忆可再次出现，因此从观念上看可以无限推论下去。

单只一种记号改变[400]（我们将学会理解其本身固有的特性）就足以将所有这些心理事件转换为自由想象类型，于是在想象中产生了想象，而且在任何套接层级上都是如此。

同样地，此外我们还可看到它们的混合现象，这不仅是说，从其本质上看每一再现在其下一层级上都包含着知觉的再现变样，它们通过再现中的令人惊异的反思而进入把握的目光；在一种再现现象统一体中我们可同时在知觉再现之外发现记忆、期待、想象等等的呈现，由此所谈的再现本身可以是这些类型中的任何一种。而且这一切均产生于不同层级上。

上述情况也适用于映象表象和记号表象这类综合类型。让我们从高层表象中举例说明那种十分复杂但不难理解的表象构成。一个人名使我们在说出该名字时想起德雷斯顿画廊以及我们最近一次的参观：我们穿过大厅并站在一幅苔尼尔思的画前，这幅画表现着一个绘画陈列馆。假定说，我们使后一幅画中的画廊里的图画再呈现出那幅绘画，后者又呈现着可识别的题词等等，那么我就可以估计与可把握的对象有关的哪些表象关联体和哪些表象间的中介物是现实地可产生的。但对于本质洞见，特别对于进行任何相互套接的观念上的可能性中的洞见来说，并不需要这类复杂的例子。

§101　诸层级的特性。不同种类的“反思”

显然，在一切那类在其联结部分中包含着重复再现变样的层 212
级构成中，具有相应层级结构的意向对象被构成着。在第二层级的映象意识中，一个“图像”本身就具有第二层级图像的特性，即一个图像的图像的特性。当我们回忆我们昨天如何回忆一段儿时体验时，作为意向对象的“儿时体验”本身就具有一种作为在第二层级上被忆起者的特性。因此一般来说：

每一意向对象的层级都有其层级特性，它作为一种指标，凡具有该指标特性的东西都显示为属于该层级——不论在另一情况下它是否是一个最初对象或是以某种方式处于反思目光中的对象。因为对于每一层级的确都有在该层级上可能的反思，于是（例如）在回忆的第二层级上的被回忆者方面，就有对属于同一层级的（因此在第二层级上再现的）那些同一物体的知觉所进行的反思。

进一步说：每一意向对象层级都是一“对”（von）其下层级的所与物的“表象”。然而“表象”在此不意指表象体验，而且“对”一词在此不表示意识和意识客体之间的关系。它似乎是一种与意向作用的意向性相对立的意向对象的意向性。后者在自身中包含着前者作为其意识相关物，而且其意向性以某种方式贯穿过意向对象意向性的方向线。[401]

当我们让一种自我的注意目光指向意识对象时，这就变得更清楚了。于是自我目光贯穿过了诸层级序列的意向对象——直到最终层级的客体，它没有贯穿过这个最终层级客体，而是固定于其上。然而目光也可从一个层级移向另一个层级，它不是贯穿一切层级，而是可以指向每一层级上的所与物，并固定于其上，或者说在“直接的”或反思的目光方向上。

在前例中：目光可停留在德雷斯顿画廊的层级上：我们“在记忆中”走进德雷斯顿画廊。然后我们可以再次在记忆中生存于对绘画的观察中，并置身于绘画世界中。之后，在第二层级的绘画意识中注意于被绘的画廊时，我们望着被绘的图像本身；或者我们按层级反思这些意向作用。

这种多样性目光的可能方向，本质上属于彼此相关的和互为
213 根基的意向关系多重体；而且每当我们发现类似的根基作用——而且在后面我们还将了解很多不同种类的根基作用——时，就会产生变化的反思的类似可能性。

不言而喻，这些关系要求我们对其进行一种科学性的深入的本质研究。

§102　过渡到特性说明的新领域

就我们在再现变样的多样性领域中遇到的一切独特特性而言，我们必须按已指出的根据清楚地区分意向作用的内容和意向对象的内容。意向对象的“对象”——图像客体或被绘的客体，作为记号起作用的客体和被指示的客体，这里不考虑它们的特性，如“对……的图像”，“被绘的”，“对……的记号”，“被指示的”——是超越于体验但显然在体验中被意识的统一体。但如果是这样的话，那么“在”那些意识统一体中出现和在凝聚于它们的目光中作为它们的独特性被把握的特性，不可能被看作是体验的真实因素。不论作为体验的真实组成和作为在体验中被意识作非真实内容这

二者如何彼此相对，问题可能会是多么困难，我们仍然必须在此做出彻底区别，尤其是，我们应当不仅在意向核心、“意向对象本身”（而且在其“客观的”所与性方式中把握的）方面做出这类区别，此核心是作为意向特性的“特性”的有关载体出现的，而且也应在这些特性本身方面做出区别。

然而存在有很多不同种类的特性，它们永远附着于意向对象核心，而且它们属于核心的方式是极其不同的。它们各自属于基本不同的属，各自属于基本不同的特性维面[402]（Dimensionen der Charakterisierung）。因此在一开始就可以指出，这里提出的或仍将提出的一切特性（仅仅作为必要的分析描述研究的名称）是普遍现象学范围内的问题。虽然我们首先通过优先考察具有相对最简单结构的意向体验来研究它们，它们却包含着一个确定的和基本的“表象”概念，而且构成了一切其他意向体验的必要基础。但在 214
一切这类有根基的体验中，以及也在一切一般意向性体验中，我们也看到了同一基本属和同一特性种差。情况因此就是，无论如何一个意向对象核心，一个“对象的意向对象”是必然被意识到的，这个核心应当是按某种方式具有特性的，而且这些有关的特性应相关于每一特性属的这一或那一种差（它们本身是相互排除的）。

§103 信念特性和存在特性[403]

当我们现在寻找新的特性时首先就会注意到，存在特性是与我们先前讨论的那类显然完全不同的特性联合在一起的。与存在样式有相关性联系的意向作用特性——“信念（Doxa 或 Glaube）的特性”——在直观表象中，例如在常态知觉中作为“觉识行为”真实地被包含的知觉信念，以及更准确些说，例如知觉确定性；与知觉确定性相对应的是存在特性，即“现实的”存在的特性，它作为意向对象相关项属于显现的“客体”。同样的意向作用或意向对象的特性由“确定的”重复再现（Wiedervergegenwärtigung）表示，由对存于过去、现在和将来的（即存于预期性期待中的）东西的每一种“**牢靠的**”记忆表示。它是“**存在设定的**”行为，“**设定的**”（thetische）行为。当然，关于这个词语我们应当注意，如它也指一种行为（Aktus），指一种特定意义上的设定采取（Stellungnahme），就不应加以考虑。[404]

在到此为止考察的范围内，以知觉的或记忆的方式显现的东西具有“现实”存在者本身的特性——“确定”存在者的特性，它与其他存在特性相对立。因为这个特性可被变样，即可在同一现象中通过实显的变样被变换。“**确定的**”**信念**的方式可变为仅只是**估计、推测、询问**或**怀疑**的方式；与此相平行的是，那种显现的东西（而且那种相对于被刻画为“最初的”、“再生的”等等特性的第一维面）现在采取了“**可能的**”、“**或然的**”、“**有疑问的**”、“**可疑的**”诸**存在样态**。

例如首先，被知觉的对象以纯确定无疑性存在。突然我们怀
215 疑可能受了“虚幻”的蒙蔽，我们怀疑所看到、听到的东西可能是“纯假象”。或者，显现者保持着它的存在确定性，但我们对于某些性质复合物不能肯定。物体可能“被估计”为一个人。之后相反的估计出现了，它可能是一株被移动的树，这棵树在林中暗处像是一个在移动的人。然而现在一种“可能性”的“分量”变得极其大了，我们决定或许以这样的方式认为，可以肯定地推测：“它无论如何

仍然是一株树。"

存在样态在记忆中甚至改变得更为频繁，而且它们是在直观的或晦暗的表象范围内极其频繁地被创生和替换的，无须任何特定意义上的"思想"的介入，也无需"概念"和述谓判断。[405]

同时我们看到，有关的现象涉及种种研究，还有很多特性（像"决定行为"，可能性的"分量"等等）都在此出现，[406]尤其是，关于某种特性的本质基础的问题，关于由本质法则支配的意向对象和意向作用的整个结构的问题，也要求我们进行更深入的研究。

在此处和在别处一样，对我们来说提出问题的系列就已经足够了。

§104　作为变样的信念样态

但是在特别使我们关心的一系列信念样态方面，我们仍然必须指出，变样一词在该词突出的特定意向性意义上，再次获得了我们在先前分析一系列意向作用的或意向对象的特性时所阐明的那种意义。在目前这个系列中，信念确定性显然起着未变样的，或如我们应该在此说的，"未改变样态的"信念方式的原形式作用。相应地，在相关项中：存在特性本身（意向对象上"确定的"或"现实的"存在者）起着一切存在样态的原形式的作用。事实上，从中产生的可被特别称作存在样态的一切存在特性，都按它们自身的意义关涉到原形式。"可能的"一词就其本身而言，完全相当于"是可 216
能的"、"或然的"、"可疑的"、"有疑问的"诸词完全相当于"是或然的"、"是可疑的和有疑问的"。意向作用的意向性反映在那些意向对象的关系方面，而且人们感到不得不再次甚至谈到一种"意向对象的意向性”，它是作为可正当地称为意向作用的意向性的“平行项”。[407]

这样，所有这一切都被转换到完全的“命题”，即转换到意义核心和存在特性的统一体上。①

此外，将“存在样态”一词用于整个一系列存在特性是很方便的，因此也可用它来把握未变样的“存在”，每当人们必须将它看作这个系列的一员时；或许类似于如下方式，即数学家也用数这个名称包含“1”。我们在同一意义上将短语“信念样态”的意义普遍化，在诸信念样态中我们往往在意识到意义二重性情况下包括进意向作用的和意向对象的平行项。

此外，在将未改变样态的存在表示为“是确定的”时，应当注意“确定的”这个词的歧义性，而且不只是在这种情况下，即它有时指意向作用的、有时指意向对象的“是确定的”意思。它也用于（而且在此这是非常易于引人误解的）表示（例如）肯定词“是”的相关项，后者与“否”和“不”相对立。在此必须严格排除这种用法[408]。字词的意义不断地在直接逻辑等价的范围内变动。但是我们的任务是随处阐明此等价性，并明确区分在本质上不同的现象内存于等价概念之后的东西。

信念确定性在严格意义上即信念本身。实际上按我们的分析，它在行为复合体中有一极其显著的特殊地位，这些行为都可在信念的名称下——或“判断”的名称下，如人们经常地但不确切地

① 关于按我们相当扩大了的意义上的“命题”概念的详细讨论，参见第四编第一章，边码第265页以下。

所说的那样——被理解[409]。我们需要一个适当的词,它可表示这
个特殊地位,并消除传统上把确定性与其他信念样式等同的一切
记忆。我们引入了原信念(Urglaube)或原信念(Urdoxa)一词,我 217
们提出的有关一切“信念样态”的意向性关涉,均可由此词确切地
表示。我们还要补充说,我们将用这后一个词(或用“信念的样
态”)表示一切基于原信念的意向性变体,甚至表示在以下分析中
将要提出的那些新的变体。

我们几乎不需要对一根本错误的理论进行批判,按此理论,一个“信念”(或“判断”)属只被分化为确定性、假定性等等,似乎这是一个关于一系列相互协调的诸种的问题(不论这个系列在何处中断),正如在感觉性质属中,像颜色、声音等等,都是属中诸相互协调的种一样。此外,我们在这里正像在其他场合一样,必须放弃追求我们的现象学论断的结论。

§105　作为信念的信念样态,作为存在的存在样态

如果我们在前面论述的极其引人注目的情况中谈到了意向性,第二次的样式按此意向性与原信念相关涉,那么这个词的意义就要求一种多重目光方向的可能性,这些可能性一般属于高层级的意向性的本质[410]。这类可能性的确存在。一方面,我们可以(例如)在存于或然性意识中(在猜想中)时注视什么是或然所是的东西;而另一方面我们却能注视着或然性本身,即注视具有由推测意向作用给与它的特性的意向对象客体。然而这个“客体”连带其意义组成和或然性特性,在第二次目光朝向中作为存在被给与:故与此客体相关的意识即为在未变样的意义上的信念本身。同样,我

们可存于可能性意识中(在“推测”中)或存于质询和怀疑中,目光指向被我们意识作可能的、有疑问的、可疑的东西上。但我们也可关注诸可能性、疑问性、可疑性本身,并且甚至明确地在意义客体上把握“可能的存在”、“有疑问的存在”、“可疑的存在”并使它们谓词化:于是它们在未变样的意义上被给与作存在(seiend)。

因此我们可一般地观察这个极其引人注目的本质独特性,即
218 相对于一切在“意向客体本身”上由其意向作用构成的意向作用因素的体验起着一种在原信念意义上的信念意识的作用[411];或者我们也可以说:

每一种附加的新的意向作用特性或每一种旧的意向作用特性,不只构成了新的意向对象特性,而且正好为意识构成了新的存在客体;与意向对象特性相对应的是在意义客体内可述谓的特性,而且它们就是现实的、而非仅只是意向对象上变样的谓词项。

当我们熟悉了新的意向对象领域后,这些命题就将获得进一步的澄清。

§106　肯定和否定及其意向对象相关项[412]

一种关涉到原信念的新变样,即一种由于它与每一信念样态的本质意向关联而有可能出现的高层级变样,是拒绝以及与其相类的同意。更为特定的说法是,否定和肯定。每一否定都是对某物的否定,而且这个某物使我们关涉到某种信念样态。因此从意向作用上说,否定是某种“设定”的变样,它并非意指一种肯定,而是意指在某种扩大的信念样态意义上的“设定”。

它的新意向对象功能是对相应被设定的特性的“抹消”,它的

特定相关物是此抹消特性（Durchstreichungscharakter），即“不”（nicht）的特性。它的否定线穿过了某种设定的东西，具体说，穿过了某种“命题”，即通过抹消其特殊的命题特性，即抹消其存在样态。正是因此之故，这种特性和命题本身呈现为对某种其他东西的“变样”。换言之，按照把简单的存在意识变为对应的否定意识的同一方式，在意向对象中简单的特性“是”变为“不是”。

与此类似，“可能的”、“或然的”、“有疑问的”、变成了“不可能的”、“或许不的”、“无疑问的”。因此整个意向对象，整个“命题”，当在其具体的意向对象充实性中被理解时，被变样了。

用譬喻方式说，正如否定实行抹消（durchstreicht）一样，肯定则实行“突出”（unterstreicht），它通过“同意作用”来“确认”一设 219
定，而非像否定那样“取消”它。这也产生了与抹消变样类似的一系列意向对象变样。但我们不可能在此继续讨论这个问题了。

到现在为止我们一直忽略纯粹自我的“设定采取”的独特性[413]，这个自我在拒绝中，特别在否定的拒绝中，指向于被拒绝物，指向于被抹消物，正如自我在肯定中朝向于被肯定物，指向于被肯定物。我们不应忽略上述情况的这一描述方面，对此须要专门分析。

完全类似，应当再考虑这样的情况，按照意向性的交错结构，不同的目光方向永远可能随时发生。我们可生存于否定的意识中，换言之，“实行”此否定；自我的目光于是指向那经受着抹消的目光。但我们也可将实行把握作用的目光指向被抹消者本身，指向那具有该抹消线迹的东西上：于是被取消者作为一新的“客体”而存在，而且当然，它“存在”于纯信念的原样式中。这个新的态度并未产生新的存在客体，在“实行”此拒绝时，被拒绝物也被意识作具有抹消性的特性；但只有在新态度中此特性才成为意向对象之意义核心的**可述谓的规定**。就肯定来说情况当然也完全一样。

因此，现象学的本质分析的任务也存在于这个方向上。[①]

§107 重复的变样

我们在这一分析的开端已经掌握的东西足以使我们在洞见问题上立即取得如下进展：

因为每一被否定者和被肯定者本身是一存在客体，它像一切在一存在样式中的被意识者一样能够被肯定或否定。因此，由于在每一步骤上重新实现的存在构成，产生了一个由重复性变样组成的观念上无限的链条。因此在第一层级上，有“非不存在的”、“非不可能存在的”、“非毫无疑问地存在的”、“非不大可能存在的”，如此等等。

但是立即可以看到，同一道理适用于先前讨论过的一切存在变样。某种东西作为可能的、或然的、有疑问的等等，其本身可再次在可能性、或然性、可疑性诸样式中被意识，而意向对象的存在构成对应着意向作用的构成：即可能的是：这是可能的、或然的、有疑问的；或然的是：这是可能的、或然的；如此可以引出一切复合结构来。被肯定项和被否定项符合着较高层级的构成，它们是可重新变样的，因此从观念上说可无限地继续下去。在这里问题绝不

---

① 根据我们在本章中进行的信念事件本质的阐明去考虑阿道夫·莱那赫的精辟
220 论文“论否定判断理论”（载于《慕尼黑哲学论文选》，1911 年），并按我们的理解去看待它的各种有关问题，这是很有益的。

只是一种语言重复的问题。我们只须回忆起或然性理论及其应用研究，在那里可能性和或然性问题被不断地考虑、否定、怀疑、推测、质询、断定，如此等等。

但我们应当时时注意，变样一词一方面涉及现象的可能变换，因此涉及可能的实显运作；另一方面，它涉及重要得多的意向作用或意向对象的本质独特性，这种独特性即指向某种其他未变样之物，这种独特性是内在于其固有本质的，却无须同时关注任何起源问题[414]。但是我们在两方面都立于纯粹现象学基础上。因为变换和起源这类词语在此均指现象学的本质事件，而绝不指作为自然事实的经验性体验。

§108　意向对象的特性不是由反思规定的[415]

随着我们对其获得了明晰意识的每一组新的意向作用和意向对象，我们也必然使自己重新肯定与心理学思维习惯如此相反的基本认识：意向作用和意向对象必须实际上和正确地被加以区别到忠实的描述所要求的程度。如果我们已经熟悉了对纯内在的本质描述（这是那些很多在其他方面赞扬描述的人未能做到的），并同意承认每一意识有一个作为属于它的并可对其进行内在性描述的意向客体：我们仍然会受到很大的诱惑去把意向对象的特性，尤其是刚刚讨论过的那些特性，理解作纯"**反思规定性**"。如果我们 221
回忆起通常狭义的反思概念，我们就会理解它意味着：以如下方式归属于意向客体的规定性，即在意向客体所关涉到的**意识方式**上，按此方式意向客体即意识客体。

因此，被否定项，被肯定项等等应当这样来获得，即"判断"对象当关系到对否定行为的反思时，就具有“被否定的”特性，当关系到对肯定行为的反思时，就具有“被肯定的”特性，同样，在关系到对推测行为的反思时，就具有“或然的”特性，其他情况也是这样。这是已被如下事实证明为谬误的解释[①416]，即如果这些谓词现实上只是相关于反思的谓词，它们只能在对行为侧的实显反思行为中和相对于它被给与。然而显然它们不是由这种反思给与的。当目光直接指向相关物时，我们就把握住这个相关物本身。在呈现的对象本身上我们把握住被否定项、被肯定项、可能项、可疑项等等。因此我们绝未使目光指向该行为。反过来说，通过这类反思而出现的意向作用谓词绝不具有与所谈的意向对象谓词相同的意义。因而与此相联系的是如下事实，同样从真理观点来看，“不是”(Nichtsein)显然只相当于，而非等同于“是被正当否定的”；“是可能的”只相当于而非等同于“是以正当方式被当作可能的”，如此等等。

未被任何心理学偏见歪曲过的自然语言，为我们提供了一个证据，如果我们还需要这种证据的话。我们在望着立体视镜时说：这个显现的棱锥体是“空无”，是纯“假象”；显现物本身显然是述谓主词，而且我们赋予它（它是一个作为物体的意向对象，而不是一个物体）以我们在它本身中发现存在着的特性——空无性（Nichtigkeit）。在这里正像在现象学的其他问题上一样，人们必须有勇气去接受在现象学中的现实显现者，如其自行呈现时那样，而不是通过解释改变它，应当做的只是忠实地对其加以描绘。一切理论

① 参见《逻辑研究》第二卷，“第六研究”，§44，第611页以下。

均应朝向这个描述原则。

§109　中性变样[417] 222

在与信念领域有关的诸变样中我们还应当描述一种最重要的变样，这种变样占有完全特殊的地位，因此不必将其列入上述诸变样中讨论。如果我们在此对其详细加以考察，其道理在于它与诸信念设定相关的这种独特方式，以及只有在更深入的考察中才能发现其独特性的这一事实——作为一极其重要的**普遍的**意识变样，而非一个特别属于该信念领域的变样。在这方面我们将也有机会去检讨我们还欠缺的一种真正的信念变样，它很容易与所谈的新变样混淆：这就是假定变样[418]。

现在问题是，一种变样以一定方式完全消除着它所相关的每一信念样态，并使其完全失效——但它是这样一种变样，其意义完全不同于否定，后者，如我们所知，在被否定项中有肯定功用，一个非存在本身再次是一存在。这个变样并未抹消，并未“实行”任何东西，它是一切实行行为的在意识上的对立物[419]：它的**中性化**。它被包括在一切如下形式中，如中止实行，使失去作用，“置入括号”，“延缓实行”，继而“延缓了实行”，想象实行，或仅只想着被实行者却并不“同时去实行”。

因为这个变样从未被科学地研讨过，因此也未获得过确实的术语（当触及到此变样时，人们总是将它与其他变样混同），而且因为甚至在日常语言中也欠缺一个单义的名字，我们只能通过排除法迂回地和逐步地来研究它。因为刚才汇集的作为一种预备性说明之用的一切词语都包含着多余的意义。它们都处处含蕴着一种随意性行为，然而这类行为在此并无关系，因此我们将其排除。无论如何，这种行为的结果具有一种特殊的内容，如果不考虑这种特殊内容“产生”于此行为中的事实（它也自然地是一种现象学材料），就可以考察这个内容本身，有如它在体验关联体中无需这种随意行为也可能存在和发生一样。如果我们因而从此未定（延缓实行）状态中排除了一切随意性因素，而且也不再在某种怀疑
223 和假设的意义上理解它，那就仍然有某种未定状态，或更恰当地说，某物“存在在那里”，后者并未“现实地”被意识作存在在那里。设定特性变为无效了。信念现在不再是认真的信念了，推测不再是认真的推测了，否定不再是认真的否定了，如此等等。它们成了“**中性化了的**”相信、推测、否定等等，它们的相关项重复着未变样的体验的相关项，但以一种彻底变样了的方式：存在者本身，可能的存在者，或然的存在者，有疑问的存在者，同样，非存在者和每一种其他的被否定项和被肯定项——这一切都有意识地存在着，但不是以“现实地”被意识着的方式，而是作为“纯被设想的”东西，作为“纯思想”存在着。每一种东西都具有起变样作用的“括号”，它十分类似于我们以前已谈过如此之多的，以及对我们通往现象学之路如此重要的东西[420]。设定本身，非中性化设定，具有作为最终相关项的“命题”，这些命题具有“存在者”的特性。可能性、或然性、可疑性、非存在和肯定存在——它们本身都是某类“存在者”：即有如在相关项中具有特性的存在者，有如在意识中“被意指的”存在者。然而中性化的设定本质上具有这样的特点，**它们的相关项不包含任何可设定者，任何可现实地述谓者**。从任何角度看，中性化的意识对其被意识者都不起一种“信念”的

作用。

§110　中性化意识和理性的判定。假定[421]

实际显现出的意识的不可比较的独特性为如下事实所表明，**真正地**非中性的意向作用按其本质是以“**理性的合法性**”为依据的，而**对于中性化的意向作用而言，关于理性和非理性的问题是无意义的**。

相应地，对意向对象来说，情况亦然。在意向对象方面具有存在的（确定的）、可能的、推测的、可疑的，空无的等等特性的一切东西，可以按“正当的”或“非正当的”方式这样加以刻画，它们可以是“真正的”，是可能的，是空无的，如此等等。而与此相对，纯**设想**什么也不“**设定**”，它**不是一个设定性意识**。关于现实性、可能性等等的“纯思想”什么也不“**强求**”（prätendiert），它既不应被认为正确而予以承认，也不应被认为不正确而予以拒绝。

当然，任何纯设想都可转变为一种**假定**，一种假设，而且这种 224
新的变样（以与纯设想相同的方式）是服从于无条件的自由意志的。然而假设却因此是某种类似于设定的东西；**被假设者**则是一种“命题”，除了它是一种完全独特的信念设定的变样以外，这种变样与上面讨论的主要特性系列是对立的和分离的。它可作为一个成员（相当于“前提”或结论的被假设者）进入可予合理判断的被设定项统一体，所以它本身应服从于理性评价。我们不能对完全未定的思想说它是正确的或不正确的，但可对一种假设推论这样说。把二者混淆，是犯了一个基本的错误，并忽略了包含在纯设想或纯思想这类词语中的歧义。

此外，在思想一词中也含有一种令人困惑的歧义，因为它有时与说明的、理解的、表达的思想的特殊范围有关，与特定意义上的逻辑思想有关[422]；而有时又与设定的东西本身有关，正如我们此处所看到的，后者并不要求任何说明活动和理解的述谓活动[423]。

我们在此首先予以优先考察的一切事件都与纯感性直观和它们在晦暗表象中的变化有关[424]。

§111　中性变样和想象[425]

但是"纯设想"(sich-bloss-denken)一词的另一种有危害的歧义也应加以考虑。至少应当防止一种非常可能发生的混淆，即**中性变样和想象**之间的混淆。这一令人困惑而实际上不易解决的混乱情况在于这样的事实，即想象本身实际上是中性变样。尽管它的类型具有独特性，却含有普遍的意义，因此适用于**一切**体验，于是它在大多数设想行为的形态中起着自己的作用，并必须与具有符合一切种类设定的多样性构成的普遍中性变样相区别。

更准确地说，一般**想象活动是"设定式"再现的中性变样**，因此是在可设想的最广意义上的记忆的中性变样。

225 在这里应当注意，在日常语言中**再现**(再生)和**想象**是混用的。我们这样使用这些词，即在考虑到我们的分析的情况下保留再现这个普遍词而不指明有关的"设定"是真正的还是被中性化的。因为一般再现被分为两组：每一种**记忆**和它们的**中性变样**。然而下面将指出这种划分不能被看成是真正的分类①[426]。

---

① 参见边码第233页上关于本质和对应本质的论证。

另一方面，每一种一般体验（每一种所谓现实生动的体验）都是一种“现前存在的”体验。它的本质意味着，有可能对同一本质进行反思，在此本质中它必然具有肯定的和现前存在的特性。因此一系列观念上可能的记忆变样对应着每一体验，正如对应着每一原初被意识的个别存在一样。与作为原初体验意识的体验相对应的是，作为可能的平行物的体验记忆，以及作为记忆的中性变样的想象。这一原则适用于一切体验，不论纯粹自我的目光方向如何。下面来说明一下：

每当我们再现任何一种对象时——让我们暂且假定它只是一个想象世界，而且我们正注意地朝向此想象世界——，想象活动意识的本质应该是，被想象的不只是这个世界，而且同时还有“给与”此世界的知觉。我们注视它，注视这个“想象中的知觉”（即记忆的中性变样），但如我们先前所说，只有当我们“在想象中进行反思时”。然而根本的意义在于，不要将在任何时候在观念上都可能出现的这个变样，与我们可将其与每一“设定的”体验对立的中性变样混淆，这个变样会将任何体验，甚至想象体验本身，变为对应的纯想象，或同样可以说，变为中性化了的记忆。在这方面，记忆是一完全特殊设定的体验。其他的体验还有正常的知觉，有关于可能性、或然性、可疑性的知觉的或再生的意识，此外还有对怀疑、否 226
定、肯定、假定等等的意识。

我们可以通过下面的例子相信，在未变样的确定性中设定着的正常知觉的中性变样，是中性的形象客体意识[427]，我们把后者看作是于正常考察中在知觉中呈现着的映象世界的组成成分。我们设法对此加以阐明：让我们假定，我们在考察杜勒的铜版画“骑士，

死和魔鬼”。

我们在此首先区分出正常的知觉，它的相关项是“铜版画”物品，即框架中的这块板画。

其次，我们区分出此知觉意识，在其中对我们呈现着用黑色线条表现的无色的图像：“马上骑士”、“死亡”和“魔鬼”。我们并不在审美观察中把它们作为对象加以注视；我们毋宁是注意“在图像中”呈现的这些现实，更准确些说，注意“被映象的现实”，即有血肉之躯的骑士等。

能够传达和形成这一映象表现的“图像”意识（小而阴暗的人物形象，在其中由于有根基的意向作用，某种另外的东西按类似性“以映象方式被呈现”），现在成为知觉的中性变样之例。这个进行映象表现的图像客体，对我们来说既不是存在的又不是非存在的，也不是在任何其他的设定样态中；不如说，它被意识作存在的，但在存在的中性变样中被意识作准存在的（gleichsam-seiend）。

被映象者也完全一样，当我们采取纯审美态度时重又把它当作“纯图像”，而不赋予它关于存在或非存在，可能的存在或推测的存在诸如此类的任何标记。但是这显然并不含有任何欠缺的意思，而是意味着一种变样，即中性化的变样。我们不应只把它表示为一种附着于某一先前设定之上的改变的运作。它偶尔也会如此，但并不必定如此。

§112 想象变样的可重复性。中性变样的不可重复性

在中性化再现意义上的想象和一般中性化变样意义上的想象

之间的根本区别，表现在——为了更鲜明地强调这一决定性的区别——如下事实中，即作为再现的想象变样是可重复的（在任何层级上都有想象："在"想象之"内"的想象）[428]，而中性化的"运作"的重复则在本质上被排除了。 227

我们对重复性再生的（以及映象表现的）变样的可能性论断，可能遭到普遍反对。只有当在真正现象学分析中有比以往更广泛的实践时，这种状况才会改变。只要人们把体验作为"内容"或作为心理"成分"加以处理，尽管存在着对原子化和物理化心理学的各种通行的反对，这些成分仍被看作一种细微物（Sächelchen）。只要人们相信自己能因此发现在"感觉内容"和相应的"想象内容"之间的区别只存于"强度"，"充实性"等物质特性中，情况就不可能改进。

人们必须首先学会理解，此处讨论的东西有关一种意识区别，因此被想象者不是纯感觉材料，而是按其本质有关此相应感觉材料的想象；另外，人们应学会理解，这个"有关"不可能由于对感觉材料的强度、内容充实性等等的任何精微的稀释作用而发生[429]。

进行意识反思的人（而且一般在学会看见意向性所与物之前）将直接地看见意识的诸层级，它们在想象中呈现为想象，或在记忆或在想象中呈现为记忆。于是人们也将看见存于这种层级构成的本质特性中的东西：即较高层级的每一想象可自由地被转入每一可间接被想象者的一个直接想象，而在从想象过渡到相应知觉的过程中并不存在这种自由转换的可能性。在这里对自发性来说有一条鸿沟，纯粹自我只能在本质上全新形式的实现化行为和创造中(在此也应考虑任意性的幻觉)跨越此鸿沟。①

§113　实显的和潜在的设定[430]

228　我们对中性变样和设定的考察应予以重要的展开。我们曾在广义上使用过“设定的”意识一词,现在须要对其加以区分。

我们区分出**实显的和潜在的设定**,而且我们把“**设定的意识**”用作我们必不可少的普遍名称。

设定的实显性和潜在性之间的区别,与先前讨论过的②注意性和非注意性之间的实显性区别紧密相关。然而二者绝非完全一致。如果考虑到中性变样,在自我目光注意方向的实显性和非实显性之间的普遍区别中就出现了一种二重性,或者说,在由我们必须对其本质加以阐明的实显性一词的概念中出现了一种双重意义。

中性变样对我们来说出现在现实的相信、推测等等与在一种相信、推测等等之中“纯被想象者”的经特殊变样的意识之对立中;

---

① 关于迄此为止所讨论的中性变样理论的各种问题,《逻辑研究》在主要方面已获致正确理解,特别是在关于与想象的关系方面。参见该书“第五研究”,特别是§39中关于“性质的变样”和“想象的变样”的对比,在这里前者具有此处称作中性变样的意义。因为梅农的《论假设》一书(1902年)详细地讨论了与本章论述的那些问题十分类似的问题,我必须说明我何以只能够使此讨论与我较早的著作而不与他的著作相比较的理由。照我看来,该书在这里像在其他场合一样与《逻辑研究》中类似的部分如此广泛地相符——就其材料和理论概念而言——,并不表明它比我的研究有任何实际的进步,无论从内容上还是从方法上说都是如此。我一向认为应当是极其重要的思想动机,他均未考虑,尤其是甚至上面论述的诸点也未被他考虑过。我们在上面讨论中所阐明的思想混淆,恰好是梅农有关假设概念研究的主要核心。

② 参见§35,边码第61页以下,§37,边码第65页以下,§92,边码第189页以下。

相应地说，出现在“现实地”在自我之前有的或“现实地被设定的”存在者或或然存在者，和以“某种纯未定的方式”非现实地设定的存在者或或然存在者之间的对立中。但一开始我们也指出过，在设定的潜在性方面的非中性意识和中性意识之间本质上不同的态度。从任何“现实的”意识中可引出种种潜在地包含在意识中的设 229
定，而且它们是**现实的**设定：在设定的意义上被真实地意向的一切都包含着现实的谓词项。但一个中性意识本身并不“包含”任何一种“现实的”谓词项。通过注意的实显性的展开，即通过朝向被意识的对象的不同谓词的展开，只不过产生了纯中性行为或纯被变样的谓词。在中性的和非中性的意识中这些不同种类的潜在性，注意性朝向的普遍潜在性因此被分裂为二的这一突出事实，现在须要加以更深入的研究。

上面倒数第二节中的考察显示，每一种现实的体验，作为现前存在者——或者也可以说作为在现象学时间意识中被构成的时间统一体[431]——，以某种方式拥有着它自己的、**类似于一种被知觉物的**存在特性。对于实显体验的现前，在观念上对应着一个中性变样，即一个可能的、在内容上与其准确对应的想象体验的现前。每一个这种想象体验不是作为实显的现前存在者，而是具有着“准”现前的（“gleichsam”gegenwärtig）特性。因此实际上这很类似于任何知觉的意向对象所与物和在观念上与其准确对应的想象作用（想象中的观察）所与物的比较：每一个被知觉物都具有“现实地现前存在的”特性，每一个平行的被想象物都具有内容上相同但“仅作为想象”、作为“准”现前存在的特性。因此：

初始的时间意识本身起着知觉意识的作用，并在相应的想象意识中有其对应物。

然而这个无所不包的时间意识显然不是在严格意义上连续的内在知觉，即在一种实显地设定的知觉的意义上，这个知觉本身是在我们所说的意义上的一种体验，一种存于内在时间中的现前持存者，在时间意识中的被构成者。换言之，当然没有一种连续的内在反思，在其中以特殊意义被设定的，作为实显存在者被把握的体验会成为对象。

230 在诸体验间包括有特殊的所谓内在性反思，特别是内在性知觉，它们在实显的存在把握中和存在设定中指向它们的对象。此外，在这类同样的体验中也存在有那样的知觉，它们在同一意义上设定着存在，并被指向超验物，这个所谓外在的“知觉”在该词正常意义上不只是一般地意味着，某物在机体的现前中对自我显现，而且意味着，自我觉识着显现物，将其作为现实的存在者来把握和设定。这种事实存在设定的实显性，按照前面的论述，就在知觉的图像意识中被中性化了。我们在注意此“图像”(不是被映象表现者)时并未把握作为对象的任何现实物，所把握的仅只是一幅图像，一个虚构物。“把握”具有注意的实显性，但它不是“现实的”把握，而不如说只是在“准”(gleichsam)变样中的把握，这个设定不是现实的设定，而是被“准”变样者。

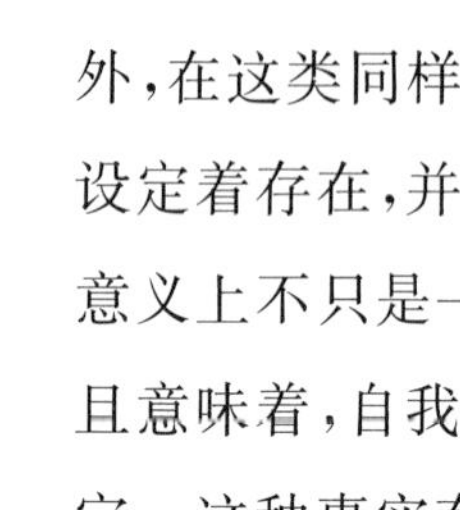

在将心的目光从虚构物转移时，中性化了的设定的注意实显性过渡到潜在性：这个图像仍然显现，但未“被注意”，它未——在“准”样式中——被把握。对实显目光朝向的可能性被包含在这种情境和其潜在性的本质中，然而实显目光朝向在此却从未能使设定的实显性出现。

当我们比较“实显的”(不是中性的，现实地设定的)记忆和那样一种记忆时就出现了类似情况，在后一种记忆中被记忆物也许显现，但不再被实显地设定了。对“仍然”显现者的设定的潜在性在此意味着，通过注意的实显性，不只出现一般把握性的我思行为，而是完全“现实地”把握性的、实显设定性的我思行为。在记忆的中性变样中，即在纯想象中，我们又看到了注意的潜在性，它向实显性的转化虽然产生了“行为”(我思行为)，但这些行为是完全中性化了的，是完全按照准样式的信念设定的。被想象物不被意识作“现实地”现在的，过去的或将来的，而只是作为无设定实显性的东西在我们眼前“浮动”。单只目光朝向不可能排除此中性，正如在其他情况下它也不可能产生设定的实显性[432]。

每一种知觉都有其知觉背景，而且这一特点对我们以后的说明也有用处。被特殊把握的物具有其知觉上同时显现的而欠缺对事实存在特殊设定的物的环境。它也是一个“现实存在的”环境， 231
它被以这样的方式意识着，即——在本质可能性的意义上——一个实显的、存在设定的目光可指向它。在某种程度上它是一个潜在设定的统一体。对于记忆和与其有关的记忆背景来说情况也是这样；或者对于相对于其持存和预存、回忆和预期记忆的光晕的知觉或记忆来说情形也相似，这些光晕的内容以某种或大或小的充实性和某种变化的明晰度涌现，但未以实显的设定的形式被实行。在所有这些情况中，“潜在设定”的实显化，通过相应的目光朝向(注意的实显性)，必然导向永远更新的实显设定，而这种必然性正是这类情况的本质中所含有的。但当我们转到平行的中性变样

时，那么一切都转换为准变样，甚至潜在性本身了。形象客体和想象客体也(而且必然地)具有注意的背景。“背景”再一次成为潜在的注意朝向和“把握”的名称。然而现实的注意朝向的产生在此本质上并不导致现实的设定，而是永远只导致被变样的设定。

在这里我们特别关心的是这一事实，即同样情况适用于特定信念设定(信念的原设定)的样式变体，适用于推测、假想、疑问等等，同样也适用于否定和肯定。在这些信念变体之中所意识到的相关物，即可能性、或然性、非存在等等，可能经受信念的设定，并因此同时经受特定的“对象化”。但当我们“生存于”猜想、疑问、拒绝、肯定等行为中时，我们并未实行任何信念的原设定——虽然在概念的某种必然普遍化的意义上当然实行着其他的“设定”，即猜想设定、疑问设定、否定设定等等。但是无论何时我们都能实行相应的信念原设定；将包含在它们之内的潜在设定加以实显化的观念上的可能性，是以此现象学情境的本质为基础的。[①] 现在此实

232 显化，如果在开始时与实显的设定有关，不断再通向作为潜在地包含在起始设定中的实显设定。如果我们把起始设定转换为中性语言，那么潜在性也被转换为中性语言。如果我们在纯想象中实行猜想、疑问等等，那么我们先前的一切论述仍然有效，只是现在改变了记号。由最初的行为或行为意向对象(Aktnoema)通过可能的注意目光朝向而导出的一切信念设定和存在样态，现在都被中性化了。

① 参见前面§105，边码第217页。

§114　关于设定的潜在性和中性变样的继续讨论[433]

按照上述分析，在非中性意识和中性意识之间的区别，不只关系到在我思的注意样式中的意识体验，而且也关系到注意的非实显性样式中的意识体验。这一区别在意识背景向“前景”的注意的转换中，更准确地说，在意识背景向注意的实显性转换中，显示于此意识背景的双重态度中，同时初始的体验因此转换为一个信念的我思，即转换为一个原信念。这一情况无疑在一切方面均有可能发生。因为“注视”意向作用及其意向对象，注视在意向对象侧被构成的对象及其谓词的可能性——在原信念方式中把握和设定它们的可能性，是属于每一意向体验的本质的。

我们也可以说，情况是，中性变样不是依附于作为唯一现实设定的实显设定的一种特殊变样，而是与一切一般意识的基本本质独特性有关，后者表现于对实显的原信念的可设定性或不可设定性的态度上。由此而在实显的原设定或在其经受的变样中必然显示出中性变样。

如果我们进一步加以说明的话，问题就有如下述：一般意识，不论它可能具有什么性质和形式，是按照一种彻底的区分法划分的：首先如我们已知，在每一其中的纯粹自我从一开始就不是作为一“实行”此意识的自我而生存的，因此一开始就不具有“我思”形式的意识中，都含有将此意识转换为我思意识的本质可能性。在我思样式内部的意识实行方式中现在存在有两种基本变样，或者换个另外的说法：

每一我思都有一个与其准确对应的这样一种对应物属于它，233

即它的意向对象在平行的我思中有其相应的对应意向对象(Gegennoema)[434]。

诸平行“行为”的关系是,其一为“现实行为”,我思是一“现实的”、一“实行现实设定的”我思,而另一为一个行为的“影子”,一非本然的、一非实行“现实”设定的我思。一种行为是现实地实行着[435],另一种行为则只是一种实行的反映。

与此相应的是诸相关项的根本区别:一方面有被构成的意向对象的实行,它具有未变样的现实的实行的特性;另一方面有准确对应的实行的“纯思想”。现实的实行和变样的实行在观念上彼此绝对准确地对应,但不具有同一本质。实际上变样影响到本质:与原初本质对应的是作为同一本质的“影子”的对应本质(Gegenwesen)。

当然在关于影子、反映、图像等比喻性语言中,我们不应暗示说,它们只是假象,欺骗的意见等等,实际上由它们导出了现实的行为或设定的相关项。无须再次提醒防止这里所谈的变样与想象变样二者之间发生极易出现的混淆,想象变样同样为每一体验——作为内时间意识中的体验的现前位相[436]——创造了一个对应物,即它的想象图像。

将意向体验彻底区分为两类,二者之间的关系类似于意向对象实行的现实性和无效的反映之间的关系,这种区分方式在此(当我们从信念领域开始时)在如下基本命题中向我们显示出来:

每一我思本身或者是一个信念的原设定或者不是。但是任何我思,由于一种仍然属于一般意识的普遍基本本质的法则性,可转换为一种信念的原设定。然而这种转换表现为很多不同方式,尤其是在该词最广意义上的每一种“设定的特性”，经受了向一种存在特性的转换，并因此具有最广意义上的存在样态的形式，此设定的特性是在作为我思意向作用的“设定”（在相应的广义上）的相关项在此我思意向对象中被构成的。这样，“或然的”特性是推测行为的意向对象相关项，而且特别是推测行为本身“设定”的“行为特性”的意向对象相关项，于是“或然的”特性就转换为或然性存在。同样，“可疑的”意向对象特性，即可疑性设定的这个特殊相关项，234
就被转换为可疑性存在的形式，否定相关项被转换为非存在的形式：这些形式可以说具有实显的原信念设定的印迹。但我们还可不断继续扩展这一推论。我们将有理由把设定概念扩展到一切行为范围去，因此谈到（例如）喜爱设定，愿望设定，意愿设定，它们的意向对象相关项是“被喜爱的”、“被愿望的”、“应当实践的”等等。这些相关项通过将有关的行为先天可能地转换为一种原信念设定，也具有广义上存在样态的形式：因此“被喜爱的”、“被愿望的”、“应当的”等等就成为可述谓的了；因为在实显的原信念设定中它将被意识作是被喜爱的，是被愿望的等等[①]。但这种转换——在这些例子中——应被这样理解，它按其全部本质保持着原初体验的意向对象，只是除了由于此转换而合法则地改变了的所与性样式以外。然而这个问题还需补充说明一下。[②]

在这方面彻底区分了两种情况，所谈的原信念或者是一种现实的原信念，也可以说是一个被现实地相信的信念，或者是其无效

---

① 参见前面§105，边码第217页以下最后几句。

② 参见后面§117，边码第244页，第一段。

的对应者，即纯“设想”(关于存在本身，关于可能存在等等)[437]。

从该原初体验的那种信念转换中产生的东西，不论它是其意向对象的成分展开为现实信念的原设定，还是只展开为原信念的中性体，都是绝对确定地由所谈的意向体验的本质所规定的。因此从一开始，一套确定的潜在存在设定[438]系统就是在意识的每一体验本质中被预先规定的，而且尤其是预先依赖于所考虑的意识从一开始具有什么性质，它是一个可能的现实设定领域，还是一个可能的中性的“影子设定”领域。

而且还有：一般意识有这样的性质，即它具有二重类型：原象和影子，设定的意识和中性的意识。一个类型的特性是，它的信念的潜在性导致进行现实设定的信念行为；另一类型的特性是，它只
235 产生出这类行为的一个影子形象，只产生出一个中性变样；换句话说，它在其意向对象的组成中没有包含任何信念上可把握的东西，或者同样可以说，它未包含一个“实显的”意向对象，而只包含一个实显意向对象的对应象。只有一种信念的可设定性也对中性体验存在着：它作为内在时间意识的材料属于它们，并将它们规定作一变样了的意向对象的变样了的意识。[439]

从现在开始，“设定的”和“中性的”这两个词将被我们作为术语使用。每一体验，不论它是否具有我思形式，不论它在某种其他特殊意义上是否是一种行为，都被纳入这一对立组中。因此设定性不意味着一种现实设定的存在或实行；它只表达了进行实显设定的信念行为之实行的某种潜在性(Potentialität für den Vollzug)。然而我们仍在设定的体验的概念中包括进这样一种情况，在这里一个体验从一开始就是一个被实行的设定——这种解释招

致的异议较少，因为按照本质法则，多样性的潜在设定属于每个被实行的设定。

我们说过，在设定性和中性间的区别并不表示任何与信念设定相关的纯特性，不表示任何一种纯信念样态，如推测、疑问等，或在另一方向上的假定、否定、肯定等行为，因此不是一原样式的、严格意义上的信念的意向变换。我们已预先说过，这实际上是普遍的意识区别，但它在我们的分析过程中有理由与那样一种区别联系起来，即在信念的我思的狭窄范围内特别表现出来的，在设定的（即实显的、现实的）信念和其中性对应项（纯“设想”）之间的区别。在信念的行为特性和所有其他种类的行为特性，因此即一切一般意识之间，出现了极其突出的和深固的本质联结体。[440]

§115　应用。扩大的行为概念。行为实行和行为引动[441]

考察一下前面的一些论述仍然是重要的。① 一般我思是显现的意向性现象。一般意向体验概念已经假定着潜在性和实显性的 236
对立，尤其是在其一般的意义上，因为我们只在向显现的我思过渡中和在对未阐明的体验及其意向作用—意向对象组成的反思中才能够认识，[442]此体验在自身内包含了意向性或它所特有的意向对象。因此例如相对于知觉、记忆等等之中未被注意的、但随后才被注意的背景意识。显现的意向体验是一种“被实行的”“我想”。但同一个“我想”可通过注意的改变转换为一种“未被实行的”“我

① 参见前面§84，边码第168页以下。

想”。当注意“专门”转向某种新体验时，一个被实行的知觉的体验，一个被实行的判断、感觉、意愿的体验并未消失；这意味着自我完全“生存于”一个新的我思中。先前的我思“消退”，堕入“暗处”，但却永远有一个即使是已变样的体验的事实存在。同样，思考涌现于体验的背景中，它有时是在记忆中变了样的，有时是中性变样的，有时又是未变样的。例如一个信念，一个现实的信念被“引动”了；“在我们知道它之前”已经相信了。同样，有时对喜爱或不喜爱，对欲念，甚至对决心等等的设定，在我们“生存”于它们之前已存在了，在我们实行自身的我思之前，在自我“进行着”判断、喜爱、欲念、意欲之前已经存在了。

因此**我思**事实上指知觉、判断、喜爱等等的（而且我们以前引入过此概念）**固有**行为。然而另一方面，在所论述的情况中的整个体验结构，连带其一切设定和意向对象的特性，是同一的，即使当**我思**的这个实显性是它所欠缺的时。就这一点来说我们更清楚地区分了**被实行的行为和未被实行的行为**；后者或者是“脱离实行”的行为，或者是**行为引动者**。后一词也可普遍地应用于一般未被实行的行为。这类行为引动者连同其一切意向关系被体验着，但自我并未作为一个“**实行的主体**”存于它们之内。因此，行为概念在一种确定的和完全不可欠缺的意义上被扩大了。被实行的行为，或者像在某一方面（即相对于它有关于经验过程来讲）更恰当地说的那样，**行为实行**，构成了最广意义上的“**设定采取**”，在严格
237 意义上所说的“设定采取”一词的使用指那种我们以后将更详细讨论的有根基的行为：例如对恨的设定采取（Stellungnahmen des Hasses），即从怀恨者到被恨者的设定采取，就被恨者来讲，它已

是在较低层级的意向作用里为意识构成了作为事实存在的人或物；同样，对存在要求（Seinsprätentionen）等等的否定或肯定的设定采取等等也属于此类情况。[443]

于是很明显，最广义的行为，正如特定的我思思维一样，在自身之内都具有设定性和中性之间的区别，它们在转换至我思思维之前已经是意向对象的和设定的行为了，只是我们首先通过狭义上的行为，通过我思思维认识到它们的运行。设定或"准"样式中的设定，已经与这些设定所属的全体意向作用一起在它们之中现实地出现了：观念的情况被假定为，这些意向作用在转换为我思思维时并未同时在意向性方面被丰富化，也并未在其他方面被改变。无论如何我们能够排除这种改变（特别是在转换之后立即在体验流中也出现了意向的丰富化和新的构成）。

在我们关于"中性"一词的全部研究中，优先注意的是信念的设定。中性在潜在性中有其标志。一切都基于这样的事实，即任何一般设定的行为特性（任何"意向"行为，例如喜爱意向、评价意向、意愿意向、喜爱设定和意愿设定等等的特性），在其本质中都包含着一个信念设定属（Gattung doxische Thesis）的特性，它以一定方式与此行为的设定特性"相符"。按照所谈的行为意向是未中性化的或中性化的，信念的设定于是也包括在它之内——信念的设定在这里被认为是原设定[444]。

在我们进一步的分析中，对信念的原设定的优先考虑将受到限制。我们将看到，我们提出的本质合法性需要一种更准确的规定，因为首先和一般而言，信念的样态（在也包含该假定在内的特定意义上）必须取代或代表信念的原设定，后者被认为是包含在一切设定中的“信念的设定”。然而在一般信念样态的这种普遍的首要性中，信念的原设定，信念的确定性，于是具有那些被转换为信念设定的样态本身的极特殊的首要性，于是现在一切中性体都在
238 与原设定有关联的这种特殊意义上有其在信念潜在性中的标志。在这方面，任何信念因素与任何一种设定因素的那种“相互符合”，都得到了它的更精确的规定。①

现在，在最广泛的普遍性中提出的(虽然有某些省略)，但只能在特定行为范围内才能阐明的这些命题，立即需要一种更广泛的论证基础。我们还未彻底检讨在一切意向性领域中的意向作用和意向对象的平行关系。本编的主题本身也要求扩大我们的分析。但是在进行扩大分析时，我们关于中性变样的普遍论述将同时获得证实和补充。

§116 过渡到新的分析。有根基的意向行为及其意向对象相关项[445]

前面我们在一个宽广而又相当有限制的框架内的意向作用和意向对象的结构内研究了一系列普遍现象，即只为了使这些现象明确显露出来和达到我们的主导性目的即可，这个目的就是使我们获得有关意向作用和意向对象这对普遍性主题所具有的若干组问题的一个普遍而又内容丰富的观念。我们的研究尽管导致了各种各样的复杂问题，却只与一个心理流的低层级本身有关，一个仍然具有相对简单结构的若干意向关系永远属于此心理流。我们显

① 参见后面边码第243页以下。

示出对感性直观的偏好(不谈前面的预备性考察),特别是对显现的现实感性直观的偏好,以及对这样的感性表象的偏好,这些表象由于晦暗化而从感性直观之中露出,但这些表象当然是由于一种属的共同性而与感性直观结合在一起的。[446]同时,感性表象一词表示属。结果我们也就更加考虑本质上属于它的一切现象,因此还
有反思的直观和一般表象,后者的对象不再是感觉事物了。① 我 239
们的结论的普遍正当性,一旦扩大了研究范围之后,就会显示出它的不容置疑性,这些结论是通过我们进行研究的方式以及通过我们指出与较低领域相联系的任何东西都似乎是偶然性的方式提出的。我们于是看到,在中心意义核(它肯定须待进一步分析)和围绕着它的设定特性之间的一切区别重又出现,而且同样的,一切变样重又出现,这些变样——像再现、注意、中性化等变样——以自己特殊方式影响着意义核,然而又留下了此中心意义的"同一性因素"。

现在我们可以遵循两个不同的方向,它们都导致以表象为根基的意向性:我们可以或者进入朝向意向作用综合的方向,或者进入使我们通向新型的,但根基性的"设定"类型的方向。

如果我们取后一方向,那么我们就遇到了(首先尽可能最简单的,即摆脱了较低或较高层级上的综合的)有关感觉、欲望、意欲的意向作用,它们是根基于"表象"、知觉、记忆、记号表象等等之上

① 在所考察的领域中提出最广义的表象概念的严格的和本质的界定,对于系统的现象学研究来说当然是一重要任务。关于所有这些问题的解决,请参照我未来将出版的一些著作,本书简单指出的这些论断将从未来发表的著作的理论内容中获得证明。

的，而且它们在自己的结构中显示了根基层级中的明显区别。现在就全体行为而言，我们处处优先注意设定的形式（然而它们不应排除中性的较低层级），因为关于它们应当说的东西经适当变样后转换为相应的中性化。例如，一种审美性质的喜爱可能根基于具
240 有知觉的或再生的内容的中性意识上；一种喜悦或悲伤根基于一种（非中性化的）信念或信念样态上；对于喜爱或厌恶亦然，但相关于某种被评价为令人愉快的或美丽的东西等等。

在进入这种结构类型前，我们在这里关心的是，**新意向对象因素**也随着新意向作用因素出现在相关项中。一方面存在有新的特性，它们类似于**信念样式**，但同时**本身**具有在它们新内容中的信念逻辑的可设定性；[447]另一方面，与新因素相联系也存在有**新型的**“**统握**”，而且一种**新的意义**被构成了，它**根基于基层的意向作用的意义之上**，并同时包含着后者。这个新意义引入了全新的**意义维面**，由此所构成的不是纯“事物”的新的规定部分，而是构成了**事物的价值**，价值，价值性或具体的价值客体：美和丑，好和坏；使用客体、艺术品、机器、书、行为、动作等等。[448]

此外，较高层级上的任何完全的体验在其完全的相关项中也显示了一种结构，它类似于我们在意向作用最低层已见过的结构。**在较高层的意向对象中，被评价者本身可能是一种由新的设定特性围绕着的意义核**。“有价值的”、“可喜爱的”、“快乐的”等等的作用方式，很类似于“可能的”、“推测的”，也类似于“空虚的”、“现实的”等等的作用方式——虽然将前者纳入后一特性系列似乎没有道理。

在这些新的特性方面，意识又是一种设定的意识："有价值的"可在信念上被设定为是有价值的。再者，属于作为其特性的"价值"的这个"是……的"（seiend），也可被看成是变样化了的，就像每一种"是……的"或"确定的"一样：如果这样，意识就是对可能价值的意识，"事物"似乎只被当作有价值的；或者它又被意识作推测上有价值的、非有价值的（nicht-wert）（然而后者不等于说"无价值的"〔wertlos〕、坏的、丑的等等；"非有价值的"只表示抹消"有价值的"）。所有这些变样都不只是从外部地而且也是内在地影响价值意识、评价的意向作用，以及相应的意向对象（参见边码第243页）。

在注意变样形式内的多样化的深入的改变再次发生了，结果，按照多样化的本质可能性，注意目光穿过种种意向层次过渡到"事物"和事物的因素——导致一种相互关联的变样系统的东西，已作为一种较低层级为我们所认识——，但目光也指向价值，经由穿过构成着它们的把握指向较高层级的被构成的规定性；然后注意目光指向意向对象本身，再指向它们的特性，或在其他反思方向上指向意向作用——而且所有这些目光移动都发生于有关使注意、伴随注意、不注意等等的特定样式中。

我们需要进行极困难的研究以便阐明和澄清这些复杂结构，如"价值把握"如何与事物把握相关，新的意向对象的特性（善、美 241
等等）如何相关于信念样态，它们如何被系统地置入系列和分类之中，如此等等。[449]

§ 117 有根基的设定和中性变样学说的结论。设定的一般概念

现在我们将考察意识的新的作用层和意向对象层与中性化的关系。我们使此变样与信念的设定性相关。我们现在不难使自己相信，在我们现在所强调的这个层次中，这个设定性实际起着一种我们在更广的行为范围内预先赋予它的作用，以及我们在判断样态的行为范围内特别讨论过的作用。“推测的”、“或然的”在设定中“内在于”此推测意识中，然而同样，在喜爱意识中“内在有”“高兴的”，在快乐意识中内在有“快乐的”，如此等等。这些特性是内在于意识的，即可加以信念设定的，并因此之故是可述谓的。因而每一种情绪意识，连带其新的、有根基的情绪意向作用，就包括在设定意识的概念下，于是我们——相关于信念的设定性和最终相

330 关于设定的确定性——为自己提出了这个概念。[450]

然而在更准确的考察下我们还必须说，中性变样与信念设定的关联，其重要性正如以其为基础的洞见一样，在某种意义上仍然是以间接方式来理解的问题。

让我们首先阐明，喜爱行为（不论是否是“被实行的”[451]），同样还有各种情绪的或意志的行为，正是“行为”，是“意向的体验”，而且在每一种情况下与它们相联系的是“intentio”（意向）、“设定采取”，或者换个说法，它们在最广泛的但本质上统一的意义上是“设定”，虽然不是信念的设定。我们在前面曾正确地顺便说过，一般行为特性是“设定”（Thesen）——在扩大意义上的或只在特殊的信念设定或其他设定样态中的设定。特定的喜爱意向作用与信念

设定的本质类似性是显然的，如愿望意向作用、意欲意向作用等等。甚至在评价、愿望、意欲中也"设定着"某物，即使不考虑"内在于"它们中的信念设定性。这的确也是在种种意识类型之间和它们的所有分类之间的一切平行关系的根源：实际上人们对设定类型进行分类。

每一意向体验的本质，不论在其具体组成中情况可能如何不 242
同，都包含有至少一个，而往往是多个"设定特性"、"设定"，它们按根基等级关系联结在一起；于是在这类多设定特性中必然有一个所谓的主存在的设定特性，它统一着和支配着一切其他的设定特性。

联结着所有这些特殊"行为特性"、"设定"特性的这个最高属统一体，并不排除本质的和属的区别。因此情绪的设定类似于作为设定的信念设定，但它们不像一切信念样态那样彼此相互关联。

随同一切设定行为特性的属本质共同性一起，这些特性的意向对象设定相关物（"在意向对象意义上的设定特性"）的本质共同性被给与了。而且当我们按照它们更广的意向对象基层来把握后者时，一切"命题"[452]的本质共同性正好也被给与了。然而我们在一般逻辑学，一般价值理论和伦理学之间永远感觉到的那种类似性最终是以其为基础的，这些学科从根本上说导向一些普遍的、形式的平行学科的构成，如形式逻辑，形式价值学和实践理论。[①]

因此我们被引向那个普遍化了的词语"设定"（Thesis），关于它我们提出下述命题：

① 关于这个问题参见下面第四编第三章。

每一意识或者是实显的或者是潜在的"设定的"意识。[453]"**实显设定**"(aktuellen Setzung)这个**较早的概念**以及与其相联系的**设定性**(Positionalität),因此获得了相应的扩大。结果,我们的中性化学说及其与设定性的关系被转换为扩大了的设定(Thesis)概念。因此,普遍变样属于一般设定意识,不论后者是否被实行,我们都称这种普遍变样为中性化变样,即**直接**以下述方式这样做。一方面我们如此描述设定性的设定(positionalen Thesen),因而它们或者是实显的设定,或者可被转化为实显的设定;因此它们有"现实地"可设定的意向对象——在扩大意义上可以实显地设定的。与此相对,存在有非严格意义上的"准"设定,无效的反映,它们不可能在甚至中性化了的意向对象方面去实行任何实显的设

243 定。在中性和设定性之间的区别,有其在意向作用的和意向对象之间的平行的区别;我们在此可以设想,此区别直接与各种设定特性有关,而不在信念的原设定一词狭义和通常意义上经过设定的迂回——虽然只通过信念的原设定才可显示此区别。

但这意味着,这种特殊的信念设定的首要性在事物本身中有其最深刻的基础。按照我们的分析,正是诸信念样态,而且特别是其中的信念的原设定,即信念确定性的设定,才有独特的首要性,它们的特定潜在性遍及整个意识领域。按照本质法则,任何不管什么属的设定,都可借助于不可避免地属于其本质的信念特征而转换为一种实显的信念设定。[454]一种设定的行为实行着设定,但不论它设定着什么"性质",[455]也是以信念方式设定着;由它在另一种样式中所设定的东西,也是被设定为存在的:只不过不是实显地被设定的。但是实显性可按本质方式,以一种本质上可能的"运作"

方式被产生。因此，任何“命题”，例如任何愿望命题，都可转换为一种信念命题，而且它在一定方式上仍然是合二为一的：既是信念命题，又是愿望命题。

对此我们前面已指出过，以下断言是符合本质法则性的，**信念因素的首要性在普遍方式中严格地相关于信念样态**。因为每一种情绪的体验，每一种评价，每一种愿望、意愿，**其本身**或者可被描述为确定存在，或者可被描述为一种推测的、可疑的评价、意愿和愿望①。因此，例如当我们未专注于信念的设定样态时，价值就不是在其信念的特性中被实显地设定的。价值是在评价行为中被意识的，喜欢的事物是在喜欢行为中被意识的，快乐事物是在快乐行为中被意识的，但有时是在这种方式中，即我们在评价时并未完全“肯定”；或者，事物只是被假定为有价值的，或许有价值的，但我们在评价中还未接受它。我们存于评价意识的这种变样中时无须专注于信念因素。但我们可以成为专注于它的，当我们也许体验着推测设定（Anmutunsthesis）并随后过渡到相应的信念设定时，后
者如在述谓中被把握，于是就具有如下形式：“此事物应是有价值 244
的”；或者当转到意向作用侧和转到评价的自我时而成为：“我觉得它是有价值的（或许有价值的）。”对于其他样态也是如此。

这样，信念样态以上述方式被包含在一切设定特性中，[456] 而且当样式是确定性样式时，信念的原设定，按照意向对象的意义，就与设定的特性相符。但因为这也适用于信念的变化，信念的原**设定**因此也存于（现在不再以意向对象的相符方式）每一行为中。

① 参见前面边码第240页。

因此我们也可以说：**每一行为或每一行为相关项自身都隐含地或明显地包含着"逻辑的"因素**。行为始终可从逻辑上加以说明，即通过本质的普遍性加以说明，按此普遍性，"表达行为"的意向作用层可与每种意向作用因素（或被表达者层可与每种意向对象因素）紧密结合起来。因此显然，由于过渡到中性变样，表达行为本身和其被表达者也被中性化了。[457]

由此产生的结论是，**一切一般行为**——**甚至情绪的和意志的行为**——**都是"客体化的"，原初地"构成"对象的**，[458]而且因此是不同存在区域的以及它们各自相关的本体论的必要根源。例如：评价意识构成着与纯事物世界对立的新"价值学的"对象，构成着一个新区域的"存在"，因为正由于一般评价意识的本质，实显的信念设定被规定为观念的可能性；这些设定突出了一种新的内容——价值——的对象，后者被当作是在评价意识中的"所意向者"。在情绪行为中它们以情绪方式被意向，通过这些行为的信念内容的实显化，它们达到信念的、并进而达到逻辑—表达的所意指者。

每一种非以信念方式实行的行为意识都以这种方式潜在地被客体化；**信念的我思实行着实显的客体化**。

可据以阐明逻辑事物普遍性以及最终述谓判断普遍性（我们
245 在此包括了还未被详细讨论过的意指性表达层）的一切根源中的最深根源即在于此，而且由此逻辑本身支配性的最终根据也可获得理解。结果可以认为，本质上与情绪和意志意向性相关的诸形式的和实质的学科或意向对象的和本体论的学科，有可能成立，甚至必然成立。在我们获得了一些补充知识之后将再来讨论这个主题。[①]

§118　意识综合。句法形式[459]

如果现在转而注意上述[②]第二个方向上的综合意识的形式，那么多重性的体验形成方式就通过意向联结体显现于我们的边缘域中了，这个边缘域作为本质的可能性，一部分属于一切一般意向体验，一部分属于其特殊属的特性。一个意识和另一个意识不是一般地结合在一起，它们被组合在这样一个意识中，其相关物即是一个意向对象，后者根基于被组合的诸意向作用的意向对象中。

在这里我们的目的不是去研究内在时间意识的统一体，虽然也应当记住把它看作一个体验流的全部体验的无所不包的统一体，而且应当记住把它看作将意识与意识结合在一起的一个意识统一体。如果我们只看任何单一的体验，它就构成为展开于连续的“原初的”时间意识内的现象学时间中的一个统一体。按照一种适当的反思态度，我们可注意到属于体验绵延中种种片断的体验段(Erlebnisstrecken)的意识所与性方式；而且我们因此可以说，构成此绵延统一体的整个意识是连续地由诸片断组成的，在这些片断中体验绵延的片断被构成了；而且因此诸意向作用不只被结合起来，而且一个意向作用与一个意向对象(被充实的体验绵延)一起被构成，后者根基于被结合的诸意向作用的意向对象之上。对单一体验适用的东西也对整个体验流适用。不论诸体验在本质

① 参见后面第四编最后一章，边码第303页以下。

② 参见边码第239页。

上如何彼此相异，它们仍然被构成为一个时间流，被构成为一个现象学时间中的组成片断。

246 然而我们已明确排除了时间原初意识的原综合(Ursynthese)(它不应被看作是一实显的和分离的综合)以及属于它的一系列问题[460]。因此我们现在将谈论的不是这种时间意识框架内的综合，而是时间本身框架内的综合，时间本身即被具体充实的现象学时间；或者说这个时间被当作，如我们到现在为止一直所做的那样，持续的统一体，被看作体验流中的逝去的片断，它本身只不过是被充实的现象学时间。另一方面，我们甚至并未进入极重要的连续性综合，无论如何像那些本质上属于构成着空间物理性的一切意识的综合。稍后我们将有大量机会来更详细地认识这些综合[461]。我们关心的不如说是转向分节连结的综合，因此转向那些分离的不连续行为按其组合为一分节连结统一体的独特方式，转向一较高层级结构的综合行为。就一连续的综合来说，我们并未谈论一种“较高层级的行为”①，相反，统一体(从意向作用的、意向对象的，以及对象的角度看的)作为被统一物属于同一等级结构。此外不难看到，我们下面要论述的很多普遍性问题以同样方式关系于连续的以及分节连结的——多设定的——综合。

我们可以看到，较高层级的综合行为的例子，在意志范围内有“为他人的”相关性意欲，在情绪行为领域内有“顾及到”或也可以说“为他人的”相关性喜爱。因此，按不同行为属可有各种类似的行为事件。显然，一切偏好行为也如此。

① 参见《算术哲学》，第80页。

我们将进一步考察在某种方式上具有普遍性的另一组综合。
它包括有汇集的(聚集的)、析取的(关于“这个或那个”的)、说明
的、使相关的等综合,普遍来讲,一个完整的综合系列,它们按照在
本身中构成的综合对象的纯形式,规定着形式—本体论的形式;[462]
而且另一方面,在意向对象构成的结构方面,它们被反映在形式逻 247
辑的(彻底意向对象方向的命题逻辑的)命题学意义形式中。

与形式本体论和与逻辑的关系已经表明,问题涉及一组本质上封闭的综合,它在各种可被组合的诸体验种类方面具有一个绝对普遍性的可能应用领域,这些体验本身因此也应当是一些具有任意复杂性的意向作用统一体。

§119　多设定行为向单设定行为的转换

关于一切种类的分节综合和多设定行为,首先应注意下述问题:

每种综合统一的意识不论可能包含着多少特殊的设定和综合,都具有属于这个作为综合统一意识之意识的整个对象。它被称作是整个对象,以与意向结构上属于较低或较高层级的综合组成项的对象相对立,因为它们全体以根基性关联的方式对其起作用并纳入其结构。每一种独立的、自行限定的意向作用,即使它是一个非自足的层级,对整个对象的构成起着本身的作用;例如,作为评价的因素它是非独立的,因它必然根基于一事物意识上,而且它构成了对象的价值层,即“价值性”层。

这种新层次也是前面描述过的普遍意识综合的特定综合层,即一切特别产生于综合意识本身的形式,因此是结合形式和内在

于诸组成项的(因为它们都包含在此综合中)综合形式。

我们说,一种综合的整个对象是在综合意识中被构成的。但它是“对象性的”,其意义非常不同于在简单设定中被构成的东西。综合意识或“在”其“内”的纯自我,沿很多射线指向该对象物,而简单的设定意识则沿一条射线指向对象。因此综合的汇集行为是一种“多元的”意识,它是由若干单一意识聚集而成的。同样,在原初的相关意识中,该关系在一双重设定行为中被构成。在一切其他情况下也是如此。

248 按照本质法则把在多射线下的被意识物转化为在单射线下的简单的被意识物的可能性,以及在一“单设定的”行为中使在多射线行为中的被综合构成物在特定意义上“对象化”的可能性,属于综合对象的每一个这类多射线的(多设定的)构成——此综合对象按其本质只能以综合方式被“原初地”意识。

因此被综合构成的集合(Kollektion)在特殊意义上成为对象的,通过使一种简单设定相关于刚被原初地构成的集合,因此通过将单设定在特殊的意向作用中联系于该综合,它成为一简单信念设定的对象。换句话说,多数性意识按其本质可转换为一单个意识,后者从作为一个对象,作为单一体的多数性意识中取得多数体;现在,多数体可与其他多数体以及其他与其相关的对象结合,如此等等。

这种情况对于在结构上完全类似于汇集的意识的析取的意识和其存在的或意向对象的相关物显然也一样。同样,综合地与原初地被构成的关系,可从与综合相联系的简单设定中的使相关的意识里抽出,并在一种特殊意义上成为对象,而且作为在特殊意义上的对象，它可与其他关系相比较，而且一般来讲，被用作谓词的主词。

但是对此应充分加以阐明的是，简单再现的东西和综合统一的东西实际上是一回事，而且，随后的设定或抽取程序并未将任何东西归属于综合意识，而是把握住综合意识所呈现的东西。当然同样明显的是，所与性方式本质上是不同的。

这种法则性在逻辑学中显示为“**名词化**”法则；按此法则，某种名词的东西对应着每一命题和该命题中可区别的每一组成形式：**名词的宾语子句命题**（Daßsatz）对应着该命题本身，如“S 是 p”；例如在一新命题的主词位置上“P 存在”（P－sein）对应着“是 p”（ist p）[463]，**类似性**（Ähnlichkeit）对应着“类似的”（ähnlich）关系形式，**多数性**（Mehrheit）对应着多数形式，如此等等。①

从“名词化”中产生的那些概念被设想作只由纯粹形式规定 249
的，它们构成了**一般对象的观念的形式范畴的变换**，并提供了形式本体论的基本的概念材料和它所包含的一切形式数学学科[464]。这个命题对于理解作为命题逻辑的形式逻辑学和普遍形式本体论，具有决定的重要性。

§120　综合设定领域内的设定性和中性[465]

我们一直在考察的一切真正的综合都建立在简单设定上，这个词是在前面规定的普遍意义上理解的，它包含着一切“意向”，一

① 参见《逻辑研究》第二卷，“第五研究”，§34—§36，以及“第六研究”中对此所做的最初尝试。关于一般综合理论，参见“第六研究”第二部分。

切“行为特性”；而且**它们本身**就是设定，较高层级上的设定。[①] 我们关于实显性和非实显性，关于中性和设定性所做的一切论断因此都无须另做说明而同样适用于综合。

相反，在这里需要更详细的研究来确定，根基性的（fundierenden）设定的设定性和中性在什么不同的方式上相关于有根基的（fundierten）设定的设定性和中立性。

一般来讲，而且如果不只限于我们称其为综合的那类有特殊根基的行为，那么很明显，人们不能简直地说，一种较高层级的设定性的设定是纯以较低层级的设定性的设定为前提的。因此，一个实显的本质看是一种设定行为，而不是一种根基于某种例示性直观意识的中性化了的行为，此意识本身可能是一种中性的意识，一种想象意识。对于有关显现的喜爱对象的一种审美性喜爱，对于有关映现性“图像”的一种设定的映现意识来说，情况也是类似的。[466]

如果我们现在观察感兴趣的一组综合，就会立即认识到这一事实，**该组综合中的每一个按其设定特性都依存于根基性的意向**
250 **作用**；更准确说，它是设定的（而且只能是设定的），如果全部低层设定（Unterthesen）是设定的（positional），反之它就是中性的。

例如，一个汇集行为是一个现实的汇集或“准”样式中的汇集，它是现实地或中性地设定的（thetisch）。在一种情况下，相关于单一的集合组成项（Kollektionsglied）的一切行为都是现实的设定，

① 此外，综合概念具有一种不致为害的歧义性，因为它有时指全部综合现象，有时指综合的“行为特性”本身，即现象的最高设定。

而在另一种情况下则不是。对于在逻辑句法中被反映的类别的一切其他综合来说也是如此。纯中性绝不可能起设定综合的作用，它必定至少经历向“假定”(Ansatz)的转换，或向假设前件或后件，向假设中被假定的名词化的词的转换，如像“伪狄奥涅修斯”(der Pseudo-Dionysius)和其他类似词语。

§121　情绪领域和意志领域内的信念句法[467]

如果我们现在问这一组综合如何得以在逻辑形式理论所发展的陈述命题的句法形式中被表达，那么回答是现成的。我们将说，它们正是**信念的综合**，或者也可以说，在提到它们在其中被表达的逻辑句法构句时：**信念的句法**。属于信念行为的特定本质的是关于“和”或关于多数形式的句法、关于“或”的句法、关于使某谓语的设定相关于一个主语设定的基底的句法，如此等等。人们不能 341
怀疑，“信念”和“判断”在逻辑意义上是内在相关的(即使人们不会直接认定它们)，信念综合在陈述命题的形式中发现了它们的“表达”。不论它们可能多么正确，仍然应当看到，所提出的解释本身并不包含整个真理。关于“和”、“或”、“如果”、“因为”和“因此”的这些综合，简单说，首先呈现为信念的综合，却不**只**是信念的综合。

基本的事实是①，那些综合也属于非信念设定的固有本质，尤其是在下述意义上。

① 在企图实现一种形式价值学概念和作为形式逻辑类似物的实践学时，我(现在比十年前更多地)常遇到这种情况。

251 当然存在有一种集合性的快乐(kollektive Freude)、集合性的喜爱、集合性的意愿这类现象。或者如我常常说的,在信念的“和”(逻辑的“和”)之外有一种价值论的和实践的“和”。对“或”和其他有关综合也是这样。例如:温情地望着她的孩子们的母亲,以**一种**爱的行为分别地和一块地拥抱着每一个孩子。集合性的爱行为统一体不是一种爱另加上一个集合性的表象行为,即使后者与作为其必要基础的爱相联系。相反,爱本身是集合性的;它像“根基于”它的表象行为或多重判断行为(plurale Urteilen)一样也是多射线的。我们将在与谈论多重表象行为或判断行为完全相同的意义上来谈论一种多重的爱。综合的形式进入情绪行为本身的本质,即进入它们特有的设定层。我们不可能在此详论一切综合,所讨论的例子对于我们的说明已经足够了。

但是现在让我们回忆一下上面讨论过的在信念设定和普遍设定之间的本质类似性。一种平行的信念设定被包含在每个一般设定中,前者与例如作为爱意向的一般设定的对象功能一致。显然,属于信念设定范围的句法和一切属于其他设定范围的句法间的平行关系(信念的“和”、“或”等等与评价的和意愿的“和”、“或”等等的平行关系),是同一本质类似性的特例。因为综合情绪行为——其综合性即与此处讨论的句法形式有关——构成着**综合的情绪对象**,后者是通过相应的信念行为而达到客体化的。被爱的孩子们作为**爱客体**是一个集合项(Kollektivum);相应地应用前面所做的论述,这就不只意味着一个事物集合项**另加**一个爱,而是一个**爱集合项**(Liebeskollektivum):正如在意向作用方面从自我中产生的一个爱之射线是在一束射线中分布的,其中每一射线都相关于一个单一客体，于是很多意向对象的爱的特性是在作为被汇集的诸对象的爱集合项中被分布的，也同样有很多设定的特性，它们被综合地结合入一个由诸设定特性组成的意向对象统一体中。

我们看到，所有这些句法形式都是平行形式，即它们属于具有 252
其特定情绪成分和情绪综合的情绪行为本身，正如信念的设定性一样，后者与它们平行并与它们在本质上统一，信念的设定性是通过将目光适当地转向特殊的较低层级和较高层级而从情绪行为中引出的。自然，适用于意向作用范围的东西也适用于意向对象范围的东西。价值学的“和”本质上在自身包含了一个信念的“和”，这里所谈的该组中的每一个价值学的句法形式都包含了一个逻辑的句法形式：正如每一简单意向对象的相关物在自身中包含了一个“存在的”或一个其他存在样态，以及包含了作为其基底的“某物”的形式和在其他情况下属于它的形式。在任何情况下问题都在于本质上可能的目光转向和所包含的设定的或综合信念的程序，我们根据我们只在其中以纯情绪方式体验的情绪行为去形成一种新的行为，但并不因此去实显信念的潜在性。在这种新行为中，开始时只是潜在的情绪对象被转化为一个实显的、在信念上以及或许在表达上明确的情绪对象。因此有可能并在经验生活中经常发生的是，(例如)我们考察很多直观对象，在信念上设定它们；因此我们同时实行着一种综合的情绪行为——或许一种集合性喜爱统一体(Einheit kollektiven Gefallens)，或者一种选择的情绪行为统一体、一种偏好性喜爱统一体、一种排斥性不喜爱统一体；而且我们这样做时，绝非继续将整个现象转换为一个信念的现象。但当我们说出一个句子时，例如关于对众多物或众多物之一的一

种喜爱，关于对其中一个比对其他更偏爱等等的句子时，我们的确在实行着转换。

无须强调，精心进行这类分析，对于认识价值论的和实践的对象的本质、意义、意识方式，因此对于伦理的、美学的，以及与它们本质上类似的概念和认识的“根源”[468]问题，有多么重要。

由于我们此处的任务不是去解决现象学的问题，而只是科学地拟定关于现象学的主要问题，或者规定与它们一致的研究方向，我们必须满足于只将这个问题讨论到此为止。

253

§122　被分节联结的综合的实行样式。“主题”[469]

一组非常重要的普遍变样属于设定和综合系列，我们最好对此增补一点简要说明。

一种综合可逐步地**被**实现，它是生成性的，它在**原初的生产**中
344 产生。在意识流中的这种生成的原初性是很特殊的。当纯粹自我实显地采取步骤和每一个新的步骤时，设定和综合就生成着，自我本身在诸步骤中生存并随其“向前”。设定，在某某之上的设定，在先设定和在后设定等等，表现了自我的**自由的自发性和活动性**。自我并非像被动的内包存在(Darinnensein)那样生存于设定中，相反，设定是从作为一种生产源泉的纯粹自我中的放射。每一设定以**起始点**与**根源设定点**开始；于是第一个设定就像综合的联结体中每一个其他设定一样。这些“起始”(Einsetzen)正属于设定本身，属于作为原初实显性特殊样式的设定。因此，它像是某种类似于决心的东西，如意欲和行动的起始点。

然而我们不应将普遍与特殊相混淆。自发的自决，有目的的、

完成着的行动，是与其他行为并列的一个行动；[470]它的综合是其他综合中的特殊综合。但每一个不论何种行为都可以在所谓创造性开端的此自发性样式中开始，在此开端中纯粹自我作为自发性的主体而出现。

这个起始样式，立即按一种本质必然性，转换为另一种样式。例如，知觉的把握、掌握等行为，立即地和无间断地变为“在把握中的”（im Griff haben）。

当设定仅是朝向一种综合的步骤时，当纯粹自我实行一种新步骤时，而且当它现在在综合意识的无所不包的统一体中“仍然”把刚才曾把握的东西“保持于把握中”时：即把握着新的主题性客体，或者不如说，把握着全部主题中作为主要主题的一个新组成项时，但仍然保持着先前被把握的、属于同一全部主题的组成项时，其他新的样式改变就发生了。例如，当我将把握的目光转向新对象时，在汇集行为中不让刚才在知觉上把握的东西逝去。我在实 254
行证明时，逐步地遍历了作为前提的思想；我未放弃已获得的综合的步骤，也未失去对它的把握，然而实显性样式随着新主题的原实显性的实行而发生了本质的改变。

在这个方面，问题仍然是，尽管绝不仅是与暗化作用有关。我们刚刚试图描述的区别，展示了与明晰性和非明晰性之间区别相对立的全新方面，虽然两种区别是密切地交织着的。

我们可以进一步观察到，这些新的区别受意向作用和意向对象相关性法则的支配，正如明晰性区别和一切其他意向性区别一样。因此意向作用的实显性变样对应着此处讨论的那种意向对象的变样。例如：“被意指者本身”的所与性方式在设定的改变中变化，或在综合的步骤中变化，而且人们可以在特殊的意向对象的内容本身中指出这些变化，并使其显现为意向对象的一个固有的层次。

当实显性样式（从意向对象侧说，所与性样式）——如不考虑连续流中的改变——必然按一定的断续的类型变化，在整个改变中仍然永远保持着某种本质上共同的东西。从意向对象上说，一个“某物”保持着同一的意义；在意向作用侧，这种意义的相关物以及按照设定和综合的整个分节联结形式，保持着同一的意义。

然而一种新的本质变样现在出现了。纯粹自我可完全脱离设定，它从其“把握”中释放了设定相关项：它“转向另一主题”。片刻前还是其主题（理论的、价值论的等等主题）的东西，连同其虽然多多少少是晦暗的分节联结，并未从意识中消失，它仍然被意识着，但不再在主题的把握中了。

这既适用于分离的设定，也适用于综合组成项。当我在思考时，街上一声哨音暂时使我脱离了我的主题（在此即思想主题）。片刻中我转而注意该声音，但不久又返回旧主题。声音的把握未消失，哨音在变样后仍被意识到；然而它已不再在我的精神把握中。它不再属于主题，甚至也不属于一个平行的主题。人们将看
255 到，同时性的，或许相互“渗透”和“干扰”的诸主题和诸主题综合的这种可能性，又指出了其他可能的变样；于是我们注意到，相关于一切基本种类的行为和行为综合的“主题”这个名称，构成了现象学分析的一个重要的主题。

§123 作为综合行为实行样式的含混性和清晰性[471]

现在让我们进一步考察行为实行的样态，这些样态可以说存

在于与原初发生的实显性的优选样式相反的方向上。一个简单的或具有多重设定的思想，可作为“**含混的**”思想发生。于是它呈现作简单的表现，不包括任何实显设定的分节联结。例如我们想起了一个证明、一个理论、一次会话——它“浮现于心间”。最初我们甚至未注意它，它出现“在背景上”。然后一个自我目光在一条单射线中指向它，在一种无分节联结的把握中把握住这个意向对象的对象。现在一个新的过程可以开始了，含混性的重忆转为**清晰的**和明晰的重忆：我们一步步地记起证明过程，我们“再次”产生了证明设定和综合，我们“再次”回顾了昨日谈话的诸阶段等等。自然，通过重忆，再生“先前的”原初产物的这种复制是某种非本质的东西。例如为实行一复杂理论我们具有一种**新的**理论观念，它一开始是含混而统一的，然后在自由实行的步骤中展开，并转换为综合的实显物。以上所指出的一切无疑以同样方式与一切种类的行为相关。

在**含混性**和**清晰性**之间的这一重要区别，在有关“表达”、明确表象、判断、情绪行为等等的现象学中起着重要作用，对此我们将进一步讨论。我们只须想想我们通常去把握总是相当复杂的、综合的结构的方式，这种结构形成了我们在一般阅读时的“思想内容”，并思考一下，在理解我们所读的内容和在有关所谓表达的思想基础方面，哪些东西达到了现实原初的实显化。

§124　“逻各斯”的意向作用—意向对象层次。意指和意义[472] 256

表达的行为层次和在特定意义上是“逻辑的”行为层次，与前面考察的一切行为交织在一起，在这些新的行为层次中，意向作用和意向对象间的平行关系应像在其他行为中一样加以阐明。由此平行关系决定的，并在该关系表达于语言中时显示出处处在起影响的那种词语方面普遍而不可避免的歧义性，自然也可在表达和意义词语中看到。只有当人们未辨识出它来或未区分出平行的诸结构来时，歧义性才是有害的。但如果辨识了这种区别，只要注意时时明确所用的词语应相关于结构的哪个部分就行了。

我们先开始谈在表达的感性侧或所谓机体侧和其非感性侧或"精神"侧之间的熟知区别。我们无须详细论述前一侧，也无须考察两侧联合的方式。虽然那个名称显然并非表示不重要的现象学问题。

我们将只考察"意指"(Bedeuten)和"意义"(Bedeutung)。这些词最初只与语言范围有关，即与"表达"的范围有关。但人们几乎不可避免地同时采取一个重要的认识步骤来扩大这些词的意义并适当地将其变样，以便可使它们以某种方式适用于意向作用—意向对象的整个范围：因此适用于一切行为，不论这些行为现在与表达行为结合与否。① 因此我们在一切意向体验方面继续谈论"意义"(Sinn)——这个词在通常使用中相当于"意义"(Bedeutung)。为明确起见，我们宁愿用意义(Bedeutung)一词来表示旧概念，特别是在"逻辑的"或"表达的"意义这类复合词中。我们将像先前一样在广泛的应用范围中继续使用意义(Sinn)一词[473]。

① 关于这个问题，参见《算术哲学》第28页以下，在那里已区别了"现象的心理学描述"和"其意义的阐明"，而且在那里论述了与心理学内容相对的一种"逻辑学的内容"。

我们先来举一个例子：一个对象以确定意义出现于知觉前，即
在确定的充实性中以单设定方式被设定。正如在最初简单知觉中 257
把握了某物之后通常习惯去做的那样，我们对所与物进行说明，并使从知觉中抽出的部分或因素相互结成整体：例如按照“这是白的”这个图式。这个过程一点不需要“表达”，也不需要一点音声语言意义上的表达或任何类似于语言意指的东西，后者也能独立于言语声音出现（如当它会“被忘记”时）。但如果我们“**想到了**”或**说出了**“这是白的”，那么一个新层次同时出现了，它纯知觉地与“被意指者本身”结合起来。这样，任何被回忆物本身，任何被想象物本身也是可说明的和可表达的。任何行为的任何“被意指者本身”，任何在意向对象意义上的被意指者（而且特别是作为意向对象核心），都是**通过**“**意义**”**可表达的**。因此我们可普遍地设定：

逻辑意义是一个表达。

言语声音只能被称作一个表达，因为属于它的意义在表达着；表达行为原初地内在于它。“表达”是一特殊形式，它可适应每一个“意义”（适应于意向对象“核”），并将其提升到“逻各斯”领域[474]，**概念的**领域，因此也是“**普遍的**”领域。

结果后面这句话应在一种完全确定的意义上被理解，必须把它与它所有的其他意义区分开。一般来说，刚才的说明表示了现象学分析的一个重要主题，它对于逻辑思维和其相关物的本质阐明是基本的。在意向作用面，一个特殊的行为层次应在“表达行为”名称下表示，一切其他行为都以各自特殊方式与其相符合，并以特殊方式与其相融合，以致每个意向对象的行为意义[475]，以及因

而存于其内的与对象的关系，均在表达行为的意向对象物上有其“概念上的”表示。一种独特的意向的介质出现了，它有如下本质特征，它在形式和内容方面可以说反映着每一个其他意向性，以本身的色泽去进行描摹，并因此赋予它们以它自己的“概念性”形式。当然，我们应慎重对待加予我们的关于反映或描摹这类词语，因为这些比喻用法颇易导致悖谬。

258 极其困难的问题是与“意指”和“意义”这两个名称所包含的现象有关的。① 因为每门科学按其理论内容和每一种在其“学说”内的东西（定理、证明、理论），都在特定的“逻辑”介质中，在表达的介质中被表达，于是表达和意义的问题对于受普遍逻辑兴趣引导的哲学家和心理学家就是最具直接性的问题；因此一旦人们要严肃地去探求它们的基础时，它们就是第一批要求进行现象学的本质探讨的问题。② 人们由此被引导去询问应如何理解有关“被表达者”的“表达行为”，表达的体验与非表达的体验关系如何，以及在表达行为出现时非表达体验经受着什么变化：人们觉得自己关涉到非表达体验的“意向性”，关涉到“内在于”它们的“意义”，关涉到“质料”和“性质”[476]（即设定的行为特性）；关涉到存于前表达因素内的这些意义和本质因素，与表达现象本身的和其固有因素的意义之间的区别，如此等等。人们仍然在各种各样当前文献中看到，

① 正如人们可从《逻辑研究》第二卷中看到的，它们构成了该书的一个重要主题。

② 事实上，这正是《逻辑研究》努力借以探究现象学的道路。另一条道路是沿相反方向，即沿作者自1890年代初所遵循的经验和感觉所与物一侧的方向开始，对此该书尚未加以充分表达。

此处指出的主要问题的最深刻意义一般来说远远未受到应有的重视。

表达的层次——这正是其独特性所在——，除了它将表达赋予一切其他意向性之外，不是生产性的。或者如人们也可以说的：**它的生产性，它的意向对象的活动，都穷尽于表达行为中**和随其出现的**概念形式中**。

结果，表达层在其设定特性方面本质上与被表达的层次正相同，而且在此相符关系中充分吸取其本质，以致我们称表达的表象行为本身为表象行为，将表达的相信、推测、怀疑诸行为本身一般称为相信、推测、怀疑；同样，我们称表达的愿望和意欲即为愿望和意欲。显然，甚至设定性和中性之间的区别也过渡到表达面上，对 259 此我们前面已讨论过了。**表达层既不能有与被表达层性质不同的设定的**(positionale)**或中性的设定**(Thesis)，而且在相符关系中我们并未看到应予分开的两个设定，而是**只有一个设定**。

充分阐述此处讨论的诸结构是相当困难的。在抽离了感性的言语声音层后已不易认识我们这里所假定的那种分层是否实际存在，因此在每种情况下——甚至在那种还很不清楚的、空洞的、纯言语的思想的情况下——不识别一个表达的意指行为层和一个被表达者的底层，也不易理解这些分层的本质联系。因为我们对分层这个隐喻词不应期望过多，表达不是某种类似于涂在物品上的漆或像附加在它上面的一件衣裳；正是一种心理构成对意向的底层实行着新的意向功能，而且它相应地受到这个底层的意向功能的制约。这个新隐喻的含义应当在现象本身内和在其一切本质变样中加以研究。理解在此出现的各种“普遍性”特别重要：一方面是那些属于每一表达和表达成分，同时也属于非独立的“是”、“非”、“和”、“如果”等等的东西；另一方面是与“布鲁诺”一类专名对立的“人”一类的“泛名”的普遍性；再次，那些属于一种本身在句法上无形式的本质的东西，它们可与刚谈过的各种不同的意义普遍性相比较。

§125 逻辑表达领域中的实行样态和阐明方法

为了澄清所谈的困难，应特别注意前面讨论的诸实显性样式之间的区别：行为实行的诸样态，后者关系于一切设定和综合，也关系于表达的设定和综合。但这一情况发生于双重方式中。一方面，它们关系于意义层次，专门的逻辑层次本身；另一方面则关系于根基性的底层。

260 阅读时我们可用分节联结方式自由地实行每一意义，于是可以按所指出的方式综合地联结各个意义。在意义行为的这种实行中，我们以真正生产性的样式获得了逻辑理解的完全清晰性[477]。

这种清晰性可按照上述各种样式转换为含混性：刚读过的句子沉入暗处，失去其生动性的分节联结，不再是我们的“主题”，不再“在把握中”。

然而这种清晰性和含混性应与影响被表达的底层的清晰性和含混性相区分。对字句的清晰理解（或对陈述行为的清晰的、分节的实行）是与底层的含混性相容的。这个含混性并不意味着单纯的非明晰性，虽然它也能意味着这个意思。底层可能是（而且往往是）一种含混的统一物，它本身并未实显地包含着它的分节联结，而是由于对在原初实显性中实际被分节联结的和被实行的逻辑表达层次的适应本身而获得此分节联结。

这一论断包含着极其重要的方法论含义。我们注意到，我们关于涉及作为科学中生命元素的命题之阐明方法的早先讨论①，现在需要加以根本的补充。不难指出，我们应如何做以便从含混的思想过渡到真正的和充分明确的认识，过渡到对思想行为的明晰的以及清楚的实行：首先，一切"逻辑的"行为（意指行为），由于仍然在含混样式中被实行，都应转换为原初的、自发的实显性样式，因此应当建立完全的逻辑明晰性。但现在在基础的底层上也应产生出类似的东西，一切非生动因素应转换为生动因素，一切含混性应转换为明晰性，同样，一切非直观性应转换为直观性。只有当我们在此底层中实行此转换程序——只要其中不出现不相容情况而使得以后的程序成为多余——，前面论述的方法才起作用；为此必须考虑，直观概念，清晰意识概念是从单设定（monothetischen）行为向综合设定（synthetischen）行为过渡的[478]。

此外，更深入的分析将指出，一切都取决于每一事例中所获得的明证种类（Art der Evidenz），或取决于明证所朝向的层次。相 261
关于纯逻辑关系，相关于意向对象意义的本质关联体的一切明证——因此即那些我们从形式逻辑的基本法则中得到的明证——所要求的正是意义的所与性，即由相关的意义法则所规定的形式的表达命题的所与性。意义的非独立性也导致一种结果，即以法则明证性为中介的逻辑本质构成的例示也含有其底层，尤其是那些支持逻辑表达的底层；但当这些底层是有关一个纯逻辑洞见的

① 参见§67，边码第125页。

问题时，就不须加以阐明。经相应地改变之后，以上论述适用于应用逻辑的一切“分析的”知识。

§126　表达的完全性和普遍性[479]

此外应该强调在**完全**表达和**不完全**表达之间的区别①。现象中的表达者和被表达者的统一性虽然具有某种程度的相符性，但上层不必须将其表达功能扩及全部底层。表达是完全的，当它**使概念意义显示于底层的一切综合的形式和质料中**时；它是不完全的，当它只是部分地这样做时：如当在马车到达这样一个复合事件中，马车将带来长久期待的客人，我们在房中喊到：马车！客人！——显然，这种完全性的区别与相对的明晰性和清晰性的区别是相互交叉的。

与刚才所说的那种不完全性完全不同的一种不完全性是属于表达本身本质的不完全性，即属于其普遍性的不完全性。“我想”普遍地表达着愿望，命令形式表达着命令，“可能”表达着推测或被推测物，如此等等。在表达的统一性中一切被更详细地规定的事物本身再次是普遍地被表达的。属于表达行为本质的普遍性意味
262 着，被表达者的一切特殊性绝不能在表达中被反映。意指层不是，而且必然不可能是一种对底层的复制。在底层中的可变性的各个方面一般绝不进入表达的意指行为中，这些方面及其相关物一般根本不“表达自身”：因此相对清晰性和明晰性的变样，注意的变样等等也是这样。但是甚至在表示表达一词特殊意义的东西中，例

① 参见《逻辑研究》第二卷，“第四研究”§6 及以下几节。

如在综合形式和综合质料借以获得其表达的方式中，我们也看到了本质的区别。

在此也应提及一切形式意义和一切一般“互依的”(synkategorematischen)意义的非独立性。480 单独的“和”、“如果”，单独的所有格词“天堂的”，是可理解的，但是非独立的，并有待完全化。在这里问题在于，对完全性的这种需要意味着什么，相对于两个层次和相关于不完全的意指行为的可能性时，它意味着什么。①

§127　判断的表达和情绪意向对象的表达

如果要解决意义领域内最古老、最困难的问题中的一个问题的话，就必须阐明所有这些方面，这个问题迄今尚未解决，正因为欠缺所需的现象学洞见：这就是，作为判断之表达的陈述如何相关于其他种类行为之表达。我们有表达的述谓论断，在其中表达着“它是这样的！”。我们有表达的推测、询问、怀疑，表达的愿望、命令等等。从言语角度看，我们在此发现部分上具有独特结构的命题形式，但它们会遭到含混的解释：与陈述命题并列的是质询命题、推测命题、意愿命题、命令命题等等。除了语法的言词表达和它们的历史形式外，在这方面的最初争论在于了解，各种意义类型是否在同一层级上，或者所有这些命题按其意义事实上是否是陈述命题。在后一情况下，一切有关的行为构成，例如其本身不是判断行为的情绪领域的构成，只能以间接方式并借助根基于它们的判断来达到“表达”。481

① 参见上书§5，从第296页直到第307页。

263 然而，使这个问题与**行为**，与意向作用发生全面的关联是不够的，而且正是对在这种意义思考中目光所指向的意向对象的经常忽略，妨碍了对问题的理解。在这里仅只为了能达到对这个问题的正确提出，一般来说必须考虑我们已指出过的不同结构：即对意向作用的和意向对象的相互关系的一般认识，这种相互关系遍及一切意向关系，遍及一切设定的和综合的层次；同样，对逻辑的意义层与由其表达的底层的区别的一般认识；另外，在这里正如在意向领域中的其他部分一样，需要对本质上可能的反思方向和变样方向的洞见；而且特别是需要对这样一些方式的洞见，按照这些方式每一意识转换为一判断意识以及从每一意识中可获得那种意向作用的和意向对象的**事态**。正如以上一整套问题分析的关联域所显示的那样，我们最终被引向的这个**根本问题**应表述如下：

表达的意指行为的介质，逻各斯的这个独特的介质，是否是一**特定的信念介质**？在意指行为与被意指者的相互符合中，**它不与内在于一切设定性中的信念因素相符吗**？

当然这并不排除这样的事实，即存在有对（例如）情绪的体验的各种表达方式。其中独特的一种方式或许是直接的、即简单的体验表达（或对于表达一词的相关意义而言：它的意向对象），它是通过一种分节联结的表达对分节联结的情绪体验的直接适应，因此即通过诸信念因素彼此相符而获得的。内在于情绪体验的一切成分的**信念**形式，因此也就是使作为一种纯信念设定的体验的表达可能相符于情绪体验的东西，情绪体验本身以及它的组成项都是多重设定的，但其中也必然包含信念设定的。

更准确地说，这个**直接**表达，如果它应当是一种忠实的和完全的表达的话，只属于信念上非样态化的体验。如果在愿望中我不确信，于是按照表达的直接适应法去说“S可能是p”就不正确了。因为按照基本理解的意义，一切表达行为在严格意义上都是一信 264 念行为，即一种信念确定性[①]。因此它只能表达确定性（例如，愿望确定性、意志确定性）。就这种情况而言，所形成的表达只是间接忠实的，例如以此形式：“也许S可能是p”。一旦样态介入，为了获得一种可能范围内最适应的表达，就必须诉诸可说隐含于其内的、具有改变了的设定质料的信念设定。

如果我们承认这一解释是正确的，那么还必须做下面的补充论述：

永远存在许多具有“迂回措辞”的间接表达的可能性。种种相关性说明的可能性都属于任何对象本身的本质，不管构成这些对象的行为是什么，是简单的，多重性的，还是综合有根基的；因此在任何行为上都可添加上种种不同的行为，如一种愿望行为，与其相关的、与其意向对象的对象相关的、与其全部意向对象相关的行为，主词设定的关联体，加于它之上的谓词设定的关联体，在这些关联体中（例如）在愿望的原初行为中被意指的东西是在判断上展开的和相应地被表达的。这个表达于是未直接适应于原初现象，而是直接适应于从它导出的述谓的现象。

对此永远必须注意，一方面，说明的或分析的综合（在概念意义表达之前的判断）；另一方面，陈述或在一般意义上的判断，最

① 不应说一个表达行为表达着一个信念行为：如我们此处随时在做的那样，当我们按此表达行为理解着意指本身时。但如将表达行为一词与一声音相联系，就完全可按所谈的那种方式说了，不过这样意思也就完全改变了。

后，信念(belief)，它们是必须加以明确区分的不同问题。人们称作“判断理论”的东西含义相当模糊。信念观念的本质阐明是某种不同于陈述或说明的东西。[①]

① 关于这整个一段，参见《逻辑研究》第二卷，“第六研究”中最后一章。读者会看到，自那时以后作者未停止不前，尽管可争议和不成熟之处尚多，一直沿此方向进行着分析。那些分析曾多次遭到批评，但人们却未真正进入该书提出的新思想动机和问题理解的领域。

第四编 理性和现实[482] 265

第一章 意向对象的意义和与对象的关系[483]

§128 导论

上一章的现象学巡礼引导我们进入了几乎一切意向性领域。按照有关真实的分析和意向的分析间的区别，以及有关意向作用 359 的分析和意向对象的分析之间的区别这一基本观点，我们一再遇到了分歧多变的结构。我们不能再拒绝这样的洞识，即这一区别事实上与遍及一切意向结构的基本结构有关，因此这一基本结构必定形成着一个现象学方法论。主导性基本动机和决定着一切意向性问题探讨的进程。

同时显然，由于此区别而在根本上对立却又本质上彼此相关的两个存在区域之间出现了突出的区别。我们早先曾经强调，一般意识必须被看作一个独特的存在区域。然而我们认识到，本质意识描述导致对在其内被意识物的描述，意识的相关项不能与意识分离，但非真实地包含在其内。于是意向对象的因素被分离为属于意识的而又是独特[484]的对象。在这方面我们注意到，虽然对象本身（照未变样的意义来理解）属于基本不同的最高属，一切对象意义和一切完全的意向对象，不论它们在其他情况下会多么不同，本质上属于唯一的最高属。然而重要的是也要注意到，意向对象的本质和意向作用的本质是彼此不能分离的：意向对象侧的每一最低种差本质上相关于意向作用侧的最低种差。这一性质自然扩充到一切属和种的构成。

兼涉意向作用和意向对象的意向性本质双侧性的认识导致这
266 样的结论，即一门系统的现象学不应单侧地指向一种体验的，尤其是意向体验的真实性分析。然而这样做的诱惑力一开始是很大的，因为从心理学到现象学的历史的和自然的历程，导致人们把纯粹体验的内在性的研究，对其固有本质的研究，自然地理解作对它们的真实性成分的研究。① 实际上在两侧都展开了本质研究的广阔领域，它们彼此连续地相互关联，但似乎又在广阔的范围内被分开。人们认为是行为分析、意向作用分析的东西，在很大规模上完全是在朝向“被意指者本身”的方向上获得的，因此人们在此分析中所描述的正是意向对象的结构。

在我们以下的考察中，我们的目的是按照这样一种观点指向意向对象的普遍结构，这个观点到现在为止常被提及，但还未成为意向对象分析的指导观点：**意识与一个对象的关系这个现象学问题**，首先有其意向对象侧。意向对象本身在自身中，即通过它自己

① 这仍然是《逻辑研究》的态度。不论问题本身的性质迫使意向对象分析进行的范围有多广泛，意向对象主要仍被看作对平行的意向作用结构的标志；这两种结构的本质平行性在该书中还未加以阐明。

的意义，有对象性关系。于是如果我们问，意识的“意义”如何达到“对象”，此对象是它的并在不同内容的多样化行为中能够是“同一”的，而且我们如何在此意义中看到这一特点——这样新的结构就出现了，它显然具有极大的重要性。因为，在此方向上前进时和另一方面在反思着平行的意向作用时，我们最终面对着这样的问题，实际上“相关于”某对象因素的，本身是“适当的”意识的“主张”意味着什么呢，在现象学上如何按照意向阐明“正当的”和“非正当的”对象关联作用和意向对象呢：而且由此我们面对着重大的**理性问题**，在先验基础上阐明它，将其表达为**现象学的**问题，这将成为我们在本书第一卷第四编中的目标。

§129　“内容”和“对象”，作为“意义”的内容

在我们前面的分析中，一个普遍意向对象的结构起着连续的作用，我们通过将某**意向对象**“核”与它的变化着的“**特性**”分离来 267
表明这一作用，而且按此特性，意向对象的具体物显示于不同种类的变样中。这个意向对象核还未获得其科学上应有的承认。它在直观上，统一性上和清晰度上如此明显，以致我们可以用一般化的方式对待它。现在到了更详细地考察它的时候，并将其纳入现象学分析的中心。一旦完成这一工作，贯穿一切行为属（Aktgattungen）的，具有普遍意义的区别就出现了，这些区别将引导几组重要的研究。

我们先开始考察通常意义含混的意识内容一词。我们把“意义”（Sinn）理解作内容，关于意义我们说，意识在意义内或通过意义相关于某种作为“意识的”对象的对象物。可以说，我们将以下命题当作我们讨论的标题和目的：

每一意向对象都有一个“**内容**”，即它的“意义”，并通过意义相关于“它的”**对象**。

近来人们常听说下述情况被赞扬为一个伟大的进步，即在行为、内容和对象间的基本区分现在终于被达到了。在此并列的三个词几乎成为口号，特别自从特瓦尔多夫斯基的优秀论著出版后。[①] 然而这位作家在敏锐地讨论某种一般的含混性并阐明其错误时所做的工作尽管相当可观和确实可靠，仍然应该说，在阐明有关的概念本质时，他（对此我们或许不应责备他）并未显著超过早先几代哲学家已经熟知的东西（尽管他们的表述不够严谨而且意义含混）。在一门系统的意识现象学成立之前完全不可能有根本的进步。借助那些未在现象学上澄清的概念如“表象”的“行为”、“内容”、“对象”等等，这对我们毫无助益。什么东西不能被称作行为，特别是什么东西不能被称作一个表象的内容和表象本身呢？而且可以这样称呼的东西其本身应当给予科学的认识。

在这方面第一步，而且在我看来是必要的一步，是通过以现象学方式强调“质料”和“性质”的作用，通过区别于“认识的
268 本质”的“意向的本质”观念完成的[485]。在意向作用的目光方向上这个区别被实行和被意指，意向作用的目光方向的单侧性不难通过考察意向对象的平行物来克服。我们因此可把这

① K.特瓦尔多夫斯基：《论表象的内容和对象》，维也纳，1894年。

> 些概念理解作意向对象的；“性质”（判断性质、愿望性质等等）只不过是我们直到现在为止在最广义上处理作“设定”（Setzung）特性、“设定的”（thetischen）特性的东西。从现代心理学（布伦塔诺的）产生的这个表达，现在照我看来远远不适当了；每一特殊设定都有其性质，但它本身不应被称作性质。显然，现在在任何情况下都是作为从“性质”中获得设定特性的“某物”（Was）的“质料”，对应着“意向对象核”。
>
> 现在的任务是要系统地发展这个开端，更深入地阐述它，进一步分析这些概念，在一切意向作用—意向对象领域中应用它们。沿此方向的每一次实际成功的前进，对于现象学都必定是极其重要的。这个问题的确不是次要的特殊的问题，而是每一个意向体验的中心结构中的本质因素。

为了更详细地研究这个问题，让我们先开始考察一下下面的问题。

人们往往说，意向体验具有“**对对象物的关系**”；但人们也说，它是“**对某物的意识**”，例如对在此花园中盛开的这株苹果树的意识。按照这些例子，开始时我们不会认为必须区别这两种说话方式。如果我们记得前面的分析就会看到，完全的意向作用相关于作为其意向的和完全的“某物”的完全的意向对象。但是显然，这种关系不可能是谈到意识与其意向的对象物时所意指的关系；因为对于每一个意向作用因素，特别是对每一个设定的意向作用因素，都对应着意向对象中的一个因素，而在后者中，设定的特性综合体与它赋予其特性的意向对象核相分离。如果我们继续记起

“对……的目光”，它有时穿过意向作用（穿过实显的我思）并将特殊的设定因素转换为自我的设定实显性的射线，而且如果我们准确地注意这个自我现在如何与它们一起使自己“指向”作为把握存在的，或推测的、愿望的对象物，它的目光如何穿过意向对象的核心——那么我们就注意到这一事实，我们用有关意识对其对象物

269 的关系（尤其是“指向”关系）的语言指意向对象的最内在因素。它并不就是刚才所说的那个核心本身，而是另一种东西，这个东西可以说构成了必要的中心核点（Zentralpunkt des Kerns），并起着该核的意向对象独特性“载者”的作用，即“所指者本身”在意向对象侧被变样的独特性的载者。

一旦我们更详细地了解它就立即认识到，在“内容”和“对象”之间的区别不仅是为“意识”做出，为意向体验做出，而且也是为意向对象本身做出。因此意向对象也是相关于一个对象并具有一个“内容”，“借助”这个内容它与对象相关；在此情况下，对象与意向作用的对象是相同的；于是“平行论”再次充分地得到了证实[486]。

§130　关于“意向对象之意义”的本质界定

让我们更详细地看一下这些值得注意的结构。我们将不考虑注意的变样，以简化这一考察；而且我们进一步限于我们所体验的设定行为中，按照有时这一种、有时另一种部分设定中的根基关系层级序列，其他的设定虽被实行却只起次要作用。我们的分析在其普遍有效性上丝毫未受这一简化处理的影响，对此我们随后将直接加以阐明。我们正是关心一种不受此类变样影响的本质。

如果我们因此处于一种生动的我思中，按其本质它将在一种特殊意义上有对一个对象的“指向”关系。换句话说，一个“对象”——在引号中的——属于它的意向对象(Noema)，此对象具有某种意向对象的组成，它在一种明确界定的描述中展现，即在这样一种描述中，它作为对“被意指的对象本身”的描述，避免了一切“主观的”表达。在此应用了一些形式本体论用语，如“对象”、“规定”和“事态”；质料本体论用语，如“物”、“形状”和“原因”；物质性规定语，如“粗糙”、“硬”和“有色的”——这些词都带有引号，因此有意向对象侧变样的意义。反之，对于描述这个被意指的对象本身来说，这样的表达词语被排除了，例如像“知觉的”、“记忆的”、“明晰直观的”、“思维的”、“所与的”——它们属于另一个描述面，270
不属于人们所意识的对象，而属于人们意识对象的方式[487]。反之，就显现的物客体而言，我们又落入了所谈的描述范围，如：它的“前侧”在颜色、形状等方面被如是规定，它的“后侧”有“一种”颜色，但是一种“未被详细规定的”颜色；一般说，在某一方面它是“未被规定的”，它可以是这样或那样的。

这不仅适用于自然的对象，而且相当普遍地(例如)适用于价值客体。被意指的“事物”以及“价值”谓词的陈述都属于这类描述，如当我们“按照”我们对其评价性意指的“意义”谈到显现的树时说，它覆满了“美妙的”香气扑鼻的花朵。此外，价值谓词也有其引号，它们不是一种价值本身的谓词，而是一种价值意向对象(Wertnoema)的谓词。

因此显然，每一个意向对象中都有十分固定的内容被界定着。每一个意识都有其什么(Was)，而每一个被意指者也都有“它的”

对象物；显然，就每一个意识来讲，从本质上说，我们必须能对它的对象物做这样一种意向对象的描述，“正如它被意指着一样”；我们通过说明和概念把握获得了一整套封闭的形式的或质料的、实质上规定的或“未被规定的”（被“空地”意指的[①]）“谓词”，而且在它们变样了的意义中的谓词，规定着所说的意向对象之对象核的“内容”。

§131 “对象”，“在意向对象意义中可规定的 X”

然而谓词是关于“某物”的谓词，而且这个“某物”也显然不可分离地属于上述的核：它是我们上面谈过的那个统一体的中心点。它是诸谓词的联结点或“载者”，但它绝不是在如下意义上的诸宾词统一体，按此意义任何谓词综合体、组合体均可如此称呼。它必

271 然应当与诸谓词相区别，但不应与诸谓词并列和分离；反过来说诸谓词本身都是它的谓词：没有它是无法设想的，但可以与它相区别。我们说，意向客体是在连续的或综合的意识过程中被连续地意识的，但不断“不同地呈现”自己；它是“同一的”；它只是在具有一个不同的规定内容的其他谓词中呈现；“它”只从不同侧面显示自己，接着尚未被规定的谓词变成更详细地被规定的；或者“该”客体在这种所与性的范围内始终未改变，然而现在“它”这个同一物改变了，它通过这一改变增添了美，它失去了使用价值，如此等等。如果这种情况永远被理解作任何被意指物本身的意向对象的描述，而且如果这个描述，像任何时间都可能的那样，被完全充分地

① 未规定性的这种空性（Leere）不应与空直观，即晦暗表象的空性相混。

完成,那么这个同一的意向的“对象”显然区别于改变着的和可改变的“谓词”。它作为**中心的意向对象因素**被分离出来:“**对象**”、“**客体**”、“**同一物**”、“其可能谓词的可规定的主体”——**在抽离出一切谓词后的纯X**——,而且它与这些谓词,或准确说,与谓词意向对象(Prädikatnoemen)分离。

我们赋予**一个**客体多样化的意识方式、行为或行为意向对象。显然这不是偶然的;任何客体都是不可想象的,如果不是也存在有可想象的多样化意向体验的话,它们被联结在连续的或真正综合的(多设定的)统一体中,在这些统一体里“它”,客体,在意向对象的不同方式上被意识作同一的对象:这样,具有特征的核心是可变的,而且“对象”,即诸谓词的主词,是同一的。显然,我们可把一个行为内在绵延的每一个部分范围看作一个“行为”,并把整个行为看作连续被组合的诸行为的某种和谐的统一体。于是我们可以说:若干行为意向对象在此处处有**不同的核**,然而尽管如此,它们却**结合在一起以形成一个同一性的统一体**,即形成这样一个统一体,在其中“某物”,存在于每一核中的可规定者,被意识作同一的。

然而同样,诸分离的行为,如两个知觉,或一个知觉和一个记
忆,可结合为一个“和谐的”统一体,而且这种结合的特性显然并非 272
与被结合在一起的诸行为的本质无关,由于此结合的特性,有时被这样规定有时被那样规定的最初**被分离的诸核**的某物,现在被意识作同一个某物或被意识作一致性的“对象”。

结果在每一个意向对象中存在有一个作为统一点的纯客体的某物,而且同时我们看到,在意向对象方面两种对象概念应如何区别：这个纯统一点，这个意向对象的"对象本身"和"在其规定性的方式（Wie）中的对象"——包括未被规定性，后者时时"在待定中"，并在此样式中被共同意指着。此外，这个"方式"应被理解作该行为所规定的东西，因此被理解作它实际属于行为的意向对象的东西。我们反复谈到的"意义"即这个意向对象的"在方式中的对象"，以及具有前述特性的描述能够在其内明证地发现的和从概念上表达的一切东西。

我们应注意，我们现在慎重地在谈论"意义"而非"核"。因为情况似乎是，为了获得现实的、具体完全的意向对象核，我们也必须考虑区别的这一方面，后者在具有特性的并为我们规定着意义的描述中没有表达。如果我们最初在此纯粹坚持此描述所把握的东西，那么"意义"因此就是意向对象的一个基本部分。一般来说，它是随情况不同而从一个意向对象到另一个意向对象改变着的，

但它有时是绝对相同的，甚至具有"同一的"特性；只要"在规定性的方式中的对象"在两侧都作为同一物和绝对相同者而被描述。然而在任何意向对象中和在它的必然中心中，都不可能失去统一点，即纯可规定的 X。没有"某物"又没有"规定的内容"，也就没有"意义"。在这方面，显然上述情况并非首先加予随后的分析和描述中的，而是作为明证描述的条件并在描述之前现实地存在于意识相关物中的。

由于属于意义的意义载者（作为空 X），并由于基于意义本质的任何层级意义统一体的一致性组合的可能性，每一意义不仅有
273 其"对象"，而且不同的意义也相关于同一对象，直到它们被结合为意义统一体，在此意义统一体中，被统一的意义的诸可规定的 X

彼此相符，并与各意义统一体全体的X相符。

我们的说明从单设定行为扩展到综合的，或更清楚地说，多设定的行为[488]。在一多设定的分节意识中，每一组成成分有一被描述的意向对象结构；每一组成成分有其带有它的“规定性内容的X”；但除此之外，综合整体行为的意向对象，相对于主存在的（archontische）①设定，都有综合的X和其规定性的内容。在行为实行中，纯粹自我目光射线在分化为多条射线时，达到成为综合统一体的X。由于“名词化”的改变[489]，综合的整体现象如此变样以使得一种实显性射线达到最高的综合的X。

§132　作为在其充实性样式中的意义核

意义正如我们对其规定的那样，不是意向对象全部组成中的一个具体的本质[490]，而是一种内在于意向对象之中的抽象形式。即如果我们紧持着意义，紧持着“被意指者”，连带着它在其中被意指的规定性内容，那么显然就产生了有关“在其‘方式’中的对象”——在它的所与性方式中的对象——的第二个概念。此外，如果我们忽略了一切注意的变样，忽略了一切与实行样式（Vollzugsmodi）有关的区别，我们就——永远在设定性的优选范围内——看到了在认识上充分规定着的明晰性充实度的区别。一种晦暗中的被意识者本身和明晰地被意识的同一物，在其意向对象的具体性上是非常不同的，正如整个体验一样。但是没有什么妨碍晦暗地被意识者借以被意指的规定性内容绝对等同于被明晰意

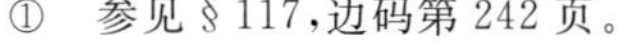

①　参见§117，边码第242页。

识者的规定性内容。诸描述会相互符合，而且一种综合的统一体意识能在双侧包括该意识，实际上这是一个有关同一个被意指者的问题。因此我们正是要考虑作为完全核的有关意向对象组成成分的充分具体性，因此即考虑在其充实性样式中的意义。

274 §133　意向对象的命题。设定的和综合的命题。在表象领域中的命题

现在须要将这些区别细心地贯彻于一切行为领域中去，并须另外考虑与作为意向对象的意义有一特殊关系的设定的因素。在《逻辑研究》中它们起初被（在“性质”的名称下）纳入意义的（意义性本质的）概念中[491]，并因此在这个统一体中“质料”（按目前理解的意义）和性质这两个组成成分被区别开了①。但看来似乎更适当的是仅将“意义”一词定义作“质料”，然后将意义和设定的特性统一体表示为“命题”。于是我们有单成分的命题（如在知觉和其他设定的直观中）和多成分的、综合的命题，如述谓的信念命题（判断）、具有谓词上分节的质料的推测性命题，如此等等。此外在单成分的和多成分的命题中我们有喜爱命题、愿望命题、命令命题等等。因此命题的概念令人惊异地大大扩展了，但仍在一重要的本质统一体的限界内。的确应继续注意，意义和命题这两个概念对我们来说未包含任何有关表达和概念意义的东西；而另一方面，它们在自身中包括了一切表达的命题或命题意义。

① 同上书，“第五研究”，§20,21，第336—396页。此外参见“第六研究”，§25，第559页。中性的“被延搁的”现在当然不像在该书中那样被看作诸性质中的一种“性质”（设定），而是被看作变样，它“反映着”一切性质，因此反映着所有一般行为。

按照我们的分析,这些概念表示一个属于一切意向对象的完全结构的抽象层。对于我们的认识而言,极其重要的是在其无所不及的普遍性中获得这一层次,因此也就是理解它实际上在一切行为领域中均有其位置。在简单直观中,不可分离地属于对象概念的意义和命题等概念,也有其必然的应用,于是必然要构成直观意义和直观命题这些特殊概念[492]。这样,例如在外知觉领域中通过抽离作为在一切说明的和概念的思想前存于此意向对象中的东西的被知觉物特性,从"被知觉的对象本身"引出对象意义,即这样一种知觉的物意义(Dingsinn),它从一个知觉到另一个知觉(甚至 275
相对于"同一"物)彼此不同。如果我们完全地以其直观充实性理解此意义,那么就产生了一种确定的、极重要的显现概念。与这类意义相对应的是命题、直观命题、表象命题、知觉命题等等。在外直观的现象学中,这里所讨论的这一类概念就处于科学研究的中心,外直观现象学不研究在未变样意义上的对象本身,而研究作为意向作用相关项的意向对象。

让我们首先回到一般主题,于是进一步出现的任务就在于系统地区分各种基本的意义,简单的和综合的意义(即综合行为的意义),第一层级和较高层级的意义。一部分沿着各种基本内容面的规定;另一部分沿着以类似方式在一切意义领域中起着它们的作用的那种基本综合构成形式,我们一般地考虑到了一切那些按照形式和内容对于一般意义结构是先天规定性的,对于一切意识领域是共同性的,或对于在种、属上限定的领域是特殊的一切东西——这样我们就达到了关于意义(Sinne,Bedeutungen)的一种系统的和普遍的形式理论观念。如果我们接着再考虑设定特性的系统区分，我们就因此同时产生了一门系统的命题类型学。

§134　命题逻辑的形式理论[493]

在这里一个主要任务是设计一种有关“逻辑”意义的，或有关述谓命题的、有关在形式逻辑意义上的“判断”的系统“分析性的”形式理论，这种理论只考虑分析的或述谓的综合的诸形式，而不考虑这些形式中的诸意义词项。虽然这一任务是特殊的，它却有普遍意义，因为述谓综合名称表示可能运作的一切可能意义种类；说明的和被说明者的相关性把握的可能运作法处处相同！作为规定主体的规定，作为整体的部分，作为其所指者的相关项等等。与这
276 些运作程序结合在一起的是有关集合、选言析取、假言联结的运作程序。一切在诸陈述之前的东西和首次出现在其中的表达的或“概念的”理解[494]，后者与作为意义表达的一切形式和质料结合在一起。

我们以前已屡次谈过的这个形式理论，按照我们的论述，构成了一种科学的普遍科学的必要基础层级，这一形式理论由于目前研究的结果而结束了其孤立性；它在有关被设想为观念的一般意义形式理论中获得其位所，并在意向对象的现象学中找到其最终源泉。

让我们再详细讨论一下。

我们说过，分析的句法运作程序是对任何规定内容的一切可能意义或命题的可能运作程序，这些规定内容是由所说的意向对象意义（意向对象的意义实际上只是“被意指的”对象本身，并存于其规定内容的各个方式中）可能“非说明地”包括在自身之内的。

然而永远有可能对其加以说明，而且某些本质上与说明（“分析”）联系在一起的运作程序也能够被实行。这样产生的综合的形式（在提到语法的“句法”时，我们也称它们为句法形式），是完全确定的，它属于一个固定的形式体系。我们可以通过抽象将其突出，并在概念表达中把握它们。因此例如，在简单知觉设定中我们可在如下语句中所显示的方式内分析地处理被知觉物本身：“它是黑的，是一个墨水瓶，这个黑墨水瓶不是白的，如果是白的，就不是黑的，”如此等等。在每一步骤上我们都有一个新意义；不是原初的单成分的命题，而是综合的命题，按照一切原信念命题的可表达性法则，能够达到表达或述谓陈述。在多项分节联结的命题内，每一项都有其来自分析性综合的句法形式。

让我们假定，这些意义形式的设定是**信念的原设定**：于是产生了逻辑意义上的判断的不同形式（命题逻辑的语句）。先天地规定所有这些形式，以系统地完全性掌握无限多样的但仍然合乎规则限定的形式构成，这些目标表示了**关于命题逻辑的命题或句法的形式理论**的观念。

但是设定，尤其是综合的全体设定，也可能是**信念的样态**：我 277
们推测着某事物，并在“推测的”样式中说明被意识者；或者，事物可疑地存在着，而且我们在可疑性意识中说明着可疑的事物，如此等等。如果我们对这些样态的意向对象相关项给予表达（“S 可能是 p”，“S 是 p 吗？”等等），而且如果我们对简单的述谓判断本身也同样处理，像我们在表达肯定和否定时那样（如“S 不是 p”，“但 S 是 p”，“S 肯定地、现实地是 p”）——，**那么形式概念**和命题形式理论的观念就**随之被扩大了**。形式现在[①]被多重地规定着，部分上通过真正句法形式，部分上通过信念的样态。因此情况始终是，整个命题属于整个设定，而且在此整个设定中包含着一个信念的设定。同时，借助于一种将样式特性转化为谓词的述谓判断，每一个这样的命题和与其相符的概念“表达”能够转化为陈述命题，转化为一个判断，后者判断着**关于**某种形式的内容的样态（如“S是p是确定的，可能的，或然的”）。

判断样态的情况类似于**有根基的设定**或**情绪范围和意志范围**的意义和命题，特别类似于它们的综合和相应的表达方式。于是我们不难指出关于命题，尤其是关于综合命题的新形式理论的目标。

对此人们同时也看到，**一切命题的形式理论**都反映在**信念命**
374 **题的适当扩大化了的形式理论中**——如果我们在与存在样态同样的方式上把应当样态（假定允许用这种类比说法）转换为判断质料。这种转换意味着什么肯定无需冗长讨论，举例说明一下就够了：我们（例如）不说“S能是p吗”，而说：“S是p”是可能的，是所想望的（erwünscht）（不是被想望的，gewünscht）；不是说“S应是p”，而是说：“S是p”是应当如是的，是一项义务。

现象学本身不认为本身的任务在于系统阐述这种形式理论，正如命题逻辑的形式理论将向我们论述的那样，按此形式理论一
278 切其他构成的系统的可能性均将通过演绎方式从原始公理的基本

---

① 在§127，边码第262页以下，以及在§105以下，边码第217页以下中所论述的意义上。

构成中导出。现象学的领域是对可在直接直观中显现的先验性的分析，是去确定直接明证的本质和本质关联体，以及它们在先验纯粹意识中一切层次的组合中的描述性认识。理论化的逻辑家们不注意和理解与现象学联系在一起的意向对象关联体及意向作用关联体，他们孤立地在形式的意义理论中出于他们单侧的兴趣方向为其自身之故所讨论的东西，则为现象学家们在其完全的关联域中所考虑。后者的巨大任务是要从一切侧面追溯现象学的本质组合体。逻辑学中的一个基本概念的每一简单的公理化表述都成为现象学研究的一个项目。我们已在最广泛的逻辑普遍性中简单地指出的东西，如“命题”（判断命题），范畴的或假设的命题，属性规定，名词化的形容词或关系词等等，一旦被再纳入对应的意向对象的本质联结体，理论化的目光使它们从其中首先突显出来，那么它们就引出了一系列困难的和影响深远的纯现象学问题。

§135　对象和意识。向理性现象学的过渡

正如每一种意向的体验都有一个意向对象和在其中有一种意义，通过这一意义它与一个对象相关，反过来说[495]，凡是我们称作对象的，我们谈论的，我们作为现实所面对的，我们认为可能或大概会发生的东西，不论我们认为它多么不确定也就都已经是意识的对象了；而且这意味着，不论世界和一般现实可能是什么和被称作什么，它们必定通过充满着或多或少直观内容的相应的意义或命题，再现于现实的和可能的意识框架内。结果，如果现象学实行着“排除”，如果先验现象学将一切实显的现实设定放入括号，并实行着我们先前描述过的其他加括号程序，那么我们现在根据更深

的理由理解了先前设定的意义和合法性：任何在记号的某种改变
279 中用现象学方法排除的东西，仍然属于现象学界域。这就是说，经受着排除作用的实在的和观念的现实，通过与它们相应的整个意义和命题的复合体再现于现象学的领域内。

例如[496]，自然的每一个现实物因此被一切意义和改变着的被充实命题所再现，在其中它是作为如此被规定的和可继续如此被规定的可能意向体验的相关物；因此它是由多种多样的“完全核”再现的，或者在此同样的，被一切可能的“主体显现方式”再现，在其中它可在意向对象侧作为同一物被构成。但此构成首先与一本质上可能的个别意识相关，然后也与可能的共同意识相关，即与存于“交流”中的意识自我和意识流的一个本质上可能的复合体相关，对此意识复合体来说**一个**物应当以主体间的方式被给与，并被认定为同一的客观现实物。永远应当注意，我们的整个论述，因此也包括目前的论述，都应按现象学还原意义和在本质普遍性中被理解。

另一方面，与每个物体及最终与具有特殊时空的整个物世界对应的是可能的意向作用过程的复合体，单个个体和共同个体与此世界相关的可能体验复合体，体验，作为与先前考虑的意向对象复合体的平行物，在其本质上具有使它们自己按意义和命题与此物世界相关的独立性。于是我们可以在它们之中看到这种质素材料复合体，它们具有相关的“统握的”、设定的行为特性等等，所有这些因素在自己的联结统一体中，正好构成了我们称作对此物性的**经验意识**的东西。物的统一性与意向作用的体验的一个观念上无限的复合体相对，这个体验复合体具有完全被决定的，尽管无限却可被考察的本质内容，它们全都由于是对“同一物”的意识而被统一起来。此物的统一性在意识本身范围内，在体验中被给与，而体验本身也再次属于我们此处界定的这组问题范围。

因为对经验意识的限制只是通过例示意指的，对“世界”的“物”的限制也是通过例示意指的。一切都是本质上被预先规定 280
的，不论我们如何扩展研究范围，不论我们在何种普遍性和特殊性层级上——直到最低的具体化层层级上——活动。如同体验范围是严格地符合先验本质结构法则的一样，意向作用与意向对象的可能本质构成也是在其中被确定的，正像可在空间中形成的任何图形[497]都可按无条件正当的法则被空间本质规定一样。因此在两侧被称作可能性（本质性存在）的东西[498]是绝对必然的可能性，是在一个本质系统的绝对确定的结构中的绝对确定的组成项。我们的目的在于达到对此系统的科学的认识，即赋予它理论的形式和掌握它，使它成为一个从纯本质直观中产生的关于概念和法则陈述的体系。一切基本的区分，正如在以后的步骤中将详细理解的，都是现象学研究的主要项目，这些区分构成了形式本体论和附着于它的范畴理论。与它们必然对应的是意向作用—意向对象的本质关联体，有关它们的可能性和必然性方面的问题必定能够加以系统描述。

如果我们更准确地考察目前研究中指出的对象和意识之间的本质关联体所意指的和应当意指的东西，就会发现一种歧义性，而且在进一步把握它之后就注意到，我们正面临着一个重大的研究转折点[499]。我们赋予一个对象以某种意向对象内容的“命题”和体验复合体，从而使同一化的综合成为先天可能的，由此才能够和必

定使对象呈现为同一的。在具有不同“规定内容”的不同行为或行为意向对象中的 X 必然被意识作同一的。但它真的是同一的吗？而且对象本身是“现实的”吗？当多重一致性的，甚至直观充实的命题——不管什么本质内容的命题——以意识特有的方式流逝时，它不可能是非现实的吗？

我们不关心意识的事实性和其经验过程，而是关心我们此处
281 应表述的本质问题[500]。意识或意识主体本身判断着现实，对其询问、推测、怀疑、解除怀疑，从而实行着“理性的裁判”。这种合法性的本质和相应的“现实的”本质——这个现实按照一切形式的和区域的范畴相关于各种对象——一定不能在先验意识的本质关联体中，因而以纯现象学方式，变得明晰吗？

因此在我们谈到对象的，例如物对象的意向作用—意向对象“构成”时，用语中含有一种歧义性。在任何情况下我们往往想到“现实的”对象，想到“现实世界”的，或至少“某一”现实世界的物。然而这个“现实的”一词对对象意味着什么呢，这个对象在意识特有的方式中仍然只是通过意义和命题被给与的吗？这个“现实的”一词对于这些命题本身，对于这些意向对象的本质种类或平行的意向作用意味着什么呢？它对于它们的结构的特殊方式在形式和充实性方面意味着什么呢？这个结构按照特殊的对象区域具有什么特性呢？因此问题就是，在现象学的科学性中一切意识关联体在意向作用和意向对象方面应该如何描述，以使得一个对象本身（在通常意义上它永远意味着一个现实的对象）在其现实性中成为必然的。然而在广义上，一个对象——“不论它是否是现实的”——是在某种意识关联体中“被构成的”，此意识关联体在自身

内具有洞见的统一性，因为它们在本质上具有对一个同一的 X 的意识。

事实上，以上所述并不在某种严格意义上只与现实有关系。关于现实的问题进入了一切认识本身，甚至进入了我们的与对象的可能构成有关的现象学认识：它们的确都在“对象”中有其相关项，此对象被意指为“现实地存在者”。人们随处可以问，在意向对象侧“所意指的”X 的同一性，何时是“现实的同一性”，而不“只是”被意指的，以及一般而言这个“仅只被意指的”又意味着什么[501]？

因此我们必须重新考察关于现实的问题以及与在自身中显示现实的理性意识相关的问题。

第二章　理性的现象学[502] 282

当我们直接谈论对象时，通常是指某种特殊存在范畴中现实的、真正存在的对象。不论所说的——只要人们合乎理性地说话——这些对象是什么，所意指的和所说的东西必定能够是某种“有根据”的、“明示”的、直接“看见”的或间接“洞见”的。在逻辑范围内，在陈述范围内，“真正的或现实的存在”，以及“理性上可明示的存在”，必然是相互关联的。此外，关于一切信念的存在样态或设定样态也是这样。当然，此处所说的理性明示(vernünftiger Ausweisung)的可能性，不应理解作经验的，而应理解作“观念的”可能性，理解作本质的可能性[503]。

§136 理性意识的第一基本形式：原初给与的“看”

如果我们问理性的明示意味着什么，即理性意识是什么，那么我们在例子的直观再现中和开始就这些例子实行本质分析时会看到若干区别：

首先是两种设定的体验间的区别，在一种体验中被设定者是原初所与的，在另一种体验中被设定者不是原初所与的，因此也就是在“知觉的”、“看的”——广义上的——行为和非“知觉的”行为之间的区别。

因此一种记忆意识——例如关于一风景的记忆意识——不是原初地所与的；该风景不被知觉为它在我们现实地看着它时的样子。我们并非借此想说，记忆意识本身不具有合法性：而只是说，它不是一“看的”意识。现象学为一切种类的设定的体验提出了这种对立的类似物。例如：我们可以“盲目地”论断：2＋1＝1＋2；但我们也可以照洞见的方式进行同一判断。当我们这样做时，事态，即对应着判断综合的综合对象，被原初地给与了，被以一原初方式把握了[504]。在生动地实行了随即晦暗化为持存的变样的洞见之
283 后，事态就不再被原初地给与了。即使它可能对任何其他晦暗的和含混的、具有同一意向对象意义的意识——例如，对某一先前已知物的和或许对被洞见物的“漫不经心的”复制——具有一种理性的优越性，然而它已不再是一原初所与的意识。

这些区别不涉及纯意义或命题；因为后者对任何一对这类例子内的两个组成项来讲都是同一的，也永远可在意识中被直观作同一的。此区别涉及纯意义或命题是或不是被充实的意义或命题

的方式，纯意义或命题由于只是意识的意向对象的具体化中的抽象物还要求一些补充的因素。

意义的充实性并不是所需的一切，此外还应考虑充实的“方式”（Wie）。意义的一种体验方式是“直观的”方式，按此方式“被意指的对象本身”是被直观地意识到的；一种极其特殊的情况是，在那里直观的方式正是原初所与的方式。在关于风景的知觉中意义是知觉地充实的；被知觉的对象在“于机体中”的方式上被意识，这种对象有其色、形等等（只要它们“属于知觉”）。在一切行为领域中我们可看到类似的特性。这种情况在平行意义上是双侧性的，即意向作用面的和意向对象面的。我们采取意向对象面时，发现了与纯意义融合在一起的机体性（Leibhaftigkeit）特性（作为原初的充实性）；而且具有此特性的意义现在起着作为意向对象的设定特性的，或换言之存在特性的，基础的作用。在采取意向作用面时则可看到与此平行的东西。

但设定特性有其自身特定的理性特性，后者作为本质上附属于前者的一个标记，当和仅当它是根据一被充实的，原初所与的意义，而不只是根据一般的意义成为一设定时。

在这里以及在任何一种理性意识中，“属于”一词具有一独特的意义。例如：设定属于某物的每一机体显现；它不只是与此显现一般地一致（甚至也许只作为一普遍事实——这在此是没有问题的）；它是以特殊方式与此显现一致的，它通过此显现而是“有动机的”，而且不只是一般地，而是“理性地具有动机的”。这就是说：设定在其原初所与性中有其原初的合法性基础[505]。在其他所 284
与性方式中合法性基础当然不应当欠缺；然而欠缺的是原初基础

的优越性，这个原初基础在合法性基础的相对评价中起着突出作用。

完全同样，在本质看中“原初地”所与的本质或本质事态的设定，正好“属于”本质或本质事态的设定“质料”，属于在其所与性方式中的“意义”。它是理性的和作为信念确定性的原初动机的设定；它具有一种“洞见的”特殊特性。如果此设定是盲目的，如果字词意义是在一晦暗的和含混的意识行为基础上被实行的，那么洞见的理性特性就必然欠缺；该特性与事态的这种所与性方式（如果在此仍须用所与性一词）或者说与意义核在意向对象中具有的这样一种方式在本质上是不相容的。另一方面，这并不排除一种次要的理性特性，正如本质认识的一个不完全的再现的例子所表明的那样。

洞见，一般明证，因此是一种完全特殊的过程；按其“核”来说，它是一个理性设定与本质上为其动机的设定的统一体，于是整个情境可从意向作用侧和意向对象侧加以理解。动机一词特别适用于（意向作用的）设定行为和在其充实性方式中的意向对象命题间的关系。“明证的命题”一词在其意向对象的意义上是直接可理解的。

明证一词的双重意义在其有时对意向作用特性或完全行为（例如判断行为的明证）的应用中，以及在其有时对意向对象命题（例如明证的逻辑判断、明证的陈述命题中）的应用中，是与意向作用和意向对象相关关系因素有关的诸表达具有普遍必然歧义性的一个实例。对其根源进行现象学证明，可使这类歧义性不致为害，而且甚至有助于认识这类歧义性是不可缺少的。

我们将进一步看到，充实一词在一完全不同的指向上还有另一种歧义性。有时它指作为一特性的“意向的充实”，这是实显的设定借助特殊的意义样式所具有的；有时它恰好指这种样式本身的独特性，或者指有关的意义独特性，后者包含着一种“充实性”， 285
并具有理性上的动机。

§137 明证与洞见，“原初的”和“纯粹的”明证，直陈的和确真的明证[506]

上面使用的几组例子说明了第二种的和第三种的本质区别。我们通常称作明证和洞见（或洞见行为）的东西是一种设定的、信念的和因而是充分所与的意识，它“排除异他存在”；设定的动机是通过充分的所与性按极特殊的方式获得的，就最高的意义来讲是一种“理性”行为。算术上的例子为我们提供了一个证明。在关于风景的例子上我们当然有一种看，但不是在该词通常严格意义上的一种明证，一种“洞见”。在经过更详细考察之后我们在对立的例子上注意到双重的区别：在一个例子上，它与本质有关，在另一个例子上它与个体有关；其次，在本质例子上，原初的所与性是充分的，而在取自经验领域的例子上它是不充分的。在某些情况下彼此交叉的这两种区别在考虑到明证种类时是有重要意义的。

对于第一种区别，现象学应当证实，一种个体的“断言式的”看，例如对某物或某个别事态的“觉察”，在其理性特征上不仅区别于一种“确真的”看，区别于对一种本质或本质事态的洞见行为；而且同样也区别于这种洞见行为的变样，后者可能通过二者的混合

而实现，即将洞见运用于一种肯定的被见者的情况，以及一般来讲对一被设定单一体的如是存在(Sosein)的必然性获得认识的情况[507]。

在通常严格意义上，明证和洞见被理解作具有同一意义：理解作确真的洞见行为。我们提出在我们的术语中将这两个词分离。我们绝对需要一个更普遍的词，它在其意义中包含着肯定的看和确真的洞见行为。二者现实地属于一个本质属，而且按更普遍地
286 理解，一般理性意识表示设定样态的一个最高属，在其中与原初所与性相关的"看"(在相当扩大的意义上)正构成一严格界定的种，这一点应被看作是极为重要的现象学认识。现在，为了给最高属命名，人们必须在扩大"看"的(如我们刚才所做的和将继续做的那样)意义和扩大"洞见"与"明证"两词的意义之间进行选择。最恰当的似乎是选择明证一词作为最普遍概念；而对于每一个通过对所与物的原初性动机关系而具有特性的理性设定，则用原初性明证一词。此外，在肯定的和确真的明证间也应加以区别；而且洞见一词像以前一样应被用来指这种确真性。再者，我们应当使纯粹洞见和不纯粹洞见(例如对某事实因素的必然性认识，这些事实因素的存在本身不必然是明证的)彼此对立；而且同样完全普遍地使纯粹明证和不纯粹明证彼此对立。

但如果人们更进一步探索，就会产生其他区别，这就是在影响明证特性的动机性基础中的区别。例如，在纯形式的("分析的"、"逻辑的")明证和实质的(先天综合的)明证之间的区别。然而在此我们不应超出最初步的说明。

§138　充分明证与不充分明证

让我们现在讨论上面提出的与明证有关的第二种区别，它与在充分的和不充分的所与性之间的区别相关，而且它同时向我们提供机会去描述“不纯粹”明证的一个特殊类型。物的机体上显现的设定当然是一种理性的设定，但显现永远只是单侧的、“不完全的”显现；在机体上被意识的东西不只是“本然的”显现者，而且就是这个物本身，是与整个意义一致的整体，虽然它只是单侧地被直观的，而且此外是多方面不确定的。因此“本然的”显现者不可能与譬如作为自在物的物分离；在完全的物意义中，“本然的”显现者的意义关联体构成了一**非独立的**部分，后者只能在一整体中有意义统一性和意义独立性，这个整体在自身中必然包括着空的组成成分和未规定的组成成分。

从原则上讲，一个实在物，一个这种意义上的存在，只在一封闭的显现中“不充分地”显现[508]。与此必然相联的是如下事实，**基** 287
于那种不充分地所与的显现的理性设定，不可能是“最终正当的”，不可能是“**不可克服的**”；而且，没有任何理性设定在其单体化中相当于这样一个论断本身：“物是现实的”，它只是相当于这样的论断：“它是现实的”，其前提是经验进程未产生“更强的理性动机”，后者表明原初设定是在较广的关联体中被“抹消的”设定。因此，设定只是通过自在和自为的显现（不完全地被充实的知觉意义）在其单体化中具有理性动机的。

因此，探讨原则上只是不充分呈现的各种存在（在现实的意义上的诸**超越物**）这一范围的理性现象学，必须研究在此范围内被先天规定的不同的过程。它必须阐明，不充分的所与物意识，单侧的显现，如何在连续的趋向于永远更新的、彼此连续融合的显现中，与同一个可规定的 X 相关联，如何在此出现了本质的可能性；一方面，经验的进程如何可能并永远地通过连续的理性设定而具有理性的动机：也就是这样的经验进程，在其中先前显现的空位置被充实，未被规定物被更详细地规定，而且它因此永远按照**以不断增强的理性力量进行彻底一致性的充实**方式。另一方面，必须阐明相反的可能性，永远被意识作同一物的 X 的**不一致性**、“**不同规定性**”之融合或多设定综合——即不同于原初意义给与所显示的东西。此外，它必须指出，较早的知觉流的设定成分如何遭受到它们的意义**抹消**；在此情况下，整个知觉可以说**崩发**和分裂为“**冲突的物的统握**”，分裂为与物有关的诸**假设**；[509]这些假设的诸设定如何被取消和在此取消中经受独特变样；或者，始终未变样的一个设定如何“引起”“相反设定”的抹消；同样也须阐明一切其他类似的过程。

288 原初理性设定经受的这类特殊变样应更详细地加以研究，这样，在一致性充实化进程中这些设定经受了一种在其**动机化**“**效力**”方面的肯定的现象学的增强。于是它们不断获得一种“分量”，永远地和在本质上具有一种分量，但这个分量有**程度**之别。此外还有其他有待分析的可能性：设定的分量是如何由“**相反动机**”影响的，它们如何在怀疑中彼此**维持**“**平衡**”的，与某一具有“较强”分量的设定相竞争的一个设定是怎样被在“分量上超过”，怎样被“放弃”的等等。

此外，作为有关的**设定质料**的过程当然必须受到全面的本质分析，这些过程规定着设定特性中的变化（如“冲突的”或“竞争的”诸显现的过程）。因为在这里像在别处一样，在现象学范围内既无偶然事件又无事实性因素：一切都具有合乎本质规定的动机。

我们应以同样方式在意向作用的和意向对象的所与物之普遍现象学关联体中进行一切种类的直接理性行为的本质探求。

在现象学中与所说对象的每一区域和范畴对应的不只有一种基本种类的意义或命题，而且也有这类意义的基本种类的原初给与意识以及属于它的一种基本类型的原初明证，后者本质上是由于这样一种原初所与性而具有动机的。

每一个这类明证——按上述扩大的意义上理解此词——或者是充分明证，它必然不能被再“加强”或“减弱”，因此无分量的程度性；或者明证是不充分的，因此是能够增强和减小的。在某一范围内究竟哪一类明证是可能的，这取决于它的属类型。因此这是先天地预先形成的，在某一范围要求属于另一范围（如本质关系的范围）的明证的完全性，这是荒谬的，因为前者本质上是排除后者的。

还须注意，我们应当将与所与性方式有关的，“充分的”和“不充分的”概念的原初意义，转变为理性设定本身的、以所与性方式为根基的本质特殊性；我们能够这样做正是由于二者的关联性。由于意义转变而不可免地产生了一种歧义性，但只要人们能认识 289
到此歧义性并充分自觉地区分出原初因素和派生因素来，此歧义性就是无害的。

§139 各种理性的交织。理论真理，价值真理，实践真理[510]

按照我们迄此为止的论述，一个具有不论什么性质的设定，都有其作为其意义设定的合法性，如果它合乎理性的话；理性特性本身正是合法性的特性，此合法性本质上是“属于”理性的，因此不是一个进行事实设定的自我的诸偶然情况中的偶然事实。与此相应，命题也被说成是合法性的：它呈现于理性意识中，有着其意向对象的合法特性，后者再次在本质上属于作为以某种方式被限定的和具有某种意义质料的意向对象设定的命题。更准确地说：这样一种充实性(Fülle)“属于”理性意识，此充实性本身又为设定的理性特性提供基础。

在此，命题本身有其合法性。但情况也可能是“某种东西为命题说话”，它“本身”不是理性的，但仍然参与理性。为了限于信念范围内，让我们回想一下信念样态与一切均与其相关的原信念之间的特殊关联①。另一方面如果考虑属于这些样态的理性特性，那么一开始就突现了这样的思想，即所有这一切，不论在其他情况下它们在质料和动机基底(Motivationslagen)方面会多么不同，都可以说关涉到原信念领域的原理性特性，关涉到原初的和最终完全的明证。值得注意的是，在这两方面的关涉中均存在有深刻的本质关联。

我们只是指出以下情况：一种推测本身可能是具有理性特性

① 参见§104，边码第215页。

的。如果我们追随着它们固有的对相应原信念的关涉，而且如果我们采取这个具有“假设”形式的信念，那么“某种东西在为此假设说话”。不是信念本身被说成是具有理性特性，虽然它参与了理性。我们看到，在这里需要进一步做出理性理论的区别以及与它们相关的研究。本质关联体在它们特有的理性特性的不同性质之间显示出来，而且这些本质关联体是相互性的；最后，一切线索都 290
归结为原信念和它们的原理性，或者说归结为“真理”。

真理显然是原信念的、信念确定性的完全的理性特性的相关项。“原信念的命题，例如陈述命题，是真的”，以及“完全的理性特性适合于相应的信念，判断”这两句话是等价的相关项。自然，在这里问题并不是关于一个体验和判断者这类事实，虽然本质上毫无疑问的是，真理只能在一实显的明证意识中被实显地给与；而且因此这也适用于这种自明性本身的真理，刚才谈到的等价性真理等等。如果我们没有原信念的明证、信念确定性的明证，那么我们说，就其意义内容“S 是 p”来讲，一个信念的样态就可能是明证的，如推测句“S 应是 p”。这种样式的明证性显然相当于并必然联系于一个改变了的意义的原信念明证性，即联系于明证性或联系于真理：“S 是 p 这一命题是推测性的(或然的)”；另一方面，样式的明证性也联系于这样的真理：“某物说 S 是 p”；或再说“某物说 Sp 是真的”等等。所有这些等价关系都指出需要对本质联系进行彻底的现象学研究。

但明证绝不只是在信念范围内的(甚至不只是在述谓判断范围内的)那些理性经验过程的名称，而是一切设定范围的名称，而且尤其也是在它们之间形成的重要的理性关系的名称。

因此这涉及在情绪设定和意志设定领域中的理性的一组极其困难和涉及广泛的问题①，并涉及它们与“理论的”，即信念的理性的关联。“理论的”或“信念的真理”，或者明证，在“价值论的和实践的真理或明证”中有其平行物，因此后一“真理”在信念学的
291 (doxologischen)真理内，即在特殊逻辑的(命题逻辑的)真理内被表达和被认识②。无须说，为研究这些问题必须有我们前面试图进行的那样一种基本研究：涉及本质关系的研究，此本质关系联系着信念的设定和一切其他种类的设定，联系着情绪和意志设定，以及联系着那些使一切信念样态归于原信念的设定。正是因此之故，人们可以从根本上理解为什么信念确定性以及与其相应的真理，在一切理性中起着如此主导性的作用；这种作用同时也阐明，信念范围内的理性问题在其解决上必定是先于价值的和实践的理性的问题。

§140 确证。无明证的证明。设定的洞见和中性的洞见的等价性[511]

需要进一步的研究来讨论由“相符”结合(Verbindungen der “Deckung”)提出的问题，这类结合(只举一个突出实例)按其本质是建立于这样一些行为之间的，它们具有相同的意义和命题，但具有不同的理性价值。例如，一种明证行为和一种非明证行为可以

---

① 沿此方向的最初进展来自布伦塔诺的杰出论文“论伦理知识的起源”，该文使我受益匪浅。

② 认识首先是逻辑真理的名称：从主体角度指他的明证判断相关项；但它也是各种明证判断本身的，并最终是每种信念的理性行为的名称。

按如下方式相互符合，在从后者向前者过渡时，明证行为获得了一种进行明示行为的特性，而非获得了一种被明示行为的特性。前者的洞见式设定对后者的非洞见性设定起着“确证”作用。“命题”被“证实”（bewährt）或者甚至被“确证”（bestätigt），不完全的所与方式转变为完全的所与方式。这一程序的情形如何或可能如何，是由有关的各种设定的本质规定的，或由在其完全的充实化中的有关命题的本质规定的。对每一命题属而言，本质上可能的证实形式必须用现象学方法加以阐明。

如果设定不是非理性的，那么就有可能从其本质中引出有动机的可能性，从而表明能够和如何能够将此设定转化为证实着它的一种实显的理性设定。在这方面应当看到，并非每一种不完全的明证都事先规定一个充实化进程，后者达到一种相应的原初明证，达到一种具有同一意义的明证；反之，由于这样一种明证，可以 292
说某种原初的证实必然被排除了。例如，回忆，以及在某种方式上 391
每种一般记忆[512]，而且同样的，从本质上说移情作用[513]都属于这类情况，对此我们将在第二卷中提出一种基本性的明证（而且我们将在该卷中更详细地研究它）。无论如何，我们已指出了很重要的现象学主题。

还应注意，我们上面谈过的有动机的可能性，应严格区别于空的可能性[①]：前者是以如下确定的方式具有动机的，即通过具有其

[①] 这是“可能性”一词最本质的歧义性之一，此外还有其他的可能性（形式逻辑可能性，数学—形式的非矛盾性）。极其重要的是，在概率理论中起作用的可能性以及因此（被推测的存在）我们在类似于推测意识的信念样态理论中曾谈过的可能性意识，具有作为相关项的有动机的可能性。一种或然性不可能从无动机的可能性中产生；只有有动机的可能性才有“分量”等等。

所与的充实性命题在自身中包含的东西。一种空的可能性是，这里这张桌子的现在未看到的下部有十条腿而非像在现实中的那样有四条腿。反之，数目 4 是相对于我在进行的确定知觉的有动机的可能性。对于任何一般知觉来说，以下情况是有动机的，即在某种方式上知觉的“环境”是能改变的，“作为结果”，知觉以相应的方式能变为一系列确定性知觉，后者是被我的知觉的意义所规定的，并且充实着它和确证着它的设定。

此外，就明示的“空的”或“单纯的”可能性来说，应区分两种其他情况：或者可能性与现实相符，以致对可能性本身的洞见行为带有原初的所与性意识和理性意识；或者情况不是这样。后者正如刚才使用的例子中所指出的那样。现实的经验，而且不仅是“可能的”知觉在再现中的一种展现，提供一种对于与实在有关的设定的
293 一种现实的明示，例如对自然界事件的事实存在设定的明示。反之，在一种本质设定或一种本质命题的情况下，其完全充实化的直观再现相当于充实化本身，正如人们先天地提出直观再现，甚至一种本质关联体的单纯想象，“相当于”对该关联体的洞见，即彼此通过一种单纯的态度改变而互相转换；而且这种相互转化的可能性绝非偶然的，而是本质上必然的。

§ 141　直接的和间接的理性设定。间接明证[513]

如我们所知，一切间接的根据都来自直接的根据。对于一切对象领域及与它们有关的设定而言，一切合法性的根源存于直接的明证性中，而经过更狭的限定，即存于原初明证性中，或存于给它以动机的原初所与性中。但人们可以按不同方式从此根源中间

接引出，从其中派生出一种设定的理性价值，后者本身不具有任何明证性，或者如果设定是直接的，就证实它和确证它。

让我们考察后一情况，借助一个例子指出涉及非明证的、直接的理性设定对原初明证性的关系这个困难问题（在我们的与所与物原初性有关的意义上）。

就某种程度讲，任何明晰的记忆都有原初的、直接的合法性：当在其本身和为其本身被考察时，它"衡量"某物，或多或少它有一份"重量"。但它只有一种相对的和不完全的合法性。对于记忆所再现的东西，譬如说一个过去的事件，其中存在有一种与实显的现前的关系。它设定着过去的事件，并与此同时必然设定一边缘域，即使以一种模糊的、晦暗的和不确定的方式；一旦达到明晰性和设定的明确性之后，这个边缘域必然能在一设定上实行的记忆关联体中被阐明，并将导致实显的知觉，导致实显的当场立即（hic et nunc）。这一说明适用于与一切时间样式有关的最广意义上的[514]任何一种记忆。

这类命题中必然表达着本质洞见。后者指向本质关联体，由于此本质关联体的明示，每一记忆均可能得到和"需要"的这种证实的意义和类型就可被阐明。随着从记忆向记忆的每次前移，在 294
最终达至知觉的现前的、有阐明作用的诸记忆关联体时，记忆得到了证实。在某种程度上，证实是相互性的，记忆的分量在功能上彼此依赖；在该关联体中的每一记忆随着关联体的扩大而增大力量，后者大于它在较狭的关联体中或在分离的记忆中所含有的力量。然而如果这一说明被推进到实显的现在，那么有关类似于知觉之光的某种东西及其明证性就射向整个系列。

人们甚至可以说：记忆的理性和合法性暗中产生于知觉力，它在一切含混性和晦暗性中依然有效，即使知觉还“未完成”。

然而无论如何也需要这种证实，以使知觉合法性的间接反思本来所有的某物可清楚地显现出来。记忆有其本身的那种不充分性，因为未被记起的东西可与“现实地”被记起的东西相混淆，或因为不同的记忆可接续出现并形成一个记忆统一体；而在展开它的实显化的边缘域时，有关的记忆系列被区分开来，而且是照如下方式，即统一的记忆形象“迸发”、碎裂为互不相容的记忆直观的复合体：因此应当描述这类过程，它们类似于我们曾有机会（以一种显然能够加以相当普遍化的方式）为知觉指出的那些过程[①]。

上述一切均可作为例证来表明关于直接理性设定的“确认”和“证实”的几组重大的问题（以及用于说明理性的设定划分为纯粹的和不纯粹的，非混合的和混合的设定）；但我们首先在此把握住一种意义，按此意义如下这个命题是正确的，即一切间接的理性设定，以及归根结底一切述谓的和概念的理性认知都来自明证。当
295 然，只有原初明证才是“原初的”合法性源泉；例如，记忆的和从而一切再生产的行为的理性设定，甚至包括移情作用，都不是原初性的，而是以某种方式“派生的”。

然而从原初所与性源泉中能够得出十分不同的形式。

我们已经顺便指出了这样一种形式：从生动的明证向非明证的连续过渡中理性价值的弱化。但是现在可指出一组本质上不同的事例，在这些事例中命题是间接地相关于一种综合关联体中直

① 参见前面§138，边码第287页以下。

接明证的根据的，此关联体在每一步骤上都是明证性的。结果出现了一种新的普遍类型的理性设定，从现象学角度看它具有与直接明证不同的理性特性。因此我们在此也有一种派生的、“间接的明证”，这种明证一般由“间接明证”一词来专门表示。按其本质来说，这种派生的明证特性只能出现于一组设定关联体的最终组成项中，这组设定关联体从直接明证开始，以不同形式展现，并在以后所有步骤中以明证性为基础；因此这些明证部分上是直接的，部分上已经是派生的；部分上是被洞见的，部分上是未被洞见的，是原初的或非原初的。结果显示了一个有关现象学的理性理论的新领域。在这里它的任务在于，从意向作用和意向对象两侧，在每一种类和形式的间接根据和明示中，以及在一切设定范围内，去研究理性的一般的和特殊的本质过程；任务在于溯及这些明示的不同“原则”的现象学根源，譬如说这些原则在本质上属于不同的种类，这取决于所讨论的问题是有关于内在的还是超验的，充分呈现的还是不充分呈现的对象；而且任务最后在于，在涉及一切有关的现象学层次时，使这些原则“被理解”。

§142　理性设定和存在[515]

理性的普遍本质理解是以上所谈的若干组研究的目的——在最广意义上的理性扩展到一切设定种类以及价值学的和实践学的设定种类——，由于这种理性的普遍的本质理解，人们必定正好获得了对本质相互关系的普遍阐明，这种相互关系把真正存在的观念与真理、理性、意识的观念结合起来。 296

因此立刻产生了一种一般的洞见，即不仅“真正存在的对象”

和“理性上被设定的对象”是等价相关项，而且“真正存在的对象”和在原初完全的理性设定中被设定的对象也是等价的。对象不是非完全地，纯“单侧地”呈现于理性设定中。对于可规定的X而言，在它之中的意义作为质料，在任何可把握的被规定的方面，均未“敞开”任何东西：没有可规定性不是确定的规定性，没有任何意义是不完全地被规定的和被界定的。因为理性设定应当是一种原初的设定，它必须在完全意义上的被规定者的原初所与性中有其理性根据：X不只是在完全的确定性中被意指的，而正是在这种确定性中被原初所与的。前面所指出的等价性现在意味着：

对于每一“真正存在的”对象都必然(以无条件的本质普遍性的先天方式)对应着一种可能意识观念，在其中对象本身是可以原初地，因此是以完全充分的方式被把握的。反之，如果这种可能性获得保证，那么对象就正好真正存在着。

在此特别重要的是：在每一统握范畴(它是每一对象范畴的相关项)的本质中都明确地规定着那种构成类型，后者可能被这些范畴对象的具体的、完全的或不完全的统握所采取。此外，对每一不完全统握都在本质上规定了如何使其完全，如何使其意义完全，通过直观使其充实，以及如何能进一步丰富直观。

每一种对象范畴(或在我们较狭的严格意义上的每一区域和每一范畴)都是一普遍本质，它本身必然是被充分所与的。对象范畴在其充分的所与性中为在具体体验复合体中(这些体验在此当然不应理解作个别的单一体，而应理解作本质，理解作最低具体项)被意识到的每一特殊对象规定了一种洞见的一般规则。即对象范畴规定了这样的规则，这种规则决定属于它的某对象按照意义和所与性方式如何达到完全的规定，达到充分原初的所与性；它规定对象通过什么单个化的或连续展开的意识关联体被呈现，以 297
及通过此关联体中的什么具体的本质结构被呈现。读者将在读过最后一章中的一些更详细说明（§149 以下）理解以上这些简短陈述中所论及的内容。

现在只举一个简短的例子就够了：我们在绝对明证中认识到，某物的未被看见的规定正像一般物的规定一样必然是空间性的：这为显现物未见侧的空间完整性的可能方式提供了一种法则性的规则；此规则在充分发展之后被称作纯粹几何学。再者，物规定性是时间性的和物质性的：与此相关的是关于可能的（因此不是任意的）意义完整性和进而关于可能的设定直观或显现的新规则。同样被先天地规定的是，它们可能具有什么样的本质内容，它们的质料，它们的可能的意向对象的（或意向作用的）统握特性符合什么准则。

§143　充分的物所与性作为康德意义上的观念

但在开始讨论这些问题之前须要补充一点，以排除一种似乎与我们先前的说明（第 286 页）相矛盾的假象。我们说过，必然只存在不充分显现的（因此也只是不充分地可知觉的）对象。然而我们不应忽略我们所做的限制性补充。我们说过，对象是在封闭的显现中不充分地可知觉的。存在有对象——而且在此包括一切超验对象，以自然或世界名义所包含的一切“现实”——它们不可能在任何封闭的意识中以完全的规定性并同样以完全的直观性呈现。

但是完全的所与性仍然被规定为“观念”（在康德的意义上）——它表示一个在其本质类型上由连续显现行为的无限过程所组成的绝对确定的系统，或作为这些过程的一个领域，一个先天确定的诸显现连续体，它具有不同而确定的方面，但被一固定的本质法则秩序所严格支配。

这个连续体被更精确地规定为在一切侧面是无限的，它由同
298 一可规定的 X 的诸显现的一切位相所组成，并具有这样一种首尾一贯的秩序和如此确定的本质内容，以致它的任何一条路线在其连续进程中都产生着一种一致性关联体（它自身可被表示为由诸运动的显现组成的一个统一体），永远在其中作为同一物被给与的 X，“更精确地”和永不“以其他方式”被连续而一致地规定着。

如果现在一个封闭的进程统一体，从而是一个有限的、只是可运动的行为，由于连续体的一切侧面的无限性，因而是不可设想的（此无限性会产生一种矛盾的，有限的无限性）：于是这个连续体观念和由它所预示的完全所与性观念，仍然呈现于洞见中的观念——其洞见性正如一个“观念”可能是洞见性的一样，通过其本质显示出本身的洞见类型。

一种具有本质动机的无限性观念本身不是一无限性；关于这种无限性必然不可能被给与的洞见，不是排除而是要求这种无限性观念的洞见所与性。[516]

§144 现实和原初给与的意识：最终的规定

因此结果仍然是，艾多斯这个真正的存在相应地等价于艾多斯这个被充分给与的和可明证设定的存在——但是，或者在有限

所与性意义上，或者在一种观念的、形式的所与性意义上。在一种情况下，存在是“内在的”存在，作为完结的体验的存在或意向作用的体验相关项的存在；而在另一种情况下，存在是超验的存在，即其“超验性”正存在于意向对象相关项的无限性中的存在，它需此相关项作为存在的“质料”(Seins“materie”)。[517]

当一呈现的直观是**充分的**和**内在的**时，相互符合的当然不是意义和对象，而是原初被充实的意义和对象。对象正是在充分直观中被把握为，被设定为原初性自身的东西，它由于原初性而是洞见的，而且由于意义的完整性和完整的原初意义充实化遂为绝对洞见的。

当呈现的直观是一种**超验的**直观时，对象物不可能被充分地所与；只有关于某种对象物或其意义及其“认识的本质”[518]的**观念**，以及由此支配不充分经验的合法则的无限性的一种先天规则，才可能被给与。

经验的其他历程应当怎样进行，当然不可能根据当下实行的 299
经验和这个规则(或根据它所包含的多重规则系统)予以明确提出。反之，仍然存在着无限多的可能性，但这些可能性的类型被内容上极其丰富的先天支配规则预先决定了。几何学的规则系统绝对精确地规定着一切可能的运动形式，后者可使此处此时被观察的这个运动部分完全化，但它并未指出现实中的运动物的任何单一的现实进程。以经验为根据的经验思想在此如何会有用处呢；如何可能把物性科学地规定为经验设定的统一物，而此统一物却包含着无限多的意义；在自然中的设定的内部如何能达到明确规定的目标，即符合自然物的、自然事件等等的观念(被充分规定为某种个别单一物的观念）的规定：所有这些问题都属于一个新的研究层次。它们属于特殊经验理性的现象学，尤其是属于物理学、心理学和一般自然科学的理性现象学，后者可使经验科学的本体论的和意向作用的规则归溯至它们的现象学源泉。但这意味着这种现象学探索着和从本质上研究着现象学的意向作用层和意向对象层，这些规则的内容即存于这些层次之中。

§145　关于明证现象学的批评考察

从以上考察中显然可以看到，理性现象学，严格意义上的意向作用学（Noetik），将不只对一般意识，而且对理性意识进行直观探讨，这种现象学和意向作用学处处以普遍现象学为前提。现象学的一个事实是，——在设定性领域里①——每一属的设定意识是受准则支配的；准则不外就是本质法则，它们的种类和形式关系于

300 应予严格分析和描述的意向作用—意向对象的关联体。因此显然，甚至“非理性”也处处被看作理性的否定性对立项，正如明证现象学包含着它的对立物——谬误现象学一样②。具有其有关于最普遍的本质区别分析的普遍本质明证论，构成了一个相对小的，虽然是基本的理性现象学部分。因此在本书开始处③简单提出的对

---

① 在转换至想象和中性领域时，一切设定的过程都成为“被反映的”和“无效力的”；一切理性过程亦然。中性的设定不能被确证，但可被“准”确证；它们不是明证的，而是“准”明证的；如此等等[519]。

② 参见《逻辑研究》第二卷，“第六研究”，§39，第594页以下。特别是第598页。“第六研究”全体为本章讨论的理性问题普遍地提供了预备性的现象学研究。[520]

③ 参见前面第一编第二章，特别是§21，边码第39页以下。

明证性的背理解释的异议被证实了——而且刚讨论过的考察足以充分证明这一点。

明证性事实上不是附着于一个判断(而且人们往往只在判断场合谈论明证)之上的某种意识标志,它呼唤着我们,有如来自一较好世界中的神秘声音:这就是真理!好像这样一种声音会说些什么以使我们的精神解脱,而且不必指明其合法性条件。我们不再需要与怀疑论争辩,也不需考虑古老类型的怀疑论,这类怀疑论是关于明证的标志理论和情绪理论都不能克服的:就是说,不管是一个邪恶的天才(笛卡尔的虚构)还是事实世界过程中的一个灾难性变化都不能使如下情况发生,即正是每一种虚假的判断会具有这种标志,这种理智必然性的感觉,超验的应当的感觉等等。如果人们进而研究此处谈到的现象本身,并在现象学还原的限度内这样做,那么人们就可以最明晰地认识到,在这里问题是与一种特殊设定样式(因此绝非与某种附加予行为的内容或某种附加物这类事物)有关的,这种设定样式属于意向对象的本质上规定的本质构成(例如本质直观样式,它将根源的洞见性给与意向对象构成)。于是人们进一步认识到,本质法则再次支配着那些不具有这种特殊构成的设定性行为与那些具有这种特殊构成的行为之间的关系。例如,存在有某种象“**意向充实化**”意识的东西,与设定的特性特别相关的正当性和证实的意识一类东西,正如存在有相应的**非正当化**(Entrechtung)、**非证实化**(Entkräftigung)的**对应特性**(Ge- 301
gencharaktere)。我们进一步认识到,逻辑原则要求一种深刻的现象学阐明,而且例如矛盾律把我们导向可能的证明和可能的非证

实化(或理性的抹消)的本质关联。[①] 一般来讲,我们获得了这样的洞见,首先在这里问题不是有关于偶然的事实,而是有关于本质现象的,后者存于它们的本质关联体中,并因此在**艾多斯**中发生的东西起着一种对事实而言绝对不可逾越的准则的作用。在此现象学的一章里,我们也阐明了不是每一设定的体验(例如任何判断体验)均能以同一方式成为明证的,尤其是,不是每一设定的体验均可成为直接明证的;再者,一切理性设定方式,一切直接和间接明证的类型都根基于现象学关联域,在其中基本不同的诸对象区域沿意向作用—意向对象两侧彼此区分开来。

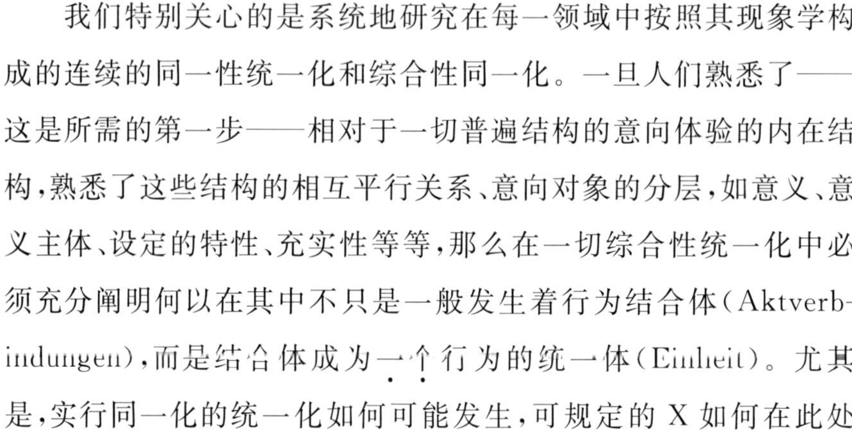

我们特别关心的是系统地研究在每一领域中按照其现象学构成的连续的同一性统一化和综合性同一化。一旦人们熟悉了——这是所需的第一步——相对于一切普遍结构的意向体验的内在结构,熟悉了这些结构的相互平行关系、意向对象的分层,如意义、意义主体、设定的特性、充实性等等,那么在一切综合性统一化中必须充分阐明何以在其中不只是一般发生着行为结合体(Aktverbindungen),而是结合体成为**一个**行为的统一体(Einheit)。尤其是,实行同一化的统一化如何可能发生,可规定的 X 如何在此处

① 参见《逻辑研究》第二卷,“第六研究”,§34,第 583 页以下。遗憾的是,在这个问题上冯特做了不同的判断,正如他对全体现象学所做的判断那样。他把丝毫未越出纯粹直观所与物领域的科学研究解释为“经院哲学”。他把意义给与的和意义充实的行为之间的区别说成是一种由我们“选择的形式图式”(《论文集》,第一卷,第 613 页),而且他说我们分析的结果是“最原始的”“语言重复”:“明证即明证,抽象即抽象”。他用这样的话来结束他的批评,请允许我引述如下:“胡塞尔的与其说沿实用方向不如说沿理论方向的新逻辑基础均以其每一种概念分析终结,因为后者具有一种肯定的内容,以确保 A 实际上等于 A,而不可能是别的结果。”(同上书,第 613—614 页)

和彼处相互符合，因此意义规定和它们的空缺情况如何，后者在此 302
意味着意义的未规定的因素；同样，充实性（Füllen），因此证实、明示和渐进认知等等的形式如何在较高或较低的意识层级上达到明晰性和分析的洞见性。

然而这些研究以及一切类似的理性研究都以“先验的”、现象学的态度进行。[521]在此出现的任何判断都不是自然判断，后者把自然现实的设定作为背景条件，而且甚至在有关现实意识、自然认识、与自然有关的价值看（Werterschauung）和价值洞见的现象学研究中的判断也不是自然判断。我们随处研究意向作用和意向对象的构成，我们设计了一个系统的和本质的形态学，随处强调本质必然性和本质可能性：后者作为必然的可能性，即相容性的诸统一化形式，在本质中被规定并被本质法则所界定。对我们而言，“对象”处处都是意识的本质关联体的名称；它首先作为意向对象的X出现，作为意义和命题的不同本质类型中的意义主体而出现。接着它作为“现实的对象”名称出现，因此是某种从本质上考虑的理性关联体的名称，在此理性关联体中具有意义统一性的X获得了它的符合理性的设定。

被规定的，本质上被界定的，“在目的论上”相互一致的，应以本质探究加以确定的意识构成诸组合，以这样一些词语为名称，如“可能的对象”、“或然的对象”、“可疑的对象”等等[522]。关联语境永远在变化着，在其变异性中须要严格地重新描述：因此例如，不难看到，如此被规定的一个X的可能性不只是通过在其意义构成中这个X的原初所与性，因而通过对现实的关涉来证明的，而且甚至纯再生地有根基的推测也可在一致性的汇聚中被相互证实；同

样,**可疑性**在某描述种类的诸样态化直观相互冲突的现象中被明示,如此等等。结果,各理性化理论的研究彼此结合了起来,这些研究涉及事物、价值、实践对象的区别,并为此而探索构成性的意
303 识结构。因此现象学实际上包含着整个自然界以及它所排除的一切观念世界:现象学将它们作为“世界意义”包含在内,通过把一般对象意义和意向对象与意向作用的封闭系统联系起来的一系列本质法则,而且特别是通过其相关项是“现实对象”的理性设定的本质关联体,因此现实对象本身则永远呈现为由目的论上统一的诸意识结构所组成的完全确定系统的标志。

第三章 关于理性理论问题系列的一般性层级[523]

我们到此为止对理性现象学问题的考察所达到的普遍性高度,不可能使本质的问题分支系统和它们与形式本体论及区域本体论的联系显示出来。在这方面我们应当设法做更深入的研究;只有这样,现象学的理性本质学的充分意义及其问题的整个领域才会显示给我们。

§ 146 最一般性的问题

让我们回到理性问题的根源,并以尽可能系统的方式在其诸分支系统中进行探索。

意向性是涉及整个现象学中的一个问题名称。这个名称正好表达了意识的基本特性;一切现象学问题,甚至质素性问题都可纳

入其内。因此，现象学以意向性问题开始，但首先以普遍性方式，而且未将有关在意识中被意识者的现实的（真正的）存在问题纳入其考察范围。我们不考虑这样的事实，即具有其设定特性的设定性意识可在最普遍的意义上被表示为一种“意指行为”（Vermeinen），而且这样它就必然处于有效性和无效性的理性对立中。我们只在回顾有关现在为我们所理解的意识主要结构的这最后几章中才触及这些问题。因为它是一个关于本质开端的问题，我们自然就以尽可能普遍的方式进行分析。在一切本质领域内系统的路径都从较高的普遍性达到较低的普遍性，即使追溯性的分析与特殊物有关。我们谈过了理性和一般理性设定，谈过了原初的和派生 304
的明证、充分的和不充分的明证、本质洞见和个别的明证等等。我们进行的描述已假定了一种广泛的现象学基础，一整套困难的区分，这些区分是我们在有关最普遍的意识结构的几章中完成的。如无有关意义、命题、被充实的命题（在《逻辑研究》所使用的语言中即认识的本质）[524]的概念，我们就不会达到对任何理性理论问题的根本表述。这些概念再次假定着与它们相应的其他的本质区分：设定性和中立性的区别，设定的特性和其质料的区别，未进入“命题”**艾多斯**的诸特殊本质变样的区分，如注意的诸变样的区分等等。同时，为了不低估在我们此处所谈的理性理论最普遍层次中的必要分析的范围，我们强调指出最后几章的本质描述仅仅应被看作开端。正如在任何其他地方一样，我们在此只实行方法论的构想，即为应被描绘为一个现象学研究领域的每一本质上新的层次准备如许坚实的基础，以便我们能够确信这些研究，并拟定与它们有关的开端和基础的问题，从而得以自由地俯瞰包含着它们的问题领域。

§147 问题的分化。形式逻辑学，价值学和实践学[525]

当我们考察进一步的结构区分时，普遍的理性现象学就分化了，这些区分对于理性的特性是有决定作用的：它们是基本设定类型的区分，简单的设定和有根基的设定间的区分，以及与前一区分相交织的单组成项的设定与综合设定之间的区别。主要的理性问题(明证问题)组系相关于主要的设定属和它们本质上所要求的设定质料。原信念当然占有首要位置，即具有与其对应的存在样态的信念样态。

在追求这种理性理论目标时，人们必然达到有关对**形式逻辑**
305 和与其平行的学科在**理性理论层次上阐明的问题**，我称这些学科为**形式价值学和实践学**。[526]

首先必须回到先前论述的①有关命题和特别是**综合**命题的纯形式理论，这些综合命题与述谓的信念综合，以及与属于信念样态的，以及属于情绪行为和意志行为的综合形式有关。(因此例如关于优选、"为他者的"评价和意愿的形式，价值学的"和"与"或"的形式)。在这些形式理论中，我们从意向对象侧谈到了具有其纯形式的综合命题，而并未提出有关理性正当性或非正当性的问题。因此这些形式理论仍不属于理性理论层次。

然而，一旦我们提出这些问题，而且尤其是相对于一般命题提

① 参见§133以下，边码第273—278页。

出，只要我们认为它们只是纯形式地被规定的，我们就处于形式逻辑中和上述平行的形式学科中，后者按其本质建立在作为其较低层级的相应形式理论上面。被包含在综合形式中的东西——这样它们关于所谈的命题范畴的诸设定或命题显然做了较多假定，但并未在其特殊性方面加以规定——是可能正当性的先天条件，后者表现为所谈诸学科的诸本质法则。

信念的理性确定性的可能性之先天条件，从意向对象侧说就是可能的真理之先天条件，特别被包含在述谓的（分析的）综合的纯形式中。信念的理性确定性的客观展现是通过狭义的形式逻辑产生的：即形式的命题逻辑学（Apophantik）（关于"判断"的形式逻辑）[527]，它因此以关于这些"判断"形式的理论为其基础。

同样的道理适用于属于情绪领域和意志领域的综合以及它们的意向对象相关项，因此也适用于它们的综合的"命题"类型，有关后者的系统的形式理论必定再次作为形式正当性理论结构的基础。在这些领域的纯综合形式中（例如在目的和手段的关联中）实际正存在有价值学的和实践的"真理"的可能性条件。在这种情况 306
下，由于（例如）也在情绪行为中实行的"客观化作用"，一切价值学的和实践的理性以我们所理解的方式[528]转换为信念的理性，而且在意向对象侧转换为真理，在对象侧则转换为现实：这样我们就谈到真的或现实的目标、手段、优选性等等。

当然，独特的和最为重要的现象学研究是与所有这些关联域相关的。方才谈到的诸形式学科的那种特性已经是现象学的了，并以我们的众多分析为前提。在受到"独断论式"处理的纯粹逻辑中，研究者抽象地把握着命题逻辑的形式（"一般命题"或"判断”——范畴的、假设的、合取的、析取的判断等等）并为它们确定了形式真理的公理。关于分析性综合，关于意向作用—意向对象的本质关系，关于研究者在纯粹意识的本质综合体中引出的和从概念上确定的本质的介入，他一无所知。他孤立地研究那种只能在完全的本质关联体中充分理解的东西。只有通过回溯到先验纯化意识中的直观根源，现象学才向我们阐明，在我们有时谈到真理的形式条件，有时谈到认识的形式条件时，其真意为何。普遍来讲，它向我们阐明了属于认识、明证、真理、存在（对象、事态等等）诸概念的**本质和本质事态**；它教导我们理解判断活动和判断的结构，意向对象的结构在认识上被确定的方式，在这方面“命题”怎样起到它的特殊作用，以及它的认知“充实性”的不同可能性。它指出什么样的充实方式是明证的理性特性的本质条件，在各种事例中什么样的明证性种类是有关系的，如此等等。现象学特别能使我们理解，**先天的逻辑真理**与命题的**直觉充实化的可能性**（由此可达到对相应事态的综合直观）和命题的**纯粹综合形式**（纯逻辑的形式）之间的本质关联有关，而且同时，每一可能性都是可能的正当性的条件。

现象学也指出，经过详细考察之后在这里应做一双重区分，它
307 们对应着意向作用和意向对象的相互关系。在形式命题逻辑中（例如在三段论中）我们谈论作为意向对象命题的判断及其“形式真理”。即这种观点是完全针对意向对象侧的。另一方面，在形式命题逻辑的意向作用学中观点是针对意向作用侧的，这时我们谈到了理性.判断的正确性；我们拟定了这种正确性的**准则**，尤其是相关于命题形式方面的准则。例如，人们不能断言一个矛盾命

题是真的；任何人按照正当推论样式的前提形式进行判断时，“必定”得出具有相应形式的结论，如此等等。在现象学的范围内，这些类似的情况可立即被人理解。涉及判断行为、意向作用的过程，以及在意向对象中，在命题推导中与这些过程本质上对应的东西都正是在其必然相互关系中和在完全的意识关联体中加以研究的。

同样的道理自然适用于与意向作用的和意向对象的机制的平行关系有关的其他形式学科。

§148　形式本体论的理性理论问题[529]

一种方向的转变将我们从这些学科引向相应的本体论。关联域已由于可在每一行为内部实行的普遍可能的目光转向而在现象学中被给与了，因此该目光注视的诸对象组成彼此按种种本质法则结合起来。第一种态度是朝向对象物的：意向对象的反思通向意向对象的组成，意向作用的反思通向意向作用的组成。我们在此所谈的学科从这些组成中抽象地引出纯粹形式，更确切地讲形式的命题逻辑引出了意向对象的形式，而与之平行的意向作用学则引出了意向作用的形式。正如这些形式相互按本质法则结合一样，这两种形式也都与存在的形式按本质法则结合起来，这种存在形式可通过将目光转向存在的组成被把握。

每一种形式逻辑的法则都应等价地转换为一种形式本体论的法则。现在被判断的是事态而非判断；是对象而非判断组成项（例如名词的意义），是特征而非谓词意义，等等。我们甚至不再谈论真理，判断命题的正当性，而是谈论事态的组成、对象的存在等等。

308 显然，这种目光转向的现象学内容也应通过诉诸标准概念的内容来阐明。

此外，形式本体论远远超出了形式命题逻辑真理的这类简单转换的范围。从我们先前谈过的[①]那种“名词化”过程中产生了若干重要的学科。在复数性判断行为中复数作为复合设定而出现。由于名词化的转向它成为作为对象的集合，这样就产生了**集合论**的基本概念。在集合论中，被判断的是作为对象的集合，后者有其特殊种类的属性、关系等等。同样的道理适用于作为**数学学科**基本概念的关系、数等等。我们在谈论命题的纯形式理论时曾说过而现在应当再次重复的是，现象学的任务不是去发展这些学科，进而去从事数学、三段论法等等。现象学所关心的只是公理和其概念组成，这才是现象学分析的主题。

以上所论自然也适用于**形式价值学**和**实践学**，并且适用于**有关价值**（在相当广义上的）、善的**形式本体论**，后者作为理论上的理想而与前两种研究相关联——简单说，这种本体论与作为情绪和意志意识的相关项的整个存在范围相关联。

人们将注意到，**在我们的考察中，“形式本体论”的概念被扩大了**。价值，实践对象被列入形式化名称“对象”、“一般物”之中。因此从普遍分析性本体论的角度看，它们是从质料上规定的对象；与这类质料性对象相联系的、关于价值和实践对象的“形式的”本体论，是质料性学科。另一方面，以设定属（信念或信念样态，评价，

① 参见 §119，边码第 247 页以下。

意愿)和作为种从属于设定属的综合及综合构成之间的平行关系为基础的类比是有其效力的,其作用甚至如此显著以致康德直接称目的意愿和手段意愿之间的关系为“分析的”因而他肯定是将类比性与同一性混淆了。属于信念的述谓综合的真正分析性因素不 309
应与其形式的类比物相混淆,后者相关于情绪设定和意志设定之间的综合。理性现象学的深刻而重要的问题,是与对这些类比关系和平行关系进行的彻底阐述联系在一起的。

§149　区域本体论的理性理论问题。现象学构成的问题

在讨论了形式学科向我们提出的理性理论的问题之后,就应该转向质料的和首先是区域的本体论。[530]

每一对象区域都是按意识的方式构成的。由区域属所规定的对象本身,就其是现实的而言,有其先天被规定的可知觉的、可一般明晰地或晦暗地被表象的、可思考的、可明示的方式。因此在理性的根基作用方面我们再次返诸意义、命题、认识的本质;但是现在并不返诸纯形式,而是由于我们注视着区域的和范畴的本质的质料普遍性,返诸那样一类命题,其规定内容是在其区域的规定性中被理解的。在此每一区域为一组内在独立的研究课题提供了门阶。

例如让我们以物质物区域作为线索。如果我们正确理解到这种引导意味着什么,那么我们就因此而把握了一个普遍的问题,这个问题对于一个重要的和相对自足的现象学学科来说是有决定性意义的:这就是物区域的对象在先验意识中普遍“构成”的问题,简

言之,“一般物的现象学构成”。[531]相应地我们也了解到与此引导性问题一致的研究方法。于是对于每一区域和对于**每一**与其现象学构成有关的学科来说情形亦然。

我们所要讨论的问题如下。物的观念,现在为了专注于这个领域而谈到它,是按意识特有的方式,经由作为概念思想的“物”来表示的,这个“物”具有某种意向对象组成。本质上与每一意向对象对应的是一组在观念上自足的可能的意向对象,它们具有统一性是由于能通过相符作用而形成一综合统一体。如果像此处谈到
310 的这种意向对象是一致性的,那么直观的,特别是原初呈现的意向对象也存于这样一个组群中,在这里该组群中的一切其他各种意向对象都在同一化的相符作用中被充实了,就设定性而言,从它们之中获得了确证和理性力量的充实。

因此我们从语言的、或许完全晦暗的物表象出发,完全照它向我们呈现的样子。我们自由地产生了相同的“物”一般的直观表象,而且澄清了该词的模糊意义。由于问题涉及一种“普遍的表象”,我们就应当借助例子来论述。让我们试图产生任何一种关于物体的想象性直观,如对带翼马、白乌鸦、金山等等的自由直观;它们也是物体,因此对它们的表象既被用作例示,也被用作对现实经验中的物表象。我们在实行观念作用时,通过例示以直观的明晰性把握住作为普遍界定的意向对象规定性的主词的“物”本质。

现在应当注意(可回忆早些时候已做的论述①),在这方面

① 参见§143,边码第297页。

“物”本质当然是原初所与的，但是各种所与性本质上绝不可能是充分的。我们可使意向对象或物意义（Ding—Sinn）达到充分的所与性；但是复合性的物意义，甚至在它们的充实性中被理解时，并不包含作为内在于它们的原初直观组成的“物”的区域性本质，与同一个别物相关的复合意义也不包含这些个别物的个别本质。换句话说，不论问题是关于个别物的本质还是关于一般物的区域本质，某一单一的物直观或某一有限完结的物直观的连续体或集合都绝不足以以**充分的**方式在其本质规定的完全充实性中获得所希望的本质。但是它们对于这一**不充分的**本质看却是足够了；以原初的方式呈现本质永远优于空洞地把握本质，如借助例示在一晦暗表象的基础上确立的那样。

这对于本质普遍性的一切层级都真确，从个别物的本质一直 311
到物区域。

然而现在一般本质洞见是，每一**不完全的所与物**（每一不充分呈现的意向对象）**在自身中包含了支配它的完全化之观念可能性的一个规则**。我现在所有的半人半马兽显相的本质——半人半马兽的纯“单侧呈现的”显相的本质——是，我可探求该物的不同侧面，最初未被确定的和仍然待定的东西可在我的自由想象中成为确定的和直观的。我们在这种越来越完全地直观的和更加详细规定的想象过程进行中，具有广阔的**自由**；我们甚至可以任意直观地赋予被想象的半人半马兽以更确定的特性和特性变化；但**我们并不是完全自由的**，只要我们将在**一致性的**直观进程的意义中前进的话，在此进程中可确定的主体是同一的，并**可以**永远是一致地可确定的。例如我们可以由一符合法则的空间加以限制，此空间是由某一一般可能的物的观念规定我们的一个框架。不论我们可如何任意地使被想象物变形，空间形态总是又变为空间形态。

但是在现象学中谈论规则或法则是什么意思呢？不充分呈现的“物”区域为可能的直观的——因此显然也为可能的知觉的——进程规定了规则，这一情况又意味着什么呢？

回答是，一致性直观“进程中的无限性”[①]的观念可能性，绝对明证地属于这样一种“物意向对象”（Dingnoema）的本质，而且是朝着典型规定的预定方向的（因此这也是在相应的意向作用连续序列联结体中的平行的无限性）。在这里让我们回忆一下先前关于以洞见方式获得作为“物一般”的普遍“观念”[532]的论述，这一分析对于直到被个别规定的物的最低具体化的每一较低普遍化层级都是有效的。这种物的超验性表现在对它的直观进程中的每一无

312 限性里。直观永远一再地要转化为直观连续体，而且已经呈现的连续体还会再扩大。没有任何物知觉是最终完结的；永远存在着新的知觉的可能性，它将更详细地规定未被规定者，充实未被充实者，随着每一进程，永远属于同一物 X 的物意向对象的规定内容被丰富了。一种本质洞见是，每一知觉和知觉复合体都可继续扩展，因而此进程是无限性的；所以没有对物本质（Dingwesen）的任何直观把握可以如此之完全，以至于其他的知觉不可能从意向对象侧向它再增添什么新东西。

另一方面，我们仍然明证地和充分地把握物“观念”（“Idee” Ding），我们在对一致性直观进程无限性的意识中，在历尽一切可

① 参见康德：《纯粹理性批判》中第 5 项空间论证（第 A25 页）。

能的自由过程中去把握“观念”。于是我们首先将未被充实的物观念和其诸个别物体把握为某种“至此”呈现的东西，把握为一致性直观刚“达到”而仍然“无限地”可被规定的东西。这一“等等”性是物意向对象中的一个明证的和必不可少的因素。

根据此无限性的例示性意识，我们进而把握被规定的无限性方向的“观念”，而且这个观念适用于我们所历经的直观进程的每一方向。我们又把握物一般的区域“观念”，后者作为同一物持续地显示于这样一种被规定的无限进程中，并显示于相应被规定的那种意向对象的无限序列中。

正像物一样，本质内容的每一性质以及首先是每一构成的“形式”都是一个观念，而且这一点适用于从区域的普遍性直到最低的特殊性。我们可以更详细地说明如下：

物作为时间物(res temporalis)，以时间的必然“形式”呈现在其观念的本质中。直观的“观念化(作用)”(Ideation)[533](它作为“观念”看[“Idee”erschauung]在此特别适于这个名称)使我们了解了作为必然绵延的，作为必然无限地可在其绵延中伸展的物。在“纯粹直观”中(因为这个观念化作用是经由现象学对康德的纯粹直观概念加以阐明的结果)我把握了时间性的和它所包含的一切本质因素的“观念”。

此外，按其观念说，物即广延物(res extensa)，例如在空间内 313 它可在形式上有无限多样的变化，而且在形态和形态变化保持同一的情况下，它能无限多样化地改变位置，它是可无限“运动的”。我们把握空间之“观念”和属于空间的诸观念。

最后，物是一种物质物(res materialis)，它是一实质的统一物，而且因此它也是一个诸因果关系的统一体，具有无限多种多样的可能性。在这些特殊实在的诸特性中我们也遇到了观念。因此物观念的一切组成成分本身是观念，每一成分都隐含着“无限多”可能性的“等等”。

我们在这里所论述的并不是“理论”和“形而上学”。这是一个有关本质必然性的问题，这个本质必然性不可避免地必然包括在“物意向对象”和相应地包括在呈现着物的意识中，应当以彻底洞见的方式把握它和系统地研究它。

§150 继续。作为先验论导引的物区域

416 在最普遍地使我们自己理解此物直观本身（在意向对象和意向作用方面）所包含的无限性——或者也可说：物的观念和其在无限性方面所包含的东西——之后，我们将立刻能同样理解，物区域被用作现象学研究的导引究竟可达何种程度。

我们在直观一个别物时，在直观中追随着它的运动，它的靠近和离远，它的转移和转向，它在形式和性质上的变化，它的因果关系方式等等之时，就在实行着以某种方式彼此相符的诸直观行为连续体，后者汇聚为一种统一意识：因此目光朝向同一事物，朝向所指向的意义的X（或者设定的或中性化的命题的X），朝向诸如自身变化着的、转移着的同一物。当我们在这个直观过程前进的无限性意识里以自由直观方式追随着在不同基本方向上无限可能的变样时，情形亦然。而且当我们进而讨论观念化作用态度时，以及阐明物的区域观念时，情形亦然：因此，我们这样做时有如在其几何直观的自由性和纯粹性中工作的几何学家一样。

但尽管认识了上述各点，我们对于直观本身的过程及直观的本质和本质无限性还一无所知，对于直观的质料和意向作用因素，314
对于直观的意向对象组成，对于在两侧可区分的和本质上可把握的层次，均一无所知。我们没有看到我们实际体验的东西（或者在想象变样中未反思地意识到的东西）。因此需要一种态度的改变；需要不同的质素的、意向作用的、意向对象的“反思”（把它们都称作反思是正确的，因为它们是原初性“直接的”对X目光指向的偏离）。[534]正是这些反思现在向我们展开了自身首尾一贯的重要研究领域，或者说在物区域观念内包含的一组组重大问题。

于是这样的问题就被提出来了：

怎样系统描述属于物意识的直观表象行为统一体的意向作用和意向对象？

如果我们限于意向对象的范围，那么问题就是：

多重设定的诸直观，“直观命题”——即在其中有一种“现实的”物呈现着，并以直观的方式在根源的“经验”中明示其现实性——是什么情况呢？

为了从信念的设定中进行抽象，纯粹的——即从意向对象方面理解的——显现又是什么情况呢，显现本身当纯本质地看时“使”同一物，即使时时充分被规定的物“显现”，这个物属于作为必然相关项的这种直观复合体或显现复合体？现象学必然不能只是限于用模糊的语言，限于用含混的普遍性论述，它要求通过系统的规定去进行深入到本质关联体的并直到深入那些本质关联体中最终可达到的特殊项的阐明、分析和描述：现象学要求彻底的工作。

物的区域观念，物的具有规定性的意义内容的，被设定为存在的同一的X，规定着支配显现复合体的规则。这意味着：不存在偶然聚集在一起的复合体，正如如下事实已经指出的那样，这个复合体在从它们自身和从纯本质观点考虑时，与物，被规定的物有关系。区域的观念规定着确定完结的显现系列，这个显现系列是完全被规定的，具有严格秩序的，无限地前涌着的，并被当成观念性整体。显现系列的展开历程有一确定的内在组织，这个组织从本质观点和按照研究的可能性与在物区域观念中被普遍称作其组
315 成分的部分观念(Partialideen)相一致。例如——作为这个组织的一个部分的——单只一个广延物的统一体，没有作为物质物观念之准则的统一体，似乎是可以设想的：虽然不是一广延物的物质物是不可设想的。结果显然(永远在本质的现象学直观中)每一次物显现必然在自身中包含着一个我们称作物图式(Dingschema)的层次：它是仅只充实着“感性”性质的空间形态——不具有“实体性”和“因果性”之任何规定性(在引号中被理解作在意向对象侧被变样的)。[535]一种单纯广延物的有关观念已经是众多现象学问题的名称了。

我们这些未成熟的现象学者将一些事物当作简单事实：对于“我们人”而言，一空间物永远显现于某“方向”中，例如在视觉性的视域中，它的方向向上和向下，向左和向右，向近和向远；我们只有保持某一“深度”或“距离”才能看一个物体；它在于其中可见的一切变动的距离与一切深度方向(Tiefenorientierungen)的不可见中心有关，然而这个我们熟悉的中心是作为观念的限界点被我们“定位”于大脑中的——所有这些所谓的事实性，因而即空间直观

的偶然性，是不同于“真的”、“客观的”空间的，这类事实性即使在十分琐细的经验特殊性中也表明是本质必然的。因此显然，空间中的某物不只对人而且对神——作为绝对认知的观念代表者[536]——只能通过显现才可直观，在这些显现中它是并必定是在多样化地但确定地改变着的“透视”方式中，因此在改变的“方向”中被呈现的。

现在必须不仅把这一点作为普遍的论题加以确立，而且应将其贯彻到一切单个的形态上。关于其最深刻的现象学意义从未被把握住的“**空间表象根源**”的问题，被归结为对一切意向对象的(或意向作用的)现象的现象学**本质**分析，在此现象中空间是直观地呈现的，而且被作为诸显现的、空间物描述性呈现诸方式的统一体而被“构成”的。

因此，**构成问题**显然在此只意味着在显现物统一体中**必然**聚
集的诸显现规则系列，可直观地被观看和在理论上被把握——尽 316
管它们具有(以确定的“如此等等”的方式完全可以明确控制的)无限性——，并意味着，这些规则系列可以在它们的**本质的**自身独特性中被分析和描述；而且在**作为统一体的确定显现物和确定无限的显现复合体之间相互关系的规则性运作**可被充分洞见，从而一切谜团均可破除。

以上论述同样适用于广延物(以及时间物)中的统一体，因此也同样适用于较高的、有根基的统一体，也即“物质物”和**实体—因果**物一词所表示的统一体。所有这些统一体都在“复合体”中的经验直观的层级上被构成，而且在一切情况下两侧的本质联结体必然在意义和意义充实性、在设定的功能等方面的一切层次上被完全说明。最后，由此必然产生的是对有关如下事物的完全洞见，在现象学上纯粹的意识中现实物的观念所表示的东西，如何是一种在结构上被研究的和在本质上被描述的意向作用—意向对象关联体的绝对必然相关项。

§151　物的先验构成的层次。补充[537]

以上诸研究由在原初经验意识范围内的物构成的不同层级和层次在本质上所确定的。每一层级和层级中每一层次具有如下特征，它们构成了一种固有的统一体，后者本身又是物的完全构成的必要中介组成项(Mittelglied)。

例如我们考虑纯知觉物构成层级，其相关项是具有感性性质的感觉物，于是我们所说的就是一单个意识流，一单个知觉的自我主体的可能知觉。在此我们看到多种多样统一体层次，诸感觉图式，诸较高和较低级次上的“视觉物”，它们必须完全展现于此级次上，并按其分离的和相互联系的方式在意向作用—意向对象的构成中加以研究。在此层级中的最高层上的是实体—因果物，它本
317 来在特定意义上被称作现实，然而永远以构成方式与一个进行经验的主体及其观念的知觉复合体相联系。

接着，一个次高的层级是主体间同一物，即一个较高级次的构成性统一体。它的构成作用与一个开放的，处于“相互理解”关系中的诸主体的多元体(Mehrheit)相关联。主体间世界是主体间经验的相关项，即以“移情作用”为中介的经验。因此我们归属于由多主体已个别地构成的感觉物复合体；结果即归属于不同自我主体和意识流的相应知觉复合体；不过我们首先归属于移情作用的

新因素和它如何在“客观的”经验中起构成作用并赋予那些被分离的诸复合体以统一性的问题。

此外，一切研究必须照事物的本质所要求的完全性和全面性来完成。因此，为了符合一种导论的目的，我们前面仅只考察了构成性的诸显相复合体的一个初步的基本系统，在这个系统中同一个物体永远一致性地显现。知觉在相对于一切系统路线无限地前涌时，达到完满的相互一致，诸设定则不断地获得确证。这里只存在着更准确的规定，却不存在相异的规定。由先前的经验流（在这些观念上完结的系统内）所设定的物规定，无一遭受到属于同一性质范畴的其他规定的“抹消”和“取代”，此性质范畴是由区域本质在形式上加以规定的。不存在对一致性的扰乱和弥补此扰乱的事件，更不必说一致性的“崩裂”了，在此崩裂中被设定的物被完全抹消了。但是这类不存在的情况现在也应从现象学上加以考察，因为它们在经验现实的可能构成的关联体中也起着或能起着本身的作用。事实物的认识途径正像观念上可能的认识途径一样，是通过误谬进行的，因此在最低的认识层级上，即在直观把握现实的层级上已经如此了。因此，在知觉流中出现着一致性的局部断裂，同时一致性只有通过“纠正”才得以保持，此知觉流必须在意向作用 318
的和意向对象的本质组成方面加以系统的描述：统握改变，独特的设定事件，先前被统握者的重估和否定，如“假象”、“虚幻”，以及转入一种局部上互不相容的“冲突”，如此等等。与一致性的连续综合设定相对，我们应当承认冲突、解释改变和不同规定之间的综合的所谓合法性的问题：对于一门“真正现实”的现象学来说，“**空虚假象**”的现象学也是必不可少的。

§152　从先验构成问题向其他区域的扩展

我们不难看到，在此通过例示对**物**质物构成做出的论断——更确切地讲即对前于一切“思维”的经验复合体的体系中的构成所做的论断——就问题和方法来讲应被扩展到一切**对象区域**。代替“感性知觉”的是现在自然出现的与有关的区域在本质上相联系的各种原初呈现行为，这些行为应当预先通过现象学分析来展现和研究。

不同区域的相互关联性涉及很困难的问题。它们决定着在意识构成的组织中出现的各关联体。**物**绝不是相对于经验主体的孤立的东西，如我们在前面有关“客观的”物世界的主体间构成的说明中已经注意到的那样。然而正像现在这个经验的主体本身作为某种实在物，作为**人**或动物，在经验中被构成一样，**主体间的群体**也作为有生命物的群体被构成。[538]

这些群体虽然本身本质上根基于心理现实，后者本身又根基于物理现实，它们却显示为**较高级次上的新种类对象**。一般看来，存在有很多类型的对象，它们都拒绝一切心理主义的和自然主义的错误解释。这些对象包括一切种类的**价值客体**和实践客体，一切具体的文化结构，它们作为确定的现实决定着我们的实际生活，如国家、法律、习俗、教会等等。所有这些客体都必须按其在呈现
319 时所属的基本种类并放在其层级结构中加以描述，并应为它们提出和解决**构成问题**。

十分明显，这些客体的构成也追溯到空间物和心理主体的构成：它们正是根基于这些现实物之上的。最后，物质现实作为最低

层级乃是其他一切现实的基础，结果，物质自然的现象学肯定占据一个突出的地位。如果我们不怀偏见地考察和追溯其现象学的根源，那么有根基的统一体正是有根基的和新种类的；与它们一同被构成的新的因素，如通过本质直观所认识的因素，绝不可能被归结为其他现实物的总合。因此实际上这些现实物的每一特殊类型导致它自身的构成性现象学，并因此导致一种新的具体的理性理论。在任何情况下，这个任务本质上都是一样的：必须认识意识结构全部系统的一切层次和层级，此意识结构构成了一切这类客体的原初给与性，这样就使有关的该种“现实”的意识对应物成为可理解的。为了排除存在与意识的相互关系所涉及的众多容易发生的误解（如一切现实“被消解为心理事物”），在此可被真实地论述的一切，只能根据在现象学态度中和根据直观被把握的诸构成性群组的本质关联体加以论述。

§153　先验问题的完全扩展。研究的分类

我们直到现在所可能进行的这样一种一般性的讨论，不可能产生有关至今认为有可能成立并为我们所需的那类研究的广阔范围的充分观念。为此目的，至少对于主要的现实类型来说，须要进行深入研究；因此须要如我们已经在做的那样去研究与意识的普遍结构有关的一系列问题。同时在下一卷中，有关由自然科学、心 320
理学和精神科学诸学科系统之间相互关系的，以及尤其是有关它们与现象学关系的当前大量思想所涉及的争论问题，将同时提供机会使构成性问题进一步纳入可研究的范围。然而到此为止的论述已使我们明了，这些争论实际上涉及相当严肃的问题，而且与一

切实质性科学中的一切真正意义上的原则问题有关的研究领域敞开了。实际上只不过是按照基本概念和基本认识汇聚在区域观念周围的东西，以及在相应的区域本体论中发现或应当发现其系统地展开的东西。

以上所述从实质对象范围扩展至形式对象范围，并扩展至适应于后者的本体论学科，因此扩展至一切原则和以原则为基础的一般科学，只要我们适当地扩大构成观念的话。于是构成研究的范围就自然地被扩大了，以至于可最终包括整个现象学。

在我们增加了下述补充考察后，上述结论将必然为我们所认识：

首先存在有与可能的原初呈现的意识复合体有关的对象构成问题。因此例如对物而言，存在有与全体可能经验，甚至与同一物的知觉有关的问题。接着是对再生性设定的意识类型的补充考察和对它们的构成性理性功能的探讨，或者同样可以说，对它们的直接直观的认识功能的探讨；对于进行晦暗表象的（但直接的）意识和与其相关的理性和现实诸问题亦与此有关。简言之，我们首先在“表象”范围本身内进行研究。

但是与此相联系的是这样的相应研究，它们与较高的，严格意义上[539]所谓“理智的”或“理性的范围”的功能有关，这类功能包含有阐明性的、关系性的以及其他“逻辑的”（然后还有价值学的和实践的）综合作用，包含有“概念的”运用、陈述、新的间接的论证形式。对象首先存于单设定的行为中，例如在被给与的简单经验中（或在认为被给与的观念中），因此人们可对对象施以综合运作，并
321 通过此运作构成一总是较高层级的综合性对象，这些对象包含着

作为全部设定统一体中的许多设定，而且包含着在其全部质料统一体中的彼此分离的种种质料。人们可以汇集，“形成”各种不同的层级序列集合体（集合，诸集合组成的集合），人们可以从“整体”中“抽出”或“突出”“部分”、属性和相对于其主词的谓词；人们可以使对象“相关于”对象，任意地“使”其一为指示词项，使其他为所指示的对象，如此等等。人们可以“现实地”、“本然地”，即在综合的原初性中实行这种综合；然后综合的对象按其综合形式具有被原初所与的特性（例如现实地所与的集合、从属主词、关系等等），而且它具有原初性的完全特性，当诸设定具有此原初性的完全特性时，因此当诸设定的行为特性原初地具有理性的动机时。人们可以进行自由想象，使原初所与物与准所与物发生关系，或完全在变样的形式中实行综合，将被意识者变为一“假定”，“形成”假设，从中“得出结论”；或者进行比较和区分，使在它们之内被给与的相等性和差别性重新受到综合运作的支配，并与一切观念化作用、本质设定或本质假定相结合，如此以至无穷。

此外，作为这些运作程序之基础的是那样一些较高和较低层级的客观化行为，后者部分上是直观的，部分上是非直观的，或是完全含混的。对于晦暗性或含混性而言，人们可以努力阐明综合的“构造”，并通过“综合直观”提出有关构造的可能性和完成的问题；或者通过明显的和原初给与的综合行为，或借助间接的“推论”或“证明”提出关于构造的“现实性”和可完成性的问题。在现象学中所有各种类型的综合，都应在与它们之中被综合构成的对象的充分相互关联中加以研究；不同的所与性样式和它们对这些对象的“现实存在”或对真正可能的存在，以及对现实中的或然存在的意义，都应加以阐明；而且对于有关理性、真理或现实的一切问题来说亦应如此。因此在这里我们也有“构成性问题”。

现在，逻辑综合当然是以具有简单质料（意义）的最低层设定
322 为基础的，但是在这样一种方式上，综合的层级的本质法则性，特别是理性法则——在一种相当广泛的、明确界定的“形式的”范围内——是独立于综合组成项的特殊质料的。正因如此，一种普遍的和形式的逻辑得以成立，这门逻辑从逻辑认识的“质料”中进行抽象，并在未被规定的、可自由改变的普遍性中（作为“任何某种东西”）思考它。结果与构成有关的研究也被区别为两类，一类与基本的形式概念相联系并只把它们本身当作理性问题或现实问题和真理问题的导引；另一类，如前所述，与区域的基本概念，而且首先是与区域本身的概念相联系，而且尤其是与在这样一个区域中某一个体如何达到所与性有关。人们借助区域范畴和由这类范畴所规定的研究，有权处理综合形式通过区域质料所经受的特殊规定；而且同样有权处理特殊约束（如在区域公理中所表现的）施予该区域现实的影响。

显然，以上所论可扩展至一切行为的和对象的领域，因此也扩展至诸对象，具有其先天特殊设定和质料的情绪行为必定决定着诸对象的构成，而且是在一种再次与形式和物质特殊性有关的方式上，相应的构成性现象学的重大的，几乎不可怀疑的，远远未被完成的任务，正在于对其加以阐明。

结果，构成性现象学与先天本体论以及最终与一切本质科学的内在关系也就明显可见了（在此不包括现象学本身）。形式的和实质的本质理论的层级序列以一定方式规定了构成性现象学的层

级序列，确定了它们的普遍性层级和在本体论的和实质性本质的基本概念和原则中的“导引”。例如，自然本体论的基本概念，如时间、空间、物质，以及它们的直接派生物，是对物质的物性构成的意识诸层级之标志，[540]正如相关的基本原理是诸层级内和诸层级间的本质关联体的标志。于是纯粹逻辑事物的现象学阐明使我们理 323
解，为什么一切有关纯粹时间理论和几何学的，因此有关一切本体论学科的**间接**命题，都是先验意识和其构成的复合体内诸本质法则性的标志。

但我们应当明确注意，在构成性现象学和相应的形式的和实质的本体论之间的这些相互关系，**绝不意味着前者是以后者为基础的**。当现象学家把一个本体论概念或原则认作构成性本质关联体的标志时，当他把它们当作直观证明的导引，而后者仅在自身内就有其正当性时，他并未从本体论上进行判断。这一普遍性的论断在以后再进行的更基本的说明中将向我们证明，由于这个问题本身的重要性，这一论断当然是十分必要的。

一种对以同样方式考察意向作用的和意向对象的意识层次构成性问题的全面解决，或许显然相当于一门完整的理性现象学，包括其形式的和质料的形态，以及其非正常的（否定性理性的）和其正常的（肯定性理性的）形态。但此外应该承认，这样一门完全的理性现象学会与一般现象学相一致，因此对由对象构成这个整体名称所要求的关于一切意识描述的系统论述，必定在自身内包括着一般的意识描述。

主 题 索 引[*][①]

（各个别词条中的词语按页码顺序排列；与主题相关的引语不按此顺序排列。特别重要的引语的页码用加重字体表示。）

A

* 1928 年由路德维希·兰德格里伯编制。——中译者

① 1928 年作为《观念 1》第三版的附录发表。所有页码均指原书初版页码（即本书边码。——中译者）。——第五版编者。

B

E

G

H

① 这个词本身在《观念》中未被使用，虽然在一种相应的广义上它的全部论述也可表示为“唯心主义的”。因此在本索引中列入那些现象学“唯心主义”在其中显然可辨的句段。

J

L

M

N

O

P

Q

R

U

V

X

Z

人名索引*

* 1928 年由路德维希·兰德格里伯编制。——中译者

关于本书头三版版面形式改变的附注[①]

目前这本经校勘后重新发表的胡塞尔著作，在其生前曾出过三次德语版本。[②]

1. 本书第一版作为《哲学和现象学研究年鉴》首卷著作刊于该丛刊第 1—323 页，同时刊出的还有 A. 普梵德尔的文章“论信念心理学”。《年鉴》首卷由胡塞尔和 M. 盖格(慕尼黑)、A. 普梵德尔(慕尼黑)，A. 莱那赫(哥丁根)，M. 舍勒尔(柏林)等共同编辑。第一卷，第一期，哈尔，Max Niemeyer 出版社，1913 年。《年鉴》封面既无标题又无编者名字[③]，在一篇总序之后有一页关于胡塞尔和普梵德尔著作的目录，其中胡塞尔的著作只有编目和章目。在八页罗马字页码之后的第一页印有书名“纯粹现象学和现象学哲学的观念”和“艾德蒙特·胡塞尔(哥丁根)”著等字样。导言(第 1—

---

① 本文关于本书各版扉页上字样改动的描述有大段雷同处，还有一些情况在编者导言中已谈过，故中译本对此附录有所删节。——中译者。

② 此外由 J. H. Muirhead 主编的《哲学文库》出版过一个英译本，书名是：《观念：纯粹现象学通论》，由墨尔本大学哲学教授 R. 吉布森翻译，分别由伦敦和纽约出版，1931 年。译文前收有作者为英译文写的序和一篇译者前言。

③ 重印于 K. 舒曼：《纯粹现象学和现象学哲学。关于胡塞尔“观念 1”的历史分析研究》(《现象学研究丛书》第五十七卷)，海牙，1973 年，第 37—38 页。

6 页)之后的第 7 页上是副题"第一卷。纯粹现象学的一般导论"。

大约同时以书的形式出版了同一书名的单行本。扉页上的全部内容是:"纯粹现象学和现象学哲学的观念。哥丁根大学哲学正教授胡塞尔著。《哲学和现象学研究年鉴》第一卷单行本,由胡塞尔(哥丁根)编辑,哈尔,Niemeyer 出版社,1913 年"。在扉页之后,从罗马数字页码的第 III—VIII 页上是一份内容目录,除编名和章名外还有全部 153 个节名。除了省去导言之前的书名"纯粹现象学和现象学哲学的观念"之外,正文与《年鉴》版的正文相同。

1916 年初出版《年鉴》第二卷时,胡塞尔单独插入一份《观念 1》的"直到最小节目的详细内容目录"[①],《年鉴》第一卷第一期的拥有者可将此目录夹入该卷,而且它同时也"作为单行本"[②]印行。这份罗马字页码头 7 页上的《年鉴》第一卷第一期详细目录也插入了出版社第一卷库存书中,也就是将其插入年鉴的总序和最早的简短目录之间;《年鉴》第一卷第一期也包括普梵德尔的"论信念心理学"的目录。

2. 第二版带有详细书名:"纯粹现象学和现象学哲学的观念,第一卷:纯粹现象学的一般导论。胡塞尔著。"……本版附有一份标有 1923 年日期的详尽的主题索引,由 G. 瓦尔特博士编制。这份索引编于 1918 年,它比此书第二版的印行晚一年发表一事[③]可以解释成,当时它不仅是作为附录,也是"作为单行本"发表的。

与单独印行的此书第二版同时,1922 年也出版了该书毫无改

① 《年鉴》第二卷,1916 年,第 VI 页。

② 同上。

③ G. Walther:《通往彼岸》,Remagen 出版社,1960 年,第 215 页。

动的重印本。本版除了内容目录以外——第二次印刷本只包含了1916年刊印的那份详细目录——与1913年版本相同。

3.第三版扉页注有1928年字样，而且这个未加改动重新印行的第三版与第二版相同。……由L.兰德格里伯(弗赖堡)编制索引。关于这份索引的编制，英译者(他将这份索引经改变形式后亦译出于英译本中)在1928年7月24日日记中曾有所记载："兰德格里伯已将瓦尔特的索引缩短和做了修改，这份修改后的索引发表于《观念》的第三版中"。在胡塞尔遗留的藏书中没有发现载有这份索引的本书第三版本子，也没有看到过胡塞尔对此索引所做的评论。在第三版中的第325—358页上是索引的正文，第359—360页是所附的人名索引。

除"后记"外，本版第一分卷包括了胡塞尔生前发表的一切与此书有关的材料。……在卢汶档案馆存有四本胡塞尔本人使用过的这部书。……我们分别称其为A、B、C、D本。第二分卷对这四个本子的详细论述，包括一份勘误附录，载于《观念1》五版本第657页及以下。

中译本附录

著者后记[①]

引　　言

本文是对拙著《观念1》的一篇说明性评述，也是我为该书(即将出版的)英译本[②]准备的一篇前言。但它对于(仅只作为一部篇幅甚大的完整作品的部分而发表的)这一卷书的德文读者也不无助益，因为我在本文中论述了那些掩盖了我的先验现象学真正意义的普遍误解。由于受哲学传统思维习惯的束缚，人们对于现象学在方法和研究领域方面的彻底新颖之处多所忽略，因此根本未了解它的充分要求，即首先着手开辟道路，然后从事开始阶段的工作，在这条道路上一切可以设想的哲学问题都必须在一种清醒的，按严格科学精神进行的研究中逐步达到最正确的表述和予以

① 这篇《观念1》的后记首次发表于《哲学和现象学研究年鉴》第十一卷，1930年。(并由 Niemeyer 出版社发行了单行本，中译文译自该单行本，并核对了收入《观念3》的文本，两个版本在字句和分段上稍有出入；同时补译了原编者 M. Biemel 的几处注释。本篇的德文原文比次年出版的英译本作者前言要长一些。——中译者。)

② 《观念1》的英文版发表于1931年，由 W. R. Gibson 译。

解决。

我们当然无须考察(与英国哲学十分不同的)德国哲学状况,它包括有为获得支配地位而斗争的生命哲学,新人类学和“存在”哲学。也无须关心“唯智主义”或“唯理主义”的批评,这两种哲学观被人们看成是站在我们现象学一边,并非常接近我对哲学概念的理解。按照这种理解我恢复了哲学的最原初的观念,这一观念自柏拉图最初给与明确表述以来已构成了我们欧洲哲学和科学的基础,并为后者指出了一项责无旁贷的任务。按照这一观念,对我来说哲学应当是普遍的,并且在根本意义上是“严格的”科学。作为这样一种科学,它是从最终的根据中,或同样可以说,从最终的独立有效性中产生的。在这样一门科学中没有任何述谓性的或前述谓性的明证性起着无须置疑的知识基础作用。我曾强调说,它是这样一种观念,正如我们进一步的审慎说明将指出的,它只是在一种相对的、在时间上有效的方式中,和在一种无限的历史过程中被实现——也就是说在事实中被实现的。这种观念按其历史起源来说曾存在于我们的实证科学中,而实证科学由于其基础的性质却又远远不能符合这种观念。众所周知,这些实证科学在其最新的发展中遇到了挫折,同时还流行着一种怀疑主义,它对一种严格科学的伟大计划以及一般而言对一种作为普遍的严格科学的哲学构成着威胁,使其失去人们的信任。我认为,我们时代的一项更为正确的,伟大的任务不是轻率地向这种怀疑主义态度让步,而是要进行一种彻底的思考,以便有目的地解释这种哲学观念的真正意义和指出其实现的可能性。为此必须以决定性的和富于成效的方式来系统地展示对最终可能的认识前提进行质疑的方法。这种质

疑首先朝向普遍的主体存在和生命，后者在一切理论化过程中已被假设为前科学的，并由此——这是决定性步骤——朝向作为一切意义给与和存在证明之原初状态的（让我们用一个旧词来表示一个新的意义）“先验主体性”。“作为严格科学的哲学”，即作为普遍的和有绝对根据的哲学，在它的真正根据没有重新以彻底的严肃性加以探讨之前，或者在这种态度中产生的现象学科学——一门新开创的科学没有以同样的严肃性加以彻底思考之前，不应加以放弃。在这里我不拟进一步与当代相反潮流进行比较，它们与我的现象学哲学截然对立，想要在严格科学和哲学之间进行区分。我只想明确地说，对于来自他们的一切如下批评我都不能承认其正当性：如唯智主义说我的方法程序执着于抽象片面性，在一般原则上不涉及原初性的、具体的、实践行动的主体，并且不接触所谓存在的问题，同样也不接触形而上学问题。这些批评都是由于误解而产生的，而且归根结底由于人们把我的现象学归结到一个将其意义压制殆尽的平面上。或者换言之，由于人们不理解“现象学还原”原则上的新颖性，从而不理解从世界性主体（人）向“先验主体”的提升；人们仍然滞留于一种或者是经验主义的或者是先验的人类学中，而按照我的学说，后者尚未获得专门哲学的基础。而且这也意味着人们把陷入“先验人类学主义”或“心理主义”当成了哲学。要想详细论述这个问题需要另写一篇长文。此外我坚持以前的信念，在科学事物中重要的不在于批评，而在于所做的工作最终经得住考验，不论它曾如何招致广泛的误解和经常引起论争。《观念1》一书所论述的是——正如我一直深信的那样——某种开端性工作，我一直在努力将这个开端不断向前推进。我希望一部正

在准备中的，预计明年初会出版的书①，能向一切在此匆忙时代尚有时间关心如此耗费心力和如此严肃的高深理论的人指出，一门按我的意思理解的普遍现象学实际上包含了哲学的普遍问题领域，并可成为它的方法论。因此它实际上也将一切由具体个人提出的问题，其中也包括一切所谓形而上学问题，置入自己的领域，只要这些问题一般具有可能的意义，这类意义当然正是现象学能够原初地加以构成和批判地加以界定的。

1

仅只作为我的《观念》第一卷出版的这本书标题为“纯粹的或先验的现象学”，它企图探索一门新的科学的基础，虽然自笛卡尔以来的整个哲学发展进程都在为其做出准备。这门科学涉及一个新的、非常特殊的**经验领域**，即“先验主体性”领域。这里所说的先验主体性并不意味着任何一种思辨构造的结果，而是指具有其先验体验、能力、功能的一个绝对特殊的直接经验领域，虽然由于一些重要的原因它迄今为止仍然是一个未曾达到的领域。具有自身理论的和首先是描述的目的的先验经验，只有通过彻底转变，那种由自然的、世界的经验所采取的态度才可能获得，这种态度的转变作为先验现象学领域的研究方法，可称之为“现象学还原”。

在本卷中先验现象学不是作为研究这个经验领域中的经验事实的经验科学而建立的。所呈现的任何事实只被用作例子，这些

① 胡塞尔指的是《笛卡尔沉思录》，它于 1931 年由 Colin 译成法文出版。第一次原文版发表于 1950 年，由 S. Strasser 教授编辑并纳入《全集》第一卷，由 Nijhoff 出版社出版。(M. Biemel)

事实的最一般性质颇类似于数学家使用的经验例证。因此颇像算盘上直观性的、事实性的数字组合仅仅被作为例证使用一样，它们可帮助我们直观地把握在其纯粹一般性中的一般数目（例如）2、3、4……，一般性的纯粹数目，以及与其相关的纯粹数学命题，即数学的本质一般性。于是在本书中我们研究一种“先天的”（一种本质上指向原初直观的一般事物的）科学，这种科学把有其事实性体验的先验主体之事实经验领域仅当作纯粹的可能性，后者等同于一切可任意变异的纯直观的可能性；并将通过一切自由变异得到的不可消除的先验主体本质结构作为其“先天性”突显出来。这门新科学研究领域的方法是向先验性还原，并因而进一步向艾多斯还原，因此（而且我们预先强调这一点）系统地展示这门科学的真正出发点，就成为以上所说的与还原有关各章的任务。只有一步一步遵循所提出的指引真心随同我们前进的读者，才能判断是否真地从本书中获得了某种极具特性的新东西——我们是指获得而非指构造，这就是从实际的一般本质直观中引出和描述的东西。

在本书中本质现象学只限于纯粹本质“描述”领域，即限于先验主体直接洞见的本质结构领域。因为这一领域本身已构成一个系统的、自足的、无限多的本质特性。因此我也不打算或许通过逻辑推演去系统地获得这种先验知识。不过这个描述领域也被限制在一个较易达到的水平；我们排除了内在时间领域中的时间过程问题。（对此可参见我于 1905 年关于内在时间意识的讲演，发表于《哲学和现象学研究年鉴》第九卷）留待这部书第二卷讨论的有自我问题，个性问题，“移情作用”的先验性问题等[①]。在这里我们在这门先天性新科学的整个方式和诸数学学科的整个方式之间指出一种（虽然不是唯一的）区别。后者是“演绎的”科学，即在其科学理论的方式中间接的演绎知识比一切演绎以之为基础的直接的公理知识起着远为重要的作用。无穷多的演绎程序在此都来自少数一些公理。但对于先验领域我们却有着无限多的，在一切演绎之先的知识，这种知识的间接性（意向性涵蕴的间接性）与演绎毫无关系，此外这类知识作为一种彻底直观的知识也避免了任何一种方法构造的符号表达系统。

2

现在我们要提醒读者防止一种常常产生的误解。我们在开始时预先指出，按作者的（在宣告将出版的全书其他几卷中要提出其理由的）观点，一切彻底科学的哲学都是以现象学为基础的，以及进而言之彻底科学的哲学实即现象学哲学，这并不是说哲学本身是一门彻头彻尾的先天科学。本书提出的任务即建立一门先验主体的艾多斯本质科学，这一任务根本不是主张一门科学因此已是由事实性的先验主体所引导的。数学科学是与其对应的事实科学的伟大逻辑工具，对数学科学的考察应当使我们能预见到情况正相反。严格意义上的事实性科学，真正理性的自然科学，只有根据一门自然的“纯”数学的独立发展才能成立。纯粹可能性的科学必定处处存在于事实性现实科学之先，并作为其具体的逻辑而进行

① 这些研究首次发表于《全集》第四卷。（编者）

引导。就先验哲学来说情况也是这样，尽管先验的先天性系统的功能其地位要高得多。

3

理解或至少牢靠地把握在先验现象学和“描述”心理学或如今天所说的“现象学”心理学之间的区别，一般来说是一个基于事物本性的极为困难的问题。它往往导致误解，甚至连遵循现象学思想路线的思想家们也不能避免。对此进行一些阐释是有用的。态度的改变在本书中被称作现象学还原（我们现在更明确地说：先验现象学还原），它是由作为时时以自然态度进行哲学思考的自我所实行的，按此态度我把自己首先经验作通常意义上的“我”，经验作生存于世界众人中的这个具体的人。作为心理学家，我一般把这种在“我”的方式中的存在和生存，把作为“心灵的”存在的人，当作我的主题。在纯粹的内向中只遵循着所谓“内在经验”（准确说，自我经验和“移情作用”）并排除一切与人体相联的心理物理问题时，我就获得了一种原初的和纯描述性的心灵生活本身的知识；它是最原初性的知识，因为在此对我来说只有知觉的知识。如果如一般所做的那样，把本身完全而忠实地与直观所与物相关联的各种描述称作现象学的，这样就产生了一门现象学心理学，它是以作为心灵特有本质直观的内在性直观为根据的。事实上一种正确的方法（对此我们将再加以论述）不是只提供我们一种贫乏的类型学的和分类学的描述，而是提供一门重要的独立科学；虽然只有当——如在这里也有可能的那样——人们首先为自身树立这样一个科学的目标时才有可能，这门科学首先不只是提

出关于此内在直观领域的事实性的科学目标，而且也探索一个心灵的，一个心灵生命共同体的不变的本质特征结构，即探索其先天性。

如果我们现在进行这种先验现象学还原，进行自然的和内在心理学的态度转变，通过这种转变以产生先验的态度，那么心理学主体正好失去了素朴经验世界中被认为是真实的东西，失去了一个实存于时空自然中身体之心灵的存在意义。因为包含着身体和心灵的自然，作为一切素朴的为我存在者的一般世界，都由于现象学悬置而失去了其存在效力。

这种意义的转换与我有关，尤其与当时的心理学的和随后先验探求者的"我"有关。被设定为现实的我现在不再是在该普遍的，在存在上被设定的世界中的人性自我，而只是一个此世界对其有存在的主体，而且甚至纯粹作为对我呈现的、呈现于我的，而且我以某种方式意识到它的存在，于是世界的现实存在仍然未被考虑，未被置疑，其有效性未经检验。现在，如果先验描述对世界和对属于世界的我的人性自我不作判断，如果在此描述中先验自我在一切宇宙存在（它在其中和通过它而首先赢得存在的有效性）之先在自身中和为自身而存在，那么显然，在与灵魂的全部现象学—心理学内容有关的每一意义转换中，其内容由于具有另一种存在意义而成为先验的和现象学的了，正如反过来后者在转向自然的、心理学的观点时又再次成为心理学的一样。当然，如果在对心理学的，特别是对"描述的"或"现象学的"心理学的发展关切之先，一门先验现象学在一种哲学观念引导下被建立起来，这种对应关系就仍然成立。

在此具有决定性意义的是，我们已经充分阐明，这种悬置作用，这种使对经验世界的存在信念的设定无效的程序意味着什么，以及因此一种什么样的“纯主体”的理论目标是可能成立的。一方面，一切以自然经验为根据的对此世界的判断均予排除，此世界本来对我们而言是经常地和毫无疑问地被当作存在着的，因此也排除了一切实证科学，后者一向是以作为证实根源的自然世界经验为根据的。其中当然也包括心理学。另一方面，由于此悬置作用目光向普遍现象敞开了：“纯粹作为其本身的意识世界”，纯粹作为在多重流动性的意识生存中被意识的，特别作为在多重的、“相互协调一致的”诸经验中“原初地”显现的意识世界，后者在此协调一致性中被有意识地描述为“现实存在者”（wirklich Seiende）；并且个别地和仅只个别地可能出现的情况是，“现实存在”的这种特性在“空虚假象”的特性中失效了。这种“为我存在的”（因此也是“为我们存在的”）世界的普遍现象使现象学进入它的新的理论兴趣范围中，进入一种新型的理论经验和经验研究中。它可从作为在连续实行的现象学态度中呈现着的“纯粹现象”继续向前并看见一个无限的、自行封闭的、绝对独立的存在者领域展现出来：纯粹主体或先验主体领域。在其中一切先前按自然态度可理解的世界事物都是经由相应的纯粹的或先验的现象被表现的，正是世界事物本身“存在”于其中的先验现象被看成存在的和可能被证实的。

一旦这种还原作用被阐明，人们也就理解它如何根本上与内在经验的心理学主体和内在经验本身有关，因此也与我的自我，每一现象学家的自我有关。在我的先验现象学领域中，我在理论上

不再被当成是人自我，不再是在把我当成存在者的世界内的实在客体，而是只被设定为对此世界的主体，而且世界本身被设定为被我如此设定的，对我如此显现的，被我相信、判断、评价的等等，以致它的存在确定性本身也属于“现象”，只不过是我对某物具有意识及具有其“内容”的另一种方式。

于是如果包含其全部先验描述的现象学毫不判断世界和其作为世界存在者的人自我，那么它不断判断其存在性的正是它的自我；不过现在这个自我已是先验的自我，作为在一切世界存在“之先”的自在和自为的绝对，首先在其内具有存在的效力。

同样显然的是，与心灵的全部现象学—心理学内容有关的意义在转变时，恰好是这一内容变为先验现象学的了，正如反过来后者在返回自然心理学态度时重又变为心理学的一样。即当在对建立心理学的和特别是“描述的”或“现象学的”心理学的科学的一切兴趣之先，一门先验现象学的建立具有哲学动机时，因此即当先验自我直接通过现象学还原而被关注和成为先验描述的主题时，这种对应关系也必定始终存在。于是我们就获得在一种正确实行的现象学心理学和一种先验现象学之间的极其普遍的平行关系。一方的每一种本质的和经验的判定，必定符合于对立一方的相应判定。然而当这整套理论内容在自然态度中被当成心理学，当成一种与发生的世界相关的实证科学时，它就是一种非哲学的科学，而在先验态度中的，因此也就是被理解作先验现象学的“同一种”内容就是一种哲学科学。当它完成了对那种先验基础的描述时，甚至获得了基本哲学科学的地位，之后先验基础就始终成为一切哲学认识的唯一基础。

实际上在这里存在着主要的理解困难，因为人们必定感觉到最不合理的要求是，这样一种从单纯态度转变中产生的“细微意义”改变将具有一种巨大的，对一切哲学均有决定性作用的意义。这种“细微意义”的全部独特意义只是通过这样一种哲学思考的彻底自我理解才能显示出来，即有关于他在哲学名义下实际所想望的东西是什么和他在什么程度上应当想望一种本质上不同于“实证”科学的东西，因此也就是对不同于通过经验显现的世界的东西进行理论掌握。当自我理解实际上被彻底和连续地实行后就产生了一种必然的动机，这种动机促使哲学思考的自我反思这个主体本身，它在其一切现实的和可能的自然世界经验中最终是这样一个自我，它经验着和接着以某种方式行动着，并有时进行科学认知，因而它肯定成为“在此世界中经验、思索、行动的这个人的自我”的每一自然的自我认识的前提。换言之，由此产生了作为一种绝对要求的现象学转变，因此一般哲学要使本身的规划置于最初的经验基础上，并因此可以开始工作。它只能作为在先验现象学态度中起作用的科学开始工作，并一般地展开它的一切进一步的哲学思维活动。正因如此，描述的先天现象学（在《观念1》一书中实际上就是研究这个问题的）就是一种直接完成先验基础的哲学，也就是某种“第一哲学”，开端的哲学。只有当这种需要十分准确和深入说明的动机变为一种活生生的和无法抗拒的洞见时，人们才能明了，最初显得特别的细微意义转变，从一种纯内在心理学向先验现象学的转变，决定着一种哲学的存在和不存在；这种哲学以其彻底的科学性认识到，为了从最终自我证明中取得依据，它要求什么特殊意义，要求什么基础方法。正是由这样一种自我证明中

可以理解心理主义的最深的、根本固有的意义中的错误——即作为先验心理主义的，作为破坏哲学之纯粹意义的错误，这种错误企图使哲学建立于人类学或心理学，人的或人类心灵生命的实证科学之上。如果在我们的研究之后被当作先天科学的纯粹内在心理学仍被建立起来的话，这种错误就毫未获得纠正。于是它就仍然是一种实证科学，并只能成为"实证的"或"独断论的"科学，但绝不能为哲学奠定基础。

4

我在多年来的思考中采取过各种不同的，但同样可能的途径，以便绝对清晰地和充分令人信服地来显示这样一种动机，即努力超出生命和科学的自然实证领域，并使得先验性转变，即现象学还原成为必不可缺的步骤。这些途径因此也是通往一种应在反思意识中加以思考的严肃哲学之路，这种哲学本身也是一种开端，因为开端只有在进行自我思考的开创者身上才能出现。显然，每一条这样的途径的必然出发点都是自然素朴的态度，这种态度把经验世界作为"当然"给与的（作为对此存在从不加以置疑的）存在基础。在本书中（在第一卷第二编第二章中）我选择了当时在我看来是最有吸引力的途径。它最初以自我论方式展开于在纯内在心理学直观领域内存在的自我思考中，或者也可以说展开于在通常心理学意义上的"现象学"思考中。这就最终导致进行自我思考的自我意识到，在连贯地使经验专注于纯内在的可经验的事物时，专注于我在现象学中"可达到的"东西时，我就获得一种自足的、自身凝聚的独特本质。一切现实的和可能的经验都属于此本质，因此具有一切经验证实物的客观世界对我存在，对我具有一种被证实的，尽管未在科学上被认可的存在效力。这也包括一种特殊的统觉，通过此统觉我把自身看作具有身体和灵魂的人，我这个人在被我意识的世界中与他人共存，并与他们一起在此世上延存，被他们所吸引或排斥，在行动中或理论思考中对待他们。于是在继续自我思考时我意识到，我的在现象学上自足的独特本质可绝对地被设定为这样的自我，我是这个自我，它赋予我所谈论的世界之存在以存在之效力。它是对我存在的，并且是对我存在的东西，只要它从我自己的纯生命中并在于我的生命中显示的他人生命中获得意义和被证实的效力。我作为这种被绝对设定的独特本质，作为纯现象学给与物的往往无限的领域及其不可分离的统一体，就是"先验自我"；绝对设定意味着，我不再具有被预先"给与"的或被看作简单存在着的世界，宁可说被给与的（由我的新态度所给与的）只是我的自我，它是自存的，在自身中经验着世界的和证实着世界的，如此等等。

5

按照这种考虑所得出的大胆结论（这并非普通人的任务）就产生了与一切心理主义唯心论尖锐对立的先验现象学唯心主义。在该章中的论述，如我曾承认的，是有欠完善的。虽然它在一切实际本质的方面都无懈可击，但却欠缺对于这种唯心主义的基础有关的东西，即对先验唯我论的问题或对先验主体间性的问题，对我有效的客观世界与对我有效的他人之间本质关系等等未曾采取明确态度。对于这些缺欠，与本书第一卷同时构想的第二卷应加以弥补，我当时曾希望能立即将其发表。① 人们对这种唯心主义及其所谓的唯我论的反对严重阻碍了人们接受这本书，似乎它的独特本质无论如何正存在于这一哲学标志中：然而这只不过是一个与动机途径有关的问题，目的在于获得对于客观知识可能性问题的必要洞见，即这个问题的固有意义可上溯至纯粹自在和自为的自我；也就是这个作为世界知识前提的自我，不可能被和始终被假定作世界中的存在者，因此它必须通过现象学还原，通过与世界的为我存在性有关的悬置而达到先验纯粹性。也许我们最好在不改变说明的本质关联体的条件下不对先验唯心主义做出最终判定，而只阐明具有决定性哲学意义的（即不得不趋向一种"唯心主义"的）思想进程在此必然发生，并必定应当被彻底考察；因此人们必须无论如何确保先验主体性的基础。但在此我须毫不迟疑地明确宣称，我丝毫不打算从先验现象学唯心主义退缩，我一如既往地坚持认为任何一种形式的流行的哲学实在论在原则上都是误谬的，我也同样认为每一种与实在论论证对立的，受到后者"驳斥"的唯心主义也是误谬的。如果人们对我的论述有更深的理解就不会把对唯我主义的反对作为对现象学唯心主义的反对提出来，而只是作为对我的论述不够完善一事的反对提出来。然而不应忽略哲学思考最本质的东西，对此本书应指出一条途径：与一般充满前提假设的思想，即把世界、科学和从一切科学传统中产生的思想习惯当成

548

① 我早于 1910/1911 年哥丁根大学讲演中即初步论述过关于移情作用的或从世界共处中的人的现实存在向先验的主体间共同体还原的先验理论。参见即将出版的《笛卡尔沉思录》的"第五沉思"中的详细论述。我的《形式的和先验的逻辑》§ 29 对其步骤进行了简短深入的分析。

其前提的思想相反，我们现在有一种彻底的知识自足领域，在其中一切被视为当然所与物者均失去效力，并被归结为一切前提，一切问题和回答都是已潜在地以之为前提，并因此必然持续地和直接地已是自在最初者（An-sich-Erstes）的东西。后者被自由地和明确地设定为最初者，即显然在一切可能的明证性之前并隐含着它们全体的一种明证之中。虽然正是由于将使这一彻底性变为有意识的活动的现象学还原，引导这一活动的哲学思考才真正开始，然而整个准备性思考却正是在这种精神中被完成的。这就是一种现象学思考，虽然还是无意识的。因此结论是，它是属于一种纯粹自我思考的一部分，后者显示出最原初的明证性事实。此外当它在这些事物中显示出（虽然不完全）唯心主义的轮廓时，它与唯心主义和实在主义之间的通常问题毫不相干，根本没有受到它们相互论争的影响。这样一种现象学的本质关联体和朝向一种"唯心主义"的动机被显示了出来，并在得到一切可能必要的改善和补充之后存留下来，正如山脊与河流的现实存留下来一样，最早的探察者曾实际看到和描绘它们，而后来的探察者将对前者的描绘进行改善和补充。有关重新把握先验问题的最初暂时性步骤（它只供一种动机目的之用）因此就必须按其总之是基本的现象学内容进行，并按照从此开始也必然预示着一种只有主体才认识的客观存在的真正意义来进行。

此外，先验现象学并非一种目的只在于回答历史上的唯心主义问题的理论，它是一门以自身为根据的，绝对独立的，甚至唯一绝对独立的科学。只有这样，在彻底进行之后它就会导致"构成问题"和理论（如在本书中有助于理解的结尾重要部分中可以看

到的)，它包括一切我们能遇到的可能对象——以及具有其全部对象范畴的全体给与的现实世界，以及一切“观念”世界——并将它们都理解作先验的相关项。但是结论是：先验现象学唯心主义并不是一种哲学的特殊设定，诸理论中的一种理论，倒不如说，作为具体科学的先验现象学，即使无一字谈及唯心主义，其本身仍然是作为一门科学而言的普遍唯心主义来构成的。这一点是它通过作为在其每一特殊构成领域中的先验科学的本身意义显示出来的。

但是现在也有必要明确地阐明先验现象学唯心主义和那种以实在主义作为其不可调和的对立面而与之斗争的唯心主义之间的本质区别。首先，现象学唯心主义并不否认实在世界(首先是自然界)的现实存在，好像它以为后者是一种假象似的，在假象背后存在着，尽管未被觉察到，自然的和实证的科学思想。它的唯一任务和功能在于阐明这个世界的意义，准确说它是这样一种意义，按此意义普通人把世界当作，并以不可否认的权利当作实际存在着。无可怀疑的是，世界存在着，它在连续持存着的，在普遍一致性中聚集着的经验中作为存在的宇宙被给与。一种与此完全不同的态度是，理解生活和实证科学的这种无可怀疑性，并阐明其合法根据。对于这个问题，根据本书中的论述，在哲学上最具根本意义的是，在这种普遍一致性形式中的经验连续进程只是一种假设，即使是有正当理由的假设，而且按此假设，尽管世界一直在被实际一致地经验到，毕竟总是可以设想世界的不存在。对实在世界和一种可能的一般实在世界的存在方式进行现象学意义阐释的结果是，只有先验主体才有其绝对存在的存在意义，只有它才是“非相对性

的”(即只相对于自身的),而实在世界虽然是存在的,但具有一种针对此先验主体的相对性,因为它只有作为先验主体意向的意义产物才能具有其存在意义。自然生命和其自然的世界拥有只限制在这一点内,但对此不应有这样的错觉,以为持存于其“自然性”中时没有任何动机过渡到先验态度,因此通过现象学还原实现了先验的自我思考。但只有当先验自我的现象学揭示达到了这样的程度,在它当中包含的共在主体的经验也达致向先验经验的还原时,这一切才获得其充分意义;因此也就是当表明,作为先验经验所与物的“先验主体”对于在某一时刻进行自我思考者不只意味着:自我作为先验自我本身具体地在我自己的先验意识生存中,而且也意味着:在我的先验生存中作为先验的自我显示的共在主体,后者存于共同显示的先验的“我们共同体”(Wir-Gemeinschaft)中。先验主体共同体因此是这样一种东西,在其中实在世界是作为客观的,作为对“人人”都存在的东西被构成的。实在世界具有这种意义,不论我们是否对其有明确的知识。但是,在现象学还原之前,我们怎能知道具有了这种知识,正是这种还原首先把作为普遍绝对存在的先验主体带入经验的目光之内的?只要人们仅仅认识心理学的主体并将其设定为绝对,而把世界解释为它的单纯相关物,唯心主义就是荒谬的,就是心理学的唯心主义,正是这种唯心主义与同样荒谬的实在主义斗争着。现在一旦达到了真正的先验主体后就不难看出,一方是十八世纪最早的伟大唯心主义者柏克莱、休谟和另一方是莱布尼茨都已经超出了在自然现实意义上的心理学领域。但是因为心理主体和先验主体之间的对比始终不明确,而且由于占支配地位的英国感觉主义或自然主义未能把现实的构成

阐释作一种意向的功能，这个功能赋予先验主体以意义和真实存在，在以后诸时代中在自然领域内唯心主义和实在主义之间的持续冲突就始终是毫无收益的和欠缺哲学意义的，于是伟大的唯心主义者确实在进行的对意义的一种不适当的解释就始终居于支配地位。但是当然，如我们已说过的，它们并未能使彼此明确先验意义和心理意义之间的根本区别和对立。

我在去年发表的新著（本书发表以来的第一部）将把我先是在《逻辑研究》中，后来又在《观念1》中开始探讨的问题大大加以发展、阐明和补充，于是为使一种哲学具备必要的开端所提出的要求，即“使作为科学的哲学将得以出现”的要求，就不会再被视为自欺欺人了。无论如何，作者几十年来不是去玄想一幅新的地图，而是实际上在一片新大陆的无径可寻的荒野中真正游荡着并拓植着一片片处女地，他将绝不会使自己为一些地理学家的否定所误，他们是按其经验的和思想的习惯来对报道进行判断的，其后又使自己免除了在生疏的土地上披荆斩棘之劳。

6

现在还有一个问题要谈一下。按照那些把现象学还原看作与哲学无关的异物加以排斥的人看来——当然他们因此也就消除了我的作品和现象学的全部意义，并因此把现象学只看成一种先天性心理学——情况往往是，这种剩余的心理学的意义与布伦塔诺意向性心理学的意义成了等同的东西。我怀着极高的敬意和感激想到我的智慧非凡的恩师，并在他把经院哲学的意向性概念转变为一种心理学的描述性基本概念上获得一重大的发现，由于这一发现现象学才得以成立。但是在包含于先验现象学中的，按我的意义理解的纯粹心理学和布伦塔诺的心理学之间有着本质上的区别。这也同样适用于他的限于内在经验领域内进行纯粹描述的“心理认识学”。后者当然是“现象学的”心理学，如果人们如目前常见到的那样把每一种纯粹在“内在经验”领域范围内的心理学研究都称作“现象学的”，并把一切这类研究总括为一种现象学心理学的话。于是后者，不论其名目如何，当然都使我们想起洛克及其学派，直到约翰·穆勒。于是人们可以说，休谟在《人类理解研究》中的首次系统构想就属于一种纯粹的，虽然还不是本质的现象学，而且特别是该书的第一卷就是一门自成一体的知识现象学的初步构想。当然休谟的心理学的名称下隐含着未被注意到的如下事实，即休谟绝不是通常意义上的心理学家，确切说他的《研究》是一种真正“先验的”，虽然已是被感觉论颠倒了的现象学。正如他的伟大前辈一样，他仍然只被看作心理学家并在此领域中发挥着作用。因此在排除了一切先验问题之后我们在此就可以只考虑这个“现象学”的学派全体。他们和他们的心理学的一个特征是在洛克的“白板”譬喻中所表示的看法，即把纯粹心灵看作在时间上并列的和相续的材料复合物或聚集物，它们有时按照本身的，有时则按照心理物理学的规则活动。描述的心理学因此必须按类区分这些“感觉材料”的，“内在经验”材料的诸基本类型，并且区分它们的复合物的最初基本形式。而说明的心理学则要探索因果构成和转换的规则，正如自然科学一样，也就是说按照一种与后者类似的方法来进行研究。对于那些拘守自然科学思想习惯的人来说很自然的是，纯心灵存在或心灵生命应被看作是在意识的准空间内的类似

于自然的事件过程。从原则上讲这显然并没有什么不同，不论人们把心理材料看作像沙滩一样，尽管按照经验法则，“原子似地”吹集起来，还是把它们看作整体中的部分，后者按经验的或先天的必然性只能作为这样的部分而出现；也许主要是在彼此紧密结成一个整体的全部意识的整体内。换句话说，原子式的以及格式塔的心理学都始终具有与(前面界定过的)心理“自然主义”的同一基本意义，心理学的自然主义在考虑到“内在感觉”时也可被称作“感觉主义”。显然，布伦塔诺的意向性心理学也局限于这种传统的自然主义中，虽然它的革新性表现在把意向性概念作为普遍描述性基本概念引入了心理学。

这类本质上全新的因素在先验方向的现象学中立即影响了描述心理学，现在并已完全改变了这种心理学的整个面貌，包括其全部方法和具体目标。这类新因素是这样一种观点，它对作为一种意向性自足领域的意识领域的具体描述(它只是这样具体地给与的)具有一种完全不同于自然描述的意义，因此不同于严格标准的描述性自然科学的意义。对意识体验的一种具体描述，如对知觉、回忆、述谓判断、爱、行为等等的描述，也必然要求对在该体验中被意识到的(“意向的”)对象本身的描述，即好像它作为其对象上的被意向物(或对象意义)不可分地属于该相应体验本身。接着也以描述的方式考虑意向综合，因此按此综合，同一种意向对象本身按纯内在心理学观点来看也是紧密从属于它的意识方式复合体观念的标志，其分类方式本质上与意向对象的分类方式紧密相关。我们说每一种意识都是“对……的意识”，因此是不同类型的意识方式，或许像布伦塔诺的分类学(对此我并不赞同)一样去区分出“表象”，“判断”，“爱憎现象”诸种类，这是不够的；而是应该询问“对象”的，但纯粹作为可能意识的对象的不同范畴，并返回过来考察可能的“诸复合体”间彼此综合联结的本质结构，由于这种本质结构，有关范畴的某一对象之同一性意识就通过描述性综合产生了。同一个“对象本身”被认为是通过此复合体被意向到的。它在此综合中被意识为同一物，它在极其不同的描述的显现方式中，给与方式中，时间样式中，自我设定样式中等等，也就是在永远具有不同描述的体验中，被意识到和能够被意识到；但永远在一种本质上（先天地）属于它的描述的分类方式中。指出每一对象被表象，被判断或被爱等等只是第一步，而且没有多大含义。由此产生了那种普遍的——在本书结尾以先验态度论述的——揭示对象之现象学“构成”的任务，只有这时它才被设想为返回到自然心理学态度上。

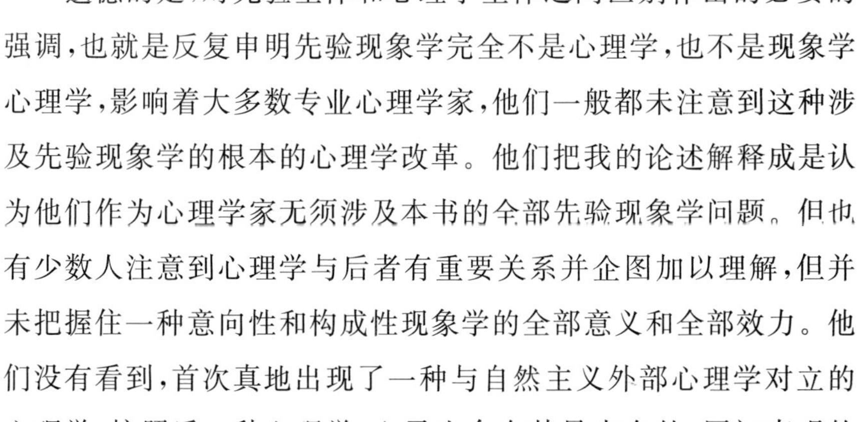

遗憾的是，对先验主体和心理学主体之间区别作出的必要的强调，也就是反复申明先验现象学完全不是心理学，也不是现象学心理学，影响着大多数专业心理学家，他们一般都未注意到这种涉及先验现象学的根本的心理学改革。他们把我的论述解释成是认为他们作为心理学家无须涉及本书的全部先验现象学问题。但也有少数人注意到心理学与后者有重要关系并企图加以理解，但并未把握住一种意向性和构成性现象学的全部意义和全部效力。他们没有看到，首次真地出现了一种与自然主义外部心理学对立的心理学，按照后一种心理学，心灵生命在其最内在的、原初直观的本质中被理解了，而且这种直观本质以存在效力的样式存在于永远更新的和永远重新组织自身的意义结构构成中，简言之存在于意向功能的系统中，按此系统时时为自我存在着的各种级次的对象，一直到包括一个客观世界的对象，都“存在于此”。纯粹内在心理学，真正的意向性心理学（它最终当然是一种纯主体间性的心理学）完全显示为自然态度的构成心理学。当我们从先验哲学的目标转入心理学目标时，从《逻辑研究》通往《观念1》的道路就是从任务的最初的，尚未充分阐明的和有限制的展开，一直通往一种方法的系统形成的道路，即在摆脱了自然主义偏见障蔽后探讨意识主体本身和根据意识主体本身，根据其内在本质而将其展现为存在于其内部之物的方法。必要的开端是心理学家自我的本身意识的自我质询，也就是这一询问行为必然地从作为“阶梯”的对象意义达到它的各层级的给与方式，此即时空方向，边缘域等等。但另一方面也上升到相关的特殊自我的意向作用。不过在《观念1》第一卷中还未考察对特殊自我性质询的问题。

此外，心理主义的改革不无理由地首先表现为一种先验性改革中的隐蔽的涵蕴物。因此只有以哲学的、先验的问题为基础的，朝向在阐明意识生命自身中认识和对象如何相关的方式时坚持极端彻底主义的动力，才必然导致一种普遍而具体的意识现象学，后者是从意向对象中取得其最初方向的。在转向自然心理学态度时十分明显，一门意向心理学有一种完全不同于洛克传统的意义，但也不同于布伦塔诺学派的意义。梅农在此也不例外，虽然在我的《逻辑研究》之后他发表的著作中的某些理论也涉及我的理论，并始终与布伦塔诺的基本理解或与洛克传统的心理自然主义相关联——正如包括现代心理学在内的全部近代心理学一样。

7

然而眼前这本哲学专著并非以某种心理学改革作为主题，虽然不可能不谈到实证主义态度中的真正的意向心理学。此外，作为哲学著作其任务也是有限的。我们只能把它看成是这样一种企图——这是几十年来专注于这一目标的沉思的结果——，即为一门哲学创立彻底的开端，我愿引康德的话说，这门哲学“将可能作为科学而出现”。哲学家有朝一日系统地建立完整的逻辑学、伦理学、形而上学的理想，以便能世世代代以绝对令人信服的洞见向自己和别人证明其正确，这种理想我从很早以前就已放弃了，时至今日也必须放弃。理由不外乎是，由于无论如何这种洞见对他来说曾经是和始终是无可怀疑的，因此一种哲学不可能素朴地，直截了当地开始，因此不能像实证科学那样把所与物当作世界经验当然存在的基础。它们既然如此做了，结果就面对着它们一切的有关基础的问题和矛盾，于是它们将借助一种后来的和来得太迟的认识论去加以救治。正因如此，实证科学不是哲学，它们不是最终的、绝对的、有最终认识基础根据的科学。一种具有可疑基础和矛盾的，建立在不清晰的基本概念之上的哲学并不是什么哲学，因为这是与作为哲学的意义相矛盾的。哲学只能植根于对其构想的意义与可能性进行彻底的思考之上。通过这样的思考，它必须首先对其本身纯粹经验的绝对基础自主地加以把握，然后自主地创造与此基础协调一致的原初概念，并一般地按绝对清晰的方向向前迈进。这样就不会存在不清楚的、可疑的概念和矛盾了。如果完全欠缺这种真正彻底的思考，如果忽略一种正确开端所遇到的巨

大困难或急于掩饰这类困难，结果就是，我们有过和有着不断翻新的众多哲学“体系”或“方向”，而没有**一种**可作为观念成为一切可设想的哲学之基础的哲学。在趋向于其实现过程中的哲学，不是属于一种相对不完全的，在自然过程中自行改进的科学。在其作为哲学的意义中隐含着一种在奠定基础时所特有的彻底主义，一种向绝对无前提性的还原，一种基本方法，通过这一切，进行开创工作的哲学家使自己确实获得了一种绝对基础，即在一切通常意义上“当然的”前提中的，具有绝对明证性的前提。但是正是这一点必须在决定性思考中被阐明，并以其绝对承诺的精神加以揭示。这些思考在前进中逐渐交织在一起，并最终通向一门完整的科学，一门开始的科学，一门“第一”哲学，从其根源处可产生一切哲学学科，甚至一切一般科学的基础。这一切必定是隐而不显的，因为欠缺这种彻底主义，没有这种彻底精神，一般来说哲学就不可能存在，甚至不可能开始。如果采取实证性前提的素朴开端，人们就会不可挽回地失去真正科学的开端。由于传统哲学构想欠缺这样一种追求严肃开端的认识，也就失去了第一位的和最重要的东西：通过原初自主活动获得的真正哲学基础，以及由此而来的基础坚实性或根源真实性，而这只有真正的哲学才可能使其成立。作者对此的自信随着研究的进展，随着研究结果的明证性逐渐明显而与日俱增。如果他实际上必须把他的哲学追求理想降低为真正开始者的理想，那么当他在不惑之年时至少达到了这样一种完全的自信，即可称自己为一名**真正的**开始者了。他甚至盼望——如果玛土撒拉般的长寿假他以时日的话——能够再成为一名哲学家。他能够一直不断地探讨那些从描述现象学开端处产生的问题，并在

(对他本人来说)极富教益的一件件工作中具体地解决这些问题。一种现象学哲学的普遍的研究领域,用地理学的词语说,已显示出其主要的结构,基本的问题层次和基本的研究方法已得到了阐明。作者已看见无限广阔的真正哲学国度,这个“希望之乡”展现在眼前,而他本人却将不能再生存于这片已经彻底开拓之地上了。这一信念也许会引人讪笑,但我希望人们应亲自看看,在作为开创阶段中的现象学展现在人们面前的这些片段研究中是否蕴涵着一些道理。他欣然期待后来者将继续这一开创性事业,不断将其向前推进,并改进其严重的不足之处,这些不足是任何科学事业在开创时期难以避免的。

最后,本书将不会对那样一类读者有益,他们已有了固定的哲学和哲学方法,因此他们从不了解这个曾经不幸钟爱上哲学之人所遭遇过的曲折;他在开始研究时就要在混乱的各种哲学之间进行选择,终至认识到不可能做出任何选择,因为所有这些哲学都不关心一种真正无前提的哲学,而且它们没有一个从一种哲学所要求的独立自主的彻底主义中产生。这种情况现在是不是已经大为改变了呢?谁要是相信自己所依据的是一般意义上的经验的力量,或者精确科学的“可靠结果”,实验的或生理学的心理学,不断在改进中的逻辑学和数学等等并可从中获取哲学前提,那就不会从本书中获得多少收益,尤其是如果他深受我们时代科学怀疑论影响而放弃了把哲学当作一般严格科学的目标。这样一位读者不可能对此书产生强烈兴趣并为其花费巨大的辛劳和时间,而这正是深入理解这样一种我为之殚精竭思的开端方法所必不可少的。

只有当其本人也在为一种哲学的开端奋斗时,他才能对此持不同的态度,因为他必须对自己说:tua res agitur(做你的事情)。

法译本译者导言

——献给米凯尔·杜甫海纳

用译者导言的有限篇幅来全面概述胡塞尔的现象学是几乎不可能的事情。卢汶胡塞尔档案馆所收藏的大量未刊资料也使我们不能真地自以为可对胡塞尔的作品提出一个彻底的和全面的解释。几乎全都是速写体的三万页手稿表明其数量远远超过作者生前所发表的著作。在 H. L. 梵·布雷达博士领导下的"卢汶胡塞尔档案馆"将这些手稿部分地或全部地誊清和出版后，才使我们有可能检验主要是在以下著作出版之后实际从胡塞尔思想中形成的认识：《逻辑研究》①、《内时间意识现象学讲稿》②、《作为严格科学的哲学》③、《纯粹现象学和现象学哲学的观念》④、《现象

---

① 第一版卷一(1900 年)，卷二(1901 年)，Niemeyer 出版社，哈尔；第二版修正版分三卷(1913 年和 1922 年)；第三版和第四版无改动(1922 年和 1928 年)。英语读物中马尔汶·法伯(Farber)的优秀著作中包括一份有关该书的丰富的概要，该书为：《现象学基础，胡塞尔和对哲学的严格科学的探求》，麻州剑桥，哈佛大学出版社，1943 年，XII+第 586 页；特别参见第 99—510 页。

② 从 1904 年到 1905 年的课程和从 1905 年到 1920 年陆续撰写的著作中摘编的讲稿，由海德格尔于 1928 年编入《哲学和现象学研究年鉴》第九卷，第 367—496 页上；1938 年由哈尔，Niemeyer 出版社印成单行本。

③ 此文发表于《逻各斯》期刊第 1 期(1911 年)，第 289—341 页。

④ (单独发表的)第一卷的头版载于《年鉴》1913 年第一卷；第二、三版由 Niem-

学》[①]、《形式的和先验的逻辑》[②]、《笛卡尔沉思录》[③]、《欧洲科学的危机和先验现象学》[④]、《经验和判断》[⑤]。

因此，这篇译者导言的目的是十分有节制的：首先综述关于《观念 1》的内部批评的问题和散见于法译本注释中的若干问题；其次，借助于 1901 年——1911 年期间的主要手稿，探讨从《逻辑研究》到《观念》的胡塞尔思想发展史。

(I)对《观念 1》内容思考的进程

很难把《观念 1》当作一部可单独加以理解的书，这种困难首先是由于如下的事实，即它是一部计划中的三卷一套的书的组成部分，而其中只有这第一卷出版了。我们在胡塞尔档案馆中可查考的《观念 1》是有关如下问题的十分详尽的研究：即物理物的构成、心理的和生理的自我以及从精神科学观点看待的人等等。因此该书是一种方法的应用，关于这种方法在《观念 1》中只不过提出了它的原则和若干十分简单的例子。《观念 3》，在我结束本书翻译时尚未完全誊清(参见卡尔舒曼编者导言中的有关注释——中译者)，按照《观念1》的导论，它应当将第一哲学建立于现象学

eyer 发单行本，无改动。W. R. B. 吉布森的英译本(伦敦 George Allen and Unwin 出版社；纽约，麦克米伦出版社)出版于 1931 年。该译本附有胡塞尔本人的序言，略经修改后曾单独发表于 1930 年的《年鉴》上，标题改为《〈纯粹现象学和现象学哲学的观念〉的后记》；1930 年由 Niemeyer 出版社单行本发行。E. 莱维那在 1929 年《哲学评论》第 3—4 月号上曾提出一份极好的概述：《论胡塞尔的〈观念〉一书》。

① 在《大英百科全书》1927 年第 4 版上发表的文章，载该书第 17 卷，第 699—702 页。

② 《年鉴》和 Niemeyer 出版社，1930 年。

③ 巴黎，1934 年，A. Colin 出版社(由 Peiffer 和莱维那译)。

④ 第一部分单独发表于《哲学评论》，1936 年第 1 期，第 77—176 页，贝尔格莱德。

⑤ 由兰德格里伯编辑，布拉格 1939 年。

之上。此外,《观念 1》要求具有来自《逻辑研究》的严密的逻辑知识;在本书中经常特别地提到这些知识,如果不依赖《逻辑研究》,人们就不可能理解各种专门的术语意义,而且如不依赖《形式的和先验的逻辑》,也不可能把握与先验现象学中心观念的准确联系,后一本书指出了形式逻辑向其先验现象学基础的过渡。最后,我们补充说,《观念 1》是一部其意义仍被隐蔽着的书,人们必然要到其他地方去寻找其意义。人们时时会有这样的印象,作者未说出本质的东西,因为与其说问题在于论述意识和确定事物的世界,不如说在于提出一种新的世界观和意识观,没有这种观念的改变,前一类问题是不会被理解的,这部书的关键性含义似乎是在《观念 1》一书出版了二十年之后才发表的讲演《笛卡尔沉思录》中透露出来的。但是比我们所拥有的资料更为清楚的一篇文章提出了令人感到困惑的问题;这篇文章不是胡塞尔本人写就的,而是由 F. 芬克写就的,他曾多年担任胡塞尔的助手。他不仅通晓已刊作品,而且还通晓大量手稿,特别是熟知先生的实际思想;我们所谈的是一篇重要文章,名为"胡塞尔现象学哲学的当代评论",载于《康德研究》第 38 卷,1933 年第 3—4 期。人们会担心,这篇文章只是芬克的解释或在某一时期在芬克的影响下胡塞尔本人所做的一次解释。然而胡塞尔曾以最明确的方式在"前言"中认可了这篇文章:"我很高兴能够说,文中没有一句话不是我也可能自己来充分表述和明确地认作是表达了我本人的信念的。"因此,我们无权忽略这篇文章:我们将依赖它来试图阐明即席讲演遗留下来的悬而未决的问题。

关于第一编。

《观念1》是以有关逻辑问题的非常难懂的一章开始的，读者为理解全书的思想进程（精神运动），可以暂时略过不读，但随后应当再回过来读，以便最终把握现象学科学的性质。除了我们在注释中试图阐明的在某种意义上是局部性质的大量技术性难点之外，在此章的总的阐释中还有一种不确定性：现象学是否应当是“无前提的”，它在何种意义上要求一种逻辑构架？一开始就回答这个问题是不可能的：因为这正是我们将在《观念1》中设法发现的精神运动的法则，这种精神运动首先根据逻辑学和心理学展开，然后随着复杂的运动改变着考察平面，并摆脱这些最初的支架，最终显示为无前提的第一学理。只是根据这种深化运动，现象学才能开始为它的诸科学奠定基础。

讲逻辑学的这一章的目的在于指出：1. 有可能建立一门非经验的、本质性的[1]意识科学；2. 把意识的本质理解作人们在整个意识“区域”（与自然“区域”相对）内发现的最高属。[2] 因此现象学似乎是按有关本质和有关区域的双重分析进行的：但是它正好达到了这样一个问题的要点，这个问题相对于赋予它最初性质的那些科学而成为构成性的：我们将特别看到意识“区域”并不与自然“区域”相互一致；但是后者与前者相关，而且在该词的某种极特殊的意义上，甚至也被包括在其内；同样，我们可以怀疑，似乎已能在一个全体现实（自然加意识）内切分其对象的现象学可以为其他学科奠定基础，并通过一般地为逻辑本身奠定基础的方式，最终为自身

---

[1] 注意，关于本质，请参照第9页注5。译者注列于各页下部，页码据德文原本，置于译文文本外侧。

[2] 关于区域，参见第19页注1。

的方法论奠定基础，如同在《形式的和先验的逻辑》中显现出来的那样。所以让我们暂且放下这个逻辑学和现象学之间复杂关系的问题，因为这也是本导言第二节要探讨的从《逻辑研究》向《观念》过渡的历史的问题。

关于第二编。

《观念1》描绘了一条上升的道路，它应当通向胡塞尔所说的有关对世界的自然设定(thèse＝position)的还原，或最好说是它的"中止"，而且它仍然只是被称作先验构成作用的意识所形成的，甚至是所创造的一种活动的对立面或反面。世界设定是什么呢？还原又是什么呢？什么是构成呢？什么是被构成者呢？这个先验主体是什么呢？它既摆脱了自然现实，又介入了构成活动？人们不可能"凭空"议论，而只能通过现象学方法的艰苦工作本身来获得对这些问题的解答。使《观念1》一书的读者至感困惑的正是难于回答何时真地实行了著名的现象学还原。在这个第二编中，他从外部以难懂的，甚至易使人误解的词语(第27—32节、第33节、第56—62节)进行论述，但第二编的最重要的一些分析是在还原水平之下进行的，而且难以肯定的是如果相信芬克的话，第三编和第四编的分析就超出了预备性的心理学和真正先验哲学之间的未定的层次。我们暂且放下这难懂的、提前导致艰苦工作的第一章，而考察第二编中从心理学思考平面出发为现象学还原做了准备的那些分析。它们仍然位于应当加以还原的"自然态度"的内部，并包含着两个阶段：

1. 第一章包括了对意识的意向性的研究，意识的这个显著性

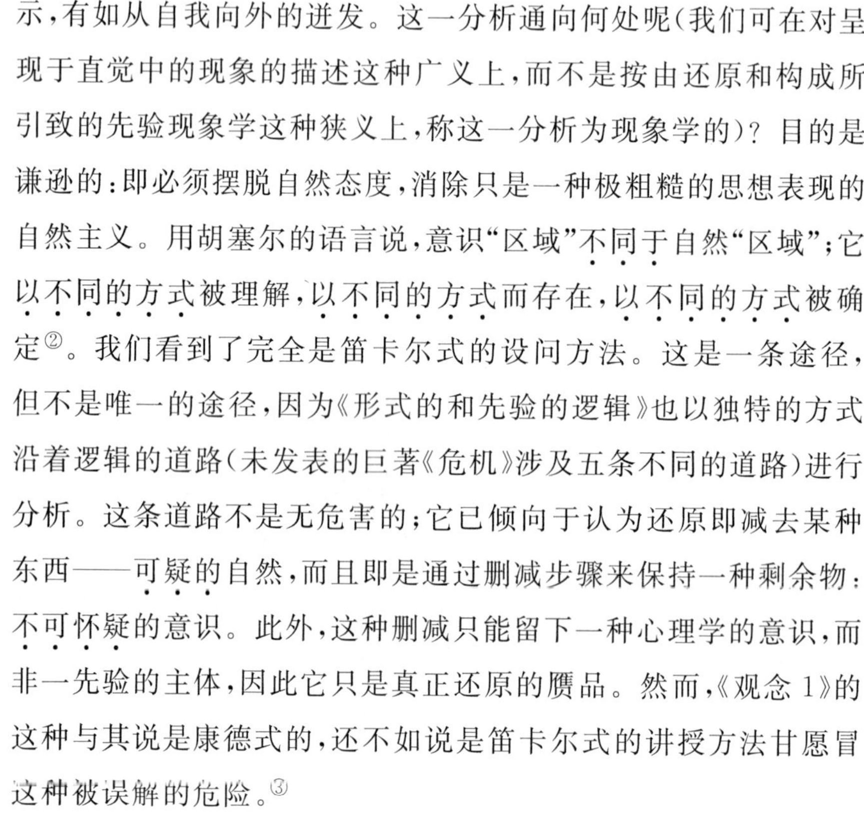

质是“对……的意识”，超越的目标，朝向世界完整的迸发；[①]意向性通过发现了这样的反思而使意识完全，反思即意识向自身的揭示，有如从自我向外的迸发。这一分析通向何处呢（我们可在对呈现于直觉中的现象的描述这种广义上，而不是按由还原和构成所引致的先验现象学这种狭义上，称这一分析为现象学的）？目的是谦逊的：即必须摆脱自然态度，消除只是一种极粗糙的思想表现的自然主义。用胡塞尔的语言说，意识“区域”不同于自然“区域”；它以不同的方式被理解，以不同的方式而存在，以不同的方式被确定[②]。我们看到了完全是笛卡尔式的设问方法。这是一条途径，但不是唯一的途径，因为《形式的和先验的逻辑》也以独特的方式沿着逻辑的道路（未发表的巨著《危机》涉及五条不同的道路）进行分析。这条道路不是无危害的；它已倾向于认为还原即减去某种东西——可疑的自然，而且即是通过删减步骤来保持一种剩余物：不可怀疑的意识。此外，这种删减只能留下一种心理学的意识，而非一先验的主体，因此它只是真正还原的赝品。然而，《观念 1》的这种与其说是康德式的，还不如说是笛卡尔式的讲授方法甘愿冒这种被误解的危险。[③]

2. 第三章纠正了这一分析：意识不仅是不同于现实，而且现实是相对于意识的，其意义是现实显示为在一会聚性的“侧显”复合体中的意义统一体[④]；精神也是朝向还原和构成的观念的。他指

① 萨特：《胡塞尔现象学的一个基本观念》，N. R. F，1939 年，第 129—132 页。

② 参见第 48 页注 1，第 57 页注 3，第 80 页注 1。

③ 第 48 页注 3，第 53 页注 1，第 54 页注 1 等等，以及第 57 页注 4。

④ 第 87 页注 4 和注 5。

出，诸显相以不同的方式相互一致，甚至根本不相互一致，这与一个客体和世界的本质并不违背；在由想象形成的这个没有任何本质与其抵触的假设限制内，世界将被消除；[①]从此自然不再只是可疑的，而且是偶然的和相对的了；意识不再只是不可怀疑的，而且是必然的和绝对的了[②]。

这样形成的精神意识到它逐渐在受还原的左右，而还原又被用作一种本身不断被超越的分析的磁极。

3. 如果现在我们想进行著名的现象学还原，就应当试图全盘考察“自然设定”，“对此设定的还原”和“先验构成”。[③] 我们倘若认为能够在这种态度之内去定义自然态度，以便随后超越它，这就会陷于虚妄；正是还原将其显示为“世界设定”，同时正是构成给与还原肯定的意义。因此有关自然设定所说的一切首先是含混不清的，而且还易于受到误解。他特别企图尝试一种笛卡尔的或康德的图式，前者沿着第二章的路线，后者沿着第三章的路线进行。他也将说世界设定是这样一种虚妄，即认为知觉比反思更确定；或者说，这是有关世界自在存在的朴素信念。于是还原像是某种方法论的怀疑，或者是对作为客体可能性先天条件的意识的依赖。这只是许多可能的研究道路中的几条。尤其是，还原不是怀疑，因为它由于未参与信念，故使信念未受改变；因此，严格说来，设定不是信念，而是影响信念的某种东西。还原也不再是去

① 第 49 节。

② 第 54—55 节。

③ 参见第 48 页注 3，第 53 页注 1，第 54 页注 1、4、5，第 56 页注 1，第 57 页注 3，第 59 页注 3。

发现精神的一种合法活动，因为意识始终是直观的主体，而非构造的主体[①]：作为胡塞尔认识论基础的直观主义未受到先验现象学的损害，相反，胡塞尔将在一种看的哲学的最广义上不断地深化其知觉哲学。因此这个设定就是某种混合于一种不容置疑的信念的东西，而且它也是有直观根源的东西。所以胡塞尔企图得到一个渗入信念中的原则，它又不必是信念，这个原则影响了看，而又不是看本身，因为看将来自备受赞誉的现象学还原。

我们将进而讨论这个基本问题，指出世界设定不是被当作一种私人性要素加以消除的一种肯定成分：相反，还原消除了意识的一种限制，使其获得了绝对性。

正是在设定、还原和构成之间的关系使我们能对此加以肯定。如果构成应当能够是意识的基本的肯定性，那么还原就应当是对意识所遭受的禁止的解除。

因此什么样的禁止能限制意识，这个意识相信世界，并看着它所相信的世界呢？他可以说（仍然用隐喻的语言说），世界的设定即在其信念中被支配的、为看所俘获的、与世界交织在一起的意识，这个意识在世界中超越自己。然而这仍然是令人误解的：因为已经需要理解什么主体是这样被俘获的，既然这种俘获性并不妨碍注意的心理学的自由，注意可以时时转变方向，这样看和那样看。但这种自由仍然是在某种限界内的自由，这个限界即自然态度。理解世界设定即已不再把我理解作心理学的主体，而是理解作先验的主体。换言之，这已经达到了现象学的顶点（这个顶点本

① 《后记》第3—5页。

身还只是一个临时的顶点)。

如果不具有一下子达到先验主体的顿悟能力,“世界设定”正是相对于先验主体而取得其意义的,那么《观念1》的分析就会使还原危险地与消除世界的观念和世界对意识绝对体的相对性观念相联系了。但是,这种讲授中使用夸张手法而形成的康德(甚至笛卡尔)气氛,不再能使人理解,第四编中的直观如何能标志全部信念的最终“合法性”,不论它是数学的、逻辑的还是知觉的合法性。实际上还原远远未曾消除直观,反而赋予了它最初的、原始的特性。如果直观应是全部构成的最后依据,那么“世界设定”就也应当是直观本身的某种改变。

胡塞尔的一句令人惊异的话为我们指出了路径:胡塞尔称能使意识所意念的一切意义“合法化”的直观为“原始给与的直观”(originär gebende Anschauung)[①]。直观可以是给与的,乍一看来,这一个短语与其说有助于说明,不如说是令人困惑的:实际上我相信,如果能理解世界构成不是一种形式的合法性,而是先验主体的看的给与,人们就能理解胡塞尔了。于是可以说,在世界设定中,我在看而不知道我在给与。然而在自然状态中“我看”的“我”与在先验态度中“我给与”的“我”不在同一平面上。前一个“我”是世界性的,正如它在其中被超越的世界是世界性的一样。现象学的艰苦工作在“我”与世界之间建立了一种平面差,因为它使先验“我”从世界“我”中显露出来。因此,如果先验“我”是构成的关键,还原的关键,世界设定的关键,人们就能理解,如果胡塞尔要像他在《观念》中所做的那样从那里开始,他只能令人颇感困惑地谈论

① 见第7页,注5。

世界的设定。

我想每个人都被要求在其自身中发现这种超越活动；我也敢为我自己描摹世界设定的“存在的”意义：我首先沉入或陷入世界中，陷入事物中，陷入观念中，陷入动植物中，陷入他者中，陷入数学中；现存(它永不被否认)是欲念之所，在看之中存在着一个圈套，我的异化的圈套；我在外部，我被转移了。人们理解自然主义是最低度的自然态度，并将其理解作这样一个层次，其中也牵涉到它本身的基石；因为如果我沉入于世界中，我即倾向于把自己当作世界中的物。世界设定是在看的内部的一种盲点；我称作生存的东西将作为朴素意识的我藏于一切物的存在内部：“在自然的生存中，我永远生存于一切实显生命的这种基础形式中。”[①]现象学的艰苦工作也是意向性意义的一种真正的转变，此意向性最初被意识所忘却，随后又作为所与物而得到恢复。

因此意向性可以在现象学还原之前和之后被描述：在还原之前时，它是一种交遇，在还原之后时，它是一种构成。它始终是前现象学心理学和先验现象学的共同主题。还原是最初的自由活动，因为它是世界性的虚妄的解放者。这样一来，我表面上失去了我实际上赢得的世界。

关于第三编。

在《观念1》中构成的问题不只是处于一种意向心理学和一种完全先验的现象学之间的某一未定地段内，[②]而且这些问题被自

① 《观念1》，第50—51页。

② 因此在《〈观念〉后记》中胡塞尔一再地坚持“现象学心理学”和“先验现象学”之间的区分，第3—10页。

发地维持在狭窄的限制内：他只考虑“超越物”的构成和主要是自然的构成，这被看成是现象学态度的试金石[①]；这是完全正确的，如果人们顺便考察那些更精微的超越物的话，如心理学我的超越物，后者通过身体的中介而根基“于自然之中”。[②] 逻辑的本质的超越性占据微不足道的地位，而它却维持了《逻辑研究》的一些主要的分析。[③] 毋庸置疑，自然态度也波及逻辑，还原与其有关，而且存在着一个逻辑数学学科的构成的问题，如第四部分第三章概述的那样。这一概述是重要的，因为它指出，逻辑本身在一种原初主体性中有一种先验根源；因此《逻辑研究》未被否定，而是被结合了；《形式的和先验的逻辑》极其丰富地指出了这一点。但在《观念1》中论述现象学的心理学方法使人还难以瞥见逻辑向这棵现象学新树干上的移植。粗略地说，《观念1》的重心在于（感性的）知觉现象学之内。从那里产生了他将提出解决的大量剩留的问题。

在第三编中，构成的问题是极其慎重地围绕着意向对象观念提出的。这个观念通过漫长的方法论准备（第一章）被缓慢地引出，而且他又重新返回最初的现象学问题（反思、意向性等等），不过这些问题却伸向分析的螺旋运动的另一水平上（第二章）；意向对象是在第三章中被研究的：它是意识的相关项，但被看作是在意识中被构成的（在希腊文中 nous 意谓作精神）。[④] 但是（a）这个构

① 《观念》，第47节和第56节。

② 第53节。

③ 第59—60节。

④ 参见第179页注1。

成仍被描述为意向对象(意识的客体侧)和意向作用(意识的主体侧)的那种特性之间的平行关系;[①](b)这个构成暂时不考虑构成形式所具有的行为的质素(或希腊文 hylé)。[②] 由于此双重限制,构成在此未显示为创造性的。但逐渐地沿着现象学哲学的根本问题方向进行的英勇的突破使我们理解到,意识是通过其"构形",通过其"关联体""规定着"意识全部相关项的所与样式和结构。反过来,在意识中显示的意义的全部统一体是此意识关联体的标志。[③]

然而这个第三编的现象学活动——名为意向作用——意向对象的分析——始终是在此许诺的范围之内的:它们包括有关被意向的对象(意向对象)的特征和意识的意向本身(意向作用)的特征之间的区分和相关关系的研究:最引人注目的分析是针对"信念的诸特性"(意向作用侧的确定性、怀疑、疑问等;意向对象侧的实在的、可疑的、成问题的等等)的。于是逐渐构成了"被意向物本身"的全部特性[④]——所有的特性,除了第四编研究的一个特性之外。这些特性是在此意义上被构成的,例如可疑的、实在的被包括在"被意向物本身"的"意义"中,而且似乎是属于意识的意向本身的一个特性的相关项。一步步地"被意向物本身"充满了所有这些特性,它们最终相当于现实本身。

但是这第二编的剩留的问题或许比那些明确的分析更重要:

① 第 98 节。

② 第 171—172 页,第 178 页,第 203 页。

③ 第 90 节、第 96 节。

④ 整个第 4 章。

这导致人们认为，如果在《观念1》中被处理的构成问题与显示于体验中的超越物有关——因此即体验的客体——这仍然是自我构成的、即自我主体的更根本的问题。[①] 然而这个自由的目光"穿越"一切行为的自我的意义仍然未被决定：《逻辑研究》断言自我在诸物之外，以及体验只是不要求一个自我参照中心的诸行为之间互相联系的行为束。在《观念1》中，胡塞尔又重新回到了这样一个判定：存在有一个未被还原的纯我。[②] 但这个纯我是否是最根本的先验主体呢？对此没有任何说明。反之，被清楚断定的是它本身是在一特定意义上被构成的：[③]实际上时间问题打破了胡塞尔对这些困难问题的沉默。此外，《时间意识》(1904—1910年)这本书的较早出现证明了自我学的最根本问题是与先验现象学的诞生属于同一时期的。一批重要的未刊文稿均与这个问题有关。[④] 在《观念1》中，时间关联体本身意味着反思只有借助直接过去在现在中的"保持"才有可能。但是，更为根本的是他觉察到正是在体验流的内在性联系中存在着这个感性质料的谜团本身，感性质料复合体归根结底包含着那些超越物在其中显示着的最终的构形。不过超越物的构成正是把这个Hyle(质素)，这个侧显复合体当成了剩余物。因此，他使人们察觉到在另一种深度上的构成。无论如何，自我、时间性、质素已形成了一个三联体，它要求一个在《观念1》中只是从远处予以提示的原构成。

① 参见第161页上的注1，第163页上的注1。

② 参见在《逻辑研究》和《观念1》间的这种不协调性，参见第109页注1。

③ 参见第163页上端。

④ 1935年由芬克和兰德格里伯整理的手稿分类第D组的标题是《原构成》。

关于第四编。

如果不考虑主体一侧分析的有意的欠缺和客体一侧的相关的困难，无论如何也还得去填充在我们往后称作意向对象的“意义”和现实之间的最后差距。他曾企图构成意向对象的意义，例如，我曾见它在那儿的那棵树的意义，它被规定为绿色的，粗糙的，此外，被描述为以确定性、怀疑、猜测等方式被知觉到的。按照第三编，构成的这个意义表明它是相关于意识的一定结构的。意向对象这个词本身意味着在主体内有着比主体更多的东西，而且一种特殊的反思在意识的一切活动中发现了包含在其内的一个相关项。于是现象学似乎不仅是对主体的反思，而且也是在主体内对客体的反思。

但是，某种本质的东西还是未受到这个构成的作用，即被知觉的现存的“充实”，现象物的“准充实”或纯被意指的规定的“被意向者本身”。[①] 先验现象学的抱负是使意向对象对客体的关系本身纳入意向对象，这就是“充实”，它得以构成完全的意象对象。《观念1》的这个最终的转折是重要的：实际上在《逻辑研究》中建立的整个明证理论都基于通过事物本身、观念本身等等的“原初的”（根源上的、机体上的）现存所完成的对空的意义的充实[②]。直观的普遍功能——即经验个人的直观，事物本质的直观，数学本质限制的直观，康德意义上的调节观念的直观——正是要以现存的“充实”来填充记号的“空”。构成现实即拒绝使现存置于世界“意义”之

① 参见第265页注1。

② 《逻辑研究》，第六研究，第2部5。

外。

《观念 1》的第四编同样将使我们重新面对那支配着对世界“设定”的解释的最初困难。如果我们实际指出了直观是由“意识关联体”“所规定”的，那么先验现象学就被建立起来了。《观念 1》一书对此许诺的比指出的更多：他断定“对客体的关系”“是意向对象的最内在的要素……，内核的最中心点”；实在的客体表示“一个标志时时涉及呈现出目的论统一体之意识的完全被规定的体系”。[①]

整个先验现象学都关联于这个双重可能性：一方面断定直观对整个构造的至上地位，另一方面又从先验构成角度战胜自然人的素朴性。胡塞尔在《后记》(1931 年)中强调了这两种要求的结合：由还原产生的先验主观性本身是一种“被描述的”，而非“被构造的”“经验场”。[②]

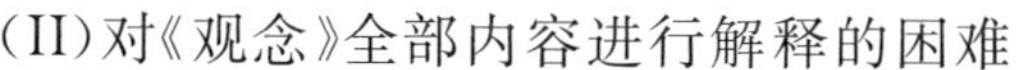

(II)对《观念》全部内容进行解释的困难

在《观念》中被发展的现象学无可争论地是一种唯心主义，甚至是先验唯心主义；这个词本身未出现在《观念》中，然而它出现在先前的未刊手稿中，出现在《形式的和先验的逻辑》中[③]和《笛卡尔沉思录》中。[④] 然而兰德格里伯在其为《观念 1》一书所做的“分析索引”中毫不迟疑地把最重要的构成分析聚集在此词周围，而且胡

① 《观念 1》第 268—269、303 页。

② 《后记》，第 4 页。

③ 第 66 节“心理主义和现象学的唯心主义”。

④ 第 40 节：向先验唯心主义问题的过渡；第 41 节：“我思自我”(Ego Cogito)的真正现象学说明作为先验唯心主义。

塞尔在《后记》中也用它来说明《观念1》。[①] 然而最终仍不可能只根据《观念1》一书来肯定地说明这种尚处于构想阶段的唯心主义,也可以说还只是对它的许诺或期待。《观念1》的最精心构思的部分或者是有关一种意向心理学的片段(第二编),或者是有关对现实进行一种彻底构成的方向上的活动,但它们都低于所意指的唯心主义平面(第三编和第四编)。最后,"纯粹意识","先验意识","意识的绝对存在","原初给与的意识"是这样一种意识的称呼,它摆动于若干平面之间,或者可以说,它被用其艰苦构拟的不同语词加以描述:由此发生了胡塞尔如此惋惜地经常加以抱怨的解释的错误。如果人们始终留在开始的平面上,即意向心理学的平面上去理解以后的词语,先验唯心主义似乎就只是一种主观唯心主义了;世界的"存在者"在被消除的意义上被归结为意识的"存在者",如最通常的内知觉所显示的那样。然而不可能使这种粗简的唯心主义与那种坚定不移的直观哲学一致,后者自《逻辑研究》(1900—1901年)以来,直到《经验和判断》(1939年)从未中止过:[②]这就是有时在其感觉的形式中,有时在其本质的或范畴的形式的直观中,[③]它使世界的意义和该词最广义上的逻辑(纯粹语法,形式逻辑和普遍科学等)的意义"合法化"。直观未曾否认先验

① 他使先验现象学的唯心主义与心理学的唯心主义对立,第11页。

② 莱维那(Levinas),《胡塞尔现象学中的直观理论》,Alcan出版社,1930年,第101—174页,J.赫林(Hering)在他与L.舍斯托夫的讨论中坚定地指出,在胡塞尔学说中没有理性和逻辑的绝对支配性,而有着以种种形式出现的一种直观的支配性。赫林:《在必然普遍的形式上》(《历史和哲学评论》,1927年),《答临终遗言》(《哲学评论》,1926年1月)。

③ 第9页,注5。

唯心主义，而是为其奠定了基础。

新康德主义的批评家们相信自己在《观念1》中发现了柏拉图实在论与主观唯心主义的一种不协调的混合物，这些不协调成分本身是由一种康德风格的语言技巧聚合在一起的。[①] 正如芬克坚定指出的：在胡塞尔著作中从来没有柏拉图的实在论，甚至在《逻辑研究》中也没有，他一直提醒人们注意这一点。还应指出，在他的著作中也无用康德语言伪装的主观唯心主义。

然而最困难的莫过于确定胡塞尔的唯心主义的最终意义是什么了，这种唯心主义随着反思的进程本身被实现着。我们在《观念1》内的诸条道路中只发现一条道路是通向中心的，这条道路是不可能从外边给予的。因此应当大胆提出一种意义，并看看散见于《观念1》中的"诸方向标志"是否与此意义一致。

在这个问题上，芬克提出了解释，对此我们应当至少检验一下，因为甚至胡塞尔本人在某一时期也曾把它当作是自己的看法。[②]

芬克写道，[③]胡塞尔的"问题"不是康德的问题；康德提出的是一种客观的可能意识的正当性的问题：因此它停留在仍然是自然态度的某种范围的内部。康德的先验主体仍然是一种先天世界形式，一种世界性主体，内在于世界的主体，尽管是形式的。绝对主体的真正层次差距还未起作用。芬克说，胡塞尔的问题则是世界

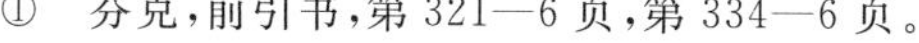

① 芬克，前引书，第321—6页，第334—6页。

② 芬克在另一篇文中谈到了解释的"危险"："胡塞尔现象学的问题"，载于《国际哲学杂志》，1939年1月5日，第227页。

③ 上引文，特别是第336页以下。

根源的问题，[1]可以说它是包含在神话、宗教、神学、本体论中的问题；但这个问题仍未被科学地探讨；现象学只是对“存在者”和“世界形式”的统一性置疑；它并未天真到去诉诸一种其他的“存在者”、一种“背后世界”；它正是要克服有关说明和基础的一切“囿于世界的”形式，并创造一个关于世界超越的，而不再是内在于世界的科学的新概念。现象学哲学自认为甚至为这个批判哲学以自己方式与其相关的问题范围奠定了基础。它是这样一种哲学，它指出了世界——世界的“存在者”，世界的意义、本质、逻辑、数学等等——包括在主体的绝对之中。

(a)因此主要运用程序——或还原——是摆脱了自然态度的限制的主体自身的一种转化。作为世界的部分隐存于自身之中的主体被发现为世界的基础。[2]

但是，人们会说，如果这个解释准确，为什么胡塞尔不在《观念1》的开头谈一下呢？正因为这个问题本身在将其作为问题展开的那个方法步骤之前是无法理解的现象学在它本身之前没有世界内的动机。由于现象学还原，世界先验性问题的规划才涌现出来。因此自然态度在其自己领域内的整个描述是一种错误解释。更彻底地说，现象学不是人的一种自然的可能性；纯粹主体在把自己作为人加以克服之后才产生了现象学。从此不具有自然态度动机的现象学只能为其本身的涌现提供坏的理性或含混的理性——笛卡尔的理性或康德的理性。还原本身揭示出世界的信念，并将

① 同上，第338页——关于胡塞尔和康德，参见G. Berger:《胡塞尔的哲学中的我思》，Aubier，1941年，第121—133页。

② 同上，第341—343页。

其建立在"先验主题"上。尽管还原仍然显示于自然态度的文字和精神内,它似乎只是世界中的信念对世界存在的世界性的禁止。[①]

(b)对于还原的这些误解是对构成的误解:先验主体根本未在世界之外,反之,它是世界之基础。这就是胡塞尔的这个坚定的断言的意义所在:世界是绝对意识的相关项,现实是意识的根本构造的标志。发现先验主体正是为世界信念奠定基础。

自我的全部新的方面是世界的一个新的方面。在此意义上,意向性始终是意向心理学和现象学哲学的共同主题。[②] 但是每当人们把现象学还原硬归于心理学意识时,就是把自我的意义还原为心理自然的一种简单的自为,还原为一种将自在排斥在外的虚弱思想。虽然还原是在世界内部的一种"限制",不是在世界之外的一种"无限制",[③]世界是作为另一区域而在意识之外的。通过对世界的超越,"非区域的"意识正如一切"区域"一样将其包括在内。反过来,现象学方法在于通过将世界现象当作主导线索来为自我做注释。同样存在着若干关于构成的真实性平面,正如存在着一个还原的逐渐加深的过程一样;在意向心理学的最低层,构成保持着一种感受性要素,hylé(质素)学说为其证明。《观念 1》在期待更高的层次时已把构成称作在意向对象和意向作用间的单纯的

① 同上,第 359 页;对于这一注解参见《笛卡尔沉思录》,第 70—74 页—G. Berger 上引书第 43—61 页提供了对充满困难的现象学还原的一段极好的说明。

② 《笛卡尔沉思录》提出了由我思发展而来的这个公式:"自我—我思—我思对象",第 43 页。

③ Einschränkung(限制)和 Entschränkung(无限制),见上引书第 359 页。

相互关联作用；但芬克断定，在最终层次上，先验意向性是“生产性的”、“创造性的”。[①] 这两个重要的词已为胡塞尔所认可。

因此有三种意向性概念：即心理学意向性，它相当于感受性；《观念1》中的意向性，它由意向对象和意向作用的相关关系制约，但我们不知道它是感受性的还是创造性的；以及真正构成的意向性，它是生产性的和创造性的。

E. 芬克提出，对先验我的反思本身包含着一个第三我：“进行反思的旁观者，它在其活生生运行的实显性中注视着(zusehaut)对世界的信念，却并不参与此信念”：[②]对它而言，根本上在其生活流中的先验自我即是对世界的信念。正是它在实行还原。它作为“先验的理论上的旁观者”把对世界的信念看作世界的创始者。

我们说这个解释引起了最大的困难是无济于事的。在什么意义上和在现象学艰苦工作的什么层次上，主体仍然是一个意识复合体，一个主体间共同体呢？最根本的主体是神吗？还是说由先验现象学科学地发展出来的“根源”的问题消除了作为自然人的一个神话的宗教设问呢？单只对《原构成》未刊稿的研究能使我们正确地回答这些问题吗？[③]

---

① 同上，第373页，但如我前面所说，这个“创造”几乎不是在世界的意义上的“做”，它是一种“看”。在此我又回到G. Berger上引书第97—100页：“应当把我们习惯上使之对立的两个概念联合起来：现象学是一种创造性直观的哲学……。起构成作用的是明证，即这个由意向性达到的形式”(第100页)。“在行为和在激情之外的”这种创造(第103页)是一种“直观的创造”(第107页)。

② 前引文，第356、367页。

③ 法伯在《现象学基础》中如此细心和忠实地研究了《逻辑研究》，简明扼要地批评了胡塞尔的唯心主义。第543—559页。

(III)《观念 1》的诞生

只有预先和在较高层次上阐明了这些问题,《观念》才具有一种意义,同时反过来,《观念》才能阐明产生它本身的那些构想。

人们常常说,1901 年时胡塞尔是实在论者,而 1911 年时他是唯心论者。我刚刚说过的现象学反思的层次结构特性使我们足以反对这种对立说,其缺点不仅在于肤浅,而且是从水平面上解释了胡塞尔思想的发展。《观念 1》根本不与《逻辑研究》对立,因为在此期间,现象学使意识的一个新的维面出现了,这是反思和分析的另一个平面。

人们说:《逻辑研究》使逻辑真理脱离主体性,《观念 1》又重新将逻辑真理纳入主体性内。但胡塞尔在 1901 年所反对的和在 1911 年所赞扬的并不是同一个主体性。如果《观念 1》的唯心主义是主观主义的,《观念 1》就与《逻辑研究》对立。胡塞尔几乎未意识到这样一种对立,以致胡塞尔不断地改进《逻辑研究》以使其与《观念 1》一致;因此"第五研究"和"第六研究"在 1913 年第二版和 1922 年第三版时都被加以修改;头四部分《研究》的内容也在《形式的和先验的逻辑》的第一部分中被重新改进。

的确,《观念 1》几乎使人看不到逻辑是包括在现象学之内的;[①]理由是在《观念 1》中提出的方法与其说是逻辑的,还不如说是心理学的。反之,《形式的和先验的逻辑》的最表面的理解也使人们不致再有怀疑:逻辑仍可在形式本质的先天性的同一平面上被完善化(第一部分),然后被整个带到先验哲学的平面上(第二部

① 仍参照《观念 1》,第 146—149 节。

分）。《经验和判断》证实了这种解释。[①]

我们可以大致说，《纯粹逻辑导论》（它是《逻辑研究》的第一部分）和第二卷的头四部分《研究》是遵循着一条从形式逻辑向先验逻辑展开的路线，并经过了《形式的和先验的逻辑》和《经验和判断》阶段，而第五、第六《研究》、《观念1》和《笛卡尔沉思录》却遵循着从心理**我思**到先验**我思**的另一条路线。在胡塞尔作品中正像在莱布尼茨作品中一样，都应当是有方向的；这是一处迷宫，相对于全部作品中不同的视角都有若干入口和若干中心。因此在《逻辑研究》和《观念1》之间的比较是非同质性的，因为两部作品既不在同一反思平面上，又不在进入现象学核心的同一路线上。

然而，为了发现这部关于逻辑的重要著作与《观念1》之间的矛盾，首先须要提出一种并不存在的柏拉图主义，然后再提出一种虚构的主观唯心论。实际上所谓的柏拉图主义已经存于《观念1》的可疑性平面上，而且彼此事先就是对立的；反过来说，主观唯心主义又重新陷入先前反对过的心理主义。我们充分强调了《观念1》的最初的唯心主义是为了不至于再返回它。相反，相对于《观念1》的可疑性的《逻辑研究》的“中性”，不可能被过于肯定地强调。第一卷《导论》和头四部《研究》具有的任务是阐明命题和形式客体（整体与部分，非独立部分和独立部分，抽象和具体等等）的客观结构。这些结构的客观性不包含在观念世界中的任何本质的存在中；本质概念只意味着一种理智的常项，它拒绝着经验的和

① 参见法伯在《哲学杂志》（1939年4月27日第36卷）第9期上关于《经验和判断》的极好的概要。

想象的变异；本质直观的概念只意味着“充实”逻辑意义的可能性，其方式类似于知觉一般“充实”着事物的空意义的方式。[①]

这些结构的客观性应当永远在主观主义的虚幻上被重新获得，这种主观主义的虚幻把概念，数，本质，逻辑结构等等与意指着它们的个别的心理学程序混合起来，须要不断地再获得这种客观性。先验唯心论将永远假定着对心理学主义的这种最初的胜利。人们甚至可以说，《导论》的逻辑主义是先验唯心主义的永久的栏栅。

因此，《形式的和先验的逻辑》一开始就先赋予客观的形式逻辑以极端重要的地位，[②]然后将其带到另一平面上，在此平面上客观性与一种更根本的主观性相互联系。[③] 单只靠胡塞尔思想的一种平面性的、水平式的观点使人难以理解，从“逻辑主义”向先验主体的过渡是不容否认的。但这种过渡在《逻辑研究》第一版时是看不出的。第五和第六《研究》在最初出现时还只提出了有关意向性的和有关由直观式明证的实对空意向进行“充实”的描述心理学。

从 1907 年开始，胡塞尔充分认识到最后两个研究的局限性；其中只存在着“描述心理学”或“经验现象学”的模式，他已将这两种现象学与未来的“先验现象学”区分开了。[④]

那么在 1901 年到 1907 年之间发生了什么呢？在《逻辑研究》

① E.莱维纳：《胡塞尔现象学中的直观主义》，第 143—144 页——《观念 1》第 9 页注 5。

② 《形式逻辑的完全观念》，第 42 页以下。

③ 《逻辑的心理主义和先验逻辑》，第 133—156 页。

④ 1907 年 9 月未刊稿，带有卢汶档案馆第 B II 1 标号。

发表后的六年间,胡塞尔经历了一段挫折期。哥丁根大学撤销了教育部任命他为哲学"正"教授的计划。他对自己和自己作为一名哲学家的存在产生了怀疑。在1906年9月25日的日记中他充满激情地打算实现一种理性批判:由于不能达到对最根本问题的明晰性,"我不能生存于真理和诚实之中,我已饱受思想不清晰和怀疑之苦,听凭摆布,无以自持,我渴望达到内在的一贯性"。①

一种先验现象学的观念,一种穿过现象学还原道路的先验唯心论观念,②首次公开表现于以《现象学观念》命名的"五次讲演"中。③

由于这一观念反复出现于1907—1911年间许多短篇未刊稿中,所以这是一次真正的怀疑主义危机,这是现象学问题的根源上的危机:在"意识体验"和客体之间似乎露出了裂隙——"体验如何能超出自己并发现其客体可靠呢"?这个问题以种种形式出现在这一时期的未刊稿中。现象学的诞生正是面临着一种真正唯我论的、真正主观主义的威胁(在《观念1》中不再看到这种危机迹象)。从那时以后,最紧迫的任务是"阐明认识和认识客体的本质"(第一讲)。这个问题始终像是一处伤痕:"所谓体验如何能在它们之外呢?"(第三讲)所以理性知识的还原似乎像是一种对超越的排除,一种深入内在性的自省。在此阶段,还原的有限性是无可争议的。排除(Ausschaltung)的比喻出现于第三讲中。但同时确定了一个清晰的目标观念:把与超越性的关系看作是在其内在性中被把握

① 摘自比麦尔(Biemel)为尚未刊出的《现象学观念》誊清稿作的导论的文本和资料。

② 1905年首次提到这个还原 Seefelder 笔记 A VII 5。

③ 1907年夏季研究班,FI 43。

的“现象的内部特性”。于是第四讲把意向性作为内在性的新方面引入：有第二种内在性：“真实的内在性”与“在意向性意义上的内在性”。因此《观念 1》要求有意向对象。同样，哲学家为了更好地理解作为一种意识结构而非作为一种客体间关系的意向性，似乎只有自囿于本身之内了。第五讲于是就能够达到构成的主题，这个主题对他来说永远标志着对怀疑论的胜利本身。似乎暂时只是被包含在意识内、“如同在一箱子内”的内在性的所与物，“被想象作显相”；这些显相本身不是客体，不包含客体，而是“以某种方式为我创造了客体”。在这种最初的现象学构想前，读者困难地抗拒着这样一种情绪，即失去了绝对存在，同时人们又扩大了意识的范围，只为了引入世界的现象。后来的一些手稿甚至重又落入这最初思想的范围内，并反映了这位哲学家为从未达到过却永远失去了的自在幻影而进行的内部斗争。[①] 似乎先验唯心主义的最初构想始终以它企图克服的主观主义为标志。在 1910 年 10 月到 11 月的课程中，我们可以发现向《观念 1》的过渡。讲题为“现象学的基本问题”，[②]它初步包括了《观念 1》和甚至《观念 2》的大部分内

① M. 111 9 II《知识理论的问题》，《在绝对意识关联体中经验“存在”的解体》。“一切客体在一特定意义上皆为‘显相’，即思想的统一体、多重性的统一体，它们本身（作为意识）形成了一切客体在其内被构成的绝对物”。——M. 111. 9 111. 谈到了认识之“谜”：“正是在思想本身内一切都应被”合法化（正如陆宰未曾用正确的措辞已经说过的那样）。“难道我未看到我不能预先设定一个面对思想的存在，而只使它以思想为根基并以思想的动机基础为根基吗？”——在 1909 年夏季研究班的同一方向上的“先验问题”，M. 111 9 IV。

② 文本由兰德格里伯整理；有些页始于 1910 年 10 月初；主要部分来自 1910—1911 年冬季班最初部分——M. 111 9 IVa 和 F1。

容(特别是关于移情作用[1]这门课程,它展开了自然态度的和其在先的、"预先存在的"(vorgefundene)世界的一次突出的描述)。在第二章中还原比《观念1》中更清楚地被看作是对自然和身体的排除。同样,自然态度似乎在自然人的反思范围内按其本身被理解。另一方面,还原像是在内在性范围内的一种"自限制",后者即是当人们放弃了经验存在立场时所"留下"的东西。芬克对《观念1》中感到遗憾的一切内容在此都出现了。但反过来,一切怀疑论的反响,一切表面的哲学忧虑都消失了;同时未来思想方向清晰地显示了出来:他坚定断言,对物理自然的信念完整无损,只是不再被使用,而唯我论由于以下事实而加以避免,即心理学意识的个体本身不起作用了。在第三章和第四章中,由此被还原解脱的现象学经验从现在直观扩展到期待和回忆的时间边缘域;因此主体的时间维面被恢复了。这个步骤极为突出,因为它朝向内在时间的自构成,在提出自然构成的问题之前:体验流统一体问题(第四章)甚至就压倒了有关意向性的一切考虑。只是在第五章它才被提及,而且只以意向方式留存在我思中的东西才被考察。从自然向"被知觉物"和向"被记忆物"的还原一下子导向这样的根本肯定,在现象学中自然只是作为纯意识之意识的某种规则的标志。更有力的是:"事物的真正存在是某些确定的诸显相关联体的标志,这个显相关联体要求一种确定的描述。"在此我们认出了《观念1》和《笛卡尔沉思录》的一些最根本的论断。自然经验也被纳入体验的时间流内。最后,现象学领域的最终扩大(第六章)——移情作用使

① 关于用 intropathie 译 Einfühl(移情),参见 lafande《哲学和批评词典》中该词条。

我们能在自然还原的范围内考察主体的复合体和共同体，每一主体都向自身和向所有其他“被再现”的主体呈现作诸纯粹意识，而不是“呈现”作自然的诸部分[①]。

《观念1》的平面从此被达到了。

简言之：(1)从方法论看，关于从“逻辑主义”到先验现象学的过渡不存在困难了，如果人们将其带到一个足够高的和足够远离一切意向心理学和一切主观唯心主义的平面的话。1929年，胡塞尔变得足够自信地去写《形式的和先验的逻辑》，在此书中他在将“逻辑主义”彻底并入先验现象学内之前，又将其扩大和加强了。

(2)反之，从胡塞尔思想发展史角度看，在他能够正确地提出将客观逻辑和一般地将一切直观形式纳入现象学之前，先验现象学本身的诞生是相当困难的。在我看来，胡塞尔从1905年到1911年的思想发展在于越来越努力地使自然态度的理解从属于现象学还原的理解，并在于根据世界先验构成来阐述还原。从一开始，自然态度就被理解作“物理经验”本身，而还原是一种怀疑论危机引起的；于是它呈现为通过对自然的排除来加于我的一种限制。[②]

① 关于Gegenwärtigung(呈现)和Vergegenwärtigung(再现)参见第11页注1和第99节。

② 梅罗·庞蒂反之处于另一极限上，现象学在其最后阶段似乎趋向的那个极限：它只能这样“思考”，以使得关于世界永远“已经在那儿”的肯定从其全部朴素性中涌出；它把我们的参与“还原”到世界的现存，只为了能暂时中断我们与世界之熟悉性，而且使我们在所处的一个世界的疏异性和矛盾性之前修复裂隙，达到本质只为了能后退和重新获得我们在世的“事实性”。《知觉现象学》前言，Gallimard出版社，1945年——我们也将参与哲学学院A. Waelhens的讲稿：“从现象学到存在主义”。向海德格尔方向的这个最后转折在《观念1》中还不可能看出，在该书中还原的否定要素还未被吸收入构成的肯定要素中。但他进入此方向的迹象不可争议的是在原初给与的意识主题中的构成和看的同一性。

如果人们一方面把《观念 1》解释成处于现象学哲学的更高阶段，另一方面又将其比作先验唯心论的最初方案，这部书就像是一个中间阶段的证明，在其中还原的最初的心理学动机，甚至主观主义的动机还未被纳入现象学的最终构想中。[①] 或许不可能如此，如果现象学的最终意义确实只能通过肯定有歧义的方法去研究的话。因此毫无疑问，在 1928 年胡塞尔认为《观念 1》值得第三次再版而无须修改，同时数千页其他手稿尽管已经完成，首先是《观念 1》的续集，他却仍然拒绝将它们公之于众，理由是出于理智的严格性和求全责备的偏好，这正是这位哥丁根和弗莱堡的大师的难得的品质。

我们现在将这第三版毫未改动地译为法文出版。[②]

在结束此导论时请容许我再一次感谢卢汶胡塞尔档案馆馆长梵·布雷达惠允我利用未刊资料和常常对我解释它们。我很高兴提到 St. 斯特拉色（St. Strasser）博士和比麦尔（Biemel）博士和夫人的名字，他们的宝贵意见使我能改进我的译文，并使我更好地理解这种十分严谨和严格的文字。

保罗·利科

① 胡塞尔感觉到自己只处在半途之中，甚至只在开始之中。他要求“开始的严肃性”。他渴望名副其实地成为这条现象学道路上的“真正开始者”，现象学本身尚处于“开端的开端”。《后记》，第 21 页。

② 在以下诸页上，注(a)、(b)是胡本人做的。注 1、2、3 是译者做的；它们所指的页数均是德文版的页数（中译本中，利科的注由中译本编辑改为统一编号，列于全书附录中——中译者）。

法译本注释

第一编　第一章

1　关于 Realität，real，irreal 等词的译法，参见第 7 页注 4。

2　《观念 1》一书中的这个第一编相当于全书的一篇总序。在这一编中还没有提出现象学本身的问题；但现象学正像它所从属的全体科学一样，既要求有本质，又要求有本质科学（参见 § 18 开头几行），后者不仅汇集了适用于一切本质的形式真理，而且也汇集了先天地分布于诸“区域”内的实质真理。现象学运用本质直观，并至少在其初步形式中涉及一个存在“区域”。

第一章以直接的和系统的方式确定了这些前提要求。第二章通过与经验主义、唯心主义、柏拉图实在论等进行论辩的间接方式，证实了这些前提要求。

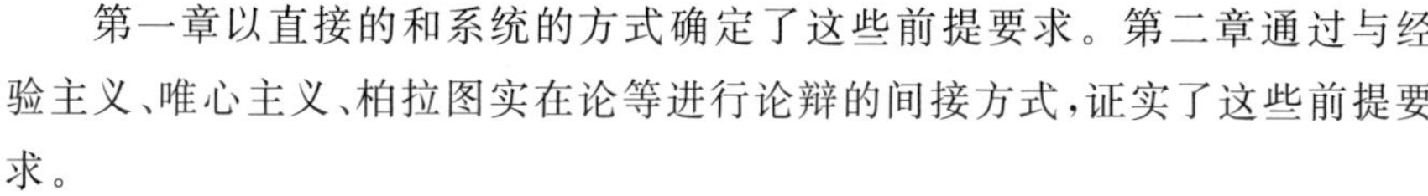

3　第一章的风格颇有独断论色彩，头绪较多，其意图有二：(A)确定本质和本质直观概念 § 1— § 8。(B)考察本质的区域特性之先天条件，§ 9— § 17。

4　(A)第一组分析划分如下：

(1)本质概念，§ 1— § 2。(2)本质直观，§ 3— § 8。在(1)本质概念中包括：

(a)从其相反项和相关项引出：事实，即此时此地个别物的素朴存在，§ 1。围绕事实概念展开的一整套概念被迅速联结起来：经验、自然态度、世界（实在的存在＝真正的存在＝世界中的存在）、知觉。在此作者描述了有关直观的一般理论，因为知觉只是与体验直观、对他者直观（移情作用）、本质直观相并列的一种直观。(b) § 2 指出了从事实向本质的过渡。

5　我们把 Realität 译成自然实在或世界实在，在《观念 1》中它永远表示以自然态度认定为实在的东西，而在现象学还原之后就不再有其地位了，§33 以下。相反，Wirklichkeit（现实）在还原内部保持有一种意义，一方面作为信念样态（确信，§103）；另一方面，更为根本地，作为意向对象与客体的关系，§89—§90，尤其是§128—153。——胡塞尔在别处引出了 reell 一词，我们将在§41、§85、§88 中注释——。对于翻译这些词，法语并不具有日耳曼语和拉丁语双重性词根的潜力，也不具有一种创新语言的无限能力。

6　原初的或原初上的所与物，与"纯思想物"、"空意指物"（§136—§138）相对；这一概念在一种明证理论整体内取得其意义，并被理解为空意指的行为和在机体上充实的行为之间的区别（参见《逻辑研究》的"第一研究"和"第六研究"第二部分）。正如我们将看到的（第 10 页注 5），也存在有关于形式、关系、"范畴"等等的原初性所与物。明证论和"充实论"在本书第四编中将再次论述。"原初的"一词在《纯粹逻辑导论》第二版中被引入，参见该书第 190、229 页。

7　给与的直观：应用于直观概念的动词"给与"的这一主动意义，由向先验构成的过渡所显示，即"意义给与"，§55（参见第 106 页注 1）。我们将重新考虑这个词的唯心主义意蕴，但此词并未消除知觉和一般明证的直观特性。参见第 44 页注 1。

8　在《观念 1》中移情作用成为几次论述的对象；《观念 2》对它做了详尽的意向性分析。参见本书第 316 页注 1。关于此词的翻译，参见法译本词汇表。

《笛卡尔沉思录》中的"第五沉思"在现象学构成的水平上论述了这一现象学心理学概念。

9　《观念 1》没有特别论述本质和经验法则之间的区别（除了在§6，第 16 页以下），也未论述向本质过渡的方法；而只讨论了想象的这样一种作用，即证明本质不变项对其实现化的实在的和虚构的变异性所显示的抵制作用，§4。作者直接达到了本质事物：一切事实包含着一个其本身从属于一个本质等级结构的本质（§12），而且一切本质包含着诸偶然的（即此时此地的）个体：此偶然性本身确立了本质和事实之间的区别，直观的二重性将证实此区别（§3）。§2 在末尾指出了将在§9 再次讨论的第二个结论：诸本质的等级结构在个体场上展现了在诸区域和诸范畴中的划分：例如，现象学与意识“区域”相关联。

10 关于 Bestand（组成，组成成分）的翻译，见法译本词汇表。

11 关于必然性与一般性之间的区别，见§6。

12 关于 Dies da（此处这个）参见§14。

13 这句话在不涉及柏拉图主义时十分准确地定义了本质：在《纯粹逻辑导论》第十一章§65中本质概念是通过先天概念引入的：对于什么是“科学或一般理论（即一个封闭的演绎体系）可能性的观念条件”的问题，他回答说，“显然，真理本身，特别是法则、基础、原则是其所是者，不论我们是否洞见它们”。（同书第238页）它们本身是对有关它们的知识可能性的观念性条件：在此意义上他把“这些观念性单元的本质”说成是属于真理本身，属于演绎本身，属于理论本身的先天法则。《纯粹逻辑导论》中的更根本问题是：“构成理论本身的观念本质的东西是什么？”（同书第241页）；“纯粹逻辑是理论的理论，即建立在理论本质上的系统理论或先天理论的法则性科学，它与科学本身的观念本质相关。”（同书第242页）例如像下面这些原初性概念：客体，统一体，复合体等都是通过一种“本质洞见”证明的，即一种“在充分观念化作用中的本质的直观再现”（同书第244—245页）。“第六研究”第二部分提供了更为丰富的本质分析，并通过其他方面将这一概念引入：直观是严格地由对某些思想行为的“充实”定义的，这些思想行为不是空地意指着命题的“质料”，而是意指着命题的形式（系词，函项，联词，从属词等等），而且我们可以把它们称作“范畴形式”。这些意指关系不可能被一种知觉，一种“感性”直观所充实，而是被一种“范畴直观”所充实。在“看”（或洞见）一词的广义上（第138—139页）有一种“看”，它既具有相对于意指的非感觉因素的功能，又具有相对于感性因素的知觉。（第142页以下）。此外存在有一种“范畴知觉”，对它而言形式成分是原初地和在机体上被给与的。本质观不要求其他东西（同书第128—155页）。胡塞尔在《逻辑研究》二版的导言中宣称，如果人们研读过并理解“第六研究”，就不会对《观念1》产生如此多的误解了。也就不可能过分坚持本质概念的非形而上学性质了：在那里它作为事实的相关项，作为规定的性质，而被辩证地引入，这种规定的性质将必然附加于一种事实之上，以便使其有这种意义而不是另一种意义。

14 (A)(2)本质直观，§3—§8。这是本章主要概念和胡塞尔全部体系的基础之一，尽管现象学的关键是先验还原(关于直观与还原的关系，参见“导论”)。这个批评性的第一章详述了本质直观理论，特别是在与被指责为柏拉图主义有关的方面，§40。(胡塞尔甚至谈到了关于本质的存在，下文第280页：本质存在是一种与充实的纯意义有联系的特性，它并不意味着世界的任何扩大，任何本质世界。)

(a)§3以区分感性的和本质的两类直观开始，而以它们的关联性结束：个别人的直观包含了目光从事实向本质转换的可能性；事实作为说明而存在(我们将更详细地说明这一功能)；但当我把握本质时，我就不再设定个人是世界中的存在者。在论证过程中胡塞尔由于进行间接的评述而使此主要分析复杂化了；他希望进行一种事物本质的分析，本质不能直截了当地被认识，而是通过“侧显”，通过诸外观来认识：对它们的认识是不充分的：§41以下。这种期待预见到了在充分的直观和原初的直观之间可能的混淆：就直观来说重要的是，它不是被达到的东西，它未穷尽其客体(充分性)，而是在机体上给与此客体(原初性)。两种直观的原初的特性是它们唯一的类似性；我们不可能在它们的客体的存在中发现任何类似性。

15 广义的表象包含一切“简单”行为(知觉、想象、记忆等)，以与“有根基的”行为(述谓判断、关系等等的综合)相对，参见下文第213页最后部分和第214页。这个概念在《观念》中作用不明；相反，“第五研究”的很大一部分(第345页，第426—475页)讨论这个概念的意义，并企图为布伦塔诺公式提出一种可接受的意义：一切行为都是一个表象或基于表象的。它导致“单射线的”行为和“多射线或目标的”行为之间的区别，后者的典型例子是判断。(同书，第459—462页)。

16 在事物之外的自然现实是有生命的存在物和心理自我，参见§53，特别是参见《观念2》。

17 按其本质永不能达到知觉的充分性，知觉的这种不充分性在以后的分析中起着决定性作用：它导向与事物区域相对的意识区域，后者摆脱了这种不确定性。§42说明了“复合体”、“侧显”等词。

18 再现(Vergegenwärtigung)：原初性直观不仅与作为给与物，作为现前的空意义有别，而且它也是与“形象的”现前、“记忆的”现前等等相对立的

“原初的”现前，§99。(“第六研究”第二部分§45，第144页将Gegenwärtigsein表示为：das sozusagen in Persona Erscheinen，即“所谓机体上的显现”)知觉呈现事物，形象、记忆则再现事物。

19 在此意义上，本质直观是一种“有根基的”行为，而非作为感性知觉的“简单”行为；“第六研究”第二部分，§48：“将范畴行为说明为有根基的行为。”

20 (A)(2)(b)不可忽略想象的说明功能：虚构是本质的真正揭示者；例示功能也可用不同子经验的事物来履行；虚构使人能尝试无限多的变异，后者提供了本质不变项。胡塞尔进一步说：“虚构是作为本质科学整体的现象学重要成分”，§70。事实上，虚构突破了充满经验法则的事实性的范围，虚构赋予了观念化作用以广阔的自由性。关于想象变异方法，参见《哲学杂志》第36卷，第9期，1939年，4月27日，第233—234页。

21 Bloss(纯、仅、只)永远与“非设定的”相联系。而Einbilden(虚构)与Daseinssetzen(事实存在设定)相对。

22 (A)(2)(c)在两类判断之间的最初十分微妙的区别可全面地影响整个本质领域，一类判断直接与被当作客体的本质有关，另一类判断则与个体有关，但在赋予这类判断一种本质普遍性的某一角度下：本质认识比明显地把本质当作客体的那类判断更广泛，并扩展到那些可说是间接地具有本质的判断上去。“第六研究”展开了对这类“混合的”理性行为的分析，第183—185页。

23 在组合词Sachverhalt(事态)中的Verhalt表示作为“判断”行为的相关项的“被判断物”。Sachverhalt是理论判断的相关项；关于一个本质情境的判断本身被称作本质的事态，或更简单地说，Wesensverhalt(本质事态)。参见第247页以下。

24 Sichtig比Anschaung(直观)更含混，§5开始时它可作为“直观意识到的”，“被把握的”：它表示着本质的这样一种间接的含义，这种本质不是作为客体本质的一种直观，虽然它属于本质层次。

25 关于“属”概念，参见§12。

26 (A)(2)(d)普遍性，必然性，确真性诸概念的关联。这段新的分析假定，判断综合可被直观，如“第六研究”所断定的那样：将直观扩大，使其适用于判断事态的情况，于是它可普遍适用于演绎规则本身，这些规则的关系可原初地呈现。上述直观适用范围的扩大赋予了它全部意义。普遍性概念支配着必然性概念；它适用于真正本质事态。必然性是普遍性的一个结果，当人们将本质真理“应用”于一特殊对象时。确真性则适用于这样的判断，在该类判断中人们认识到在本质普遍性和特殊事态间的必然联系。本节的结论将此概念扩大至§5中的区别上。末尾强调本质普遍性和自然法则经验普遍性之间的区别，同时并论述只在§2中描述过的在本质和按归纳法产生的经验类型间的对立。

27 我们可以概述如下：

本质的(以判断或本质命题意指的或表示的)判断行为具有相关项：“如是被判断者”(或也可说：在变样的意义上的本质事态)。

本质真理(或真实命题)具有相关项：真理内容或严格意义上的本质事态。

同样，在主体方面，真理是一种判断行为和本质判断；判断行为和判断或命题间的区别在此不予考虑(参见“第五研究”§28)；在客体方面，真理内容是一种。“如是被判断者”。普遍性的特性正是与真理的内容或状态相联系的。

如是被判断者(它可真可假)只是在一种变样的意义上和相对于本质真理而言才获有本质事态的名称。真理概念将在本书第四编中加以研究。

28 适用于个别存在物的本质真理，在自然级次上却再次进入本质必然性范围。这一论述使本质普遍性和归纳法则普遍性之间的区别趋于完全。我们需要这种区别以认识适用于我思存在设定的必然性类型，第86—87页。

29 结论，§7—§8。只有恢复可在本质科学和事实科学间设立的区别(§7)和从属关系(§8)。

30 这里对纯本质科学的列举十分简略：§8末尾将再做详细说明。

31 《纯粹逻辑导论》结尾第六章为纯粹逻辑指定了一种三重性任务，旨在提出一种总的构想，以便先天地为一种纯关联体的、“一种系统地获得的理论统一体”的可能性奠定基础(第232页)。

(1)建立“初始概念”，它确立知识之间的联系，即联系的初步形式(析取，合取，主词，谓词，多数等)和更根本地确立客体的形式范畴(客体，事态，多数,数,现实等等)(§67,第242—245页)。

(2)建立客观有效法则,它们建立在先前的范畴上,并从其产生“理论”:推导理论(如三段论),复多性理论(§68,第245—247页)。

(3)探讨可能的诸“理论”类型,按照由一般命题规定的构造顺序:“形式数学(或纯粹分析)给与了关于诸理论可能形式的这个理论的最佳说明,如复多性的纯理论”(§69—§70,第207—282页)。参见本书第18页注2。

32 两种本质科学的区别是根本性的;实质性本质的考察直接导致“区域”和区域本质学的问题,因此导致现象学。

本质科学的纲要如下:

(1)形式的本质科学(或形式的“普遍科学”)

(a)形式逻辑

(b)构成形式本体论的学科(一般客体法则,参见第21页注1,算术,纯粹分析,集合论)。

(2)实质的本质科学。“区域的”本质学处理每一区域的最高属(如事物区域,意识区域),它是对这组本质科学的基本说明。在现象学还原时(§59)这些区别取得其意义,“排除”作用与一切本质科学无关。

33 集合论是对纯粹逻辑第三项任务的部分说明和实现(参见前面第17页注1):像全体数的集合这样一个集合是属于一种由被规定的形式的公理所支配的一种被规定的形式理论;这个理论也是“关于诸理论的可能形式的理论”的适当例子;除全体数外,将加法扩展到全体实数、复数——此后几维空间集合的发展——变换群论等,均在《纯粹逻辑导论》阶段被当作集合论的例子,参见第十一章§70。《形式的和先验的逻辑》重新详述了这一研究:参见该书第 部分§28—§36。

34 (B)区域本质学原则,§9—§17。我们将着手讨论一种本质理论的第二个要求,因为这种理论是作为本质科学的现象学以之为前提的。(参见第7页注1和注2)

(1)区域本体论性质,§9—§10。我们在§2中曾遇到本质等级结构问题;支配经验对象的实质性本质从属于作为一种区域本体论科学对象的最高属;同样,自然本体论研究普遍地属于自然区域客体的属性。§10论述区域本体论与形式本体论的关系,后者自上而下地支配某一区域的诸本体论。形式本体论提出这样的问题:一个对象,一个属性,一个关系等等是什么?正如每一区域本体论运用的区域概念本身属于形式本体论一样,可以说对区域概念的一切考察从此以后都属于形式本体论范围(§17开头)。

35 这种一般客体的纯形式属于§10提出的形式本体论。因此一切事实科学都包含着有关区域的形式逻辑、形式本体论和实质本体论,头两类学科构成了第18页和第20页引述过的形式科学。

36 参见第18页注1。

37 关于实践学,参见下面§117,特别是§147。

38 关于"精确的"意义,参见下面§72—§75。

39 关于法文词Chose(事物)的不同意义(Ding和Sache)参见词汇表。

40 区域本体论和形式本体论的关系产生了一种特殊的困难:区域概念——不是某一区域而是一般区域的形式——属于作为一般客体规定的形式本体论;这是一个适合于一切区域的空形式。因此须要谨慎,当我们说形式的区域时是指一般区域的空形式,说实质的(这是一同义重叠词)区域时是指某一区域(如自然等等)。在实质性本质的等级结构中区域概念根本不是最广泛的。它与区域的关系不再是属对种的关系,而是形式对质料的关系。同样,区域的形式观念的基本规定(或范畴)是分析的,正像一切形式级次上的命题一样,虽然这种区域的规定是综合的,就像实质性级次上的一切命题一样。§6将再谈分析与综合的这种对立。

41 这些列举的项目提出了一个由一般客体科学处理的问题的观念,这门科学创始了形式本体论。参见第18页注1和第22页最后。

42 "第三研究"考察全体与部分理论。除了是有关主体和属性,个体,种和属,关系和集合,单一和数的思考以外,这也是有关形式本体论的重要一章,它符合于《导论》为纯粹逻辑规定的纲要的第一部分(§67)。分析概念和综合概念通过非独立客体和独立客体概念被引入,后者可独立地"按其性质被表示"("第三研究",第230页),其他客体则否(如颜色和广延)。但是不同种类的非独立项,即一个整体决定一个部分的不同方式,是不包含在本身为一种形式法则的一般依属法则中的;因此依属类型(例如在颜色和广延之间的)必须由所考虑的实质领域的最高属支配,这个领域先天地规定一个要素如何"加于"另一个要素之上:这正是先天综合法则。在此意义上"广延不是分析地基于颜色概念上的”。(同书第253页)。我们看到胡塞尔的方法与康德的方法多么不同。正是形式本体论和实质本体论之间的区别决定着分析与综合间的区别。

43　(1)《纯粹逻辑导论》§67,第243—245页,在提出“初始概念”(逻辑学的第一个任务)时区别了两个平面:

(a)可以停留在意义平面上,这就是或者在诸命题之间的联系(合取,析取,假设等)或者在命题内部的联系(主词,谓词,多数等)的初始形式的平面上;作为“第四研究”的“纯粹语法”发展了这种研究;它将诸意义成分间的依属关系(按“第三研究”中提出的概念)样式的研究应用于意义:“纯粹语法”也排除了无意义(如“一个人·和·是”、“一个圆·或”这样无意义的词组),但不排除悖谬,如形式的悖谬“木制的铁”。因此这些法则在纯粹逻辑语法上不同于纯粹逻辑法则,并可建立一“纯意义型态学”(“第四研究”,第294—295页和第317—341页)。

(b)客体的形式范畴(客体,单一,关系等)构成了形式本体论的严格的逻辑平面。《观念1》§134论述了命题或命题逻辑是广义的“表达”平面。这一区别对于领悟§11是必要的:在一般客体平面上的某些有效区别由作为意义形态学的纯粹语法提出:这就是§11中考察的那种区别。所有这些问题在《形式的和先验的逻辑》第一部分中被详细发展了(关于命题逻辑的定义,§12、§13、§22;形式逻辑超出了命题逻辑范围,扩展到一种普遍科学平面上,§23—§27。§27概述了从1901年到1929年所经历的探索道路)。

44　(2)关于区域的一个分析定义的若干初步区别,§11—§15。从此我们将在形式本体论内部进行对一般客体和区域空形式的思考。作者提出五个区别系列,它们都有助于说明本质与区域的基本关系。

45　(a)简单词项和句法上派生的功能间的区别是由“第四研究”意义上的“纯粹语法”(参见前面第22页注2)引出的。“第四研究”中的§7(第308页)区分了直到单词内的句法部分(词根,前缀,后缀,词组)。转入一般客体理论中之后,语法区别可以称一切由客体派生的构成为“句法的”,这些构成正表示了一种句法构造,如多数中的数。像属性、关系、复数等一切范畴——被包含在句法运用中,如属性归与,使关联,使倍数增加——是相对于如下种种运用程序的一种基底的简单设定而派生的:最终基底问题导致§14要讨论的困难的个体问题，然而这些问题不可能加以研究而不引起新的区别。关于这一切问题参见《形式的和先验的逻辑》附录一，第259—275页。关于“词项”概念特别参见第273页。

46 (b)种与属的关系不是实质本体论所特有的，它也适用于形式本体论。这一思考打算规定最后的种差，并想正确地提出本质单个体的问题。当然，本质个体（相对于数最高属而言的数一，相对于感官性质属而言的蓝色）不是实存个体（此时此地的此红色）。正如稍后将谈到的，经验个体被包含在本质中，这个本质本身可以是个别的或属的。个别本质从属于种和属。

47 sachhaltig（实质的）和leer（空的）相对，正如质料的（materiel）与形式的相对。

48 (c)种与属的关系不同于质料的与形式的关系。同样，在思考本质概念时，不是达到对于该本质来说的诸属之属和那种最高属或区域；而是从质料过渡到形式。

49 此处举的例子借取自意义理论，尤其是命题逻辑：我们从§10—§11中看到，由命题逻辑不难过渡到客体本身的理论。

50 参见第25页注1。如果在此成为中心主题的实质性本质的等级系统（一般化）全部从属于形式本体论的本质等级系统（刚在§13中论述过的），它反过来也全面支配个体，即此时此地存在物的经验领域：个体被包含在单个本质中，后者反过来又从属于质料的以及形式的本质的种和属。

51 外延一词的三种意义来源于两组使用上的区别。本质属——它是形式的或质料的——就其种和本质单个体而言有一本质外延。相比于这个根本意义还有另外两种意义：形式的与质料的关系引出相对于质料性本质领域中形式的或“数学的”外延概念，在此“数学的”有它在前面已经用过的普遍科学中具有的那种意义。（形式的和质料的）本质领域对经验领域的关系（参见第27页注2）引出了外延一词的第三种意义。

52 这个细微的意义差别不是难以捉摸的：事实上符合于一本质的个体领域比实现此本质的可能的个体领域更狭窄；回想一下在实际经验外的想象对于证明本质的抵制性就足够了，参见§4。

53 参见第27页注1。

54 (d)本质单个体与非句法基底的比较。形式本体论、实质本体论和个别存在诸平面之间的区别(§14)可使我们重新采用由“纯粹语法”引入的基底与句法形式之间的区别(§11)。同样,人们谈到了质料的和形式的基底:形式基底即纯“某物”,它的通过句法取得的形式,如我们已看到的(§11),是在如下一类行为中形成的形式,如判断行为(相关项:“事态”),下结论(相关项:“推论形式”),计数(相关项:“数”)分析,构成复多体等等。这里有趣的问题正是在“质料的”级次上提出的,即在质料的本质平面和存在物的经验平面之间的二分法:最终质料的本质属于前者,而此时此地的存在则属于后者。单个本质和个别存在物在逻辑语法意义上构成了不可归结为新句法形式的基底。我们达到这一结论:“这里”的单个本质必然有基底的功能;在纯粹语法的语言中:个体是在句法运用之前的,句法运用的相关项是事态、关系、属性、数诸范畴。

55 Formlos(无形式)在此不指与形式相对的质料,而是指与句法形式相对的基底。

56 (e)具体类型与抽象类型的单个的本质。关于具体的定义,对于区域概念(§16)的严格定义来说是决定性的:这个问题的意图正在于此。作者在这里把非独立客体和独立客体的区别当作出发点。这个区别在“第三研究”中已讨论过(我们曾提到过它,目的在于引出分析与综合概念,第22页注1,然后是纯粹逻辑语法概念,第22页注2):从属项和独立项是部分对全体关系的(纯形式的)分析性的主要规定(《逻辑研究》第二卷第228页):“独立性内容存在于一表象复合体的要素可按其性质被独立地表示之处。”(同书第230页)。该书§17在狭义上定义了部分,或更准确地称其为Stück(片段,部分):“相对于全体G的独立部分”和“要素”或抽象部分:“相对于同一全体G的一切从属部分”(同书,第266页),例如性质和外延;我们这样获得了关于抽象的定义:“一个抽象是一个客体,对此客体来说存在着一个它为其一个独立部分的全体”,同书,第267页。一个客体和甚至于相对于其抽象因素的一个部分(片段)是一个“相对的具体”;在任何方面均不是抽象的一个具体是一“绝对具体”(同书第268页)。于是我们看到,如果种和属必然是从属的,因而是抽象的,那么本质单个体可能只是具体的,但也可能是抽象的,如果只是通过联结作用诸单个本质共同组成具体的话。我们把个体一词保留给“这个”,其质料性本质是具体的。因此具体指一种单个本质,它同时含有抽象的单个本质;同样,实在事物,具体本质包含着外延和性质的抽象本质。

57　(3)区域和区域本质学的最终定义,§16—§17。

(a)区域的定义:这是一个在§10意义上的分析性定义,与§9开始时提出的更接近字面性的定义不同,它结合了以前的几个定义:本质单个体从属于最高属(§12),抽象单个体并入具体单个体(§11、§14,尤其是§15)。因此区域是支配着包括在具体单个体内的抽象单个体的诸最高属组成的系列。在此意义上区域具有一种由一切抽象单个体组成的本质外延。

58　(b)区域本质学的定义。关于实质本体论和句法真理间的关系,参见前面第22页注1。

59　关于确然性,参见前面§6。

60　这些区别一方面涉及从"第三研究"中关于全体和部分学说(参见前面第22页注1)开始的分析与综合概念的规定样式,但更主要地是涉及这样的基本概念:正如康德学说一样,科学不是建立在纯粹逻辑之上的,而是建立于先天综合之上的;再者,先天综合不是本质直观的构造而是其对象。

61　一般总结。这个总结并未宣布逻辑与现象学的任何关系:作者的主要关切在于把经验科学不只是建立在纯粹逻辑上,而且也建立在区域本体论上。只是在本节末尾才以模糊方式提及现象学。现象学的初步问题就与这些"区域"的探索和与区域本体论的构成联系在一起了。但是先验现象学想以另一种方式为区域本体论本身奠定基础,尽管它首先在初级形式中被引述为关于意识"区域"的本体论。(参见E.芬克的《当代批评中的胡塞尔现象学哲学》,《康德研究》,第38卷,第3/4期,第357—366页)。

62　在《观念》中观念没有Eidos的意思,而是有康德的作为一种调节原则的意思,参见本卷第6、33、139、166、297诸页。这个意思表示于本书标题"……的观念"中。

63　这个问题在《观念2》中将详细研究。

第　二　章

64　对本质直观的辩护和说明。这是唯一的有论辩风格的一章,它是针对心理主义的,像《纯粹逻辑导论》和《逻辑研究》中头两个研究一样。(1)§19—§23展开了这一论点:柏拉图主义和唯心主义只是使经验主义讨论展开的机因。(2)§24是本章关结点:它以丰富的内容确立了直观的意义。(3)§25—§26得出了有关这一直观学说的反经验主义的最终结论。这整个一章都像上一章一样,只有在现象学还原被用于本质"超越性"之后才取得全部意义:§59—§63(特别参见第116页注2)。

65 现象学暂时被定义作意识区域的区域本质学;因此它是心理学和精神科学的基础(参见本段末尾)。现象学的这种作用就其特别是包含在未刊手稿中的构成的最终问题而言,还是很初步性的。

66 对直观的论述本身来自直观;在此意义上,就整个结构来说它是一真正的开端;我们说在此阶段上我们把直观的东西称作最初的。它是这样一个问题,即认识客体在主体内部的构成怎样能把直观的这种可塑性纳入简单被看的东西内。构成问题存于另一哲学平面上,在此意义上它比"诸原则的原则"或直观的原则更根本。在此较高平面上把握的现象学绝不是消减了直观的重要性,而是在其构成中考虑它。

67 当然,哲学悬置不是现象学还原。赋予哲学一词的这种贬义——"观点的哲学"——是暂时性的,并使人想起对笛卡尔偏见的批评。本书的总标题和第三卷的纲要(参见导论第5页)充分指出,这个研究术语是一种现象学哲学发展的结果。

68 参见第33页注2。

69 三个批驳对象:经验主义,唯心主义,柏拉图主义,§19—§23;(a)是由对经验主义的批驳导引的,§19—§20;经验主义的真理是它对"事物本身"的尊重(参见§24:回到事物本身!);它的错误是把直观限制于感性经验上,§19;它未能摆脱怀疑主义,后者像经验独断论一样使其受到损害,§20。

70 Sachc(事物)一词在这里是照非专门意义来使用的:即被某一直观所把握到的一切(物质事物,价值,自然经验,他人经验等)。在专门意义上,这同一词使适用于理论意识的物质事物和适用于感情意识与实践意识的价值相对,§27和§37。Ding(物)是作为有生命物和人之基础的物质存在的"区域"本身:§149—§152,特别是《观念2》。

71 Sache一词在此按非专门意义来理解:即被一种直观把握的一切。参见与其对立的Wert(价值),§27和§37。

72 参见第7页注5和注6。

73　参见第13页注1。

74　我们称意向作用的规范为这样的规则和结构，它们使各区域类型与诸直观类型相联系，后者可在相应区域内确立所运用的判断：《纯粹逻辑导论》在此意义上用这个词（因此它先于《观念》中意向对象的规范一词）："意向作用的"条件在此不同于纯粹逻辑条件，后者形成于知识内容之内；它们本身被"建立在知识本身，即先天知识的观念之内，无涉于受其心理条件决定的人类知识的经验特殊性"（同书，第238页）。结果，意向作用将指相对于意向对象的构成的意识一侧，而意向对象指被构成的一侧：即相关于意向作用的客体一侧。

75　我们始终用évidence译Einsicht（洞见；中译本不采取利科尔这种笼统的译法——中译者注），如《观念1》§137所确认的（同时参照§20末尾和§21开头处有关Einsehen和Sehen的比较）。第四编发展了明证论。

76　参见第33页注3。

77　参照知觉意识的确证和证明无效的不确定过程，§138。

78　他在本节中提到的《纯粹逻辑导论》的内容涉及严格的和绝对的逻辑法则与推测性的心理学法则之间的对立。特别是强烈批评了约翰·穆勒对矛盾律的说明：如果两个矛盾命题的不相容只是主体推演活动在心理学上的不相容，怀疑主义就是不可避免的，知识就是相对于人类的偶然结构的。这样引出的怀疑主义，不是否定认识物自身的可能性的怀疑主义，而是涉及"一般理论可能性"的怀疑主义（同书，§21—§24，第60—77页：心理主义的经验后果；和§25—§29，第78—101页。心理主义的逻辑解释）。这些问题由Delbos写了一篇概述："胡塞尔，他对心理主义的批评及其纯粹逻辑概念"，载于《形而上学和道德杂志》，第19卷，第5期，第685—698页。

79　(b)唯心主义对一种先天性直观的拒绝不是通常关于批判哲学先天概念讨论的原因，如芬克从先验现象学观点曾企图做的那样；此外，这种对比在现象学还原之前是不可能认真开始的。胡塞尔只是反对给明证性做出心理主义解释，这种解释一般以批判哲学对先天性直观的拒绝为根据。

80　"第六研究"§45以下确立了直观概念的最广的外延，并在感性直观之外定义了范畴直观，后者在机体上充实了命题的空范畴的意义，其方式正如感性直观充实了质料物一样，参见前面第9页注5。

81 参见第 36 页注 3。

82 (c)被指责为柏拉图主义再次导致对心理主义的批评:事实上被指责为柏拉图主义是与经验主义对心理构造本质还原论的批判相联系的。这一讨论重复了《逻辑研究》的论证。然而一些评注使我们能够探索胡塞尔直观主义和柏拉图直观主义间的分界线。柏拉图主义——它本身也许只是来自传说——在于把本质当成类似于经验的、物质的、世界的存在物。但胡塞尔却独树一帜地诉诸形式本体论来规定客体的意义,形式本体论是真实论述的主题。在此意义上胡塞尔宣布了本质的非存在性。他的独创性在于既坚持本质知识的直观特性(永远企图把直观理解作一种空意义的充实),又坚持其客体的非世界的特性。同样,两种直观(感性的与本质的)作为一种客体充实性的显现是类似的,但它们的客体存在样式却不是类似的。第一个动机似乎接近了柏拉图主义,第二个动机实际上反而远离了柏拉图主义。在仍然保持这一主题的《逻辑研究》水平上,不存在本质实在论,后来它将被由还原产生和由构成运用的先验唯心主义再次加以否定。

83 参见第 7 页注 4。

84 这段文字以及 § 2 的文字(参见第 9 页注 5,《逻辑研究》的注释),是本书中对于理解胡塞尔本质概念比较重要的段落之一。

85 某一构造支配着本质直观;但我们不构造本质,而是构造对本质的意识:因此对心理主义的批判要求人们预先从事意向性分析,§ 36。

86 为什么胡塞尔不是直接地,而是通过虚构类比来提出有关观念化(ideation)的意向性原则呢?因为四角兽的“空无”从体验角度看是其超越性的明显证据,同时他也未提供任何“柏拉图主义的假设”。另一方面,虚构的实显性类似于观念化的实显性。最后,虚构问题可提出一有关本质性质的更根本问题。参见下面第 43 页注 3。

87 关于产生概念,实行概念,参见 § 112、§ 122。

88 困难在于:如果本质不像物一样存在,它是否就是虚构的“空无”呢?对这一困难所做的考察涉及观念化和知觉的类比,不再按照世界存在样式的观点,而是按照意向着本质或事物的意识的直观样式的观点。四角兽的“空无”是被知觉物在机体上现存的一个变样。观念化中本质的出现类似于事物在知觉中出现,而不类似于想象变样。世界客体与观念客体可能按类似样式被把握:实在的,可疑的,虚幻的,想象的等等。应用于本质的存在这个词因此不具有狭义的世界存在的意义,第12页(§3末尾)、第85—86页(物的存在)和第153页。它具有从§135起获得的那种专门意义,§135谈到了在意向对象与一客体相关这一意义上的本质存在。只有通过在世界意义上的存在的还原才可达到存在的这个新意义。(参见第135页注1)。

89 关于从现实的基本样式中派生的样式和关于"变样"的一般主题,此变样涉及一般客体的"所与存在方式",参见§99,特别是§104以下;变样的最初系列(实在的,可疑的,虚幻的),存于信念设定样态之内;"准"变样使一切设定中立化。

90 (2)诸原则的原则被引入胡塞尔直观主义的核心。但永远不应忘记根据"第六研究"解释这段文字:直观被独特地定义作一种空意义的充实。因此对(本质的以及世界的)纯所与物的重视可在先验构成内部被证实,而且将在第四编中的理性构成范围内再次被讨论。

91 两个词语的比较是引人关注的:给与的直观和被给与的直观。简言之,这个问题具有一种构成哲学所面对的一切困难,构成哲学从另一角度看始终应当是一种直观主义。参见第7页注6。

92 关于真理,参见第四编第一章。

93 与心理主义的最后论辩,§25—§26。胡塞尔所根据的是这样一种习惯性看法,即在理论上最倾向于实证主义的学者,在实践上也使用数学这类真正本质的学科。这个论辩过程导致了讨论一种相对于经验科学的本质科学的可能性。

94 结论包含一种令人吃惊的肯定论断:重视直观确定了一种独断论的而不是哲学的态度,就哲学而言,这就是对认知可能性的无穷无尽的质疑,简言之即怀疑主义。这种对直观的非批判的用法,即前于有关认识可能性的一切怀疑论的根本问题的用法,证实了在§18中关于哲学悬置已说过的话。《观念》的这个中心问题提出的方式更为尖锐:先验还原和构成如何在另一反思水平上维持和证明这种独断论?(特别参照第55页注3)。但这种独断论仅只是原初物对简单意指物的优先性(参见第9页注5)。

95 关于Sachen,参见第35页注1。

第二编　第一章

96　本书第二编仍然具有预备性特点：它为现象学还原做了规定，§31—§32，但还未对其加以运用（如在§33开头所说）。

第一章引出了现象学还原，它与它所“悬置”的自然态度相对立。

第二章和第三章——本编中篇幅最大的两章——描述了意识；它们为现象学还原做了准备，但未对其加以假定。第二章特别分析了知觉，以便解除自然主义偏见和使两种存在样式的对立显现出来：作为对象的存在和作为意识的存在。这一对立分离出意识“区域”。第二章超出此对立，并指出世界存在与意识存在的相对性：自然态度也同样被“逆转”，“转换”。从自然态度开始的分析逐渐遵循在第一章中以艰涩方式提出的还原论基调。此外，后者未在《观念》中从根本上加以论述，这表明可以从容对其加以讨论。

第四章说明现象学还原的方法。在《笛卡尔沉思录》中正好相反，不存在预备性的“意向心理学”，而是立即过渡到作为“现象”的世界。只是在还原之后才对意向性本身加以描述。

97　第一章：(1)自然态度部分：描述了在自然态度的意识中所呈现的种种现前物，§27—§29，而且将其表述为基本原则，§30。(2)首先按照笛卡尔的方法论怀疑主义，然后又按其自身为悬置下了定义。

98　(1)自然态度的根本意义不可能出现在还原之外，还原在使自然态度被悬置时即使其显示。正如芬克在其发表在《康德研究》上的文章里指出的，一切开始的说明都被批评为始终停留在正与超越行为有关系的平面上；囿于世界中的自然态度本身不可能在其完整的意义中自行显现。在此我们只可能发现一种“假的”说明，它“诉诸于一种将其克服的程序”，芬克上引文，第346—347页。接下去的分析已指出，自然态度比心理主义和自然主义更广泛，因为意向分析很大一部分——即《笛卡尔沉思录》称之为现象学心理学的一切（关于我思，意向性，反思，注意的诸理论）——仍然是在自然态度内部展开的。自然态度是一种基本限制，但其涉及面正像世界边缘域一样广大。本段已指出了作为意识相关项的世界，这个意识可以是注意的或非注意的，知觉的或思索的，理论的，情感的，价值学的或实践的。§28比较了这个笛卡尔我思的意识。

99　关于注意和非注意场，参见§35。

100　关于再现，参见前面第11页注1。关于在知觉、形象、记忆、记号之间的全部关系，参见§43—§44和§99。

101　关于现在的时间边缘域，参见§82和《内时间意识》一书。

102　关于醒觉概念，参见第53页和第63页。醒觉性是意识的生命本身，但存于世界中。醒觉和现实是同义的（§28开头）。

103　Sache（事物）与价值相对，正如Ding（物）与有生命物和人相对，参见第20页注4和第66—67页。

104　世界概念和自然态度扩大到"观念界域"。正是在这种意义上芬克可以主张：在《逻辑研究》意义上和在一般客体可能性条件的康德的和新批判学派的意义上，先天性研究仍然是在世界中的和受自然态度支配的；在上述引文中，第338页、第377页及其后。同样，我思的发现仍然属于自然态度，但正趋向于超过它。

105　关于自发性，参见第42页注1和第43页注2。

106　前反思的我思是仍被忽略的意向性。反思还不是还原，它只是分离出了意识"区域"，参见第48页注1。

107　"数的世界"一词并未重新引入任何柏拉图主义（参见第40页注1）。其目的在于，在自然态度意义上扩大世界概念和在自然态度中纳入一切以某种方式为我存在的东西，以及纳入由于其直观的现前而同时隐含着我之先验的和构成的主体的东西，而此主体本是在此现前本身中活动的。我之存于数中正如我之存于物中。这个问题部分地说明算术态度包括在自然态度中，并提醒人们，本身为永久性的事物世界被看作本身作为间断性的数世界的背景。

108　自然态度重新扩大为世界的主体间的设定一事在此几乎未论述过。世界的主体间现实很少在《观念1》中加以分析（§151）。《观念2》，特别是《笛卡尔沉思》研究了我之环境中他者的构成和研究了我与他者的主体间关系中的世界。

109　此处所论与意向性心理学有关，其任务在《笛卡尔沉思录》中将更详细地加以分析，第28—33页、第40—42页、第125—126页。

110　如果读者期待在本节中看到给自然态度下的一个彻底的定义，就会大失所望。它并未使我们能够回答最初步的问题:(a)为什么称作 Thesis 或 Position (Thesis = Setzung = Position)呢,这种态度在于发现一个存在着的世界在那儿,并把它当作它所呈现的那样,当作先前存在着那样?简言之,发现在那儿何以就等于设定?但准确地说,隐含在自然态度中的和还原将其显示为对先验自我构成能力之限制的信念,只能按还原来认识。同样正是在被运用于此限制上的还原把这种信念显示为设定,这个信念在自然态度平面上呈现为被发现者,呈现为纯粹接受性。(b)在 § 30 阶段,自然态度的"素朴性"似乎只可能符合 § 26 的"诸原则中的原则"和符合于一切哲学及其包含的一切批判性的悬置;现象学哲学不是一种批判理论或甚至是怀疑主义理论吗?只有当在无"自然态度的总设定"限制时发现了直观,即被构成物作为直观被发现时,这个问题才能加以回答。

111　(2)现象学悬置原则的可能性只在本章研究:在 § 31 中间接地,和按照笛卡尔怀疑主义论述在 § 32 中直接地和就其本身地加以论述。

112　现前的这一特性是世界的一般特性,或更准确地说,是其相关项:这是一个隐含的信念,它在"被主题化"后具有存在判断的和本义上信念的形式。

113　在《观念》中关于悬置概念的笛卡尔式研究方法是一个严重的误解根源。作者在这里十分当心地把方法论怀疑和悬置加以区别,并将悬置描述为可与确定性相容。然而第二章和第三章重又降到所发现的悬置水平以下(如在 § 34 开头时所说),这两章具有笛卡尔风格:为了分离出意识"区域",把它描述为不可怀疑的(参照 § 46 的标题:"内在知觉的不可怀疑性,超验知觉的可怀疑性");通过"世界消除",意识作为"剩余"出现,这是一种明显的笛卡尔式的步骤。同样,在《观念》中关于悬置的笛卡尔式的准备性研究比悬置概念本身的讨论占了更多的篇幅。参照《笛卡尔沉思录》中悬置的定义,第16—18 页、第 31—32 页、第 70—71 页。

114　对怀疑的分析属于本质心理学:这是一种意识"区域"的本质。这一分析将在 § 103 中严格意义上的现象学范围内重新进行。

115　在《逻辑研究》意义上的质料指判断中的"什么",同样的事物(或同样的事态)可被确认、欲望、安排等;反之,判断的性质(Qualität)与这样的事实有关,即此事物,此"质料"正是所确认物,所欲望物,所安排物等等。"第五研究”§20,第411—412页。这个问题在《观念》的§133中还要讨论。

116 胡塞尔的研究方法是:从比悬置法更为人们了解的怀疑方法论中抽取出本身即悬置的组成成分,它比怀疑更具原初性,因此怀疑增加了对确定性的排除;它是一种悬置而非否定的行为,是猜测,推测,怀疑的行为。信念的这些样态事实上是对基础或确定性的信念的变样(§103—§107);因此它们消除了确定信念,并且不为人的自由意志所左右。于是问题与信念的一种改变有关,信念的改变不是信念的一种样态,而是一个全然不同的方面。它不使用始终如一的确定性。这一特征显然还远远没有得到阐明,因为它还与它要超越的信念本身混合在一起。参见§112—§117。

117 这两个形象化比喻——加括弧与排除——还是属于世界的,因此是令人迷惑的。(1)被排除物不是存在的一个部分,甚至也不是世界全体的存在本身,而是其“设定”,即针对世界的行为(Verfahren)(此外,设定是体验);只是按照相关性原则我们才可以说,对应于此信念的现前的标志被悬置了;此外人们用简称语言论述对某某事物(自然世界,本质,逻辑等)的排除,§56—61。(2)更根本地说,“排除”表面上只有否定的特性。如果自然态度真的是一种限制,因此限制先验自我对本身隐藏了其构成能力,那么悬置的否定性方面就是一种临时性特征。但是现象学构成的运用本身就可显露自然态度和其悬置的意义。因此胡塞尔说悬置保持着它所排除的东西(第142页注2)。这一点始终含糊不清,只要似乎不是说保持即构成,排除即解除赋予意义之主体的根本给与性。遗憾的是,第二、三章的预备性分析在把意识“区域”呈现为一种删除行为的“剩余”时,倾向于按某种否定的意义来解释悬置。

118 所讨论的自由还不可能被理解:它所指的是先验自我的理论自由,后者影响着自然态度的排除本身,并同时实现着此先验自我的构成能力。

119 “采取设定”一词表示高级的行为,如决定、断定、否定、欣赏、憎恨等等。参见§115。

120 加予笛卡尔式怀疑中的悬置之上的非存在性假设,是以信念平面为基础的,稍后将研究它的关联关系:确定,怀疑,推测等等,§103以下。这个假设是一个“中性化的”信念,如“我们想象……”,它什么也未“断言”。§110。悬置可能识别不出确定性的这种“中性化”,相对于完全在世界设定之内的信念的一切样态来说，这正是一个绝对新的方面。如果我怀疑或提出一假设说它是以世界为基础的，而且当我假设时我并不相信。悬置以一种特殊方式悬置了可与直观的确定性相容的设定，后者不同于信念的“中性化”。

121　在这里，胡塞尔使我们看到在前现象学的“直观主义”和由还原和构成十分特殊地运用的“唯心主义”之间的重要联系。在此意义上悬置并未作用于直观，而是悬置了一个混入的特殊信念并使意识限于直观中。

122　参见第55页注2、注3和§110。

123　还原在什么意义上被限制在其普遍性中？如我们在第二、三章中将看到的，还原是超验性的还原，即一切不是意识的东西都是为意识而存在的。还原被限制在与意识相对的世界中。同时在这里它的意义被危险地改变了，它只是一种排除，目的在于显示作为“剩余”（§33开头）的意识，即作为本体论的“区域”（§33）。内在性的这种分离只是某种具有笛卡尔风格的教学式手段，以便使读者熟悉这样一种观念，即意识不在世界内，而是世界为意识而存在。这种逆转观点是此有限还原的结果，但它不过是在《观念》中仅只提了一下的彻底还原的准备。第四章目的仅在于将悬置法扩展到本质学。

124　对信念的这种非参与性取得了其全部意义，如果这种世界“设定”确实包含了一种异化，以及如果世界直观还是一种原初性盲点的话（如芬克所说），我们要求这个盲点为人存在，在世界中存在。

125　此处所论的是另一种悬置，即在§26中，在自然态度内部被论述的作为偏见的悬置。

126　第二章没有运用悬置法，但以这样一种方式描述了意识，读者准备根据这种描述去进行决定性的还原。但如果这一分析是在还原之前的（§33第57页注4、第59页注1，§79开头），它实际上受到一种先验意识的“预备说明”的影响（§33），并这样逐步地被提高到还原的水平。此外，《观念》的最重要分析处于一种现象学心理学和先验唯心主义的中途。这就是在§32所说的有限还原的意义。意向心理学和先验现象学的这一模糊关系说明了本章的进程：

（1）对由还原产生的先验意识的预备性说明，§33。

（2）对意识的前现象学的意向描述，§34—§38。

（3）“区域”意识本质学中心问题的设定：意识在什么意义上是一种不同

于世界现实的存在？§39。

两种类型的存在区别引起了超越性知觉和内在性知觉的对立，§40—§43。

(4)由本章引出了完全的结论：意识是绝对的、不可怀疑的存在；超验性存在是相对的和可疑的，§44—§46。

127 (1)一种对“剩余部分”的研究是一个临时性词组，并引起了对现象学方法的很多误解：它只强调了还原的减除作用；在此阶段上现象学是一种区域本质学，它是由排除自然区域来界定的，而意识就是未受此排除程序作用的区域。

第 二 章

128 关于作为本质单个体的个体和关于区域的问题，参见§15—§16。

129 意向心理学为基本现象学做了准备，指出存在有意识一类的东西。关于体验的主体轴和其作为相关项的对象，参见§60和§84。

130 自然态度不是自然主义，但其整个重心突然转向自然主义。正是对纯粹现象学的期待纠正了这种描述并使其成为对这一新学科的预备学科。

131 第57页注3和第58页注1的论证。

132 参见第57页注4。意识的区域本质学和先验现象学之间的连续性，至少在《观念》阶段上，使这段相当含混的内容难于理解。但如果意识应当是构成的话，它也应当不只是许多存在区域之一；参见第141页注2。

133 “先验的”这个词的意义将在§86和§97及其后加以说明；现象学——因此还有还原——是先验的，因为它在纯粹主体中构成了一切超越物。还原的否定意义在构成的肯定意义前被完全消除了。这个借取自康德的构想和表达在胡塞尔和批判哲学之间形成一种对比；但还不可能对两种先验性概念加以比较。

134 关于还原，参见第四章。

135 (2)意识的现象学描述的基本概念，§34—§38：注意，意向性，现实和“我”的非现实性，反思。(a)从方法观点看，§34，问题与在自然态度范围内和在本质平面上对意向性的描述有关。意向性首先是世界内的、前先验性的关系，一种“自然事实”；§39将论述存在的意识在什么意义上与存在的世界相融合，并受其局限。

136 参见§2—§3。

137 关于与本质有关的形象例示作用，参见§4。

138 关于我思的“我”，参见§80。

139 具体的不表示经验的(§15)；一种具体的本质是独立的本质，抽象的要素是依赖于它的；每一体验都是具体的，同样，体验的时间流也是具体的；关于“流”这个词，参见§81。

140 “客体的”，“客体”(在引号中)在科学和科学哲学的通常用法中是在非现象学的意义上被理解的：这就是由数学的——实验的知识所提出的客体，以与主体相对；参见第62页。Gegestand(对象)是知觉或表象的客体，例如它是连带其性质一同呈现的。客体(objekt)往往是在现象学意义上理解的(不带引号的)；它表示比表象的对象更广泛的意识相关项，并包括感觉和意欲的对象；参见第62页，特别是第66页注1。

141 参见§39和§43—§46。

142 胡塞尔把心理学中熟知的一种区分法纳入意向心理学(冯特：《视域和视点》)；(a)注意是意向性的实显的样式。冯特的区分涉及客体侧的变样，它以对极方式符合朝向或背向“我”的活动。(b)此外，胡塞尔将整个我思的注意概念一般化了。

143 参见第61页注3。

144 参见第11、49、50页。形象未使现在成为记忆，它是一种“中性的”变样，§111。

145 这个“特性”概念〔我们将说表象和再现的“特性”，但也说信念的特性(实在的，可能的，可疑的等等)，现实的和非现实的特性等等，§99以下〕相对于“意向对象的核心”取得其全部意义，§99。

146 参见§37、§84以下和§115。

147 意向性在注意之后说明，以便使其立即包括非实显的我思。

148 意向性在归纳之前被“体验”本质的审察所认识；它不表示我思思考和我思对象之间的一种偶然的联系；思想是关于……的思想，而对象是我思考的对象，以“论意向性体验及其‘内容’”为标题的“第五研究”(第343—508页)把cogitatio称作Aktcharacter(行为特性)，而把cogitatum称作Ak-

tinhalt(行为内容)。《观念》同样确认意向性的体验即为意识的定义。这是这个词可能具有的第三层意义:按第一层意义意识是同一体验流的统一体;按第二层意义它是在其"生动的自我"中被把握的自身体验的内在统觉。前两种意义在时间连续性中被联结起来,内知觉的明证基于直接过去在反思的现在中的持存上。按第三层意义,意识即全部意向性的体验。我们从前两层意义过渡到这第三层意义是通过这样一种直观完成的,即意识向自身显示的基本特性正是意向性("第五研究",§1—§8)。参见《笛卡尔沉思录》中的意向性定义,第28页。

149 这种说法已宣告了先验现象学的存在:自从意向性不再是物理事实和心理事实之间的一种外在联系,而是客体为意识所包含时起,就有可能在内在物内为超验物奠定基础了。

150 对非意向性的质料或质素的论述显示了我思思考本身分解为质料和形式,§41、§85、§97。形式本身就具有意向性特性。胡塞尔举出两个例子:一个引自知觉(连带其作为感觉材料的质料),另一个引自感觉现象(连带其作为感性材料 Sinnlichen daten 的质料)。德文词 reel 永远专指我思思考的这类组合体,而 data 这个词专指由意向性予以"活跃化的"这个质料。我们在以后将再次遇到这个困难的问题。

151 关于"目光"的这段研究在广义上被用作在意向性分析与反思分析间的过渡。事实上,目光包含一个将其射出的主体轴。在此意义上全部我思是为反思做准备的。本节的主题是意识现实向非知觉行为的扩展——因而在该词狭义上是非注意性的——,如欣赏,评价等;这是情感的和意志的范围内的行为。

152 关于客体,参见第61页注3。对象是知觉一类行为的对立面,因而是狭义上的注意(把握,注意某物)的对立面;客体是在其一切形式(事物和价值)上的意识的对立面,因而是广义的现实。但一切行为可以如下方式转换,即具有愉快性、价值性等等的知觉的对象过渡到第一个平面上。

153 关于表象的简单行为,参见第213页。

154 155 参见法译注释152。

156 关于"采取设定",参见第55页注1和§115。

157 关于"简单"行为和"有根基的"行为,参见§193。

158　价值,情感状态,器具性等等是"根基于"事物的,§116—§117;因此它们是以世界为根基的;价值不断地重新回到事物的可能性,使感情的和意志的目的"客观化"的可能性,我们均在自然态度中予以确证。

159　反思头一次引入了超验性与内在性之间的区别,它们被当作朝向他者和朝向自我的目光的两个方向。正是在这里,自然态度开始被超越:"现象学方法完全在反思行为中运动",第149页。然而现象学反思不是任意的某种反思(§51):这里所说的反思仍然是一种从现实全体中"抽象"出我们目光场的一部分的方式。

160　印象是绝对原初性行为,原体验与记忆、形象、移情作用相对,§78,第149页。关于移情作用,参见第8页注1。

161　这一内在性知觉的标准将为另一种特征所补充:超验性知觉按"侧显"方式发生,反思则否,§44—§46。在同一意识流中反思和其对象的具体统一体对于界定反思的绝对的和不可怀疑的特性是极其重要的。反思与其对象的统一体在§15的意义上是具体的:行为和对象是抽象的,即从属性的;参见第28页注3。它也被说成是"非中介化的",以与"形象的质料"使其中介化的超验性知觉相对,第77—78页。

162　Reel(真实的)〔不是real(实在的);关于实在的,参见第7页注4〕永远指我思的内在性组成物,即或者是质料包含在我思思考中(第65页注1),或者是我思思考包含在体验流中,如果在悬置之后超验物被"包含"在内在物中,那么它就作为异它物,作为非真实的体验因素被包括在其内,§97。因而真实的永远与意向的相对立。

163　因而体验的统一性在知觉情况下实现着一种真实的、非中介化的包括作用,和在对记忆的记忆的情况下实现着一种中介化的内在性关系。

164　关于反思问题与时间以及,更根本地,与"我"之构成的问题的联系,参见§81以下。

165　(3)可以提出这个预备性本质学的基本问题:意识和自然世界的关系是什么?§39。这个问题仍然是在自然态度内部,体验的例子是有关混杂在世界中的、(实在的)世界的事件。这一情况使我们难以分离出意识本质。如何分离出一个缠结于世界中的意识呢?§40以下通过对作为自然态度最终根源的知觉的研究回答了这个问题。

166　在世界中的意识统一体的这两个方面——按体现方式和按知觉方式——中，对胡塞尔来说，第二个方面是理解第一个方面的关键。如果本节的结论坚持人类组成物的统一性，那么与世界的组合是最显而易见的。《笛卡尔沉思录》重新提出了自己身体的问题，参见下面§53—§54。

167　在物质世界基础"上"的这种经验的有生命物和人的构成，将在《观念2》中加以研究。关于real(实在的)一词，参见第7页注4。

168　现实和意识的相异性和相互排除性的问题，与对象在特殊意义上被包含在意识的意向活动内并不矛盾。这个问题只有相对于这样的反思才被提出来，这种反思使意识显现为自己与自己的关系，显现为我思思维被包括在一独特心理流的"封闭的关联体"中；正是这种反思通过对比构成了作为"他者"、"疏异者"的世界和作为意识本身存在的"被排除物"的世界。此外，这种排除作用属于本质级次：我在世界意义和意识意义的两种不同存在"区域"中进行思考。同样，反思分离出一个"区域"，并引出在两个存在"区域"之间关系的新问题。自此之后就是知觉的分析，它为此问题提出了一个回答的原则。

169　参见第70页注3。

170　素朴性与科学认识相对。参见§40开头部分。

171　先决的批判问题：知觉未向我们揭示世界的现前，如果我们排除对感觉性质的主观主义的解释并且如果我们坚持其超验性的话；"素朴"知觉对科学认识的优先性是尊重事实的几个方面之一，§24。

172　从"客观的"一词中引申的意义，参见第61页注3。

173　记号理论将在§43、§53中再次加以讨论。性质的超验性是现实本身。被知觉物是自在物，§47。先验唯心主义从不是一种主观唯心主义。

174　关于符号，参见§43。关于复多体概念，参见《纯粹逻辑导论》，§69—§70。参见本书前面第17页注1；第18页注2。

175　关于所讨论的各种问题，参见§43、§52。

176　被知觉物的超验性在此是通过与将质素包括进我思思维的对比来描述的，正如在前面(§38)超验性是与将我思思维本身包括进体验流相对立的一样，因此作为我思思维的非意向性质料的这些侧显复合体(§36，第65页注1)，对于"排除"意识物具有一种重要意义(参见第70页注2)。关于真实的与超验的对立，参见第 65 页注 1；第 69 页注 1。

177 我们已把 Abschattung 译为 esquisse（侧显），它大致表示事物之片段性的和渐增性的显示。protil（侧面）、aspect（方面）、perspective（透视），touche（外貌）等也都适用，但它们没有相应的动词形式来表示 sich abschatten（s'esquisser）。质素，感官的和感觉的材料，各种知觉，呈现功能等等，对胡塞尔来说在严格意义上都是同义词，第 65 页注 1。一门严格的现象学学科——质素学（hyletique）与此问题有关，§ 85、§ 86、§ 97。

178 把握的功能是形式（Morphe），它是使质料“活跃化”的意向性要素，§ 85、§ 97：“在”它之“中”，“通过”它，意识意向着事物。质料“呈现着”具有同一名称的物要素：白色，尖锐性等等。我们可以把 Darstellung 译为 analogon（类比表现），但这个名词无动词形式；另外还须保留 représentation 来译 Vorstellung（表象）。

179 体验的质素要素和物的超验要素的二元性，最终是作为意识的存在和作为实在事物的存在相互排斥的基础的。

180 作为体验的存在和作为物的存在的区别——这一区别使其能在第三章提出二者之间的相对性——在此无任何宇宙论意义：照亚里士多德和中世纪本体论的意思去解释这一区别是无意义的，在那种本体论中认识是存在内部的一种关系。有两种直观样式，一种是内在性的，另一种是超验性的，它们相互对立并区分着彼此分别与之相关的两个区域。参见 § 38。

181 这种诸超验物的分级在 § 151 概要地讨论，在该节中说明了 Sehding（视物）一词，特别参照《观念 2》。

182 内在性这个标准是否定的；但在前面的论述中超越性标准才是否定性的：超验物并非真地包括在我思思考中或包括在体验流中。这两个标准是彼此严格相关的：借助它们，知觉显示为“可疑的”，而反思则显示为“不可怀疑的”，§ 43—§ 46。

183 上帝本身“按侧显方式”进行知觉，第 78、81、157 页。

184 诸侧显的这种协调性是同一化综合的基础，靠此基础事物显现为同一物，§ 41。正是这种协调性可暴露知觉的不可靠性：协调性有可能终止，因此世界有可能不存在，§ 46 和 § 49。§ 46、§ 49。

185 （4）第二章的暂时性结论：§ 44—§ 46。

(a)侧显知觉是不充分的,内在性知觉是充分的,§44。

(b)正是在不可比较的意义上,事物和体验是为被知觉的存在做准备的,§45。

(c)最后,特别是,超验性知觉的不充分性使其是可疑的;内在性知觉是不可疑的,§46。这类结论的笛卡尔基调十分显著(§46结尾);在此意义上笛卡尔式的怀疑可被称作悬置的一种辅助方法(第54页注1)。

186 (a)知觉的不充分性特别与各种侧显的呈现作用有关;笛卡尔式的怀疑基于梦境与现实之间可能的混淆;在前一节提出的形象与知觉的区分绝对地排除了这一混淆;胡塞尔提出了确定的、明证的直观的不充分性。这个分析也适用于"中止"判断的新动机,后者并未消除直观与想象之间的鸿沟。

187 这个用于表示侧显的新词为与体验之绝对性对立做了准备,§81。

188 注意理论,种种质料理论,现象学时间理论,在此结合了起来,参见§81。

189 参见第157页(a):上帝的观念在认识论上只有一种建立限界概念的标志作用。

190 参见第80页注3。§46把绝对性说明为其存在具必然性的东西,而相反的情况却不可能成立。§49补充说:它的存在不需要任何东西。在先验还原后它变为"先验的绝对性",§81。然而它还不是最终的绝对性,但"它自行构成并在一种确定的和真实的绝对性中有其根源",第163页。("绝对的"超验物上帝,像一切超越物一样将被还原,§58。)

191 以上所论,参见《观念2》。

192 这种接续的不完全性导致时间构成这个更根本的问题,§81。关于作为最初记忆的持存和作为再次记忆的复忆,参见《内时间意识现象学》。关于回忆和复忆(Wiedererinnerung)的区别,参见§77—§78。

193 此处提及再现只是为了摆脱在再现的诸明晰性区别(在诸再现之间的和与原初知觉之间的)和区分着内在性知觉的充分性和超越性知觉的不充分性的根本区别之间的混淆;此明晰性概念将在靠后的§66—§70中讨论。

194 物与体验的不同的可知觉性是知觉区别的一个必然结果:体验是为反思做准备的,反之,反思发现了体验,例如它已经是具有非反思的方式了

（这一属性足以答复对内省的经典性驳难，§77—§79）。对作为可知觉存在的事物来说，它一方面是在非注意场中；另一方面是在可能的经验领域中，后者延伸着一个尚未完结的侧显过程。同样，事物以一种加重其不充分性的特殊方式避开了知觉。

195　关于主体间关系内部的构成，参见“笛卡尔第五沉思录”和《观念2》。

196　可能的知觉在实显的和非实显的知觉场内的这种动机，可赋予可能的知觉观念以意义；此“实在的”可能性未假定自在物（参见§48），而且区别了物的可知觉性和体验的可知觉性，后者永远是为知觉做准备的。

197　(c)体验的不可怀疑的存在是这个本质心理学的结论。尽管在胡塞尔和笛卡尔之间存在有关于此证明上的区别（第80页注2），这一断言是笛卡尔式的。实际上，它始终在自然态度之内，即在存在设定的平面上（存在或现实存在）：意识是一不可怀疑的存在物。

198　“对于存在”的这种不可怀疑性意味着，这种确定性可在一真实的世界中被每一真实我的真实体验所发现。因此在这里本质明证与数学不同，它是被一种存在性证明所阐述的；在§2—§3的意义上，我思既容许有一种本质直观（例如这意味着，我思的本质包含着不可怀疑的内在的知觉），又容许有一种个别的直观（我思事实上，在此时此地，是不可怀疑的）；本质直观对所有人都同等真实，存在性直观只对我才是真实的。

199　关于世界不存在的可能性，不是关于知觉为一种梦境，为一种幻象的可能性，而是各种各样的侧显根本不统一，而且根本上不相互协调。物的诸侧显的协调性是偶然的。按笛卡尔观点看，这一说法是新颖的，而且不与意向性原则相矛盾，因为互不协调的正是诸意向体，而不是原初直观的原则，因为正是欠缺协调性的身体的出现，似乎是一种意义的空无。参见§49。

200　自我的这种现实性是在自然态度的意义上“被设定的”。第二章的分析也导致在§32、§33中陈述的有限的悬置：对我们确信生存于其中的世界的“设定”，由于意识的诸意向间的可能不协调性而不被信任；但对自我的“设定”被证实为对一种事实、一种存在物的“设定”：自我这个现实的特殊必然物，从此以后就成为排除了世界设定以后的“剩余”。

201　关于作为一种本质一般性之特殊化的这种必然物，参见§6：其典型就是将一种几何真理应用于一种自然现实。

202　我的体验存在必然性是一种特殊经验性法则的必然性，正像就自然的一切事实而言，此时此地的体验的事实是特殊性的一样。

203　关于分量、抵消、超过这些概念，参照§138。“充分性”被定义作排除了一切能从现实经验的消除或确证中产生的“分量级次”。

204　这一词语证实了本章的意图，即要分离出一个存在区域。此意图本身为已获得的结果加上一个“有限制的正当性”（德文版本章最后一个词）；实际上，它们不可能彼此一致，除非借助一个有限制的和甚至是有限的悬置，对此悬置来说，意识为一剩余而非一根源。

第　三　章

205　第三章完成了第二章中展开的论述，并使本质描述到达先验现象学的门坎。(1)意识不仅是不同于现实，而且它是绝对物，作为“意识相关物”的一切超验物都被归结于它；“消除世界”的假设是这最后一个步骤的刺激物，§47—§49。(2)将意识置入自然态度中的这种逆转，从此类似于在§32—§33中论述和发现的还原：结尾的描述是先验现象学的开始，§50—§51。(3)关于一切超验物均应予以阐明，如上章的超验性，物理物的超验性，作为心理物理组成物的人的超验性和心理意识的超验性，参见§51—§54。意识仍然是一个存在“区域”（第93页），但我们将立即知道，它是原区域（§76）。

206　(1)关于自然现实是相对于意识的，参见§46—§49。将前面提出的世界“偶然性”概念推至极端，我们就达到如下概念：事实秩序（它是科学所产生的，本身呈现于知觉中的）对以下诸事项的相对性：一种关联体，一种风格，一种结构，或如胡塞尔所说，一种内在于体验本身的动机，它调节着经验的不一致性或一致性。“在思想上”将此秩序“瓦解”为两个平面：科学的平面和知觉的平面。足堪与笛卡尔的狡猾天才相比的这一大胆假设，清楚说明了虚构的作用（§4）：通过无限的变异，想象寻求着一种本质不变项的抵制力：但是世界的事实秩序不是本质必然的；“经验意识观念”除了这一秩序和其他秩序之外还包含着秩序消灭的这种极端可能性。

207　想象中的世界消除是按两种时间进行的：他首先指出，作为科学真理之“动机”的是直观经验，参见§40、§52，然后指出，经验意识的本质在事物的意向性统一体瓦解后仍然存在。

208　最初我们说知觉规定了物的意义。§55将明确地说，知觉是一种“给与意义的”意识。在此前概念的水平上，意义是诸显现进程的意向性统一体：正是此复合体的秩序是偶然的和在思想上可消除的。在此给与性直观概念(第7页注6)得到了阐明。

209　“经验意识”的本质导致其活动只按连续的“侧显”方式进行。“非世界”将是诸侧显之间的混乱无序。“经验关联体”(die Erfahrungszusammenhänge)表示其方式是某种程度上秩序化的，它是“意义统一体”或物的动机化过程。我们的经验被称作更为“合法化的”，因为它是那些统一体的动机化过程。它是经验观念的一种偶然形式，并拥有一个物，即一个作为相关物的意义统一体的超验物。物的超验性是这样一种观念的特殊例子，这种观念完全不具有一个非世界夸张说法所显示的那种超验性。

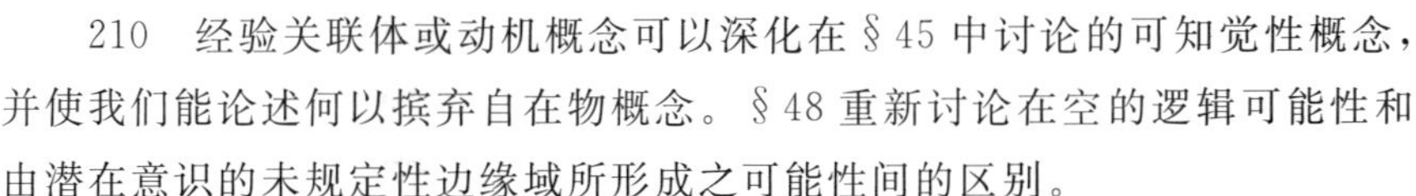

210　经验关联体或动机概念可以深化在§45中讨论的可知觉性概念，并使我们能论述何以摈弃自在物概念。§48重新讨论在空的逻辑可能性和由潜在意识的未规定性边缘域所形成之可能性间的区别。

211　自然态度的陷阱之一是把世界首先设定作非被知觉物。使非被知觉的存在消失于被知觉的存在边缘域中和使后者被包容在经验的种种相关样式中，这就是刺激意识去发挥其隐而未显的赐予性：它“给与意义”。

212　参见第88页注3。

213　参见§135、§151、§152。诸主体的一致性不以世界之自在存在为基础，但主体间共同体是一个共同世界的构成的媒介。(参见《观念2》，“第五沉思”。)

214　作为《观念》一书中最著名的节段之一的这一节，首先论述了§47：世界的消除并不是意向体的缺失，而是由于一切意向性真理的内部冲突所致，即被普遍化的“假象”。因此侧显的呈现性复合体是全部分析的关键：此复合体的“结构”决定着一切经验关联体；同样，世界的超验性秩序依附于体验的内在性秩序。胡塞尔由此得出了根本的结论：意识的存在无待于物，意识是在§44(第81页注3)和§46中所断定的绝对物。

215　在世界消失时，我仍将是意向性的意识，但所意向着的是混乱；在此意义上我将不再依存于物和一个世界；因此这个假设为了向我证明物和世界的缺失而免除了我自身的缺失。

216 在此对于“素朴的”直观主义的“所与”和对于先验意识的意义“给与”结合了起来。

217 世界消除的反证：意识复合体的进程改变着，一个世界出现着。

218 作为“区域”的意识只通过客体概念（或在客体意义上的存在概念）与现实“区域”协调一致，我们知道客体只是形式本体论诸范畴中的第一个（参见第11、29、40页）：在此意义上；客体是“可能真实的诸述谓过程的主体”（第21页）。

219 §52、§53。

220 这段论述的莱布尼茨根源在《笛卡尔沉思录》，特别在“第四沉思”中得到证实，§33。

意识的“完结的”特征并未消除意向性，而且完全排除了两个绝对物间的因果性外在关系。构成概念将其真正胡塞尔的意义给与莱布尼茨的这个公式：胡塞尔将说，世界在意识“内”被构成，尽管这种包括作用绝不是“真实的”而是“意向的”，此外参见第165页注3。

221 这一段已表明胡塞尔的唯心主义（§55）以及概括表示此唯心主义的一个等式系列：超验的存在＝意向的存在＝为意识的存在＝相对的存在＝显现复合体的偶然的（和观念上可消除的）统一体。

222 与现象学还原的比较：意识和现实之间关系的翻转使悬置作用得以成立。在什么意义上呢？理解世界是自然态度的相关项，即准备中止支持此态度的信念。在此意义上世界消除的假设是朝向悬置的一条途径：去想象非世界，这就使我们避免了现存的秩序的优先性。但悬置不只意味着现实从属于意识，它是向作为旁观者之“我”的过渡，这个我不再参与此信念；它把一种自由后退的姿态加予自然态度本身的理解之上，参见第94页注3。

223 这句重要的话标志了留下“剩余物”的还原朝向构成迈进的一个转折点，构成在自身“中”保持了它似乎“从”自身排除的东西。还原仍然是有限制的，它“分离出了意识”（第二章）；它在使现实与自身“相联系”后变成了不能辨识发现世界意义的先验构成。

224 动词vollziehen（实行）的重复出现表明了向先验现象学的过渡；正

是后者使自然态度显现为一种我们可随意不去采用的步骤。在那儿现存是我们的“陷入世界的生存”(hineinleben)的边缘域;但陷入……的生存即在对其不了解的情况下实行世界设定。悬置即消减自然态度的无知。由于我把自然态度看作实行,“我”就是不仅将其消减而且将其构成的绝对意识。

225　参见法译注释224。

226　参见第67页注4。

227　这一段重要的论述表明,把悬置当作分离出一种“剩余物”的最初解释,随后将被超越。

228　参见第93页注2。同样,意识最初是一种“剩余物”,随后又发现它是绝对存在的全体。

229　这一论述的意义只是否定性的:如果上帝的问题是神学的问题(为什么有此世界和此事实秩序?),此秩序的原则不是在“世界”的意义上是超验的,也不是在“体验”的意义上是内在的:它应当是一绝对物,以特殊方式显示在绝对意识中。§58将断然地关闭这扇半开的门。

230　§40的补充。我们只须证明被知觉物的超验性;现在应当相对于前者来明确考察物理物的超验性,并在内在性内证明超验性的构成原则。因此所论辩的已不再是性质的“主观性”,而是物理的实在论。本节阐明了世界消除这一虚构所提出的设定(第88页注1):即物理物是以感性经验的进程为动机过程的。因此我们在这里并未提出一种一般性的物理理论;问题只有关于对物理物的超验性存在的样式进行反思。

231　因此科学规定是较高层级意向性关联物,“根基于”“简单”知觉行为的关联物。

232　参见第78页注1;第81页注2;第157页胡注。

233　参见第66页。

234　我们记得意识按两种方式与世界混合:即按其身体和按照知觉,§39。第一种联系从属于第二种联系,因为意识正是在被知觉的世界中呈现为动物和人的意识的。“灵魂”是在世界之中的,靠其身体“被实现的”,这就是一种超验性。

235　参见“第五沉思”及前面§47第90页。

236　参见《观念2》。以身体为基础的灵魂的构成在该书中占据重要地位。在这里他只满足于指出，这种超验性未提出新的存在问题，因为身体是按侧显方式显现的，并指出灵魂和身体的统一仍然是“根基”于一个较低层次现实的超验性的例子。唯一新异之处是，此超验性即“变成为他者的”意识的内在性。因此§54把消除世界的假设应用于心理学意识，以证明它与纯粹意识的相对性。

237　在此提出了一个批评问题：如果个性是在超验性上被构成的心理学意识的一个要素，那么绝对意识在什么意义上仍然是一个自我？一个主体间性的问题在什么意义上存在于先验的水平上？这个问题是先验现象学最困难的问题之一。它将在§57中概略地加以讨论。在该节中胡塞尔承认了自我的诸变形，并提出了比《观念2》更为广泛的回答，参见第109页注1。

238　结尾一节强调先验态度的肯定性一面：还原是构成的反面：给与意义和构成严格说来是同义语。geben(给与)这个动词强调了绝对意识在直观本身中的活动性，而直观始终是直观(参见给与的直观这个词)：胡塞尔现象学的全部独创性正是“看”与“给与”的这种同一性。意义含义甚广(包括非合理的意义)：它是“被假定的”(第86页)，被确证的或被取消的统一体。关于构成的定义，参见《笛卡尔沉思录》第45—47页。

239　这是批判哲学的一般反驳，芬克在他的一篇长文中曾将反对意见加以综述：胡塞尔不断地将一种柏拉图的直观主义和一种不稳固的主观主义混合在一起，现实被联系到在内部经验内达到的心理学主体上(参见前引文，特别是第334—336页)。

240　Ursprung(始源)这个词已在《纯粹逻辑导论》中用过，§67，被用在洞见式证明的意义上(本质洞见，在充分的观念化作用中的本质直观再现，第244页)，也被用在《内时间意识现象学》中，第7—8页(§2)。这个词的意义在“第六研究”§44中被继续加以丰富化：存在概念的始源即证明概念意义的“给与性行为”(《逻辑研究》卷三第139—142页)。在《观念》中始源具有绝对基本的意义，它等同于构成；但按前引§122(第105页)，它主要强调构成自由的自发性。在《经验与判断》§5，§11，§12中，始源分析是一种生成分析，一种“逻辑系谱学”，后者使判断归于自我给与性的“起源形式”，即归与纯粹“经验”。

241　实际上他并未指出，先验“构成”本身是直观的对象。但困难正在于此，针对构成性活动的“看”反过来不应是被构成的吗？这一困难将不在《观念》中讨论，在本书中只讨论超验性构成的问题。既有原构成又有自我构成的问题（这些问题都与本书中仅只予以概述的时间问题有关）。较后时期的一些未刊手稿讨论了这些困难的问题。

第　四　章

242　一旦确立了现象学还原的可能性，我们就不再考虑在§33 结尾论述的还原的“程度”的问题。大致说来这个问题分布于两个平面上：

（1）神学的超验性和心理学自我的还原以特殊方式与自然阶段相联系，§56—58。

（2）本质还原构成了“初级还原的扩大”。

243　对纯粹自我的这些论述仍然是相当临时性的。他并未明说什么是纯粹自我，如果后者是在一种比超验物更根本的意义上被构成的话。他只肯定了两件事：

（1）它是不可还原的，

（a）作为穿越全部我思思考的“目光”，

（b）作为以第一人称修饰的体验流同一体。在“第五研究”§4（第一、二版）中胡塞尔否认存在有一个现象学自我！体验流统一性是一种与体验本身相关联的内在联系形式，“不是此外它还需要一种独特的，带有一切内容的，使它们全体再一次统一起来的自我原则。而且在此正如在其他场合一样，这样一种原则的功能是无法理解的”。再往后（§8）他批评那托普（纯粹自我与意识），后者把意识定义为“对我的关系”，并把“我”描述为意识内容的“参照中心”；胡塞尔在此时期认为，意识统一体，体验束不以“我”为前提。第三版则表现出了从仍未改变的保留下来的文段（第 354 页注 1；第 357 页注 1；第 359 页注 1；第 363 页注 1；第 376 页）的明显退缩。关于这一讨论参见古尔维奇的“一个非自我论的意识概念”，载于《哲学与现象学研究 I》，第 325—338 页，和萨特：“自我的超越”，载于《哲学研究》第六卷，第 85—123 页。参见“第四沉思”全篇。

244　如果自我不是一种体验的真实要素，自我就不在§41 的意义上是内在性的（参见第 73 页注 2）；因此胡塞尔称其为一种在内在性中的超越。

245　参见超验性构成的问题，这个问题只在《观念1》中讨论，并形成了"转向客体"的现象学，§80。

246　上帝的超验性像自我的超验性一样，是存于我思内在性之内部的（第96页注2），但它不与作为我思思考的自我超验性相一致；上帝的超验性是"通过中介"被表达的：

(a)当在意识内被构成的世界的事实秩序提出目的论问题之际；

(b)关于生命和人类历史的发展；

(c)通过宗教意识的动机。

247　(2)本质秩序的超验性提出了一种特别的技术性困难：如果现象学是一种关于意识区域的本质学，那么一切与形式本体论（§59）和实质本体论（§60）有关的东西都不可能被还原。

248　关于形式本体论，参见§8第18页注1。关于意义范畴，参见§10第22页注2。

249　参见§10。关于对象和形式本体论中的一般客体范畴，参见§10。

250　参见以下第299页、第307页。

251　这一问题将进一步讨论，§72—§75。

252　我们记得（第17页注1），按照《纯粹逻辑导论》，逻辑学第三项任务在于构成演绎系统可采取的形式理论，即关于"理论形式"的理论。

253　同样，现象学的纯粹描述的理想在形式本体论内部使用一种分裂法，并把纯粹描述当作唯一的一般客体科学。

254　悬置在实质本体论内部实现了第二个分裂；排除了与"被构成的"超验物相对应的诸本质；保留了与内在性体验相对应的诸本质。于是现象学是关于内在性本质的本质学，它是通过以下诸种还原获得的，即自然的还原和附加的超验物的还原，形式科学和自然所有的实质本质学的还原等等。

255　关于还原的限制，参见第56页注1。

256　在本质水平上的现象学还原似乎只有一种否定的意义；任何构成问题——至少在《观念1》中——似乎均未在"意义统一体"之外提出，这类统一体是通过侧显复合体而显现的，参见第117页注1。从理论上说，一切超验物都是在意识中"被表达"和"被构成"的。但《观念1》从未超出感性知觉的事例，后者，如人们所说，是自然态度的试金石，参见前面第70页。我们在

《观念 1》中遇到了构成问题的另一限制；参见前面第 105 页注 1，尤其是第 107 页注 2。因此还原的否定特性在《观念 1》中从未完全消失。§62 关于《观念 1》和《观念 2》之间的分界线问题提出了某些补充说明。

257　现象学态度是“困难的”；自然态度是“容易的”；这一点是不言而喻的；囿于世界设定之内对于继续生存是足够了。

258　参见第 115 页注 1。

259　参见“第五研究”中的判断理论。

260　关于 Wesenverhalte（本质事态）和其翻译，参见第 13 页注 2。

261　本节的康德风格正像第二、三章的笛卡尔风格一样使人困扰。批判哲学家对现象学的反对是基于这两种风格的对比之上的。一方面，现象学暂时被定义作一种“区域”的本质学；意识似乎是一种内在性的存在物，似乎是在删除超验存在物而获得的“剩余的”存在物；现在现象学作为一种对一切科学和哲学的批判被提出：意识似乎是一种 Geltendes——一种有效性的根源——，而不是存在的一部分。批判哲学家在此看到了独断论直观主义与未被充分理解的批判哲学间的一种不一致的混合物；第二、三章只是有关于将被超出的一种具有教学性质的途径；这一节如其说表示了现象学的本质，不如说表达了它对认识论的反击；胡塞尔赋予应用现象学以这一批判功能：正是在这一点上他与康德联系在一起。但第一条途径所朝向的，以及这一方法论的必然结论从其获得的那个中心，始终隐而未显。参见芬克上引文有关部分（尤其是第 374—379 页）。

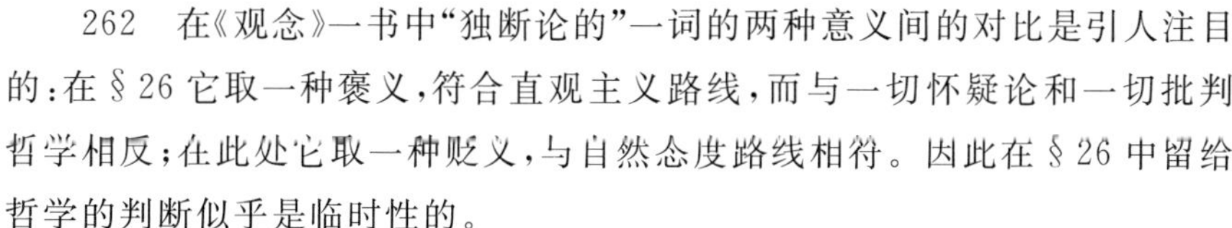

262　在《观念》一书中“独断论的”一词的两种意义间的对比是引人注目的：在§26 它取一种褒义，符合直观主义路线，而与一切怀疑论和一切批判哲学相反；在此处它取一种贬义，与自然态度路线相符。因此在§26 中留给哲学的判断似乎是临时性的。

263　这个重要的词证明现象学在其本质上不是一种“批判”，即一门有关其他科学的可能性的科学，而是一种有关绝对意识的严格科学。这是它与康德的若干区别中的主要区别。

264　这最后几行预示了《危机》时期的历史哲学。

265　《观念 3》实际存在，但尚未编好。（利科此注有误，参见舒曼导言中有关的解释。——中译者）

266　这个注解是对逻辑学部分的本质还原和严格现象学还原之间关系的唯一提示。他排除了一种不包括本质还原的现象学还原的可能,即一种经验性的先验现象学的可能。反之我们看到(§34),一种意识本质学无现象学还原也能成立,而且后者可作为前者的准备:正是本质现象学使自然本质和意识本质相关:特别是,消除世界的假设证明了这一本质关系,并表明超验性的本质绝不意味着意义统一体的必然性和在宇宙意义上的一个"世界"的必然性。

第三编　第一章

267　第三编特别在贯彻这样一种纯粹现象学,确切说,它在进行在现象学心理学和现象学哲学之间的过渡,如根据《形式的和先验的逻辑》所断言的那样。在这里核心问题是意向作用——意向对象结构的研究。应当看到现象学的运用步骤,它使精神习惯于把认识的多重特性重新看作构成性意向体的原初性方面。

268　第一章未对还原理论增加任何东西,它把科学类型的现象学描述为直观的和描述的科学:中心观念是,由于它所描述的本质的"不精确性",实现了一种与几何学不同的实质本质论。

269　现象学的矛盾:最困难的、与精神的天然倾向最为抵触的科学,应当有最明晰的原则;这种超越自身的要求含有种种"犹豫",§64—§65。

270　(1)在§64和§65中考察的两种犹豫是对称性的:如果心理学自我被排除了,从事现象学的现象学家不也被排除了吗?如果现象学被方法规律所支配,这种规律的研究不是也受它还不了解的规律所支配吗?胡塞尔像一切哲学家一样回答说,人们发现一种方法论首先按非反省的方式被运用,只是后来才通过对它本身方法的反省来运用。

271　一种直观科学的条件,§66—§70:(a)第一个条件:表达的忠实性,§66。由语言——不"包括"直观、歧义等等的表达——引起的困难,不断地缠绕着胡塞尔,就像曾经烦扰过柏克莱和柏格森一样;语言实际上保持着使自身有效的直观之外的知识;语言的这种尊严同时也是它的危险。此外,作为语言基础的规约受制于"歧义性"原则,后者改变着直观传递作用。

关于表达与思想的关系,参见《逻辑研究》第一卷(表达与意义);"第一研究”的第一章和第三章主要涉及此处提及的困难。表达的问题在这里甚至在意向作用——意向对象分析的范围内再加以讨论，下面 § 124— § 127。

272 在严格意义上，概念属于表达层次，参见后面第 258 页。

273 (b)直观科学的第二个条件：在涉及被知觉的或被想象的事例时的直观性阐明，§ 67— § 70。这个问题是根据事实与本质的区别及不可分性提出的(§ 2— § 4)。§ 67— § 68 说明了术语或消除了可预见的混乱。§ 69— § 70 包括了问题的基本部分，即本质的明晰性与说明本质的事例的明晰性之间的关系。

274 关于近与远的隐喻，笛卡尔主义者，特别是马勒布朗施(Malebranche)已提出过。胡塞尔开始将其用于讨论明晰性程度的概念：完全性的限制是在机体的所与物，甚至是第 7 页注 5 意义上的原初所与物。

275 参见 § 35、§ 45，在 § 92 中有更为系统的论述。

276 这一段使一种所与物的严格阐明区别于另一种程序，后者是由于将附带的表象添加到所与物上时所必需的。在这里阐明行为即在一种不严格的意义上使这些附加的表象直观化：即一种“引申”意义上的阐明。严格的阐明加强了已经直观地给与的因素的明晰性：即一种“强化”的阐明。

277 关于统握概念，参见第 172 页、第 203 页以下。

278 明晰性的真实概念的特征由于一段附加的评述而复杂化了，这一评述涉及晦暗物和明晰物的关系。在什么意义上晦暗物与明晰物有关？其方式与记号和所指者(第 78 页)的关系或与呈现的质素和事物的被呈现因素的关系不同(第 75 页)。

279 在此开始了有关不严格的、引申意义上的有关阐明的研究，参见第 127 页注 2。

280 § 69— § 70 发展了例示的策略，按照这种策略一种本质学可引起本质直观，将这种直观与一切其他直观区分，阐明这种直观，克服来自始终囿于不确定性的注意结构中的困难，等等。

281 参见后面 § 118。

282 正如他在 § 4 中在原则上提出的和有关消除世界的假设所具体说明的(§ 47— § 49)，想象是这种例示策略的主要武器。如几何学所说，想象以某种方式减弱了例示功能，并以其自由变异法揭示了本质的真正抵制力及其非偶然性。

283　这个大胆的词语实际上准备把本质与说明本质的虚构相混淆，对此他在§23中已做了回答。

284　(3)作为描述本质学的现象学，§70—§75。为了排除作为普遍科学的形式本体论，他假定了(§59)自己能中止演绎逻辑而不影响现象学。这种可能性在此获得了证明，并提出了与数学的系统比较。

285　一种理论类型被诸真理的联结样式所定义，《纯粹逻辑导论》§62。同样，纯粹逻辑的一个任务是形式"诸可能理论形式的理论"，§69。数学把复多性称作"可由那样一种形式理论支配的可能的知识领域"(§70)，因此实现了这类联结，并由这类公理所支配。纯粹演绎法适用于数学的理论形式，它所支配的复多性将被称作"限定的复多性"。因而胡塞尔在此企图严格定义几何学证明论思想，笛卡尔主义者则借此来衡量哲学。参见《形式的和先验的逻辑》，§31。在现象学和几何学之间的这种区别是使胡塞尔和笛卡尔相互对立的基本因素：笛卡尔没有预先怀疑哲学的几何学型式(《笛卡尔沉思录》第6—7页)。结果他以为从自我的确定性中导出了世界的确定性，而且他重新陷入了一种派生的实在论(同书，第20—21页和第133—134页)，也参见"后记"第5页。

286　关于"区域"，参见§12；关于具体和抽象，参见§15。

287　关于具有事实必然性的经验法则和纯粹先天的本质法则之间的区别，参见§6。

288　关于在这种意义上运用"存在"一词，参见第43页注3。

289　《纯粹逻辑导论》，§70(参见本书前面第133页注1)，《形式的与先验的逻辑》§31。

290　这是实现纯由形式的逻辑和本体论，即由在§16意义上的分析公理所支配的一种分析必然性的演绎(参见后面第136页开头处)。

291　参见§13。

292　§73—§75。现象学是：(1)一种类似于几何学的实质本质学。(2)一种区别于几何学的具体的和非抽象的科学；(3)这些抽象要素不适用于一个演绎结构，因为它们的本质是非精确的：因而这个特征意谓着，现象学进行描述而非进行演绎。非精确性概念是本章之关键。

293　关于复多性的原初意义，参见前面第 133 页注 1。

294　自然本质学用于对非精确科学和精确本质的对立的最初说明。这种对立可把精确本质描述为非精确本质的观念界限，并使观念化作用与简单抽象对立。（观念化一词的专门含义不同于一般本质直观的通常含义，§32），观念是自然界的非精确本质的程度限制。这是一种康德意义上的观念。将要进一步考虑的是，意识的非精确本质也是精确本质内的一种观念的限制。

295　关于作为表达的概念，参见第 124 页注 2。

296　“起源”一词——像前面“抽象”一词一样——是按生成心理学意义理解的：经验的排除。

297　参见第 138 页注 3。§23 论述道，“抽象”不产生本质而产生本质的意识。在这里问题与心理学的这种“抽象”，与向本质的这种过渡有关，因而它关系到一切非精确本质，不论它是具体的还是抽象的（在§15 中纯粹逻辑的专门意义上）。

298　有关§13 意义上的本质外延，参见第 27 页注 3。

299　单个本质（如想象等）的非精确性排除了按几何学方式演绎出它们来的可能性。但是这种非精确性在一般性的本质（一般想象、体验等）的水平上受到纠正：有可能在“无歧义的”概念中固定这些本质。由于没有一种精确科学，一门有关体验的“严格的”（在《逻格斯》中的那篇长文的意义上）科学是有可能成立的；有关严格性的肯定概念也纠正了有关非精确性的否定概念，后者至少在本质单个性水平上冒着有损一种体验科学的两个最初条件的危险：表达的无歧义性，§66 和直观的明晰性，§67—§70。在固定属的水平上，严格的现象学避免了一种无法表达的直观主义和一种物质论的或几何学式的唯智主义。

300　限界概念（例如圆圈）在某种意义上是按由自然提出的形态学概念（如圆形）被“构造的”。

301　实际上这是这样一种描述的可能性，这种描述是一种科学，它由于体验本质的“非精确性”而受到怀疑。关于具体、抽象、要素、部分等等，参见第 28 页注 3。关于单个性、种、属等等，参见§14—§15。

302　本质单个体只排除了经验个别性、“事实性”，§15。

303　否则单个本质的流动性将传递到属，而非精确性就将排除这些属的描述的严格性。

304　参见第138页注1。

第　二　章

305　第二章提出了在还原之前已经论述过的有关纯粹描述的重要课题：反思，“我”，意向性，质素等；但目的在于达到严格说来作为第三编中心的第三章中的意向对象概念。一种简单的本质心理学向一种真正先验的现象学的转折，在于理解在哪一种原初的意义上一切超验物都包含在排除了自我之后的先验自我中，后一自我在第二编中曾被看作简单的内在意识。因此问题与考察平面的逐渐改变有关，在此改变过程中首先被当作“诸区域”内的“区域”被分离出来的意识，成了原区域，即构成性的区域。由从意识的一种“分离”导向被意识“包括”的这种逆转，纠正了还原的最初的明显意义（参见第48页注1；第54页注1；第54页注5；第56页注1；第57页注4；第59页注2；第59页注3；第70页注2；第87页注3；第87页注4；第93页注2；第94页注2；第95页注2；第96页注1；第106页注1；第120页注1）。因此§76和§86对于解释还原是重要的。这两篇方法论文章中的分析可划分为三组：(1)反思，§77—§79；(2)纯粹自我和时间，§80—§83；(3)意向性，质料和形式，§83—§85。

306　因此第三章将被称作有关意向对象的分析。关于先验性与超验性，参见《笛卡尔沉思录》第22—23页（“非真实包容的超验性”）。

307　参见《观念2》。

308　现象学是在属的层次上进行的，理由如上述，第139页注3。

309　(1)第一个主题：反思（§77—§79）。这一主题既被用于在前现象学分析（§38、§45）和还原分析之间的过渡，又被用于在有关方法的讨论（§63、§76）和体验的直接研究之间的过渡：事实上，反思既是现象学的基本程序，又是体验的一个特征。问题在于通过批评讨论（§77）和直接直观（§78）来确定反思是体验的直接直观，如刚刚被体验到的那种直观。因此反思的本质涉及现象学时间的构成。

怀疑论似乎可能建立于现象学的最初结论上：如果体验首先是反思的，

意向的，朝向他者的，反思如何能达到这类体验呢？反思必然显示那种以非反思样式刚刚被体验到的体验。

310 《内时间意识的现象学分析》提出了关于现象学时间的最初分析，并首次与持存或“最初记忆”相对，后者仍参与直接直观，以及复忆或严格讲的记忆。在现在内“所保持的”体验还是一种体验的要素。反思即基于体验的这种“持存的”结构上，《内时间意识现象学》§11—§13 及附录 I(第 84—86 页)讨论持存问题；§14、§18 讨论复忆。同样，被反思的记忆或复忆基于前反思的记忆，基于将过去持存着的体验的性质：我把事物甚至知觉作“刚刚存在的”东西；同样，反思能落在其对象之后，并发现未经反思地“存在过的”体验。

311 在发现未被反思的意识时，如在反思前的意识，反思本身显露为未被反思的体验的“变样”：同样，反思终于本身相对于它所如实揭示的非反思而出现。因此我们将看到“变样”概念的重要性和种种形式，这个概念适合于有关注意、再现、理性运用等等的“诸变样”。(参见第 148 页注 1)。关于反思和原意识，参见《内时间意识的现象学》第 105—107 页。

312 因为反思是直观的，关于体验的研究和关于对体验反思的研究也可能是直观的：同样，现象学在其初步研究中自行质疑和自行证明。

313 “变样”概念的多重应用，在一种排除了演绎的学说中显示了一种有关相互联系和推导关系的原初程序(§71—§75)；但这种相互联系未引入一种生成过程，而是引入一种“系统的秩序”，如前面刚刚说过的。归纳本身是一种变样。

314 《内时间意识的现象学》§11 以下。

315 反思的真正现象学分析的进程在于系统地思考作为诸可能的变样之一的反思。关于“运作”概念(Vollzug 和 Operation 是同义词)。参照第 94—95 页和第 107 页。

316 直到目前为止，所说的原初物就是所与物，现前(第 7、36、126 页以下)“充实”着空的意义；现在原初性被暂时理解作现在的生动的特征。这个词的两种意义被称作现前和现在：所与物是现在的东西。第二种意义引起第三种意义：原初物从根本上说是意识运作的“原初”涌现。在这里我们看到几组词，每一组中的各词具有本质类似性：Erzeugung(产生)、Operation(运作)、

Vollzug(实行)、Ursprünglich(原初地)。现前的行为和现在的行为是真正"被运作的"和"原初的"行为;相对于一切变样而言,这就是印象,原体验。这最根本的第三种意义将在§122中加以讨论,在该节中意识的创造性和自发性将被确定,而且"意识的原初性"将等同于"涌现性的生产",等同于意识的"Fiat"(认可)。

317　关于纯"我"和其"穿越"体验的目光的同一性,参见上面第109页注1和下面§80、§92、§115,特别是§122。此外《笛卡尔沉思录》补充说,自我是习态的基底,§32。

318　有关持存的绝对有效性和复忆的相对有效性的这些命题,是有关反思的这三个论述部分的关键。

319　关于内省的讨论遍及一切反思课题:反思改变了体验和其对象吗?回答:

(1)有关反思重要性的一切否定,一切怀疑,其本身只被反思认识。

(2)这仍然是反思,但是一种无变样力的反思,这种反思使人们可以说最初的体验已经改变了。

(3)对反思的批评关涉到一种绝对反思的标准的问题。

在"第一研究"和本书§20中这种通过悖谬法进行讨论的方式是典型的胡塞尔方式。这是唯一容许一种非演绎性科学成立的方式:最后,问题在于返回直观。

320　关于意义,参见§55。

321　关于借助悖谬法进行讨论,参见第151页注2。

322　参见第77页注2;第78页注2;第81页注2。似乎不可能把这种限制性概念与几何学的限制性概念进行比较(第138页),问题也不在于(第141页注1)现象学的非精确性概念与限制概念进行比较的可能性。问题只在于限制着我们自由想象的本质上的限制。在这里上帝的观念是本质法则的非偶然性的标志。如果上帝是偶然性秩序的原则(§58),他就不是本质性秩序的原则,他不是像笛卡尔所说的那种永恒真理的创造者。

323　关于经验科学与本质科学的关系,参见§7—§8。

324　关于作为相对于存在的可能性的本质,参见§135(第280页)和§140。

325 与自我的关系和时间性，§80—§83。自我的问题在还原之后以相当简略的方式被再次提出。重新提到已确认的几点（§35、§37、§53、§57）；提出了两个新的问题：纯“我”的描述可能吗？对“我”的反思和构成问题有何关系？但自我的问题特别由于时间问题而具有了新的特点。

326 对第一个问题的回答：自我未被还原，但它成为一研究对象；如马勒布朗施和柏克莱所说，不存在灵魂观念；自我只被包含在作为行为方式的全部描述中。问题不在于“什么”，而在于“如何”。

327 在此提出的第二个问题未加以讨论：如果在《观念》中处理的构成问题与在体验中显示的超验物有关——因而是体验的表面对象——，是否存在着一个自我构成的问题——即体验的表面主体构成的问题？如果人们认为自我是一种原初的超验物，那么现象学触及这个问题就是自然的了，参见第162页注2。但时间问题（§81—§83）和质素问题——而且一般而言体验之内在结构的问题（§85）——可被看作“转向自我”的这种现象学的基准（参见下面第163页注2；第165页注3）。时间事实上是内在流联结体，它被描述为“诸侧显”之流（§41）：因此质素和时间性与此内在结构的诸关联性方面有关。

328 关于现象学时间和“客观的”、宇宙的时间（在第63页注3的意义上）的关系，参见《内时间意识现象学》§1，第3—8页。

329 参见§53。

330 参见§41，在感性材料（质素）和对象相应要素之间的“呈现”(Darstellung)关系。是否说，宇宙时间以一种在一切方面都与性质或空间的方式相等同的方式，在现象学时间内被“呈现”？以下的回答是否定的，未深入进行时间构成比较法。

331 有关超验物构成的问题只是在此处才加以讨论，参见第161页注2。超验物还原或有限制的还原（§32）只可能导致一种构成问题的“封闭”领域。自我的原构成——在某种意义上这是一种自构成——是一批重要未刊稿的研究对象。正如以后要讨论的，如果有一个时间意识之“谜”，正因为它触及了自我本身的这种原构成。由海德格尔编辑成书的《内时间意识现象学》一书原稿撰写时间甚早（1903—1905年），这可证明这一困难在先验现象学诞生之际已被认识。“第四沉思”指出，自我的时间性能够使我们过渡到一种自我"生成"的观点:"自我在一种历史统一性中以某种方式为自身而自行构成"(该书第64页);此"生成"是被动的或主动的(第65—70页),并存在于时间流内诸体验的"共存可能性"上。

332 属于独一流即属于独一我,属于"纯我"(§82);纯我和时间问题的深刻同一性仍将出现在第165页。关于"时间的构成性内向性",参见《内时间意识现象学》§36。

333 此构成是作为时间性形式的自我的同一个构成。其形式是本质直观的对象,而不只是像在康德那里一样是一种由回溯式分析达到的可能性条件。一个无限连续体的直观类型将在§83中加以考察。

334 关于作为"印象"或"原初性"的"现在",参见第149页注2。

335 正如构成的表达一样,意向性的表达也以超验性关系扩展到主体间的关系,即扩展到将一个体验与另一个体验,一个持存与另一个持存联系起来的时间形式上。

336 比较时间"边缘域"观念和注意"边缘域"或潜在背景的观念。这是同一个有时被当作"非实显的",有时被当作过去的"边缘域";原初性也有数义(第149页注2)。应该再加上"现在"的一切原初性边缘域。

337 在此 Erfüllung(充实)像在康德那里一样,意味着不存在无自行流动着的体验的时间形式。但是这个意义最终与直观给与此抽象要素的意义相关,因为一切充实着时间的过去的体验也可充实意向着它的意图,即以内在性方式被知觉,§78最后。

338 参见第161页注1;第163页注2。

339 参见第164页注3。

340 "封闭的"("完结"的)一词已被用来指在其对自身关系中被看待的自足性。

341 参见第163页注2。

342 问题:我们怎能有对一个未在现在中呈现的全体的直观?而这个全体是具体我(第61页)。直观应该指在康德意义上的一个观念;即这个全体是反思的一个任务,在沿无尽长流移动的目光的一个任务。因此,非注意场和时间边缘域是相互含蕴的。

343 "观念"(Idee)概念的三种不同用法:几何学的限制性本质(第138

页注 1)、神的限制性概念(第 157 页注 1),和体验流的统一体全体。

344 (3)意向性:质料与形式,§84—§86。这是转向对象,转向超越物构成的现象学中心主题。是否有什么关于一般意向性研究(§36),关于它的现实的和潜在的方式的研究(§35、§37)所未曾告诉我们的东西要去发现吗?仍然存在着关于结构的全部问题,此即全部种的"诸变样"和简单的及有根基的行为的"诸层次"的等级系统。正如在§86所说的那样,这正是构成性问题最值得注意的方面。

345 关于被实行的、被进行的体验等等,参见§115。因此意向性包含了理论的、感情的、意志的等等体验,以及实显的和非实显的体验。回想一下:这个"近"的隐喻已被用于明晰度,§67;他在笛卡尔和马勒布朗施之后说,明晰性是相对于我们的注意的。

346 质素研究属于意识中的对象构成,因为意向性使其活跃化了。"质素学"与"意向作用学"的关系类似于质料与形式的关系。但是在一更深的意义上,质素触及了时间构成和自我原构成(参见第 163 页):这就是"侧显流",它赋予一个对象的被意向者以其内在性绵延。芬克指出,如果不达到质素的构成(因而即时间的和纯我的构成),事物本身的构成不可能取得其根本的,即进行创造的意义。§85 开头表明,由于未曾下降至构成体验的全部时间性的最终意识之晦暗深处,《观念》的分析将始终是相对于超验意向性的。同样的限制参见第 172 页,最后一段。

347 意义的给与是有关形态的事实,参见第 174 页。按§55,"意义"只局限于物之意向统一体:此词的含义扩及意向性的一切层级上。在第四编中它具有和"与对象的关系"对立的确定意义,§129—§131。

348 参见第 171 页注 1。

349 关于布伦塔诺的论题及其缺欠,参见"第五研究",§9—§11。胡塞尔引用了从布伦塔诺的《心理学》一书中摘出的这一段(第一卷第 115 页):"一切心理现象都具有中世纪经院学者称其为在意向上(或心上)内存在客体的东西的特征,而且具有我们不无遗憾地并未摆脱歧义的词称作对一种内容的关系,称作朝向一种客体(未用此指一种现实)或内在性客体方向的东西的特征。一切心理现象都在自身内包含着某种作为客体的东西,尽管方式互不相同。"胡塞尔指责这些用语暗示着在心理现象和物理现象之间实在关系的存在，以及对意识的一种内部关系的存在。他尖锐地批评布伦塔诺把内在性与意向包容性相混淆；从根本上说，体验不是一种包容着另一种现象的现象。关于胡塞尔与布伦塔诺的关系，参见《后记》第16—20页。胡塞尔在1931年承认特殊自我性问题在《观念1》中尚未加以讨论，第19页。同时参见“胡塞尔与布伦塔诺的意向性”，收进兰德格里伯的文章“胡塞尔的现象学及其改造的动机”，载于《国际哲学杂志》，1939年1月15日，第280—289页。

350 关于“灵魂”、“状态”，参见上面有关心理意识的论述，如它是根据世界的、超验的我在世界中被构成的，§35。

351 结论：功能的问题。§86，本节更系统地扩展了本章§76的内容，并明确纠正了还原的否定性外观(参见第141页注2)。施通普夫的“功能”一词的起源在本节末尾处说明；它表示客体为意识所构成。客体的构成是一种创造吗？在《观念》中它只关系到体验的意向作用因素并假定着将被活跃化的质料。因此它独一无二地指在一种意义统一体中的杂多的综合。我们在§47、§49中已对消除世界的假设给与正面的反驳。因此客体构成问题的限制在这种质料概念之内和在其协和性之内。但这种限制从第163页和第171页上神秘地提示过的这一根本源泉开始，确切地说，涉及更深刻的自我和时间的构成。因此世界的“意义”构成还未显示世界的根本起源，芬克认为，先验现象学的最终任务正在于此。

352 参见作为第四编研究对象的理性问题。

353 参见对有关形式和质料的(构成性的)和有关“简单”设定和“有根基的”设定的两种分析类型。

354 现象学是一种目的论，一种关于功能的科学，在此意义上它使部分的问题从属于被构成的“意义”全体，并从属于意识流全体。质料学对客体构成问题的从属性反映了部分对全体的从属性。

355 构成行为的同义语：由一种意义统一体聚集起来的多重侧面的诸全体由体验规定。这个词强调了胡塞尔唯心论所运用的逆推法。

356 参见第四编。

357 在《观念》一书中只是部分地实现了这个纲领；严格说来是在《形式的和先验的逻辑》和《经验和判断》中发现其应用的。然而意向对象概念朝向这样一些根本问题：它符合这样的要求，即在某些意识关联体的本质本身内探求意识的一切可能的和实在的相关项构成规则。

358　参见第171页注1。

第　三　章

359　第三章的“在现象学的门坎上”(第180页)指出了朝向客体构成的决定性步骤。问题是对对象本身进行反思,发现它为体验的一个“组成成分”(第180页)。我们将理解在主体内不只有主体:不只有我思思考或意向作用;还有作为被意向物的对象本身,我思对象,因为它是纯粹为主体存在的,即相关于主体体验流而被构成的。“转向客体”的现象学(第161页)就是:它“在主体内”反思客体。意向对象一词指,客体应改换名称;它的现象学“教名”令人想起了以某种方式包容着它的努斯。

(1)意向对象概念,作为体验的原初组成成分首先以一般方式引入(§87—§88)。

(2)知觉的特殊例子导致意向对象概念的第一外延:除了与客体的存在或不存在无关的“意义”之外,它包括由世界存在“设定”而来的现实标志本身;同样,存在(作为被设定者)被排除了,但是对存在的信念(作为设定)被纳入意向对象,§89—§90。把意向对象的第一外延扩展到非现实性、再生产性的其他标志,§91。

(3)第二外延:在意向对象中包括了“显现样式”,它对应于注意的变异,§92。

(4)第三外延:作为判断的复合体验,感情的和意志的运作,但以更为综合的形式提供了意向作用—意向对象的同一结构,§93—§96。

360　(1)一般意向对象概念:“意义”,§87—§88。对客体进行反思并非易事:必须征服某种“现象学的素朴性”,如在《形式的与先验的逻辑》中所说的那样,这种素朴性在于,根据意向性观念的名义提出与意识本身异质的,种种不同的(逻辑的、伦理的等等)本体论。先验态度习惯于使意向性与构成,而不只是与先天性相联系。

361　胡塞尔本人的意向性概念首先用于使先天性不致陷入主观主义;需要一种真正的转换以便使先天性依附于最初未曾注意的较高主体之上,而且为了能够洞见到,意向性即将相关项“非实在地”包容进意识中去的一种作用。

362 意向对象概念由体验组合体概念所引入。同样,从意识和现实的对立(§33—§46)过渡到它们的相互关联性(§47—§55),继而过渡到现实被包容进意识。但质素的"实在地"被包容进体验,永远被用来与意向对象的"意向地"被包容进体验相对比,并防止先验论重陷主观唯心主义。

363 质素和对象的同类异义性(参见§41末尾)变成了一种"对应性",一种诸要素的"相互关联性"。它证明了从两侧应用同一些词的正当性:如Gehalt(内容),Mannigfaltigkeit(复合体),Data(材料)。

364 Sinn一词的严格意义将出现在§99,尤其是§129—§133(参见第172页和第174页)。在与《观念》处于同一水平上的"第五研究"和"第六研究"中,他仍然使用了意向内容(Inhalt)一词(《第五研究》§16以下)来表示:(a)在不同的意向中被意向的对象(同样,我可依次把同一个人指作德国皇帝,腓特烈第三之子等等),《观念1》第四编将其正式称作对象,复合体,意向对象的同一性的x;(b)体验的"质料"即区分一个被意向物与另一个被意向物的"意义",意向的"什么"(§20);(c)最后将"性质"(或信念的特性)加予"质料"(或意义)的意向的或意义的本质。"第六研究"(§25—§29)增加了一个新的方面:充实性(Fülle)方面。充满于一个对象的现前性未对意义、对质料增加任何东西,但赋予它以生命和物体性。因而存在有"意义的"和"直观的"内容。充实性的这种区别"是一种不可还原的现象学区别"(§26)。于是他把在其意义或质料中,在其信念或性质类别中,在其充实度中考虑的内容整体称作"认知本质"。因此同一认知本质的两个行为从一切角度说都是同一的,而同一意向本质的两个行为彼此的充实性不同时可以完全"相符"(§28)。

365 "内在性的"一词的这种大胆用法用于表示超验性的意向性包容作用(也参见前面第183页),这使人注意到,世界未失去任何属性,虽然它不再是在现实中被设定的世界,而是在意识中的诸如纯粹被知觉、被欲念、被判断的世界。

366 (2)意向对象一词的第一外延,§89—§91。首先重新回到意向对象和有关知觉的限制性例子的意义等词,§89(他在本节末尾说,意向对象的特别"内在性"使我们可以谈论一种对作为主体要素的对象的反思)。随后他断定，在排除了世界“设定”之后保留下来的现实特性以什么方式被并入意向对象，§ 90。

367 关于意向对象和意义给与，参见 § 85。

368 关于比意义内涵更多的完全意向对象的这段插叙，预告了第四章，这一章将专门讨论加予意义之上的其他意向对象特性：信念，句法形式，表达等等特性。

369 在这里从前一节中断之处继续进行分析。困难在于：如果“意义”无关于对象的存在或不存在，它难道不是现实的一个心灵摹写吗？为了清楚地明了意向对象的特殊内在性，应当理解，曾经被悬置的现实设定被看成信念要素；从此现实特性本身就参与了意向对象并被加到“意义”之上。当我们相信事物存在着时，我们信念的相关项就是这些意向对象要素之一，它有助于达到前面表明的和第四章将研究的完全意向对象。同样，在“意义”和知觉的“现实特性”之间的区别，仍然始终包括在广义意向对象的内部。

370 讨论以悖谬法的反驳开始，永远应诉诸“现象学情境”的简单直观。三个论点：(a)反对意见假定，人们把“意义”当作体验的实在组成成分，当作质素；于是它被从现实切离出来；(b)另外，如果把它解释为心理现实，现实就被一分为二了；(c)按照已批评过的解释，不再使“意义”联系于“现实”，有如一幅画或一个记号那样，§ 43。

371 还原的这个否定方面在第二编中已研究过。现在问题在于指出，意向对象保持着本身在自然信念中被忽略的“现实特性”。在此意义上，确实，还原显示了作为信念的信念，并且事实上第一次显示了现象学对象。参见芬克上引书，第 348—354 页。

372 我们可以概括地说：如果作为在知觉中自然“设定”的现象学剩余的现实特性属于被知觉物的完全意向对象，那么非现实的特性或再现的现实特性也属于被想象物、被记忆物等等的完全意向对象；完全意向对象按行为类别的不同而彼此有别，即使“意义核”(这是一个树型结构)始终同一。

373 从此以后 Gegenstand schlechthin(对象本身)表示一个知觉，一个记忆等等的同一性“意义”(树型结构)，而 Objeckt(客体)表示完全的相关项。

374 (3)意向对象概念的第二外延：注意的变样，§ 92。迄今为止只从我思现实性的而非以对象显现方式的观点谈过注意。完全的意向对象包括这些意向作用变样的相关性显现变异；问题是变异的特性不改变意义；然而困难在于理解对象的（被注意的、未被注意的、被阐明的、突出的等等）注意特性如何能始终不是同一核上的异他者。

375　所排除的假设是：我们能认为意向对象包含着那种"对一正常注意所显现的意义"。他已将一个注意样式包含入意向对象中，但这种经常性的样式排除了注意的诸变异，后者应以某种方式被纳入意向作用—意向对象的结构之中。这个解决是在回到意向作用观点中完成的：采取设定的行为（参见第 169 页和 § 115）指出注意能够在某些行为内部坚持到何种程度；因而对象以相关性方式从一部分转向另一部分；但我们知道这个我借以在其行为中看的方式与这些行为的"怎样"而非"什么"有关。相应的意向对象的变异也是一样：注意在对象显现的"怎样"中影响对象。

376　参见 § 57、§ 80。

377　参见 § 122。我们已说过，纯粹自我不是现象学的一个对象；它只是它本身投入其行为的"怎样"（第 160 页注 1）；他把它称作"体验方式的纯主体物"（同上）。在胡塞尔此处引用的《逻辑研究》的段落中，注意代表着意识的自由，它在一复合的行为中有时在表达的层次上，有时在意义层次上，有时在行为中，有时在其对象中"生存"着（"第五研究" § 19，第 405、411 页。）

378　（4）意向对象概念的第三外延：复合意向体，§ 93：（a）判断，§ 99；（b）感情的和实践的运作，§ 95。

379　针对判断（进行判断）的"设定"本身的还原使判断的意向对象显现：全部命题。相反，《逻辑研究》的目的在于避免主观主义和排除有关心理体验的命题。主观主义从此被完全超越，以便能够强调被判断者为判断行为所固有，并将逻辑包括在现象学之中。

380　关于命题逻辑，参见第 22 页注 2。

381　参见 § 124— § 127。相反，《逻辑研究》从表达出发，由此再指出意义，以后是"充实着意义的直观"。在此重心是知觉理论，由知觉理论指出判断和表达。

382　我们说过，完成了被判断者的"什么"的这个"怎样"，表明了信念、注意方式等等的特性。

383　像知觉（ § 90）一样，再次将信念作为研究对象引入，参见第 185 页注 3。

384 关于这些词语,参见第 182 页注 2 的译注。

385 这种判断的形式意向作用学在判断的意向作用研究内被划分,正如判断的意义核在完全的意向对象内被划分一样,以便构成应用于述谓意义的形式逻辑主题。胡塞尔在此提到的鲍尔扎诺与莱布尼茨并列被称为"一切时代最伟大的逻辑学家之一",《纯粹逻辑导论》,第 225 页。然而胡塞尔说过,他欠缺一种"复多性理论"以包括全体"普遍科学"领域(同上)。

386 逻辑学家研究的意义核心是意向对象的一个抽象要素。同样,现象学在如下双重意义上包括着逻辑学,即逻辑命题是意向对象的一个抽象要素,以及逻辑命题被意向地包括在判断的意向作用中。

387 关于这些信念的样态,参见§103 以下。

388 胡塞尔概述了《观念》的两项创新:"意义"(或内容)既与意向作用有别,又与意向对象的其他特性有别。

389 较高层次体验的第二个例子概述了理论意识的一个缺口。在这里提出了胡塞尔的唯智主义的问题。情感的、价值学的、意志的、实践的行为是"根基于"知觉、广义表象、事物判断之上的:但反过来,感情的特性,价值等等构成了意向对象的和意向作用的原初层次。《观念》不关心这个原初的层次;它只是按自身目的证实了意向对象—意向作用结构的普遍性和还原与构成问题的统一性。

390 对在每次成功分析之后不致重陷"一切都是自然的"观点的关心,颇为引人注目;字词的一种自然倾向是,使我们远离纯粹直观;现象学是一种战斗冒险:我们刚刚开始,一切十分困难。G. 贝尔格尔(Berger)着重指出了这种先驱者的语调和贯彻在胡塞尔整个作品中的这种既有勇气又有疑虑的态度。

第 四 章

391 第四章包含着在第三章问题领域中的现象学运用。

(1)进一步发展了质素与意向对象的对比,§97,而且意向对象被包括在所论述的意向作用之内,§98。

(2)主要的分析针对着一系列"特性",这些附属于"意义"的特性决定着完全的意向对象:第一个系列与种种“再现”和它们的被组合形式的关联有关,§99—§101。

(3)第二个特性系列由于回到世界设定的问题也就最为重要,并涉及信念样式,§101—§115。他首先提出原信念或确定性的一切推论之间的关联,然后使它们与中性变样全面对立。当他理解了一切变样以及理解了设定意识和中性意识的普遍对立之后,设定的意识概念在其全部外延上被把握了。

(4)他把最后几个结论扩展至:(a)“根基于”简单表象的体验,而且把有价值的、愉快的等特性加诸存正的特性之上;(b)表象和感情的或实践的设定之间的综合,§115—§124。

(5)最后,意向作用和意向对象的平行关系在表达层次上被探讨,这是“逻各斯”层,所陈述的意义层,§124—§127。

392 (1)胡塞尔强调质素的和意向作用的成分与意向对象的成分的对立,这一认识在此有了新的动机。在§85和§88中问题涉及抵制主观唯心主义的可能的错误,后者认为世界存于意识之中。在这里主要观念具有另一种性质:全部客体显现或消失,均按质素要素的结构和进程以这种或那种方式显现。这就是消除世界的假设之意义所在。同样,两种观念相互平衡:客体不像质素那样包含在意向作用之中;质素以某种方式支配着对象,虽然意向作用“构成”着对象,但意向作用“通过”质素来构成对象,质素的改变支配着对象的显现。质素的这种作用导致这个多次被触及的观念:作为时间性和作为质素的自我构成,比经验“内”的客体构成更根本。

393 分析在两个轴间摇摆:意向对象未被包括在作为质素的意向作用之内:一开始就区分着超验性和内在性的这种异质性是不可克服的;另一方面,质素是对象构成的基础:质素的变化支配着显相的变化。这个双重关系达到了一种在意向作用本质和意向对象本质间的必然的相关关系;换言之,该被意向者含蕴着那个客体,而该客体含蕴着那个意向着它的意向作用。本节末尾引出了这个在§98中论述的观念。

394 重新采取柏克莱的公式符合于这样的观念,即对象是被包容在体验中的,但所谓柏克莱的意义却被拒绝了,如果最终esse(存在)“实在地”被包括在percipere(被知觉者)中的话。因此有两种艾多斯:意象对象艾多斯和意向作用艾多斯，在二者之间有一种依属关系的改变。因此有可能比较它们中间的意向对象（意向对象形态学），并在两种形态学之间建立了一种平行关系。本章的基本内容正是讲这一平行关系的。

395 在意向对象和意向作用之间的相关关系不是类似性关系：一侧是质素复合体，另一侧是一种意向对象统一体。但这一十分简单的对立关系反过来却被意向对象复合体的引入所超出（第 207 页末尾）。

396 在意向作用结构和意向对象结构之间的类似性（“反映关系”）观念在严格意义上被摆脱以后（第 206 页），又重新以一种被“显现样式”的侧面所削减的形式出现。这就是我们发现的附属于“意义”的特性，此意义适合于意向作用和意向对象的平行关系。

397 (2)完全意向作用和完全意向对象的平行关系的第一个方向，涉及在知觉中和在一系列知觉通过适当的变样产生的简单表象中的同一“意义”（树型结构）的所与样式，§99—§101。此分析开始于§91，仅限于概括“所与方式”的概念。在这里目的在于更准确地区分变样的“系列”，人们按此从知觉中给与的“原初”样式过渡到另一种给与样式。(a)首先检查简单“系列”：复现、想象、记号，§99；(b)然后是复合层级系列：记忆“中”的记忆等，§100—§101；(c)然后概括“特性”和“变样”概念，并准备考察特性说明的其他“方面”，其中最重要的与信念样态有关。中心观念是，所有这些变样都影响意义对象本身，都属于对象的显现方式，都是原初意向作用变样的相关项。

398 关于“对象和客体”，参见第 189 页注 1。Vorstellung（表象）分为 Gegenwärtigung（在知觉内原初的呈现）和 Vergegenwärtigung（“在”图像、记忆、记号上的再现）。记忆是最简单的再现：它简单地“复制”了被知觉对象。图像和记号比较复杂。它们只在中性变样之后才被确实理解，§111。于是将提出更完全的再现定义，参见第 225 页注 1。

399 有关形象的较好的评述应参见萨特的《想象论》。图像的性质本身（如挂在墙上的画）只有当引入了中性化变样后才能被理解。绘画不是真地被知觉的：这是一种以我避免对其设定的方式予以变样的知觉物（§111）。但由绘画所意向的想象客体对他来说也是由中性化产生的，不过这是一种记忆的中性化：这是一个未被设定作曾存在过的记忆，我中断了它的再生特性（§111）。

400　§111。

401　在所有这些分析中有意向对象的运作和意向作用的运作之间的严格区分(参见§102开头)。同样,当记忆意向着另一个记忆时,这就是意向对象,即第一级记忆的同一对象,此第一级记忆在意向方式上指一第二级记忆。这一程序的意向作用方面关系于"反思"本身的层次。

402　在这里是从"变样"的(因此是意向对象的和意向作用的"特性"的)第一组向与信念的"特性"有关的第二组的过渡。

403　(3)对意向对象和意向作用进行变样的第二组"特性"是由存在(真实的、可疑的、似真的、可能的等等存在)的意向对象特性形成的:它对应于信念的意向作用特性(确定,怀疑,猜测,推断);胡塞尔用 doxique 指"信念的"。这段分析极其重要:他说,世界的"设定"是一信念;因此在这里它像意向对象特性一样,在如世界中的素朴性的消失一样被排除之后,被包容在体验的结构本身内。还原本身可存在于原信念(Urdoxa)的诸"变样"中,§109:同样,使现象学所摆脱的素朴信念达到对象级次的现象学和解除性的还原本身,参见第223页注1。这段分析可划分为:(a)信念变样的第一个系列(在几乎同一个领域里):

意向对象:真的、可能的、似真的、有疑问的、可疑的。

意向作用:确定、推测、猜测、疑问、怀疑。

所有这些样态都涉及真实和确定信念的原形式,§103—§106。(b)这整个系列可被"是的确证"或"否的取消"所变样。因此,肯定和否定是涉及原信念的变样的一个新的方面,§106。(§107—§108论述信念变样的两个第一系列)(c)两个第一系列全体本身可以通过中性化被变样:§109—§115。在达到进行设定的意识和进行中止的意识之间的全部对立的情况下,设定的概念就包含在其普遍性中。

404　在严格意义上的采取设定行为将在后面§115中加以研究。

405　正像在《经验与判断》中一样,信念学说是在简单表象水平上,是在被知觉物、被记忆物、被想象物"之上",在"逻各斯"的较高层行为的内侧讨论的(§124及以后)。同样,信念是在"判断"之前的复杂水平上讨论的。

406　参见第287—288页。

407　我们已用过这个词来表示复杂的再现;参见第212页注1中关于

这个意向对象的意向性的评述。

408 肯定和否定构成了加予信念样式系列上的一个维度，§ 106。

409 参见第 215 页注 1。

410 这段分析严格平行于由复杂再现引起的分析，§ 101。问题永远与明确区分意向对象物和意向作用物有关。

411 这种信念特性研究的兴趣在于达到关于信念或设定的大概念。与确定性有关的猜测、推断、怀疑等似乎是设定它们的对象的诸方式：它们设定它的方式是用似真性、怀疑等不变的标志来减弱确定性。在扩大了信念变样范围之后才在 § 117 达到这个有关“设定”的相当一般性的概念。

412 (b)肯定和否定，§ 106。这段分析的重要之处在于：(1)肯定与否定不与确实、猜测、怀疑等处于同一平面上，而是可能将所有这些信念样式变样。(2)这些样式适合于意向作用和意向对象特性的区分，对此可在反思的真正对象上讨论。(3)这些样式扩大了设定的特性的范围。

413 与第 214 页注 2 的评注相同。

414 真正现象学的关联体不是一种经验的历史，一种照该词心理学意义理解的“生成”，而是意向作用和意向对象的转换的一种可能性。

415 胡塞尔不断进行意向对象和意向作用的区分的修正。心理主义的后果之一是倾向于在“意识”样式内，即在意向作用内，去探究显示在对象上的东西：可疑的是事物，所删除或强调的仍然是事物或其某一性质。完全意向对象的获得是这类现象学运用程序的主要冒险目标之一。

416 “第六研究”(《逻辑研究》第三卷，第 139—142 页)在此批评了洛克，后者主张使存在概念摆脱“内在”意义。然而“内在”意义只是显示了知觉、判断、汇集、计数等行为。如果存在概念真地是事态的一个从属部分，那么我们发现肯定的系词就是在“事态”中，而非在作为意识体验的行为中。

417 (c)参见 § 109— § 115。一切先前的变样本身从新变样角度看都像是设定(确定的设定，可疑的设定，似真的设定，被肯定或否定的设定)，这个新变样本身不进行设定，中断设定。这就是悬置所实行的活动。但由于纯中断作用，很难将它与使其复杂化的行为分离开来；在 § 110— § 112 中将考察假定和想象二者。在达到了其纯粹性后，必须在其全部丰富性中理解在设定意识和中性意识之间的普遍对立，同时指出二者彼此都“潜在地”包含在它们的一切派生物中。

418 关于 Annahme(假定),参见§110。

419 参见词汇表中关于 leisten、handeln、tun 的翻译。

420 这段论述表明,所分析的对象显然与使现象学得以成立的变样有关,参见第214页注1。

421 中性化信念的合理要求的欠缺只被用作区别假定或假设的判准,它仍然十分隐蔽地是在假定形式下的一种信念设定。

422 在此意义上它将是在"逻各斯"名义下的问题,§124—§127。

423 参见第215页注1。

424 在第一组分析中研究过的(§99—§101):记忆,形象,记号和它们的复现物。

425 在区分了假定和中性化后又区分了中性化和想象。在想象和中性化中的紧密关系说明,想象能在世界"消除"中起如此之大的作用,这种世界消除作用去除了对自我存在的素朴信念。

426 这种再现的划分改正了前面给与的那幅临时性图画,参见第209页注1。似乎第一系列变样(知觉、记忆、想象和记号)不是齐一性的,因为两个最初词项只是设定的,而且第三个词项是第二个词项的中性化结果。想象因此是一种十分特殊的中性化。所以《内时间意识现象学》还论述(§16和附录II、IV,第86—93页):人们首先有作为现前或呈现的感觉,持存与预存依附于它们以形成广义的原初性领域;然后有 Setzende Vergegenwärtigung(设定性再现)(记忆、同时记忆、复忆、预忆);最后是想象与再现。

427 我们记得在想象研究中(§99,第210页注1)已经中止了图像本身的特性,图像几乎被当作对其"描绘"的想象对象再现的跳板。此图像是一中性化了的被知觉物。

428 他在§100中研究了这些复现物。

429 在形象和知觉,特别在形象的质素(幻觉)和知觉质素(感觉材料)之间的鸿沟是绝对性的:与经验主义相反,这个区别是性质上的,不是层级上的。

430 对中性化的描述加上了一种新的说明。他说,全部意识可以是注意的或非注意的,实显的或潜在的。当人们把这一区别应用于进行设定的意识(如确定的,似真的,可疑的等等)和中断全部设定的意识时会发生什么?一种意识可以按非注意的、潜在的方式进行设定,而从实在到潜在和从潜在到实在的转换永远发生于设定样式上。同样,一种意识可以是“实显地”中性的或潜在地中性的:注意的转换不导致人们从中性过渡到设定性。事实上,一种表面化的表述会使人相信,停止使人注意,即停止设定(相信、猜测、怀疑等),以及非注意是信念中性的一种方式。这就又等于说,使注意即设定(相信等等),因此潜在性和实显性是意识的设定性和中性的共生现象,而且绝未包含着诸信念样式间的这种基本区别。关于所有这一切论述,参见《笛卡尔沉思录》第 49—51 页。

431 双重潜在性的——进行设定的意识和中性意识的——分析,扩展到内在性知觉。当考虑到反思或内在性知觉所基于的时间意识是一种知觉,后者本身因此也可被中性化时,过渡就成立了。

432 “图像”例子清楚阐明,这可能是一个中性的意识,摇摆于实显性和潜在性之间,但仍然是中性的:如果我注意图像本身,对图像的把握是实显的,因而不成为一真正知觉;我未“设定”此图像;作为想象之跳板的图像始终是一个“中性化”的被知觉物。同样,一种未被注意的、潜在的记忆未变成一种“中性化的”记忆,即一个形象。最后同样,知觉背景是一个潜在的设定,而不是一个中性化的设定。简言之,中性可以是实显的或潜在的,有如设定性可以是潜在的或实显的一样。

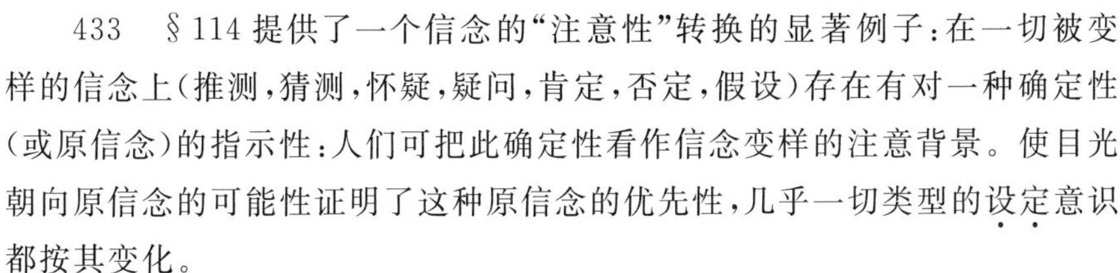

433 §114 提供了一个信念的“注意性”转换的显著例子:在一切被变样的信念上(推测,猜测,怀疑,疑问,肯定,否定,假设)存在有对一种确定性(或原信念)的指示性:人们可把此确定性看作信念变样的注意背景。使目光朝向原信念的可能性证明了这种原信念的优先性,几乎一切类型的设定意识都按其变化。

434 §102 以后的一切分析集中于设定意识和中性意识之间的鸿沟;同样,当考虑到设定意识的一切变异和给与它一个相应的对立面时,就把握了它的最大幅度。同样,意识在它自己“设定”和“中断”自然现实的能力中被理解。

435 关于 Leisten 和 Leistung,参照上面第 222 页注 3;以及 G. Berger 在《胡塞尔哲学中的我思》第 99 页中的术语评注。

436 参见前面第 229 页。

437 一切信念样态向原信念的还原可使一切分析归结为两种基本情况:具有其相关项的简单的确定性,即这"是";以及被中性化的确定性。

438 这就是上面讨论过的注意性转换的用语,参见第 232 页注 1。世界的"设定"同样可以在较远的形式中被认识,在这种形式中它只是作为可能性的内容。

439 时间知觉以及(归根到底)时间构成支配着超验性现实的"信念的"和"中性的"双重构成;我们已经可以这样说,这些构成是纯我在其时间性中和在其质料复合体中的信念设定。

440 由于信念的以确定性开始的一切样式的关联性,在确定性和其中性形式间的有限的、严格的对立,普遍地适用于一切可能的变样系列(推测、怀疑,肯定,否定等)。

441 尽管全面扩大了设定的意识中中性化的意识这种二重性,最终仍须从行为的(意向作用的)观点,而不再从对象的(意向对象的)观点考虑问题,以便尽可能地扩大这一行为概念。结果不仅在其中包括了最不注意的形式,而且包括了最早发生的或最易于消失的、最初始的形式。同时,此段间接地涉及自我的理论,因为正是我在看和"实行"其行为,§80。参见《笛卡尔沉思录》第 38—40 页。

442 我们在§77—§79 中看到,反思揭示了未被反思的和非注意的体验,即它在反思性注意之前的本来面目。

443 关于狭义的设定采取,参见第 191 页;关于存在的论断,参见§106 和§110 开头。

444 与第 234 页注 1 和第 235 页注 2 的意思一样。

445 (4)意向作用和意向对象的平行关系变复杂了,如果人们在简单表象上加上:(a)感情的、意志的、"根基"于表象的设定,§110—§117;(b)由于运用关联、阐明、析取、汇集等程序所引入的"综合",§118—§123。在同时把新的"特性"加予意向对象的"意义核心"时,进行设定意识和其对立而中性化意识的在先分析;实际上"有根基的"设定和"综合"可被看作是"设定的"意识的扩展。同样,设定的概念朝向被引入特性的新维而不断地被普遍化。

446 称其为再现,§99—§100。

447 胡塞尔同时追求两种观念：指出新“特性”增添到(愉快的、有价值的等等的)意义核心上；指出简单表象的信念性质扩展到意向对象的新的方面。一种有根基的设定的本义正是把基础结构的分析重新增添到和扩大到上层结构上去。

448 参见第 66 页和第 198 页。

449 这两条分析路线，前面已指出它们的相互影响，第 239 页注 1。

450 本段目的在于指出，令人愉快的、有价值的事物，暗中包含着一种可从中取得的确定性，一种确定的设定，正如人们习惯于为在简单表象中的信念样态所做的那样。同样，设定概念的含义更为扩大，从此它(一般来说)超出了存在性信念范围，将实践的和情感的信念范围也包括进来。

451 在 § 115 的意义上。

452 Satz 和 Setzen——命题和设定——的比较将在以后加以说明：命题是表达一种信念设定的陈述，第 250 页以下；其意义扩大了，以便包括一切设定：实践的、感情的、存在的。

453 这个命题重复了 § 114 的命题，但使设定的命题和信念的命题分离。设定性和中性的一般对立一直仍然限于物的表象，限于排除感情的和实践的特性，简言之，限于存在的信念，在此被称作信念的设定。设定的这个有限的范畴是人们一般称作设定、信念的东西，尤其当它具有确定性的原形式时，和此外当它是具有注意、实显性的形式时。注意的信念在这后一种形式中被专门称作实显的原信念设定。

454 这是上面 § 113— § 114 论述过的法则。

455 《逻辑研究》称“性质”为信念样态，它与此处称作“意义”或“意义核”的“质料”相对。

456 这个命题在 § 114 的命题和刚看到的命题之间形成联系：前者是，一切我思是信念的或中性的，后者是，一切意识都作为实显的或潜在的意识是设定的。实际上能够从一切“设定”中引出信念的样态(确定性、怀疑等)：如从有关期待、命令、欲望等等的设定中。就广义来讲，隐含的“信念的”成分是一切情感的或实践的意识的“逻辑”方面。在此意义上存在着一种胡塞尔的唯智主义，但通过转换从中引出的“逻辑”的感情层和实践层仍然是原初性的。因此胡塞尔开辟了一条关于价值、善、功用、美学、行为等等的同样原初性的现象学。

457　关于这个“逻各斯”层，参见下面§124。一种感情的被意向者只有通过客观化，即通过向“存在物”平面的信念式转换，才获得一种“逻辑表达”。

458　关于意向对象分析范围内的对象与客体，参见第189页注1。

459　(b)“综合”研究在有根基的“设定”研究之后，§118—§124。他首先界定了将在§118中考察的那种分节综合类型；他指出，在一种综合中进行的思想“射线”的多元性可能被看作是一种简单的被意向物，§119；也可把简单设定的意向作用—意向对象描述扩展到综合上，§120；特别是这个综合包含着感情的和实践的我思以及理论的我思；爱情以及表象，以及一种情感的综合，只可能通过在一信念综合中被客观化来“表达”，§121；进行综合的自我在此比在设定中更好地显示为创造性的决断过程，§122—§123。

460　他所排除的综合一词的这个最初意义，这个原综合，涉及原构成，涉及时间性中先验我的构成。参见第163页注1、注3。《笛卡尔沉思录》第33—38页和第46—48页。

461　他所排除的综合一词的这个第二意义——空间物的综合，往往在谈到知觉时提及；《观念2》大部分内容与此有关：在此综合与它所统一的“侧显”复合体是在同一水平上。

462　关于形式本体论，参见第18页注1；第20页注5。一般客体范畴是客体、单一体、复合体、关系等。我们看到，除第一个范畴外，其他一切都在综合行为中构成：在汇集、析取、关联等等的综合作用中。逻辑学的首要任务(《纯粹逻辑导论》§67)在于规定联系的初步形式。命题逻辑在“表达”水平上发展了这些形式：这是此形式本体论的第一层级，参见第22页注2。

463　例子：S是P；草是绿的。名词化：P的存在；草的绿色是静谧的。

464　参见第18页注1；第20页注5。形式数学(纯粹算术、纯粹分析、复多论)是形式本体论的一部分，它与一般客体派生物(关系、次序、析取等)并列；但所有这些范畴都来自综合程序的复合客体的“名词化”：计数、汇集、析取等。

465　向设定性和中性概念的综合扩展是这一切研究的关键。但这类扩展是受确定条件限制的。

466　这是他为前面第225页图像客体和第239页审美愉悦知觉基础所

确立的。

467　本段重新讨论实践的或情感的体验与严格来讲的信念体验的关系(参照 § 116— § 117),但这是在设定和综合的水平上进行的。他利用“表达”(从 § 124 起将对此加以研究)来阐明:综合程序可应用于实践的和情感的综合:“和”、“或”等等的“句法”既适用于爱情、评价,也适用于表象。“句法”因而理所当然地不是信念的。这个结论与我们关于“设定物”已知的东西一致:设定物比“信念物”更广泛,但只能通过在信念设定上被客观化来表示。

468　关于“起源”,参见 § 107,注 1。此词不指心理学的生成,而指现象学构成。在《经验与判断》中详细讨论了这个问题。

469　对实行综合的自我所运用的综合研究(§ 122— § 123)导致对自我创造活动的分析,它显然超出了目前研究的范围。§ 115 已指出简单设定中的实显性的诸区分。对综合的考察可前进得更远,因为综合的“产生”是在时间中展开的:因而可以突然发现一种出生,一种延续(在精神中保持、把握、放弃),各种混合,从含混过渡到清晰。由此我们接近了纯我的创造性决断。但这扇门立即重新关闭。“转向主体”的现象学又一次不成为《观念》的主题,参见 § 80。

470　意识的决断包括理论的我思和实践的我思(意愿、实行);这是意识的一切“行为”,一切“意向物”的创造性机因。

471　这段分析与前段分析结合在一起:混乱和清晰依赖于综合的“运用”样式,当它们从萌生的、初始的阶段过渡到完成的阶段时。

472　(5)在“表达”中(或者在“逻各斯”层次中)意向作用和意向对象的平行关系,§ 124— § 127。表达和意义是《逻辑研究》的出发点。主要之点在于,在“意义”之上,但在字词之下,按其“心理”面而非按其身体来清楚地把握表达。这是表达性意义的、逻各斯的、狭义上概念的平面;典型的非生产层,忠实的表达,“符合”于表达它的意向对象。(a)因此表达未提出与样态、设定性、中性有关的新问题,§ 124。(b) § 123 的分析向表达层的扩展特别轻松,§ 125。(c)于是有可能指出表达在其中不与潜在层一致的诸点,§ 126。(d)结尾提出一个困难问题,认识有关期待、命令、感情等等的表达是否建立于陈述的信念之上,§ 127。

473　参见前面第 172 页以下:意义即意向对象核心。

474　关于逻各斯，参见《形式的和先验的逻辑》§1。

475　此关系成为第四编研究的对象，第265页以下。

476　关于《逻辑研究》中的质料和性质，参见第212页注4。

477　这段分析是§123的分析的扩展，后者超出了综合行为的逻辑表达。同样可以遵循一条这样的路线，它从知觉内的注意（§92）上升到“设定”的一般实显性（§113—§114），上升到综合的运用（§123），最后上升到表达的运用。这是全部意向性的附带主题。在这最后一个平面上我们把在分析之前被现象学方法提出的问题看作现象学的对象：如表达的准确性阐明等等，§68—§70。

478　这是“第六研究”和其范畴直观的意义，参见上面第9页注5。

479　在指出了意向作用—意向对象分析扩展到表达之后，胡塞尔谈到了表达本身的特性：在意义的联结和“反映”意义的表达的联结之间不存在严格的平行关系：“第四研究”正是针对一种纯语法的特殊问题和针对支配着“复合意义形式”的先天法则的，以便它们在一可能的意义统一体中相互补充（《逻辑研究》第二卷，第294—295页）。《观念》从这个十分技术化的研究中只保留了与在意义和意义表达间欠缺结构一致性有关之点：如节略、空隙等。

480　“第四研究”将在“第三研究”中取得的从属性和独立性概念应用于意义，“第四研究”以简单意义（石头）和复合意义（铁人）之间的区别开始，§3。对后者而言，意义不在自身内，而只存于语境中；因而它们是“纯互依的”（第302页）。与其相应的互依词项和独立词项对立。这一概念由马尔提提出。独立词项是复合表达的组成部分，复合表达是由于独立性词项才有意义的。互依性意义的例子：“父亲的”、“为了”、“然而”……；独立性词项意义的例子：“伦理学奠基者”（§4）。

481　不应把这个问题与感情范围内行为原初性问题混淆，第197页和第244页。在这里问题只与它们的表达有关。人们关于期待的一个意向对象所表达的东西（例如）是否是包含在此期待中的信念成分和论断陈述呢？“第六研究”第二部分（第三版，第204—221页）通过“充实”方面讨论此问题：问题，期待，意愿的语法表达（在此称作非客体化的行为）是否包含着一种意义给与，后者“充实”着作为被知觉物或被观察事态的意义？或者说它是否只表达了如下情况：主体在明确的、怀疑的等等样式中表示了它对问题、期待、意愿的体验?

第 四 编

482 第四编突破了前面的分析范围。以前的分析主题是意向对象的"意义"和使其变样的多重"特性",这些特性中最主要的是信念的特性。他忽略了意义(被知觉者、被想象者、被判断者、被欲念者、被意愿者等)的一个基本特性:即它与一个对象相关联。"被知觉者本身"的、"被想象者本身"的,简言之即"被意向者本身"的"要求",提出了一个正当性问题,此即理性的问题本身;我们看到,这个问题无关于意义的新"层次",例如判断层次和逻辑表达层次,而是一个绝对新的方面,一个对对象的指示。重新进行这一描述引起了最困难的解释问题。胡塞尔在此宣称,他仍未考察意向性的较隐蔽的方面,如果在被意向的"意义"中,在意识的相关项本身中未察觉一种超越运动,未察觉到一支穿过此运动并射往对……客体的意向或要求……之方向的箭的话。意识不仅在一种被意向的意义中被超越,而且此被意向的意义在一个对象中被超越。被意向的意义还只是一个内容,"意向的"、当然不是"真实的"内容,如在§97以后反复说的那样。于是这种特殊的包容,这个超越的意义在体验的内在性中的意向性包容,似乎重新显示出来。正如芬克在前引文章中(第364—366页)已强调过的,这个新的突变乍看起来似乎极难与世界存在者在意识中的和通过意识的完全构成的观念协调一致。如果应当相信芬克的看法,我们就将在此看到有关《观念》的未定态度的一个最突出的例子,它位于一种意向心理学和一种真正构成的现象学之间的中途:心理学的意向对象仅只是一个心理"意义",这个意义指示着在其之外的一个对象;先验的意向对象在其"意义"中和在其"存在者"中的世界本身:因此意向对象与对象的关系就在于通过作为意向对象最终结构的先验意识去构成自身。§129的最后几行有这样的意思:意向对象的客观的被意向者被宣称是与作为意向作用的意识的被意向者本身"平行"。对先验自我来说,构成意向对象即将其作为"意向着一个存在者的意义"构成之。芬克在《康德研究》序言中的论述为胡塞尔所认可,芬克说,"在同一化的无限过程中所考虑的先验意向对象不可能诉诸这样一个存在者,它处于此无限性之外,并独立于它自己;意向对象是那个存在者本身,从至今未被认识的隐蔽的存在意义深处来看,即

是作为先验有效性的统一体”。在这里，“对对象的关系”只有一种实显的意向对象（即被抽离的一个先验行为的相关项）对这样一种行为的相关项复合体的指示意义，此行为借助于一种连续的充实性的综合建立了作为观念极的“对象统一体”，前引书第364—365页。整个§131都证实了这一解释。并参见本书第280页和第302—303页。

第　一　章

483　第一章提出了意向对象与“对象”的关系这个一般问题。他通过问在什么意义上这个对象是真实的而达到了有关理性意识的问题，这是第二章在一种有关原初看的理论中予以解决的。第三章把这些观点扩大到形式的和实质的本体论问题中去。

（a）意向对象的和对“对象”的指示的问题在§128—§129中提出。（b）从“意义”引向由意向对象所意向的。“对象”的中心分析，于是在§130—§132中展开：显然，对象与意义的关系有如一个命题的主词对其诸谓词的关系，对象即统一的中心，即与诸谓词不同的、又只为它们所决定的同一性原则。（c）他将此意义概念用于简单行为，用于综合，用于逻辑表达，§133—§134。（d）§135最后通过现实观念这种迂回方式引出了理性问题。

484　参见第二编中的分析，在那里意识和现实最初相对立（第二章），之后彼此相联系（第三章）。

485　这是《逻辑研究》的语言（同时参见第182页注2；第242页注2）。“第五研究”：“意向体验及其内容”，§20—§21：质料＝意义；性质＝设定样态。质料＋性质＝意向的或意义的本质。意向的意义＋直观的充实＝认识的本质。

486　参见第265页注1末尾。

487　因此对对象的指示是意向对象的“什么”方面，它与“怎样”的方面正相对立（作为被知觉者，被记忆者，被注意地注视者等等）。这段文字证实了芬克的说法，他将意义和对象的区别归结为“作为在其给与性样式的‘怎样’中的客体的意向对象和作为在其连续变化中的意向对象同一因素的客体之间的”区别（上引书，第364页）。他于是断定：当删除了思想的一切相关项的“怎样”后，仍然有“什么”或意义；这个意义本身被看作某种东西的谓词和意义束。“的”表示一切这类谓词的客观被意向物，这些谓词涉及它所规定的“某种东西”。

488　参见第 246 页以下。

489　参见第 248 页以下。

490　具体性与独立项有关，抽象性与依属项有关，第 29 页。

491　参见前面第 182 页注 2、第 267 页注 1 对《逻辑研究》的参照。在《观念》中，胡塞尔决定把命题称作意义＋设定特性的集合，即被知觉的、被想象的“什么”等等＋信念样态（确定性、怀疑、猜测等等），为了表达层的陈述而保留着表达命题一词（§124—§127）。

492　关于从意义和信念扩展到知觉、想象、记忆等等的简单表象，参见上面第 215 页注 1。胡塞尔认为，意义和信念概念（统一在命题的概念中）不是由一种判断理论所独占的。

493　关于命题逻辑，参见第 22 页注 2。关于判断综合，参见 §118。关于作为阐明的分析，参见第 246 页。在这里重要的是，一种命题理论（作为在现象学之前的特殊学科）置入现象学系统内，特别是相对于意向对象的意义理论。参见《形式的和先验的逻辑》第二部分。

494　关于表达面上概念一词的狭义，参见 §124。

495　使对象与意识相关的这种反向的语言，最终使全部先前的分析与胡塞尔哲学的中心主题即构成联系了起来：意识以通过可变意向对象意向着对象的方式构成着作为同一物的对象。

496　自然物的例子充斥着《观念》，但价值、人、数学对象也提出同样的问题。参见第 280 页，特别是 §152。

497　构成（Gestaltung）一词使人想起制约着先验意识关联体的本质规定，属于体验和属于作为产生几何图形的意识的非精确本质。这两页（第 279—280 页）使人预感到胡塞尔唯心主义的远大抱负：一切被还原的超验物——其中包括本质性的超验物（§59—§60）——都应当被构成。

498　参见第 43 页注 3。

499　正是这一转折发现了第二章有关理性现象学的问题。这一转折即是：“意向对象对某一客体的指向”显示为对由客体之“意义”构成的规定性谓词的主词 X 的指向。于是他问道：这个同一性一极是真实的吗？这个问题乍一看来很奇怪:因为一方面现实概念似乎已"被构成"为信念的样态(更准确说,作为相对于确定信念的"存在特性",§103);因此它似乎被包含在增添意义和信念(或设定特性)的命题概念中了:§133。另一方面,如果现实分析未被设定特性的分析所穷尽,现实概念又能把什么加到"谓词的统一的、同一的X"这一概念上?毋庸置疑,按照这种连续的反复运用的方法,胡塞尔企图使现实问题彻底化。现实被悬置作用中止后,引起了构成意识的反复作用:设定特性的构成只针对在"意义"中包含的可述谓的诸规定的现实。真实物还只是一种属性确定性的相关项。问题在于认识什么是诸属性规定的统一的X的现实。同样,现实似乎永远避离先验构成。

500 他所提及的这种事实性是事实级次的,它是体验的"关联体"或"结构"所实现的,目的在于规定某一特定世界。我们记得,正是这种目的论提出了上帝超验性问题,第110页。于是如果人们不提出事实级次的问题,现实的问题即两种本质之间相互关联的问题:理性意识与现实,后者对前者实行"管辖",前者在后者中被"证明"。第二章就是从此开始的。

501 这个问题指出了先验唯心主义的中心困难:如果现实不断逃脱了构成(参见第280页注3),这个唯心主义的任务在于填充在"简单被意向者"(或意向对象)和"现实"间的永远复生的裂隙。

第 二 章

502 第二章解决在一种"看"的理论中关于现实——关于理性的合法性——的问题。意向对象理论已使原初物与复制物、想象物、回忆物相对立(§99),并完成了一种"意向对象特性"。因此问题是把设定的特性扩展到一切对象的X,这些特性在意向对象规定的还很有限的范围内得到阐明。在一种有关明证性的广泛哲学中发展的直观理论之彻底性,确证了胡塞尔先验主义的固有特性,在这里看是构成的最高要素。理解胡塞尔,即理解先验意识的至高无上的"赐予性",此即"看"行为。参见第7页注5和注6;第106页注1。这一章与"第六研究"不可分,后者把直观和空意义的充实联系起来。

503 关于理性—现实问题的设定,参见第281页注1。全部"第三沉思"再论明证论,增加了"习性的"明证理论,第51—53页。

504 "第六研究"指出,可理解的关系本身是受所谓"范畴直观"的直观影响的，其意义是它也“充实”“空的”意义（第二部分，特别是§45以下）。

505　我们在此已经回答了上面提出的第一个困难（第280页注3）：真实物不就是确实性的相关项，一切不是已在信念特性分析的范围内说过了吗？在这里我们看到，直观使§103中研究过的信念特性具有动机、合法化和有根基。

506　理性现象学的第一任务是达到看的整个范围：(a)在“感性”和“悟性”的平面上，如在“第四研究”§137中所说的；(b)在不充分形式中（如事物的知觉）和充分形式中（如体验的明证），§138；(c)在考察各种信念样态时，§139；(d)信念的理论形式和实践形式，§139及以下。

507　参见§6。

508　我们在此处于一种一般“看”的理论中，遇到了不充分性分析，它只被用于区分超验性知觉和“内在性知觉”，§42—§44。

509　不应忘记，世界消除的假设（§49）是有关于一种诸显相的彻底冲突、完全不协调的限制性假设，在这些显相中一切意义均不“合法”，一切意义均是自毁者。

510　在获得有关明证的一种既广泛又可能的观点后（§137—§139），他考察各种证实程序，即从非动机设定向动机设定的过渡：(a)按照动机设定可能是原初的或不是原初的，§140；(b)直接的或间接的，§141。

511　参见第140页。

512　参见第8页。《笛卡尔沉思录》指出，一种新的悬置对于界定我的从属关系的固有范围（§83）和揭示他者“呈现”的固有类型都是必不可少的。

513　间接明证具有一种比辑逻推论的（尤其是演绎的）意义广泛得多的意义。同样，记忆的合法性是从知觉的合法性中获得的。推论只是间接性的一种特殊情况。本段末尾对其进行考察。

514　参见第140页。

515　§142—§145讨论有关真理和存在问题的一种完整观点：(a)此观点由胡塞尔直观主义中的这种基本等价性加以支配：真正的存在是一种意识的相关项，这个意识以原初的和极其充分的方式呈现它，§142。(b)正如物质物不可能在一显相的有限系统中被充分给与，物的真正存在始终是康德意义上的一个观念，即一个不断相互协调的诸显相之开放系列的调节原则，

§143—§144。(c)这个明证理论明确地与一种感情主义的和一般心理主义的解释对立，并且最终在先验概念范围内被取代，§145。

516 体验流的统一体也是在一直观的观念化作用中被把握的那样一种观念，§83。参见《笛卡尔沉思录》，第52—53页："世界，一种完全经验明证的相关观念。"

517 在理性现象学范围内我们看到了超验性存在和内在性存在间的区别，§42—44。

518 关于"认识的本质"，参见《逻辑研究》，第182页注2；第267页注1。

519 关于中性化的"准"方式，参见§109以下。

520 "第六研究"§39列举了真理一词的不同意义，以作为意义的一个被意向物原初充实性的明证定义。按第一种意义，真理是被意向物和所与物的一致、符合本身，而明证是此符合的直观体验本身。在第二种意义上，真理是应予达到的一般理想，不是在那种明证体验中所与的，即一种绝对充分的观念本身；在第三种意义上还可以称直观的充实性为真的，直观在充实时"使真"；或者最后在第四种意义上，直观"使"被意向物的正确性为"真"。仍然应当理解，"范畴直观"像"感性直观"一样，可以起"证实"作用。同样，真理概念正像设定、信念意义等概念意义一样，对胡塞尔来说不限于判断、判断相关项或事态的范围：真理在被归结为判断以后就相当于第二种和第三种意义，而存在一词更适于第一种和第三种意义。于是我们获得几组对立：明证——谬误，真理——虚假，存在——非存在，第126页。

521 本章结尾强调了现实概念的明确唯心主义的解释。直观主义被并入先验哲学以作为由先验自我体验流规定的一种特殊类型的"结构"和"关联体"。将看并入构成无疑是现象学哲学的最难之点。《笛卡尔沉思录》发展了"作为先验性导引的意向对象"这一主题，第26—27页。

522 我们已经从理性现象学观点，即从直观合法化角度看到对信念样态(在§103—108中考察)的再次采用。

第 三 章

523 第三章的目的在于将在意向作用一意向对象结构上和在明证、真理、现实诸概念上获得的观点应用到熟知的学科上，如形式的和质料的本体论。反过来说，这些学科在现象学之前又被置于先验现象学的体系内，在谈过一般主题(§146)之后，他将理性现象学应用于：(a)形式逻辑和一些类似学科，§147；(b)形式本体论，§148；(c)实质本体论，§149；对物区域的例子做了较详细论述，§150—§151；然后是根基于物区域和其他区域的例子，§152。本章只是《形式的和先验的逻辑》的重要工作的一个概述：这部重要作品的第二部分都是讨论传统意义的逻辑向一种先验基础上的逻辑的过渡的。《笛卡尔沉思录》将这样的观念也应用于形式客体的构成，这个观念即意向对象是一种“先验导引”，一种“先验我结构的准则”，第43—46页和第53—54页。

524 参见第182页注2。

525 现象学可包括那些借助在§118意义上综合行为理论来考察的学科。在这里看到两组引人注目的综合行为：首先是按照形式本体论的形式来运用的综合，即汇集、析取、关联、阐明等等综合；接着是“根基的”行为：在其中运用着价值设定的感情的和意志的行为，它们因此呈现为价值行为。

526 参见第212页。

527 参见§119(末尾)，第249页。

528 参见§121。

529 关于形式本体论的定义，参见第18页注1、第22页注2；《形式的和先验的逻辑》第一部分，§24—§26、§54。

530 关于区域本体论定义，参见第19页注1；第22页注5；第22页注1；第30页注1。第一编讨论作为一门先天科学的客体的区域，而第四编则把它们看作“由意识规定的”，即看作先验地构成的，于是一个区域就是一种对于意识的可能意向物来说的一个先天类型的原初正当性领域。第一种处理是逻辑的、前现象学的，第二种类型则是现象学的，即先验的。

531 这是《观念2》的主要课题之一。

532 参见§113。

533 参见§113。

534 《笛卡尔沉思录》(第30页)把此反思描述为一种自我的二分法：“在对世界有着素朴的关心的我之上确立着作为旁观者的、无关心的现象学我。自我的这种二分法反过来可达到一种新的反思，这种作为先验的反思再一次要求旁观者的无关心态度，他只关注于以充分方式去看和描述。”

535 《观念2》称此为“幻影”。

536 参见第157页胡塞尔注。

537 “第五沉思”以全部篇幅探讨主体间的世界构成问题，特别参见第102—109页。胡塞尔在《后记》中(第11页)宣称，《观念1》中主体间性的软弱地位歪曲了整体图景：“先验现象学唯心主义”未曾战胜“心理学唯心主义”，因为它未解决“先验唯我论”的困难。这一困难在1910—1911年研究班中被讨论过。但是在1913年时胡塞尔曾希望于近期发表《观念2》。此外，关于此问题，参见《形式的和先验的逻辑》第96页。

538 参见第70页、第103页、第175页；《观念2》详细讨论了有生命物和人的构成问题。

539 参见§118。

540 在《观念1》结尾不断出现的标志这个词概括了《逻辑研究》和《观念》之间在观点上的变化：前者企图使其与心理学意识相对立的先天性，现在被用作在先验意识中诊断规定着此先天性结构的“构成物”和“关联体”。从心理主义向逻辑主义的过渡未被宣布无效：相反，它揭示了先天性使我们有可能获得不再是心理学的而是先验的新意识平面，参见“导论”和第三编。

中译者术语解释

一、意识与现实(Bewußtsein u. Wirklichkeit)

1. 意识概念(Bewußtsein)

胡塞尔说有三种意识概念:(1)作为经验自我的完全的、真实的存在和作为统一意识流中诸心理体验的关联体,即全体体验流。最典型的例子是经验心理学家的看法,他们把意识看作是诸心理事件的总合,于是把意识当成了实在之物。(2)作为个人心理体验的内在认识(内意识,内知觉),即对体验的自认知。(3)作为意向性的体验,体验具有对对象的指向性。胡塞尔关心的是第三种意识概念。意向性涉及意义行为,意义内容,和被意指对象;意识即意向性关系域,意识研究也就成为意向性分析。按照这种看法,意识不是一实在对象或实体,而是一功能,此功能显示于体验行为中并具有上述结构。意识研究因此涉及意识,意识体验,意向性,功能性等方面的相互关系研究。意识有实显性和非实显性两种样式,前者的特点是自我的注意性,所与物的主题性和成为前景意识;后者的特点是自我的非注意性,背景的非主题性和作为边缘域的意识。

2. 体验与内容(Erlebnis u. Inhalt)

按胡塞尔的本体论分类法,意识体验为一“区域”,它即是我思活动之全体。体验是真实的(内在的)意向因素与非真实的(超越的)意向因素之统一物。在被体验者、意识内容和体验本身三者之间无区别;如在被感物和感觉行为之间无区别,即内体验指向的客体与认知此客体的行为属于同一意识流。当体验指向意识流的外部客体时,后者即为现实知觉对象。对象与其意识内容不同,如一箱子具有同一性,但它在意识中的各种显现具有不同之内容。意向性分析关注体验内容之本质,却不考虑对象的存在性问题。体验的意向内容有三个方面:行为体验之意向对象,行为体验的意向质料(相对于意向性质而言)和行为体验的意向本质。

3. 意向性(Intentionalität)

胡塞尔从哈尔转到哥丁根后,日益关注意识结构问题,并进一步明确了自己的意向性学说。他指出,一切知觉形式均以意向性意识结构为前提,意识与世界之关系亦应在此意向性结构中考察。胡塞尔强调,意向性是自我之活动,体验中的超越性客体均为自我活动功能之“成就”。意向性于是就是意识生产性行为和能力之条件,它既不是物质性关系也不是内在于主体的特性,而是一切意识活动之条件。胡塞尔的意向性学说一直在演变之中。在《笛卡尔沉思录》中他将意向性描述为“自我在其中作为自我生存之意识方式的基本特性”。意向性又被说成是“我思与我思对象的张力关系(Spannung)”。对意向性的各种界定和描述都离不开自我和对象这两侧,因而意向性的一个别称是“关注”(兴趣),于是“自我对某物之关注”就相当于“意向地指向某物”。所关注之物即行为的“主题”，主题遂成为自我的“目的”。自我朝向主题的方式（相信地，不相信地，喜欢地，不喜欢地，憎恨地，功利地……）即为设定（Thesis）之方式。

4. 现实（Wirklichkeit）

黑格尔的现象学认为意识与现实具有同一性，胡塞尔却使二者对立，使它们不可互相归依。但是人们可以看到胡塞尔始终强调现实具有（被主体）构成性和相对（于主体）性，现实通过构成过程而获得其相对性和意义。现实不是原初给与物，而是我们朝向知识真理的目标。由于现实是在主体体验中展开的，因此具有潜在性和预期性，后二者组成的关联域亦必然成为现实范畴的组成部分，从而进一步显示了现实与主体意识构成能力的相关性。

二、我思结构（struktur d. Cogito）

1. 我思结构（Struktur d. Cogito）

我思结构（自我——我思——我思对象）观念在《笛卡尔沉思录》中获得最完满的表达，但自《观念1》以来始终是胡塞尔思想的基本框架。胡塞尔认为笛卡尔的主体性未建立在先验的我思之上，这种客观主义把我思当成属于世界的实在灵魂实体。实际上我思仅应被当作内在意识体验，有绝对所与性和纯内在性，它把世界意向地和内在地当作我思对象，即纯现象。胡塞尔所采取的就是这种绝对的我思概念。我思结构的中心是自我这一极轴。

2. 自我（Ich）

在《逻辑研究》中自我概念尚未充分展开，它仅相当于意识体验流本身；而在《观念1》中它是一切意向行为所关涉的空的、同一性极轴。大致说有两类自我:(1)经验的自我,它是简单性的,原初生动性的,“相信着的”,可成为意向行为对象的。(2)反思的自我,它是无内容的,仅只是形成意义的功能,可进行现象学悬置。先验现象学主要研究后一类自我。

反思的自我不是对象物,不是诸显相的统一体或诸客体特征的基底,而是各种实显性(活动性)本身。当其使我思思维实显化时即为醒觉之自我,自我轴的同一性与我思思维的多样性形成对比。换言之,每一我思均为自我之一行为,自我实显地生存于行为之中。自我参与自己之行为并在反思时把自己作为参与者加以把握(反思自我把握经验自我)。

3. 习性与单子(Habitulität u. Monade)

自《观念1》发表以后,自我学成为现象学的中心,自我概念不断有新的进展。《形式的与先验的逻辑》和《笛卡尔沉思录》均探讨了这一主题。胡塞尔的后期自我观念是,自我通过意识流,但保持着自己的同一性,因而它超越了此意识流,即不受意识流内容之影响。自我成为“习性”的载者。习性体即历史性的自我,自我为诸习性之轴心。这就是说自我实行着历史上属于我的诸行为,因此自我有一历史及历史中的习惯性现实,保持同一性的自我遂成为诸习性的永恒基底。胡塞尔说自我与其习性共同形成一“单子”,自我以单子形式具体地存在着。他干脆断言,现象学即对先验单子之阐明,诸凡意向性本质结构,作为其相关项的意向对象意义,这些意义的整个历史和最终根源,无不在单子之中。于是单子即意识生活和其客体化构成之全体。在单子中有效的是动机化法则,它与自然世界的因果性法则对立,动机化行为体现了自我的自由。

作为单子的自我就是先验的自我，它摆脱了自我统握行为，不再是某一主体，而成为绝对性的“主体”。它一方面是脱离世界的纯粹主体性，而另一方面在具体我思中则是一切实显行为的“有效性基础”。这一极端的自我观发展使胡塞尔遭致陷入唯我论的批评，同时也使其最终胶着于先验单子论和主体间性的对峙中。尽管胡塞尔毕生力申先验现象学不意味着现实依存于意识之意，但他却明确宣称人们不可离开意识去思想现实，而却可以离开现实去思想意识。一种彻底的“实证主义”和一种彻底的唯心主义就这样复杂地纠缠在一起了。

三、行为(Akt)

1. 胡塞尔像布伦塔诺和梅农一样，不把行为定义作实在的心理活动(经验主义心理学往往这样理解)，而是定义作意向性体验或在体验持存中被聚集的诸部分意向的总合。也就是说诸部分意向在时间绵延中综合为意向行为，通过此行为，客体作为所与物被构成。换言之，行为即“某物以某种方式对我之意识的显现”。但胡塞尔认为布伦塔诺未区分行为，行为把握的内容和行为把握的对象。实则三者之间应加以区别。也就是说意向行为可分解为更基本的成分。如在某一行为中当感觉内容改变时，原意义和所意指项可保持不变。对象(意指项)可以运动并呈现连续改变的感觉内容系列，但我们仍可知觉具有相同意义的同一物。反之，同一不变的感觉内容可作为不同意向行为类型的载体。

2. 意义与意义行为(Bedeutung u. Bedeuten)

胡塞尔说有两种行为，一种形成语词，一种赋予语词以意义。

有意义的语词涉及“构成语句的行为和构成意义的行为的统一”。自我不存于语词中，而存于构成意义的行为中。这两种行为共同构成一“行为整体”。此外，意义和意义行为也不是一回事。同一意义可在无数不同的意义行为中被重复；意义既不同于指称对象也不同于伴随着有意义的语词的“心象”。

3. 客体化行为(Objektivation)

胡塞尔认为有两类不同的意向行为，即欲念意向的行为和客体化行为。所谓客体化行为即指称某一客体的行为，或说自我借以使某物为自己之对象的行为。客体化行为构成了自我与一客体之间的意义——指称关系。客体化行为结构有三个组成成分：特性，质料和表象内容。特性即使一行为为该种类行为的东西。如对于同一房屋对象我们可以有“正看着”、“想象中看着”、“回忆中看着”三种不同种类的行为，即它们各有不同之行为特性。使意向行为(从一定角度或在一定意义上)意指一对象的意向行为成分即该行为之质料。质料不仅可使行为指向客体，而且使其以一定方式指向客体。特性和质料相结合形成了行为的“意向本质”。在行为的具体实行中还有第三个组成成分，即表象内容。行为是在感觉表象联结体中被实行的，感觉内容遂成为意向行为之载体。此感觉内容是“意向性的”。因此两个行为的特性和所指对象相同，意向本质的内容却可能不同，如等边三角形与等角三角形之对象相同，内容却不同，即同一对象可以“不同方式”呈现。

虽然只有客体化行为才有行为质料，情、意等行为仅有特性而无质料，但后者可寄居于前者的质料之上，因而间接地成为“意向性的”。所以胡塞尔概括说：“每一意向体验或者是一客体化行为，

或者是以这类行为为其基础的。”

客体化行为可大分为符号行为和直观行为，分别对应于思想和直观，然后可再从不同方面加以分类。按特性分类时有设定的行为（知觉信念或判断行为）和非设定行为，后者如“被变样的”行为、想象行为或“纯呈现”。按质料分类有名词性行为（呈现个体的行为）和命题性行为（判断行为）。在判断行为中又可分为单射线的、非分节的行为和多射线的、分节的、复合的行为。与明证性相关的更为基本的区别是，意义给与行为和意义充实行为。一切思想都是通过一定的“行为”来进行的。

4. 范畴行为（Kategoriale Akt）

按胡塞尔的说法，行为是自我的“放射”活动，“放射”有简单与复合之分。相应的有简单（知觉）行为和复合（范畴）行为。前者尚是“无形式的”，如由专有名词表示的只是被知觉的个体，此个体尚无规定性；后者以前者为基础，故称作“有根基的”行为，前者则称为“根基性的”行为。范畴行为的全过程可分为三阶段：

（1）对对象（如一桌子）的简单感性知觉。

（2）原初行为中的部分意向（如桌子之棕色）成为独立的知觉行为。

（3）最终范畴行为发生于对象 A（桌子）和对象 B（桌子之棕色）的结合处：“此桌子为棕色的。”简单行为的对象是“事物”，范畴行为的对象则是“事态”。（参见本注释中“意义”条目）

5. 行为的变样与特性（Modifikation u. Charakter d. Akt）

行为通过变样作用而有不同的特性，后者使行为成为呈现性的，判断性的，情绪性的，愿望性的等等。特性是行为的抽象方面，可脱离开质料加以考察,也就是可脱离开客体的“内容”或“意义”加以考察。但变样作用也可关涉到质料。胡塞尔强调,使一个行为呈现和使一个行为变样(而获得特性)乃是不同的运作。一种特殊的变样为“中性化”作用,它使行为不具有任何样式特性,即此时对象不被设定、怀疑或否定,而只被“纯思维”;各种理性的问题均在此消失。逻辑学只考察肯定性的设定行为,现象学则除此之外还考察想象性的非设定行为。胡塞尔所说的肯定性行为也是广义的,除知觉外还包括回忆、预期等。广义肯定性行为和想象性行为的特性研究是现象学的重要主题之一。

四、意向作用—意向对象结构

(noetisch-noematische Struktur)

1.《逻辑研究》中的意向性结构分析在《观念 1》中为意向作用—意向对象结构(或相关关系)分析所取代。意向作用是一切客体化行为的总称,意向对象则是此类行为的一切对象的总称。后者是被意向者,前者是意向着对象者。二者的相关性分析是形式性的。如分析“树知觉”中的相关关系时,对象获得“被知觉的”树的意义,并具有“实在”树的样式意义,其存在是我们自发设定的。如我们欣赏此树,它就又获得“好”、“美”之类的意义。但这种分析并不涉及“树”本身的实质意义和其构成。“被知觉的”,“好”、“美”等均为形式性质。

2. 意向作用(Noesis)

意向作用有两种含义:(1)作为描述心理学概念时,即为意识中所意向物(意向对象)的主观所与样式。(2)作为构成性的、意义给与性的现象学概念。意向作用侧的分析又称综合学分析,即一切对象均经意向作用而成为综合统一体,它们从此综合作用中取得意义。

3.意向对象(Noema)

意向行为的意义即意向对象。意向对象为一统一性和复合性的对立结构,按此结构意义复合体被赋予一个单一客体。在这里客体为统一体,复合体为给与该统一体的诸意义之系列。换言之,统一体为主词,复合体为属于主词的一个谓词系列。此意向对象结构存于一切意向意识中,包括虚构意识。如在纯想象体验中可设想一个石状物,然后想象它变为生物,之后又消失不见……,这些意义系列均为该石状物主词之谓词。在意向对象结构中应区分出中心"核"(或统一性的中心点)及其周围意义层次,中心核即客体之意义(诸属性、诸谓词)的"载者"——欠缺一切规定性的纯X。意向对象通过此意义而与作为对象的客体相关。

4.质素与形态(Hyle u. Morphe)

在《逻辑研究》阶段胡塞尔说意向行为为由感性质料和形式构成的统一体,在《观念1》中换为质素材料和意向作用。质素材料(如感官印象,苦乐感,冲动)并无意义功能和客体化功能,它们是无形式、无结构和无组织的,质素材料经与意向作用结合才共同组成了"体验"。因此在纯意识流中包括两个层次:质素层和赋予形态的意向作用层。不过胡塞尔又指出这一二分图式是临时性的,进入时间性领域后此图式就不再适用了。

五、构成性(Kostitution)

1. 构成概念(Konstitution)

胡塞尔从新康德主义者，特别是从那托普那里借取来“构成”一词。按照那托普的构成概念，意识的统一性通过法则的统一性构成了客体的统一性；同时，科学活动被说成是处处构成着法则中的客体。进而言之，经验客体的构成是通过将一些主体范畴或先验法则应用于直接给与的感性材料来完成的。胡塞尔企图削弱新康德主义的主观主义色彩，代之以一种主客相互作用论。因此他既用了 erzeugen(生产)、Gebilde(构造物)这类偏于主体侧的词，又用了 sich bekunden(显示〔于主体〕)这类偏于客体的词，以强调主客相关性。

《逻辑研究》中的构成性分析主要为意向性结构分析，如范畴形式构成，意义构成和意指对象构成等。在《观念 1》中构成概念大致出现在先验还原，时间性，感性材料的活跃化，意向作用一意向对象相关关系，理性明证分析等部分。

2. 构成的过程(Prozeß d. Konstitution)

构成为一种积累性过程，它是主体自发性的表现。意义与事物呈现于意识的方式不同，构成显示意义出现的方式，意义即在意义行为中被构成。当意义被构成后，对对象的意指关系也就建立起来，因此构成也就显示对象被建立的方式。在《观念 1》中发展了的内在构成观念取代了《逻辑研究》中的质料与形式以及感觉与把握的简单化的二元图式，客体之呈现于意识乃是构成性作用的结果。内在客体的构成研究还导致意识的自构成研究，自构成过程不再存在于时间性体验内。

总的来讲,《观念 1》偏于结构研究和静态构成,它提供了一幅全面的主体性图画。意向性中的一切结构成分和意向对象的意义层次均充分显示于现象学反思分析中。胡塞尔生前未发表的《观念 2》专门研究各类构成问题。主要问题有:客体诸区域及其先验构成,主体间性,现象学与诸科学、心理学和本体论的关系。胡塞尔因觉得当时尚未处理好的主体间性问题有陷入唯我论的危险,故未将该书稿发表。其后十多年中胡塞尔始终专注于这一问题,并在"第五沉思"中获得暂时让他满意的解决。

3. 边缘域(Horizont)

边缘域是构成作用的条件而不是被构成物,呈现于意识的不是边缘域本身而是物、空间、人、时间等。边缘域不只意味着可能出现的"更多的"对象范围,同时还意味着某种原初性的认知特性。随着构成性研究的深化,边缘域概念也被丰富了。胡塞尔在《经验与判断》中提出了内、外边缘域概念。内边缘域是指,在对象的每一简单知觉内部都有对同一对象进一步的预期,这种预期是知觉结构所固有的。外边缘域是说,知觉的预期涉及其他对象,即某对象与其他对象同时处于共同的边缘域中。因此每一事物既有内边缘域又有外边缘域,后者是对无限多可能对象的预期的意识。主体的构成作用是通过对象显现于内、外边缘域中来实现的。

六、表达与意义(Ausdruck u. Bedeutung)

1. 表达与意义

表达为说话者的信念、愿望等等的记号表示,表达"表示"说话者的心理体验。胡塞尔说表达有三个功能：命名，意指，表示。记号代表事物，但不一定有意义，不一定“表示”一意义。在《逻辑研究》的“第四研究”中他将表达做了分类，简示如下：

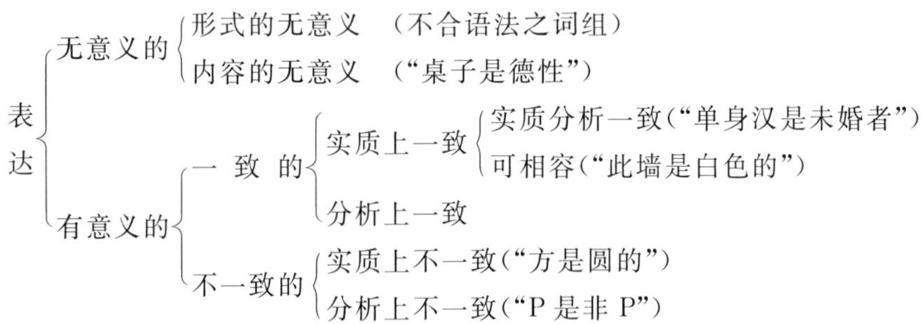

“无意义的”即不合语法的，而“有意义的”则是合乎语法的，却可能是错误的。因此“一致的”即可能的，“不一致的”即不可能的。

胡塞尔说意义概念涉及三个方面：(1)意义行为，它将意义给与语词，使后者意指和指称。(2)通过有意义的表示而达到的意指客体。(3)观念的意义。胡塞尔不关心通常逻辑语义学中的语词之意义，而关心表达行为之意义，这就是客体化意向行为中的“什么”，它不指客体物本身，而指与该客体有关的规定，特性和关系，因此例如在“伟大的人”这一客体中可以“伟大(性)”本身为对象。而意义和有意义的表达间的关系有如红色和直观中红色物体的关系，这也就是在一般性对象(作为种的内容)和在特定意向方式中的对象之间的关系，前者为后者之“基底”。意义不是有意义的客体，而是意向对象的内容。一般而言，胡塞尔关心的不是作为客体的事物而是作为意向行为内容的意义。

2. 意义的构成(Konstitution d. Bedeutung)

意义按两个步骤构成：(1)被动的生成作用，或前述谓结构作为意识生活的一部分出现。(2)积极的生成作用(判断),或范畴的、述谓的结构产生了观念的对象,它脱离该意识生活并超越其时间性位相。胡塞尔说这两个构成步骤的相互交替作用导致意义的生成性展开。在第一步骤中有对物理记号的感性认识,而在第二步骤中出现对判断表达的理性认识。语义学关心语词记号的意义分析,现象学则关心意义构成的意向经验分析。

意义论是现象学的核心。早在十九世纪九十年代初胡塞尔已独立于弗雷格达到了有关"表象"、"意义"和"指称"(对象)之间的区别认识。两人同为实证派意义论者,但胡塞尔在意义与"事态"关系中专注于前者,并特别侧重于意义充实行为(直观把握)。同一倾向使他远离同时期马堡学派的认识论方向。

七、明证(Evidenz)

1. 明证概念(Evidenz)

从希腊智者派开始真理明证性问题始终是西方哲学史上最有争议的问题之一。Evidenz 自拉丁词 evidere(显现,明见)演变而来,与德语词 Einsicht(洞见)义近。在布伦塔诺看来,所谓明证性只是我们在判断或相信某事物时的内在标志,而对胡塞尔来说明证性乃是一种意识样式,一种限界状态,达此状态后对所与物的怀疑将变得没有意义,因为在此意识样式中事物通过直接直观而自行呈现。胡塞尔的直观主义赋予明证概念以极高的地位,认为一切设定性行为有效性的根源就是明证性,这就是说,某一设定以明证性为根基时才是合理的。同时他进而认为,一切理性的原根源是"原初性明证",后者是所谓"原理性"的基本特性。在这种广义的理解下，明证不只有关于行为和设定，它干脆就是理性本身。按照分析学原则，理性就不必与现实的存在有关，把握存在不是明证的目的，理性的最终目的只是在明证中达到所与物的纯意义，因而就只与"自身"相关。

明证概念的特征是：充分性，实显性，过程性，设定性，积累性（习性），可扩大性，以及同一化的综合作用。后一作用包括三种综合：真实侧显与侧显之基底的综合；种种意向性行为之间的综合；单一行为和其被意向者及主体间的综合。由于存在许多明证性标准，明证实为一种等级系统，其中基本的两个级次是：断定的明证，即对个别事物的假定性的判定，这类明证不是纯粹性的；确真的明证，此时我们洞见到事物的本质。现象学所要达到的是本质明证，这是通过所谓自由变异法获得的普遍项本质。这两类明证均包括在主体性的必然结构中，成为在本体论之前的"第一哲学"的主题。

2. 明证性真理(evidente Wahrheit)

真理概念甚多，现象学着重考察的有如下几种。把同一化行为的相关项即"事态"本身当作真理；把真理当作一种观念性关系，它存于诸相互一致的行为的认识本质之间；把真理看作是判断意向的正确性；以及意识中对象所与方式的充实性。后一直观主义真理观为胡塞尔所采取，这也就是明证的真理观。一般来说直观信念显示于知觉中，但此知觉实为统觉，即其中包含了预期因素，而当所预期者被实现时将引起更多的统觉。因此按经验方法对信念加以检验是不完全的，仅只限于描述个体不能达到完全的真理。现象学运用想象对知觉物进行自由变异，通过删汰法得出对象的必要规定性，并称之为明证的本质真理。

八、观念与本质(Idee u. Wesen)

1. 观念(Idee)

胡塞尔在"第二研究"中指出,洛克及英国经验主义知识论的基本缺点是其"观念"概念不明确。对观念的解释有以下几种:(1)内知觉的任何对象或心理内容;(2)洛克的狭义观念为对某事物的观念,它呈现该物,这就把呈现与被呈现者,把行为(意识流中的真正内在成分)与意向对象混同了;(3)把对象的属性和构成呈现行为的感性内容相混淆;(4)未区分"直观呈现"意义上的观念和"有意义的指称"意义上的观念;(5)混淆了属性的显现和显现着的属性。

2. 观念化作用(Ideation)

胡塞尔用"观念化"一词泛指本质把握,也就是对概念本质的充分概观,他认为康德从未理解这一作用的特性,因而对"先天性"的认识不足。通过观念化这一新的把握方式可达到普遍种,如"红本身",它不再是实物的一部分,也不在时间中。借助观念化作用所把握的普遍本质被称作艾多斯(Eidos),它不是经验的普遍性,而是直接在直观中显现的本质。胡塞尔认为传统实证主义的错误是把原初直观所与物范围限于个别事物,现象学的实证主义则以直观显现的本质为原初对象。

3. 本质与直观(Wesen u. Intuition)

作为本质学的现象学特别研究了本质分类问题,区分出种种对立的本质组。首先区分了个别本质和个别事实本身的本质这两个不同概念。其次区分独立本质和依属本质(颜色依存于物体)。

再次区分形式本质(一,多,整体,部分,一般物等范畴)和实质本质(严格意义上的本质)。而且还区分了经验性外延和本质性外延(即外延成员亦为本质,如“红”属于“色”)。每一个别事实均为一种本质结构的标志,此本质结构由种种不同层次(单一体,种,属)的本质群组成。

作为直观主义的现象学也对直观概念加以分类。首先把直观与意指区分为两种行为,前者为知觉或想象中的直观和纯思想,后者为一种指称作用。其次区分感性直观与范畴直观,前者为简单直观,后者为有根基行为,即思想,它使感性直观“理智化”。然后区分充分直观与不充分直观,只有在充分直观中才可达到对事物本身的直接洞见。最后还有个别直观和普遍直观(或按通常的说法,直观与概念)之间的对立,在前者中“直观”只呈现个体,在后者中则通过“思想”可以达到普遍项。

九、时间性(Temporalität)

1. 客观时间与主观时间(objektive u. subjektive Zeit)

主观时间性问题在胡塞尔现象学中占有极其重要的地位,它是现象学中有关意识、体验、客体、显现、意向性关系、现象学构成作用诸研究领域的基础,并集中体现了现象学所包含的直觉主义倾向。

胡塞尔对西方哲学史上各种主观性时间观(或时间意识分析)都极为关注,从中古时期的奥古斯丁,近代英国经验主义,到同时代的布伦塔诺、詹姆士和柏格森等人的时间观都对他产生过直接影响。时间问题也是世纪之交时期德国哲学认识论和描述心理学的重要研究课题，以批评当时哲学认识论和心理学为主要任务的胡塞尔，从二十世纪初开始在内在时间分析方面达到了很高的水准，并开启了后来海德格尔的时间研究。自二十年代末海德格尔把胡塞尔 1905 年以来的有关时间问题的讲稿编辑成书后，胡塞尔的时间观更成为现象学的一个重要研究领域。

胡塞尔时间观的基本前提是：时间有客观的和主观的两种形式，前者为自然科学的宇宙时间，具有超验性，后者为现象学时间，具有内在性、直觉性和原初性。客观时间为一个由诸时刻点组成的有序系列，每一客体均在此系列中占据一个确定位置。主观时间即主体体验中的时间，此时间系列中的"现在"不是客观时间系列中的一个点，而是一种显相，但不是什么时间自身的显现，而是内在时间结构的成分。体验中的诸时间显相不与一般显相并列，而是后者存在的形式条件。内时间性实际上是一切内部经验的基本结构。对此结构的分析研究成为胡塞尔时间探讨的主要任务。所谓现象学的时间分析实即内时间结构的分析。

2. 内时间结构(Struktur d. innere Zeit)

胡塞尔在其时间二分法中强调客观时间与主体结构的相关性，因此意向对象的时间结构是通过它与意向作用时间结构的相关性来说明的。这一主观主义立场随着胡塞尔构成性研究的加强而越来越坚定了。结果，对客观时间的把握要完全在意向性结构本身内进行，同时强调现象学分析应超越体验内容和行为而进入形成诸行为的原初成分，即诸时间位相(或称"时相")。由诸时间位相组成的结构为意向关系的深层结构，简称为时间结构。

胡塞尔说一切主、客观时间现象均产生于"现在—持存—预存”三时相结构中，现在时相以过去的持存时相和未来的预存时相为其边缘域。正是在以现在为中心的此时间边缘域内我们直接体验到最原初形式上的时间性结构，它甚至也是客观时间构成的条件。胡塞尔在其时间讲演中以图解方式说明了时间关系，简示如下：

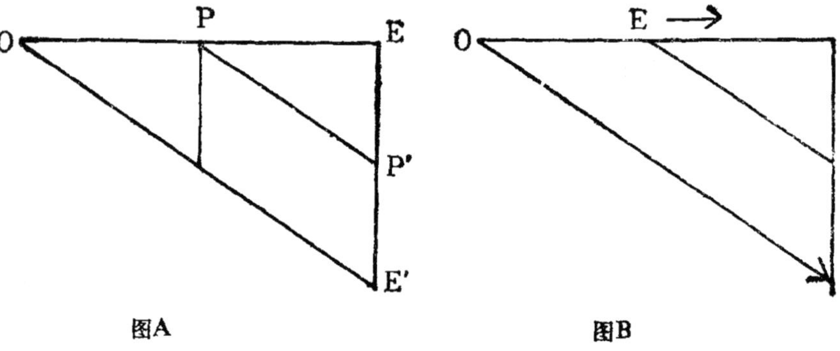

图A　　图B

在图A中，OE为由诸现在时刻点组成的时间系列；OE′为过去的现在时刻向当下的现在时刻的沉积线；EE′为当下的诸“现在”系列，其中各点均具有不同的过去边缘域，即均为过去之现在在当下的留存。在图B中显示了由现在向未来的移行，虚线表示未来尚未到来；“E→”表示未来的诸现在序列，它们将为未来的客体所填充。因此现在时刻E既与过去相关，又与未来相关，它既是诸过去点的积存处，又是诸未来点的预存处。用譬喻说，在听一个曲调时，即时出现的只是一个特殊音，但它通过听者的记忆与过去诸音像系列保持联系，又通过对未来的预期而与诸即将到来的“现在”保持联系。过去的持存与未来的预存是现象学时间观的两大范畴，而由它们组成的边缘域核心则是生动性的现在。

现象学时间分析主要即为对三时相关系的分析，胡塞尔说，三时相也是内时间结构的不变形式，也就是体验意识的基本形式。在此结构中，现在呈现为诸时相复合体，至关重要的是，诸时相可在同一时刻呈现于我们的意识中。已逝去的现在时刻在为下一现在时刻取代时并未消失，而是被保留在“持存”位相中，因而仍然呈现于意识内。因此持存有如彗星的尾端，永远与现在知觉相联系。预存位相虽然属于尚未发生者之列，但因与现在的内在性关联而与持存同属时间结构的组成部分，二者的区别主要是行为在两个时相中的“充实”方式的不同。

3. 形式与内容（Form u. Inhalt）

内时间的时相结构是形式性的，时间为体验中的知觉、幻想、想象、记忆等提供形式条件。胡塞尔强调体验内容与其时间形式的基本区别。体验中的时间流体现为诸行为系列，但时间流本身为一种不间断的绵延，并无内在的区分，但时间流被时间以外的因素分解为不同的单元，如行为特性和感觉质料内容等因素。体验中的客体必须展现于时间流中，正是此时间展现作用赋予客体以个性和统一性，后者是被经验把握的前提。这就是说，一个内在客体之所以被个别化，被形成为有一定规定性的不同单元，只因为它填充了时间流的某一部分，例如某具体音调的绝对个性体现在其实质内容和时间位置的形式中。胡塞尔因此断定，使一个客体具有同一性的唯一因素即其在内时间流中的固定位置，在此甚至连空间、颜色、结构等因素都不是决定性的。由此可以看到在现象学中时间性所占据的重要地位。

但是在传统本体论观点上，胡塞尔并不是形式与内容二分论者，此处所说的形式、内容、客体同一性等范畴不是“本体论的”（如

亚里士多德的),而是现象学的。胡塞尔关心的是客体在时间构成中的结构性因素,所谓时间是客体的形式条件,只是指客体是在诸时相侧面中构成的显现复合体,因此也可以说胡塞尔的时间形式与体验内容的区分是意向性的,而不是本体论的。

4. 时间构成作用(Konstitution d. Zeit)

构成作用是胡塞尔后期现象学的最重要任务之一,其中时间构成问题尤为重要。所谓构成是一种积累性的客体形成过程,就内在客体而言,构成是由主体行为的实行完成的,就外在客体而言,构成通过持存与客观化来完成,持存发生于内在时间中,客观化通过把握而成立,但继续与诸时相相关联,形成为客观时间流。这样,时间不仅是客体的形式和意向结构本身,同时也是客体在时间样态中形成的动因,是主体生产性作用。时间构成作用是主体从现在时相开始的,自我的注意射线通过记忆从现在回溯到过去,并通过预期前触到未来,而生动的现在是绝对性的出发点,它与一切存在物相通。由于时间作用是客体统一性和同一性的根据,时间构成也即主体构成性的基本方面。

在《观念1》中没有专门讨论时间问题,胡塞尔当时认为时间性是一个十分困难的、专门的研究领域。但由于时间结构与意向关系的内在联系,此书中不少地方都涉及了时间问题。

十、几个基本概念

1. 表象(Vorstellung)

在哲学史上“表象”(Vorstellung)一词是最含混的概念之一,它涉及认识论、心理学和逻辑学等领域。按照现象学,大致而言它可指:(1)一种完全的意向经验,具有其本身特殊的行为性质和行为质料;(2)只相当于被实行的"行为质料";(3)任何一种使对象对我们呈现(客体化)的行为。由此可见胡塞尔主要关心的是表象经验和判断经验方面,尤其强调上述第(1)和第(2)之间的区别。他提出每一意向经验或者本身是一表象(知觉、记忆、预期等单射线行为)或者以一种或多种表象(判断)为基础。表象在知觉中发生的步骤是,被经验的感觉综合物由某行为特性,由某种把握或意向能力所活跃,于是产生了被知觉客体。正是意向使感觉材料活跃化,后者才能承载此意向行为。因此意向性有两个不同的功能:指向一个客体和使感觉材料活跃化。

2. 显现(Erscheinung)

关于"显现"的用法颇多分歧,它有时指具体的直观体验(某物通过直观对我们的呈现行为),此时可译为显相,有时指所直观的具体对象(如眼下看到的某盏灯本身),有时干脆就指表象。胡塞尔往往用它指客体在体验中显露的方式。至于显现与现象的关系更为复杂,有时将构成显现行为的体验称作现象,有时将显现的结果称为现象,有时将显现行为的相关项称作现象。胡塞尔不对现象概念下正式定义,但他所研究的主要是所谓经还原后的纯粹现象,从而超出了显现行为的水平。

3. 内在性(Immanenz)

内在性概念一向有多种理解,按照耿宁的看法一共有六类:(1)作为自然客体的真实内在性;(2)绝对所与性;(3)体验中的真实因素;(4)广义的封闭性(Beschlossensein);(5)同一体验流的封闭性;(6)意向的封闭性。现象学所采取的主要是第二种理解,即通过直观达到的绝对所与性。

4. 把握(Erfassung)

德国哲学家赫尔巴特(J. Herbart)最早提出表象把握的概念，洛兹(Lotze)后来加以发展，在布伦塔诺哲学中成为基本范畴，并影响到胡塞尔。胡塞尔在把握概念中做了细微的区别：被内在构成的把握和属于此内在构成的把握；完全的、持续的把握可使感觉内容活跃化。他并且提出了"原把握"概念，后者不再被构成，不再是一种行为，而并入到时间流诸位相之内。

德、法、英、中
现象学用语对照表

本对照表根据《胡塞尔全集》和《现象学研究丛书》(卢汶)中有关术语的说明和注释制定,并特别参照了以下著作:

Paul Ricoeur (tr.): GLOSSAIRE, *Idées directrices pour une Phénomenologie*

Dorion Cairns: *Guide for Translating Husserl*

A. de Manralt: Analytical Index, *The Idea of Phenomenology*

H. Spiegelberg: Index of Subjects, *The Phenomenological Movement*

B. Gibson(tr.): *General Introduction to Pure Phenomenology*

F. Kersten(tr.): *Ideas Pertaining to a Pure Phenomenology and to a Phenomenological Philosophy*

abbilden/depeindre, /copier/depict/映象、描绘

Abbildung/copie/depiction/映象、描绘

Abgehobenheit/relief/saliency/突出

abgeschlossen/clos/self-contained/封闭的,完结的

Ablehnung/refus/refusal/拒绝

Ableitung/dérivation/derivation/派生(项)、偏离

abschatten/s'esquisser/adumbrate/侧显

Abschattung/esquisse/adumbration/侧显(物)

Abstraktum/abstrait/abstractum/抽象物

Abstufung/gradation/different levels/层次组

Abwandlung/mutation/variation/变异、变体、派生项

abweisen (sich)/(se) démentir/reject/中断

achten/observe/heed/注意、注视

Achtung/observation/respect,attention/注意、注视

Adäquatheit/adéquation/adequateness/充分(性)

Affirmation/affirmation/affirmation/肯定

Akt/acte/act/行为、作用

Aktivität/activité/activity/活动性

Aktualität/actualité/actuality/实显性

Aktualisierung/actualisation/actualization/实显化

Allgemeinheit/généralité/universality/普遍性、一般性

Animalia/être animés/psychophysical being/生命存在、有生命物

Anknüpfung/liason/connexion/联结

anmuten/supputer/deem possible/推测

Anmutung/supputation/deeming possible/推测

Annahme/supposition/assumption/假定

annehmen/admettre/assume/假定

Ansatz/supposition/supposed statement,starting/假定、开端

Anschaulichkeit/intuitivite/intuitiveness/直观性

Anschauung/intuition/intuition/直观

ansetzen/supposer/suppose, start/假定、开端

Apodiktizität/apodicité/apodicticity/确真性

Apophansistik/apophansjstique/apophantics/命题逻辑、命题学

Apperzeption/apperception/apperception/统觉

apriopri/先天的

Art/espèce, sorte, maniere/sort, species, manner, character/种、方式、特性

Artikulation/articulation/articulation/(分节)联结

Attention/attention/attention/注意

Attribution/attribution/attribution/属性归与,赋予

Auffassung/apprehension, conception/apprehension, conception/统握、理解

Aufhebung/suspension/suspension, abolition/中止

Aufmerksamkeit/attention/attention/注意

Ausbreitung/étendue/spread/扩大

Ausdehnung/extension/extension/扩展、广袤

Ausdruck/expression/expression/词

语，表达

ausdrücklich/expressive/expressive/表达的，明确的

Ausfüllung/remplissement/filling/充实(化)

Aussagesatz/énoncé, proposition enonciative/statement, predicative sentence/陈述

ausschalten/mettre hors circuit/suspend, exclude/排除，中断

Ausweisung/légitimation/showing, demonstration/证明，明示

Bau/structure/structure/结构

Beachten/vermarquer/heed/审视

bedeuten/signifier/signify/意指，意谓

Bedeutung/signification/significance, meaning/意义，意谓

Begehrung/desir/desire/欲望

Begründung/fondation/grounding/基础

Behauptung/assertion/assertion/断言，主张

Bejahung/affirmation/affirmation/肯定

bekraftigen/confirmer/confirm/断言，证实，加强

bekunden (sich)/s'annoncer/evince/显示

bemerken/remarquer/notice/注意，指出

Beschaffenheit/propriété/quality/性质

Beschreibung/description/description/描述

beseelen/animer/animate/使活跃，赋予活力

Besonderung/particularisation/particularity, particularization/特殊化，特殊性

(das) besondere/le particulier/the particular/特殊项，特殊物

Bestand/composition/composition/组成(成分)，性质

Bestände/composantes/components/组成成分

Bestandstück/composantes/component/组成成分

bestätigen/confirmer/corroborate/证实

Bestimmtheit/détermination/determination/规定，规定性

Bewährung/vérification/verification/证实

Bewusstsein/conscience/consciousness/意识

bewusst/dont on a conscience/conscious/有意识的

bewusstseinsmässig/en rapport avec

la conscience/relative to consciousness/相关于意识的

beziehen/mettre en relation/relate/使相关

Beziehung/relation/relation/关系

beziehend / relationnel / relating to/(有)关系的

Bezogenheit/reference/relatedness/相关性

Bezeichnung/désignation/designaion,denotation/标记,名称

Bild/portrait/image, picture/形象,图像

bildlich/en portrait/pictorial/形象的

bilden/construire/form/形成

Bildung/construction/formation/形成

Blick/regard/regard,glance/目光

Blickstrahl/rayon du regard/ray of regard/目光射线

bloss/simple/mere,bare/简单的,仅只,纯

Bürgschaft/garantie/guarantee/保证

Charakter/caractere/character/特性

Charakteisirung/caracterisation/characteristic/(表明)特性

Cogitatio(nes)/我思思维,我思行为

Cogitatum/我思对象,被思者

Cogito/我思

darstellen/figurer/present/呈现,描述

Darstellung/figuration/presentation/呈现,描述

Dasein/existence/factual existence/事实存在,定在

decken (sich)/coincider/coincide/相符,一致

Deckung/coincidence/coincidence/相符,相互符合

Denkstellungnahme/position adoptee par la pensee/cognitive position-taking/思想设定

Description/description/description/描述

Deutlichkeit/distinction/distinctness/清晰性

Dies-da/ceci-la/this-there/此处这个

Diesheit/eccéité/thisness/此物性

Differenz/difference/difference/差异

(niederste) Differenz/difference ultime/ultimate difference/种差

Ding/chose/thing/物,事物

Dinggegebenheit/donne de chose/ph-ysical thing data/所与物,物所与性

Dinglichkeit/chose/physical affairs, thingness/物性,物质事物

Dingwelt/monde des choses/world of physical things/物质世界

disjunkt/disjonctif/disjuctive, mutually exclusive/相互排斥的,析取的

Doxa/信念

doxisch/doxique/doxic/信念的

durchstreichen/biffer/cancel/抹消

echt/authentique/genunine/真正的

Echtheit/authenticité/genuineness/真正(性)

Eidos/艾多斯,本质

eidetisch/eidétique/eidetic/本质的

Eidetik/eidetique/eidetics/本质学

eigen/propre/own/特有的,自己的

Eigenheit/spécificité/ownness/特殊性

Eigenschaft/proprieté/property/特性

Eigentumlichkeit/trait caracteristique/peculiarity/特性

Einbilden/feindre/imagine/虚构,想象

Einbildung/fiction/imagination/虚构,想象

eindeutig/univoque/univocal/单义的

Einfühlung/intropathie/empathy/移情作用

Einheit/unité/unity/统一(体)

einheitlich/unitaire/unitary/统一的

Einklammerung/mise entre parentheses/parenthesizing/置入括号

einsehen/voir avec evidence/have insight into/洞见,领会

einseitig/unilateral/one-sidedly/单面的

Einsicht/évidence intellectuelle/insight/洞见,领会

Einstellung/attitude/attitude/态度,观点

Einstimmigkeit/concordance/accordance/一致(性)

Einzelheit/cas individuel/single case, singleness/单一(体)

Empfindungsdata/data de sensation/data of sensation/感觉材料

Entkräftigung/infirmation/refutation/使无效

Entrechnung/invalidation/invalidation/(使)无效

Entschluss/decision/decision/决定,决断

Entstehung/genèse/origin/产生

Epoché/悬置

erblicken/regarder/regard/注视

Erfahrung/expérience/experience/

经验
erfassen/saisir/grasp/把握
Erfassung/saisie/grasping/把握
Erfüllung/remplissement/fulfilling, fulfilment/充实(化),履行,实现
Erinnerung/souvenir/memory/记忆
Erkenntnis/connaissance/cognition/认识,知识
erkenntnismassig/cognitif/cognitional/认识的
erkentnis-theoretisch/epistemologique/epistemological/认 识论的
Erlebnis/le vécu/lived experience, mental process/体验,心理经验
Erlebnis-strom/flux du vécu/stream of experience/体验流
erscheinen/apparaitre/appear/显现
Erscheinung/apparence/appearance/显现,显相
ershauen/voir/see/看
erzeugen/produire/produce/产生
Erzeugung/production/production/产生
Essenz/essence/essence/本质
Evidenz/évidence/evidence/明证(性)
exakt/exact/exact/精确的
Extension/extension/extension/广延
faktisch/de fait/de facto/事实性的
Faktizität/facticité/factualness/事实性,事实因素
Faktum/fait/fact/事实
fern/remote/distant/离远的
Fiktion/fiction/fiction/虚构,假想
Fiktum/fictum/figment/虚构
fingieren/feindre/phantasy/虚构,想象
fingiert/fictif/phantasied/虚构的
fingierende Phantasie/imagination creatrice/inventive figment/虚 构的想象
Folge/consequence/consequence/后果
Folgerung/consecution/deduction/推论
Form/forme/form/形式
Formalisierung/passage au formal/formalization/形式化
Formung/formation/forming/形成
Formenlehre/morphologie/theory of forms/形式理论
fortdauern/perdurer/last/持续
fraglich/problematique/questionable/成问题的
Fülle/le plein/fullness/充实(性)
fundierend/fondatrice/founding/根基性的
fundierte Akt/actes fondés/foun ded

act/有根基的行为

funktionellen Problemen/problems fonctionnels/functional problems/功能的问题

Gattung/genre/genus/属

gebende Akt/acte donateur/giving (presentive)act/给与的行为

(originar) gebende Anschauung/intuition donatrice originaire/original giving intuition/(原初)给与的直观

Gebiet/domaine/province/(领)域

Gebilde/formation/formation, structure/形成,构成,构造

Gefallen/plaisir/pleasure/喜悦

Gefühl/sentiment/feeling/感情,情绪

Gegebenheit/donnée/givenness, something given, data/给与性,给与物

Gegennoema/contre-noéme/conter-noema/对应意向对象

Gegenstand/object/object/对象

Gegenstand schlechthin/objet per se/object pure and simple/对象本身,纯对象

gegenständlich/objectif/objective/对象的

Gegenstandlichkeit/objectivité/objectivity, something objective/对象(性)

Gegenwärt/présence/present/现在,现前

gegenwärtig/present/present/现在的

Gegenwärtigung/presentation/presentation/呈现

Gegenwesen/contre-essence/conter-essence/对应本质

gegliedert/articulé/articulated/有分段的,分节的

Gehalt/contenu/content/内容,内包

Geltung (Gultigkeit)/validité/legitimacy/有效(性),妥当

Gemüt/affectivité/emotion/情绪

Generalthese/thèse general/general thesis/总设定

Generalität/généralisation/generality/一般(性)

Generalisierung/généralisation/generalization/一般化

Gerichtetsein (auf)/dirigé sur/directedness to/指向

Gestalt/forme, figure/formation, structure/构形,形态

Gestaltung/configuration/configuration/构成(形成)物,构成

gewahren/s'apercevoir/perceive attentively/觉察

gewährleisten/garantir/guarantee/保证

Gewicht/poids/weight/重(量)

Gewissheit/certitude/certaity/确定性

Glaubensmodalität/modalité de la croyance/doxic modality/信念样态

gleichsam/quasi/quasi/准(的)

Glied/membre/member/组成项,肢

Gliederung/articulation/articulation/分节,分段

Grenze/limite/limit/界限

Grenzepunkt/point limite limit/限制

Grund/fondement/ground/根基,基础

gültig/valable/valid/有效的

Habitulität (Habitus)/habitus/habitus/习性,习态

handeln/agir/act/行动

Handelung/action/action/行动

Hintergrund/arriere-plan/background/背景

hinweisen/renvoyer a/point to/指示,指出

Hof/aire/halo/光晕,场地

Horizont/horizon/horizon/边缘域,视界(野),界域

Hyle/质素

Hyletik/hyletique/hyletics/质素学

Ich/je(moi)/I,ego/我,自我

Ichsubjekt/sujet personnel/Ego subject/主体我

Ideal/理想,观念

Idee/idee/idea/观念

ideal/ideal/ideal/观念的

ideel/ideel/ideal/观念的

Ideation/ideation/ideation/观念化,观念化作用

Identifikationssynthesen/syntheses d'-identification/identifying synthesis/同一综合

Immanenz/immanence/immanence/内在(性),内在物

Impression/impression/impression/印象

Inaktualität/inactualité/non-actionality/非实显性,非活动性

individuel/individuel/individuel/个体的

Individuum/individu/individual/个体

Inhalt/contenu/content/内容

Intention/intention/intention/意向

intentional/intentionnel/intentional/意向的

Intentionalität/intentionalité/intentionality/意向性,意向关系

Intersubjektivität/intersubjectivité/intersubjectivity/主体间性，主体间共同体

Intuition/intuition/intuition/直观，直觉

Iteration/redoublement/reiteration/重复

jetzt/present/present/现在

Kategorie/catégorie/category/范畴

Kern/noyau/core/核(心)

Klarheit/clarté/clarity/明晰(性)

Klärung/clarification/clarification/阐明，澄清

Kollektion/collection/collection/集合，集聚

Kolligation/colligation/collecting/汇集

kolligieren/colliger/collect/汇集

Komponent/composante/component/组成成分

Konkretum/concret/concretum/具体项

Konkretion/concretion/concretion/具体化

Konstitution/constitution/constitution/构成

Körper/corps/body/身体，物体

Körperlichkeit/corporeité/corporeity/身体性，物体性

Korrelat/correlat/correlat/相关项

Korrelation/correlation/correlation/相关(关系)

lebendig/vivant/living/活生生的，生动性的

Leerform/forme vide/empty form/空形式

Leervorstellung/representation vide/empty objectivation/空表象

leibhaft(ig)/corporel/in person/机体的、身体的

Mannigfaltigkeit/le divers, multiplicite/multiplicity, manifoldness/多样性，复合体，集合，复多体

Materie/matiere/material, matter/质料

meinen/viser/mean/意指，意欲

Meinung/la visée/meaning/意指

Menge/groupe/set/集合

Mengenlehre/theorie des groupes/theory of set/集合论

Modalität/modalité/modality/样态，模态

Modifikation/modification/modification/变样，改变

Modus/mode/mode/样式

Möglichkeit/possibilité/possibility/

可能性
Moment/moment/moment/因素，机因，要素
monothetisch/monothetique/monothetic/单设定的
Morphe/形态
Motivation/motivation/motivation/动机

Nähe/proximité/nearness/靠近
Neutralisation/neutralisation/neutralization/中性化
Neutralität/neutralité/neutrality/中性(体)
Neutralitatsmodifikation/modification de neutralite/neutral modification/中性变样
nichtig/nul/null/无效的，极微的
Noema/noéme/noema/意向对象
noematisch/noematique/noematic/意向对象的
Noesis/noèse/noesis/意向作用，意向行为，意向过程
Noetik/noetique/noetics/意向行为学
noetisch/noetique/noetic/意向行为的
Nominalisierung/nominalisation/nominalization/名词化

Objekt/objet/object/客体
Objektivität/objectivité/objectivity/客体(性)
Objektivation/objectivation/objectivation/客体化，对象化
ontisch/ontique/ontic/存在的
Ontologie/ontologie/ontology/本体论
Operation/operation/operation/实行，运作，程序
Ordnung/ordre/order/秩序、级次
originär/originaire/original/原初的
originär gebende Erfahrung/experience donatrice originaire/original-giving experience/原初给与的(呈现的)经验

Parallelism/parallelisme/parallelism/平行关系，类似性
Passivität/passivité/passivity/被动性
Phänomen/phenomene/phenomenon/现象
Phantasie/image/phantasy/想象
phantasierend/imageant/phantasying/想象着的
phantasiert/imaginaire/phantasied/想象的
Phantasma/phantasme/phantasma/幻影

Plural/plural/plural/多数的

polythetisch/polythetique/polythetic/多设定的

Position/position/position/设定

Positionalität/positionalité/positionality/设定性

positionnal/positionnel/positional/设定的

potential/potentiel/potential/潜在的

Potentialität/potentialité/potentiality/潜在性

Prädikat/prédicate/predicate/谓词

Prädikation/predication/predication/述谓(作用)

prädizieren/prediquer/predicate/述谓化,论断

prinzipiell/de principe/essential/本质的、必然的、原则的

Production/production/production/产生、实行

Protention/protention/protention/预存

Qualität/qualité/quality/性质

Rationalisierung/rationalisation/rationalization/理性化、合理化

Rationalität/rationalité/rationality/合理性

real/réel/real/实在的

Realität/realité/reality/实在(性),现实

Rechtsprechung/juridiction/legitimation/判定

Reduktion/réduction/reduction/还原

reell/réel/real,genuine/真实的

Referent/objet de reference/referent/所指者

Reflexion/réflexion/reflection/反思

Regel/régle/rule/规则

Regellung/regulation/regulation/调节

Regung/amorce/stirring/引动(者)

Representation/représentation/representation/表象,代表,再现

Reproduktion/reproduction/reproduction/再生,复现

Retention/rétention/retention/持存

richten (sich)/se diriger/direct to/指向

Richtung/direction/direction/方向

Rückbeziechung/rétro-reférence/backward relation/自反关涉

Rückerinnerung/rétro-souvenir/reminiscence/回忆

Sache/chose/matter,matter in question/事物,有关问题,真正问题

sachhaltig/ayant un contenu/having material content/实质的

Sachlage/situation/state of affairs/状态，事况，所谈事项

sachlich/objective，concret/material/有关的，事物的，事实上的

Sachlichkeit/ensemble de choses/materiality/全体事情，事物性

Sachverhalt/état de chose/state of affairs/事态

Satz/proposition/proposition/命题

Schachtelung/emboitement/encasement/套接

Schatten/ombre/shadow/影子

Schauen/voir/see/看、注视

Schein/simulacre/illusion/假象

Schichte/couche/stratum/层

Schichtungen/stratification/stratification/分层

sehen/voir/see/看

Sein/être/being/存在

Seinscharakter/caractere d'etre/character of being/存在特性

Selbst/soi-meme/it itself/自身

selbständig/independant/independent/独立的

Selbstbeobachtung/introspection/self-observation/自省

Setzung/position/position，positing/设定

Sichtighaben/avoir un aperçu/slghting/察看

Singularität/singularite/singularity/单个性，单个体

Sinn/sens/sense/意义

Sinnesdaten/data sensuels/sensedata/感觉材料

Sinngebung/donnation de sens/sense-bestowing/意义给与

Sinnlichkeit/sensibilité/sensuality/感性

Spezialität/specification/specificity/特殊性

Spezies/espèce/species/种

Spontaneität/spontanéité/spontaneite/自发性

Steigerung/accroissement/enhancement/增加

Stellungnahme/prise de position position-taking/采取设定

Stoff/matiére/material/质料，素材

Strahl/rayon/ray/射线

Struktur/structure/structure/结构

Stück/fragment/piece/片断，部分

Stufe/niveau/level，degree/层阶，段，度

Stufenbildung/hierarchie/hierarchical formation/层阶系统

Subjekt/sujet/subject/主体

Subjektivität/subjectivité/subjectivity/主体(性)

Substrat/substrat/substrat/基底

Synkategorematika/syncategorematiques/syncategorems/互依词,非独立词

Syntax/syntaxe/syntax/句法

Synthesis/synthese/synthesis/综合(设定)

Tatsache/fait/fact/事实

Teil/partie/component/部分

Thema/thème/theme/主题,论题

Thematisierung/thematisation/thematization/主题化

Thesis/these/thesis/设定,论题

thetisch/thetique/thetic/设定的

Transzendenz/transcendance/transcendence/超验(者),超越

transzendental/transcendantal/transcendental/先验的

treu/fidel/true/忠实的

Triebe/impulsion/impulse/冲动

triftig/valide/valid/有效的

Triftigkeit/validite/validity/有效性

tun/agir/do/做,行动

Typik/typologie/set of types/类型分化

Umfang/extension/sphere, extension/范围,外延

Umformung/transformation/transformation/变形,转换

unselbständig/dependant/dependant/从属的,非独立的

Unterschicht/intrastructure/lower stratrum/基层,基础结构

Unverträglichkeit/incompatibilité/incompatibility/不相容性

Ur-aktualität/proto-actualité/proto-actuality/原现实

Urdoxa/croyance-mere/proto-doxa/原信念

Urform/forme-mere/primitive form/原形式

Urmodus/mode-primitif/primitive mode/原样式

Ursprung/origine/origin/起始,始源,根源

Urteil/jugement/judgment/判断

Verallgemeinerung/generalisation/universalization/普遍化

Verdunkelung/obscurcissement/darkening/暗化

Vereinzelung/individuation/singularzation/单一化

Verflechtung/entrelacement/combination/联结体,介入,交织

Vergegenständlichung/objectivation/objectification/再现,对象化

Vergegenwärtigung/presentification/presentiation, re-presentation/再现,现前化

Verhalt/état de chose/state of affairs/事态

Verknüpfung/liaison/connexion/联结(体)

vermeinen/viser/mean/意指,意念

vermuteng/conjecture/deeming likely/推测

Vernichtung/aneantissement/annihilation/消除

Vernunft/raison/reason/理性

Vernunftigkeit/rationalité/rationality/理性,合理性

Verworrenheit/confusion/confusion/含混

Vorerinnerung/pro-souvenir/anticipation/预期记忆

Vorfindlichkeit/faits decouverts/facts/呈现物,事物

vollständig/integral/complete/完全的

vorschwebend/flotte en suspens/hover/before us/浮动的

Vorstellung/représentation/objectivation, representation/观念,表象,呈现

vorzeichnen/prescrire/prescribe/指示

vollziehen/opérer/effect/实行,运行

Vollzug/opération/operation/实行,运行

waches Ich/moi vigilant/waking ego/醒觉自我

wahr/vrai/true/真的

wahrnehmbar/perceptible/perceivable/可知觉的

Wahrnehmung/perception/perception/知觉

Wandlung/mutation/change/改变

Weise/mode/manner/方式

Wert (sach) verhalt/etat de valeur/value-complex/价值事态

Wertung/evaluation/evaluation/评价

Wesen/essence/essence/本质

Wesensbestand/fonds eidetique/essential composition/本质构成因素

Wesenserschauung/intuition de l'essence/seeing essences/本质看

Wesensverhalt/relation essentielle/eidetic relationship/本质事态

Widersinn/absurdité/absurdity/悖谬

Wiedererinnerung/re-souvenir/recollection/重忆

wirklich/reel/actual/现实的,真实

的，实在的

Wirklichkeit/realité/actuality/现实，真实，实在

wissen/savoir/know/知道

wollen/vouloir/will/意愿

Wortlaut/mot prononcé/sound of words/字音

Wunsch/souhait/wish/愿望

Zeichen/signe/sign/记号

Zeit/temps/time/时间

Zeitbewusstsein/conscience de temps/consciousness of time/时间意识

zufällig/contingent/accidental/偶然的

Zusammengehörigkeit/appartenance/belongingness together/关联性，相关

Zusammenhang/connexion/connexion，interconnexion/关联体，关联域

zusammenhängend/coherent/coherent/一致的

Zusammenschliessen (sich)/s'agréger/join together/聚合

Zustand/etat/state/状态

Zustimmung/assentiment/assent/同意

zuwenden (sich)/se tourner/turn to/朝向

Zuwendung/conversion/turning towards/朝向

Zweifel/doute/doubt/怀疑

图书在版编目(CIP)数据

纯粹现象学通论:纯粹现象学和现象学哲学的观念/(德)胡塞尔著;李幼蒸译.—北京:商务印书馆,2017
(汉译世界学术名著丛书:120年纪念版:珍藏本)
ISBN 978-7-100-14801-6

Ⅰ.①纯… Ⅱ.①胡… ②李… Ⅲ.①胡塞尔(Husserl, Edmund 1859-1938)—现象学—研究 Ⅳ.①B516.52②B089

中国版本图书馆CIP数据核字(2017)第161061号

汉译世界学术名著丛书
(120年纪念版·珍藏本)
纯粹现象学通论
纯粹现象学和现象学哲学的观念 第一卷
〔德〕胡塞尔 著
〔荷〕舒 曼 编
李幼蒸 译

商务印书馆出版
(北京王府井大街36号 邮政编码100710)
商务印书馆发行
北京冠中印刷厂印刷
ISBN 978-7-100-14801-6

2017年12月第1版 开本710×1000 1/16
2017年12月北京第1次印刷 印张45
定价:225.00元